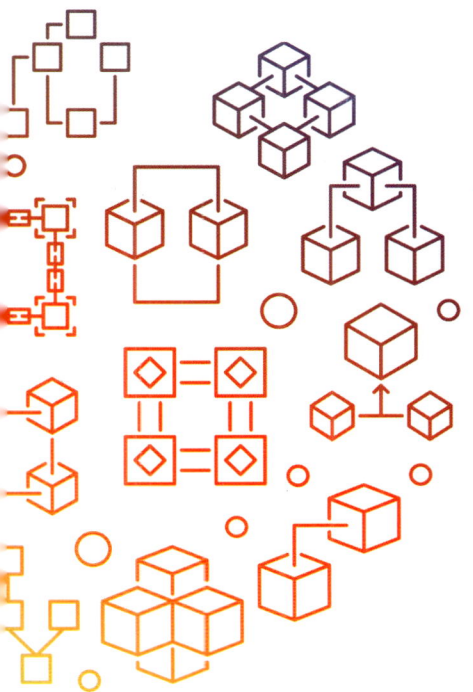

区块链开发
从入门到精通

以太坊+超级账本

陈人通 ◎ 编著

中国水利水电出版社
www.waterpub.com.cn
·北京·

内 容 提 要

《区块链开发从入门到精通 以太坊+超级账本》系统讲述了区块链原理、技术与应用，全书分三大部分：区块链思想以及去中心化应用、区块链技术在去中心化数字货币系统中的应用、区块链热议话题与区块链技术的典型应用场景；区块链的核心技术——密码算法和共识算法；最后一部分系统介绍了区块链的应用开发平台——以太坊和超级账本，包括以太坊项目的主要设计及如何用 Solidity 语言创建能够部署到以太坊平台的智能合约应用、后起之秀超级账本项目（尤其是 Fabric 子项目）的设计以及如何在 Fabric 超级账本项目上搭建和运行区块链网络。

《区块链开发从入门到精通 以太坊+超级账本》内容由浅入深、遵循区块链技术的发展规律，从区块链的思想缘起，到技术应用与发展趋势，剖析实际落地案例，探究区块链价值及未来发展趋势，帮助读者快速步入区块链应用新时代。

《区块链开发从入门到精通 以太坊+超级账本》适合想要了解区块链技术但没有基础的新手读者，也适合以太坊智能合约开发人员或者超级账本链码开发人员使用，亦可作为互联网金融研究员、互联网创业者、数字货币爱好者及各类程序员学习区块链技术的参考用书。

图书在版编目（CIP）数据

区块链开发从入门到精通：以太坊+超级账本 / 陈人通编著. —北京：中国水利水电出版社，2019.11（2019.11 重印）
ISBN 978-7-5170-7744-2

Ⅰ. ①区… Ⅱ. ①陈… Ⅲ. ①电子商务－支付方式 Ⅳ. ①F713.361.3

中国版本图书馆 CIP 数据核字（2019）第 112859 号

书　　名	区块链开发从入门到精通　以太坊+超级账本 QUKUAILIAN KAIFA CONG RUMEN DAO JINGTONG YITAIFANG+CHAOJI ZHANGBEN
作　　者	陈人通　编著
出版发行	中国水利水电出版社 （北京市海淀区玉渊潭南路 1 号 D 座　100038） 网址：www.waterpub.com.cn E-mail：zhiboshangshu@163.com 电话：（010）62572966-2205/2266/2201（营销中心）
经　　售	北京科水图书销售中心（零售） 电话：（010）88383994、63202643、68545874 全国各地新华书店和相关出版物销售网点
排　　版	北京智博尚书文化传媒有限公司
印　　刷	三河市龙大印装有限公司
规　　格	170mm×230mm　16 开本　20.25 印张　373 千字　1 插页
版　　次	2019 年 11 月第 1 版　2019 年 11 月第 2 次印刷
印　　数	5001—10000 册
定　　价	79.80 元

凡购买我社图书，如有缺页、倒页、脱页的，本社营销中心负责调换

版权所有·侵权必究

前　言

区块链技术是近几年随着比特币系统（一个去中心化加密数字货币系统的典型代表）的兴起而被炒得火热的一项新技术，在最初出现的时候，区块链技术仅仅是用来解决比特币系统中分布式交易记账的问题。

对大部分人来说，"区块链技术"可能只是一个新名词而已，但是对那些善于思考的专家或学者来说，将区块链技术从比特币系统中"提炼出来"后可以作为一种全新分布式架构技术的底层框架，而一些较为明朗的专业人士则认为区块链技术不仅仅是一项技术，在它的设计中体现出来的是一种新的经济贸易方式、新的消费理念和新的组织结构形式。

一些对区块链技术有大胆想法的人，也将他们的想法付诸了实践，这也就导致了一些区块链技术的应用如雨后春笋般被开发出来，例如，同比特币系统极其相似的莱特币系统、零币系统、达世币系统，实现了智能合约的部署与运行的以太坊平台，以及实现了用户应用链码的部署与运行的超级账本平台等。

笔者从2010年就开始接触和了解比特币系统，2014年比特币系统名声大噪，笔者也更加关注比特币系统的发展，尤其是其核心——区块链技术。在2015年以及之后的几年，类似于以太坊和超级账本等基于区块链技术开发的应用逐渐变多，不同于比特币系统只用于数字货币收支的单一功能，这些应用提供给开发人员的更像是应用的开发和运行平台。

为了对区块链技术进行更深入的讲解，本书不仅着眼于它的最初使用场景——去中心化加密数字货币系统，还重点分析了区块链技术中用到的密码算法和共识算法，在书的后半部分，对以太坊和超级账本的介绍各占两章，重点包括它们相比于之前的典型区块链技术应用在设计上有什么突出的地方，以及如何通过智能合约和用户应用链码开发出去中心化应用。

本书特色

- 内容详略得当

区块链涉及的技术很多，到底哪些该讲，哪些不该讲，需要慎重对待。本书集中讲解了区块链开发必备的技术，有些相关度不高、应用场景不多的技术就一笔带过，让读者用最短的时间掌握最有用的技术。

- 代码展示齐全

在本书中，涉及代码编写的部分均给出了详细的代码及解释，这对于读者理解书中的案例非常有帮助。

- 图片资源丰富

相比于冗长的文字而言，一张优美的图片不仅能起到辅助说明的作用，还能消除读者内心中对阅读的抵触情绪。不可否认书中文字部分非常多，但是在必要的位置都插入了图片进行内容展示。

本书读者对象

- 互联网金融研究人员
- 各类程序员
- 互联网创业者
- 区块链技术开发者
- 数字货币爱好者

本书源文件下载

本书提供代码源文件，有需要的读者可以关注右侧的微信公众号（人人都是程序猿），然后输入"QKL77442"，并发送到公众号后台，即可获取本书资源的下载链接，然后将此链接复制到计算机浏览器的地址栏中，根据提示下载即可。

作者简介

陈人通，资深产品经理、经济管理博士、著名经济学家、数字货币领域领航人实践者、数字货币领域权威专家，多年来致力于区块链产品开发、金融投资与区块链行业研究。现任爱普科技董事长、北斗集团董事局执行总裁、世界海外学人投资联盟机构轮席主席、中国鸿途投资发展有限公司董事局执行主席、世界海外学人投资联盟机构大中华区首席投资顾问、经济管理领域领航人、EMBA企业家总裁班客座教授。

致谢

本书能够顺利出版，是作者、编辑和所有审校人员共同努力的结果，在此表示深深地感谢。同时，祝福所有读者在职场一帆风顺。

编　者

目 录

第 1 章 区块链思想以及去中心化应用 1
1.1 从记账角度理解区块链 1
1.2 区块链技术的典型成分 3
1.2.1 网络通信 4
1.2.2 区块链账本 5
1.2.3 密码算法 7
1.2.4 共识机制 9
1.3 区块链技术架构的更替 10
1.3.1 区块链 1.0 架构 10
1.3.2 区块链 2.0 架构 12
1.3.3 区块链 3.0 架构 13
1.4 去中心化应用及其优缺点 14
1.4.1 去中心化应用 15
1.4.2 去中心化应用的优点 16
1.4.3 去中心化应用的缺点 16
1.5 DApp 中的用户 17
1.6 著名的 DApp 应用 18
1.6.1 比特币 18
1.6.2 达世币 20
1.6.3 零币 21
1.6.4 莱特币 21
1.6.5 以太坊 22
1.6.6 超级账本 23
1.6.7 Ripple 24
1.6.8 OpenBazaar 25
1.6.9 IPFS 26

第2章 区块链的最初应用——去中心化数字货币 28

2.1 数字货币的去中心化历程 28
- 2.1.1 加密数字货币的过去 29
- 2.1.2 中本聪与比特币 32

2.2 去中心化数字货币系统的基本设计 34
- 2.2.1 密钥、私钥与公钥 35
- 2.2.2 货币地址 40
- 2.2.3 发起交易 43
- 2.2.4 交易的 UTXO 模型 46
- 2.2.5 交易在比特币网络中的传播 48

2.3 去中心化数字货币中的区块链技术 49
- 2.3.1 区块结构 50
- 2.3.2 用区块头哈希值和区块高度标识区块 52
- 2.3.3 区块间的链接 53
- 2.3.4 Merkle 树与 Merkle 根 54
- 2.3.5 创世区块 58

2.4 挖矿行为 59
- 2.4.1 挖矿与去中心化共识 59
- 2.4.2 交易校验及整合至区块 62
- 2.4.3 填充区块头 65
- 2.4.4 工作量证明算法与开始挖矿 66
- 2.4.5 难度目标的调整 70
- 2.4.6 成功构建区块与新区块校验 72
- 2.4.7 日渐减小的货币供应量 73
- 2.4.8 理智从事挖矿活动 74

第3章 区块链热议话题 82

3.1 区块链分叉 82
- 3.1.1 区块同时被挖出导致的分叉 82
- 3.1.2 软件升级导致的分叉 85

3.2 区块扩容 86

3.3 侧链 89
- 3.3.1 极具创造力的侧链技术 89
- 3.3.2 双向挂钩与 SPV 证明机制 90

3.4 闪电网络 92

3.5 共识攻击 94

第 4 章 区块链技术的典型应用场景 97
4.1 区块链技术具有潜在的商业价值 97
4.2 广告传媒的去中心化 98
4.3 区块链技术实现版权登记 100
4.4 银行业的去中心化结算 102

第 5 章 密码算法——区块链应用安全的保障 104
5.1 Hash 算法 104
    5.1.1 什么是 Hash 算法 105
    5.1.2 用于加密的常见 Hash 算法 108
    5.1.3 SHA-256 的加密过程 110
    5.1.4 Hash 算法的数字摘要 114
5.2 Bloom 过滤器 114
5.3 加/解密算法 116
    5.3.1 加/解密的过程 116
    5.3.2 对称加密算法 118
    5.3.3 非对称加密算法 119
    5.3.4 RSA 密码学算法 121
    5.3.5 椭圆曲线密码学算法 123
5.4 Diffie-Hellman 密钥交换协议 125
5.5 编码与解码 126
    5.5.1 编码/解码的细节 126
    5.5.2 Base64 编码 128
    5.5.3 Base58 编码 129
    5.5.4 Base58Check 编码 130

第 6 章 共识算法构建出区块链的灵魂 132
6.1 分布式系统的一致性问题 132
    6.1.1 解决一致性问题非常重要 133
    6.1.2 分布式系统对一致性的要求 134
    6.1.3 达成一致性面临着诸多的挑战 135
    6.1.4 施加约束的一致性 136
6.2 用共识算法解决一致性问题 137
    6.2.1 关于共识算法的讨论 137

6.2.2　常见共识算法 140
6.3　拜占庭将军问题与 PBFT 算法 142
　　6.3.1　拜占庭将军问题 142
　　6.3.2　PBFT 算法 146
6.4　Paxos 算法和 Raft 算法 149
　　6.4.1　Paxos 算法 150
　　6.4.2　Raft 算法 152
6.5　工作量证明算法 PoW 154
6.6　股权权益证明算法 PoS 156
6.7　委托的股权权益证明算法 DPoS 157

第 7 章　区块链应用开发平台——以太坊 159
7.1　以太坊项目的发起与发展 159
7.2　以太坊的设计细节及重要概念 163
　　7.2.1　智能合约和以太坊虚拟机 163
　　7.2.2　以太坊账户 164
　　7.2.3　状态 166
　　7.2.4　交易 167
　　7.2.5　以太币面值 169
　　7.2.6　收据 170
　　7.2.7　燃料（Gas） 172
　　7.2.8　梅克尔-帕特里夏树 173
7.3　以太坊的结构与整体运行框架 176
7.4　安装以太坊客户端 178
　　7.4.1　以太坊的源码 178
　　7.4.2　通过 PPA 直接安装 Geth 181
　　7.4.3　从 Geth 源码编译安装 183
　　7.4.4　Windows 和 Mac OS 安装 Geth 185
　　7.4.5　以太坊官方钱包的安装和使用 186
　　7.4.6　浏览器钱包 190
7.5　概述核心客户端 Geth 的使用 192
　　7.5.1　JSON-RPC 和 JavaScript 操作台 192
　　7.5.2　子命令和选项 193

第 8 章　编写以太坊智能合约 196

- 8.1 Solidity 源文件及源文件导入 ... 196
- 8.2 Solidity 支持的数据类型 ... 198
  - 8.2.1 基本数据类型 ... 198
  - 8.2.2 字符串类型 ... 200
  - 8.2.3 枚举类型 ... 202
  - 8.2.4 数组类型 ... 202
  - 8.2.5 结构体类型 ... 204
  - 8.2.6 mapping 类型 ... 205
- 8.3 用 Solidity 执行变量操作 ... 205
  - 8.3.1 var 关键字 ... 206
  - 8.3.2 基本数据类型变量的类型间转换 ... 206
  - 8.3.3 delete 关键字 ... 207
- 8.4 条件转移和循环控制结构 ... 209
  - 8.4.1 执行条件转移的 if...else...结构和"？:" ... 209
  - 8.4.2 执行循环控制的 while 和 for 结构 ... 210
- 8.5 函数及函数调用 ... 212
  - 8.5.1 用 function 关键字创建函数 ... 212
  - 8.5.2 函数调用 ... 213
  - 8.5.3 函数修改器 ... 215
  - 8.5.4 回退函数 ... 216
- 8.6 异常 ... 217
- 8.7 使用智能合约 ... 217
  - 8.7.1 智能合约的结构模板 ... 218
  - 8.7.2 智能合约的继承 ... 220
  - 8.7.3 搭建测试用私有链网络 ... 223
  - 8.7.4 创建和编译智能合约 ... 225
  - 8.7.5 部署智能合约 ... 227
  - 8.7.6 运行智能合约 ... 229
- 8.8 智能合约案例：投票 ... 229
  - 8.8.1 智能合约代码 ... 230
  - 8.8.2 解读合约代码 ... 233
- 8.9 使用官方钱包部署智能合约 ... 236
- 8.10 智能合约的代码漏洞：TheDAO 事件 ... 238

第 9 章 区块链应用开发平台——超级账本 ... 240

- 9.1 关于超级账本 240
  - 9.1.1 项目发起的背景 240
  - 9.1.2 项目的组成 243
- 9.2 优秀的超级账本项目 244
  - 9.2.1 Fabric 项目 244
  - 9.2.2 Sawtooth 项目 245
  - 9.2.3 Iroha 项目 245
  - 9.2.4 BlockChain Explorer 项目 246
  - 9.2.5 Cello 项目 246
  - 9.2.6 Composer 项目 247
  - 9.2.7 Indy 项目 247
  - 9.2.8 Burrow 项目 248
- 9.3 Fabric 的系统结构与运行模型 249
  - 9.3.1 系统结构 249
  - 9.3.2 Fabric 的典型运行模型 251
- 9.4 Fabric 中的关键概念 253
  - 9.4.1 Fabric 的节点 253
  - 9.4.2 链码 257
  - 9.4.3 数字身份证书 258
  - 9.4.4 组织与联盟 262
  - 9.4.5 通道 263
  - 9.4.6 策略 265
  - 9.4.7 系统组件间的通信 267
  - 9.4.8 区块链账本结构 268
- 9.5 用户应用链码 271
  - 9.5.1 链码的结构模板 271
  - 9.5.2 链码与节点的交互 273
- 9.6 系统链码 275
  - 9.6.1 配置系统链码 276
  - 9.6.2 生命周期系统链码 277
  - 9.6.3 查询系统链码 279
  - 9.6.4 背书管理系统链码 280
  - 9.6.5 验证系统链码 280

第 10 章 超级账本 Fabric 的基本使用 281

- 10.1 搭建并启动 Fabric 网络 281
  - 10.1.1 网络的配置文件 281
  - 10.1.2 启动节点 289
  - 10.1.3 运行网络 290
  - 10.1.4 总结 294
- 10.2 操作用户应用链码 295
  - 10.2.1 安装链码 296
  - 10.2.2 实例化链码 296
  - 10.2.3 调用链码 298
  - 10.2.4 查询链码 298
  - 10.2.5 升级链码 299
  - 10.2.6 打包并签名链码 301
- 10.3 链码开发相关的 API 302
- 10.4 操作通道 306
  - 10.4.1 通道的创建 306
  - 10.4.2 加入通道 307
  - 10.4.3 列举出节点所加入的通道 308
  - 10.4.4 获取通道内的指定区块 308
  - 10.4.5 更新通道的配置区块 308
- 10.5 链码开发案例——转账 309
  - 10.5.1 Init()方法 310
  - 10.5.2 Invoke()方法 311
  - 10.5.3 主函数方法 314

第1章 区块链思想以及去中心化应用

> 区块链（Blockchain）思想源于当初被炒得沸沸扬扬的比特币（Bitcoin）开源项目。比特币项目博采百家之长，可以在其中找到来自数字货币、密码学、博弈论以及分布式系统等诸多领域的相关理论。在下一章，我们会重点讲解区块链思想是如何从比特币中诞生的，但是在本章，我们将目标放在区块链本身。
>
> 在比特币之后，又出现了一些以区块链技术作为核心支撑结构的所谓去中心化应用（Decentralized Application，DApp），正是由于这些 DApp 的出现，区块链技术才取得了许多令人瞩目的创新成果。从 1.4 节开始，我们将介绍去中心化的应用。

1.1 从记账角度理解区块链

比特币系统率先引进了区块链的思想，为的是通过区块链记录过去发生的每一笔转账交易。记录这些交易信息有用吗？非常有用！除了奖励给"矿工"（负责将多个独立的交易写入区块链整体中）的比特币是新创造出来的外，历史发行的比特币的数量是固定的，记录每一笔交易的交易信息就是为了保证比特币数量的固定。区块链数据是不容易被修改的，强制修改了区块链中的交易信息就相当于变更了设定的比特币数量，这会对比特币系统的稳定运行造成影响。

在深入探索区块链技术之前，对区块链技术本身有一个比较清晰的理解是非常重要的，相信对于大多数人而言，"区块链"是一个比较陌生的词汇。既然使用区块链的目的是记录过去发生的每一笔转账交易（至少早期的区块链是为此而设计的），那么本节就通过一个简单的记账例子来解释区块链，从而消除读者们对区块链技术的陌生感。

在集体计划经济时代，所有人都生活在他所属的一个群体中，例如，乡镇合作社，一般每一个群体中都有一个账本用于记录这个群体的财政收支，并且也会有一个专职的账房管理员来看管这个账本。账房先生的工作简单来说就是在账本上记录整个团队中平时的收入和支出情况，例如，农村里集体购买农具的记账可以算作是一笔支出，将集体的粮食卖出后所获得的经济收益可以算作是一笔收入，这样的管理员与账本之间的关系如图 1-1 所示。

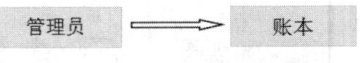

图 1-1　原始的一个管理员记账方式

这样由一个人负责记账的缺点是当账目出错，在其他人都没有余力去承担起监督账目的工作时，等到年末或月底结算的时候，哪怕是管理员只有一笔账目没有正确记录或者有人提出了反对的意见，都需要重新核对并确认每一笔账目，这是一件非常麻烦的事情。由此看来，这个管理员最期望出现的理想情况应该是所有人都对账目没有异议。

针对一人记账容易出错的问题，也许将账本从一人专门管理升级为多人轮流管理是一个比较不错的做法，假设一共有甲、乙、丙、丁四人轮流来做管理员，那么这样的管理员与账本之间的关系如图 1-2 所示。

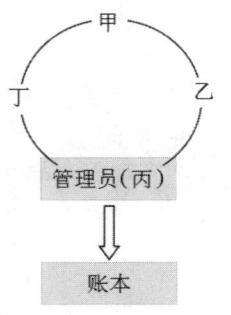

图 1-2　多个管理员轮流记账的方式

在运行机制上，多人轮流管理账本相对于专人专管账本是有很大的进步性。首先，账本在多人手里流转，之前的人所记录的账目可以在短时间内让接下来的一个人检查，这样可以尽量避免错误的发生；其次，节省了人力资源（没有了专门的账房管理员）。

但是时间一长，这样的方式也可能会暴露一些弊端。试想一下，如果一个群体中存在有私心的人，那么他拿到账本以后很可能会为自己创造一笔"隐形"的收入，措施也很简单，销毁这部分账目就行了。一个人如此，那么其他的人在看到他的"成果"之后也很有可能效仿。这也就是多人轮流管理账本的弊端所在，这种做法不能确保公正性。

之所以多人轮流管理账本存在这样的一个弊端，是因为账本只有一个，这一个账本遭到破坏就不能再对账本查证了。那我们很自然地想，让这些管理员每人管理一个账本不就行了？对，这是一个不错的办法。此时的管理员与账本之间的关系如图 1-3 所示。

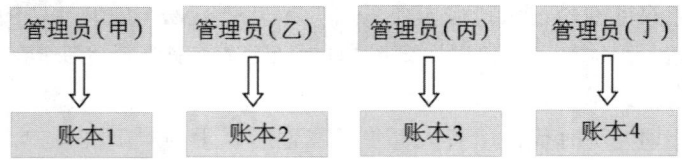

图 1-3　多个管理员分别记账的方式

如果真采用了这样的记账方式，那么相当于多找了几个专职的管理员，这是非常不划算的，因为支出的人力成本实在太大了。以上所说的这些都不是区块链的真正记账方式，那么区块链中的记账方式是怎么样的呢？假设这些管理员每人都有一个账本，他们要做的只是每天随机选一个人在他的账本上记账，第二天其他人从他的账本中抄录记账数据并核对是否有误，然后再随机选出另一个人来记录这一天的财政支出情况，第三天其他人再从这个人的账本中抄录记账数据并核对是否有误，以此类推。此时的管理员与账本之间的关系如图1-4所示。

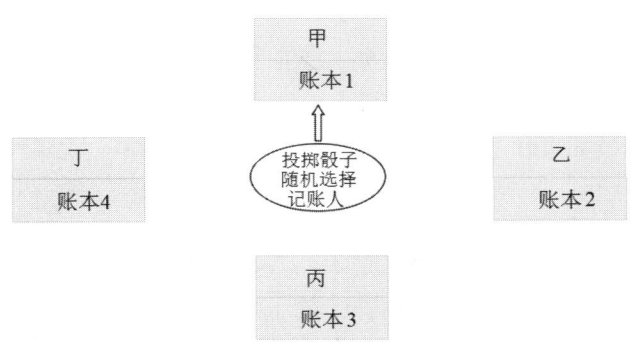

图 1-4　区块链式的记账方式

观察图 1-4，不得不说这的确是一个非常不错的方法，某天轮到某人记账时，他还会像最初的专职管理员一样获得一份额外的兼职收入，同时他也无法篡改记账数据，因为其他人也在掌握着账本。

区块链中的"矿工"就相当于账本管理员。矿工们接收全网的交易信息，并每 10 分钟参与一次全网的解题选拔，计算机硬件水平高的矿工会相对于其他竞赛选手更快地解得正确答案，这时他就有权利将这一时间段的全网交易信息（可能有很多的交易）打包成一个区块并填入整体的区块链中，作为矿工的劳务费，他会得到一些奖励（比特币系统中的奖励就是一定数量的比特币，以太坊中的奖励就是一定数量的以太币）。而矿工们将一段时间内的交易信息打包到区块链中的行为就被通俗地称为"挖矿"。

1.2　区块链技术的典型成分

区块链技术毕竟是利用计算机技术实现的一种全新的记账方式，所以说区块链技术就是一系列计算机技术的结晶。无论区块链技术怎么演化，使用区块链技术实现的应用主要包括网络通信、区块链账本、共识机制和密码算法这四部分。这一节，我们来看一下这四部分主要在区块链技术应用中扮演了什么样的角色。

另外，不排除一些新兴的区块链技术应用中包括身份验证或权限管理等其他的组成部分，但上述这四部分是无论在什么样的区块链技术应用中都明显存在的。

1.2.1 网络通信

上一小节介绍了记账方式的演变，之所以先介绍这些内容是因为区块链技术在本质上就是实现了一种记账方法，它是用一种特定的格式（就像 Excel 或 Word 中的排版格式一样）将记录的数据存储在计算机上。与账本有关的参与者使用一种客户端软件参与到账本的维护中。例如，在上一小节的例子中，甲、乙、丙和丁四人通过掷骰子的方法确定当天的记账人，他们每人都需要安装一个客户端软件，这个软件上存储了账本的数据，当天的记账人要更新账本数据并广而告之给其他客户端软件的用户。除了他们四个人之外，其他的村民也要安装这个客户端软件，除了存储账本数据外，这个软件还具有资金收入和支出的功能，用于完成交易。

这个客户端软件是分布式的，运行在不同的设备上，通常将运行中的客户端软件称为"节点"。这些节点运行后，会通过一种拓扑关系连接彼此相近的节点。例如，甲能连接到乙和丙，乙能连接到丙和丁，那么通过乙，甲也能连接到丁（如图 1-5 所示），以此类推，通过这样的拓扑关系，大家就形成了一张网，某个人发送了一条信息（如交易信息），那么立马消息就会传到全部节点上。这就像是转发头条新闻一样，新闻从主编那里出来，一传十，十传百，很快大家就都知道这个头条新闻了。

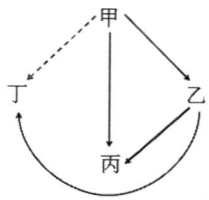

图 1-5 甲、乙、丙、丁之间的拓扑关系

这样，我们就能明白区块链的客户端应用软件运行在一个分布式的网络环境中，确切地说是一个 P2P（Peer to Peer，点对点）的网络架构。这样一来，应

用开发者就需要考虑，在分布式的网络结构中无法加入一个中心服务器的情况下，应用该采取一种什么样的协议来完成节点之间的信息传递，从而达到摆脱对中心服务器中介作用的依赖。除了完成节点之间快速的信息传递的功能外，协议的另一个重要功能就是快速地发现节点。

为什么在节点之间快速地传递信息非常重要？因为在没有中心服务器作为中介的情况下，用户想要同步数据，只能在临近节点那里快速拷贝，这相当于把临近节点当成了服务器对待，能否及时拷贝并传递到网络中的所有节点取决于节点之间信息传递的速度是否足够快。

快速地在节点间同步数据允许某一节点向与之相连的节点发送数据请求来下载最新的数据，这就是区块链网络中时时更新已有账本数据的一种方式。及时地更新账本数据是非常有必要的。通过这种方式，网络中的每一个节点都会在某一个时刻达成数据上的一致。

快速地发现节点也非常重要，在中心服务器存在的时候，所有节点应该在启动后主动连接到服务器，但是中心服务器不存在的时候，所有节点在启动后应该快速搜索邻近的节点是否在线，如果在线就要构成连接，连接到其他节点才是与网络发生交互的前提。

1.2.2 区块链账本

如上所述，所有的节点都保存有一份账本数据，并通过网络从其他节点那里更新账本数据，我们暂且称这个账本为区块链账本。区块链账本的数据主体是网络中发生的每一笔交易。那么区块链账本中记录数据的格式是什么样的呢？

形象地说，区块链就是"区块+链"。其中所谓的"区块"就是指数据块的意思，每一个数据块中都记录了一段时间内发生的交易的信息，交易的数量或多或少。所谓的"链"就是指区块之间通过某种方式链接起来，从而形成一条单向无环链。图1-6展示了区块链结构的链接方式。

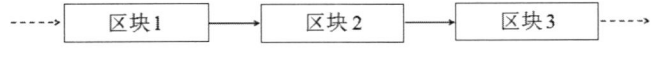

图1-6　区块链简单示意图

如图1-6所示，区块链最显著的特征就是区块之间的链接是有向无环的。

区块链中区块的产生速度要根据实际情况进行设置。例如，上一小节介绍的甲、乙、丙、丁四人按照投掷骰子的方法确定这一天谁记账，那么他们使用的这个区块链账本应该是每一天产生一个区块，在这个区块中，也许昨天没有发生过任何交易，而今天发生了上百个交易，这都是有可能的。类似的记账情况也可能发生在企业内部，比如企业的会计在区块链账本上记录企业的收支，每个月会计将企业的收支汇总到区块链账本中这个月的区块数据上，隔一个月换一个会计，这样一段时间下来，就相当于这个区块链账本每个月都能产生一个区块数据。

对于率先引进了区块链技术的比特币项目而言，其产生区块的速度很快，大约每 10 分钟产生一个区块。在下一章介绍比特币时，会对比特币产生区块的过程有一个详细的讲解。

更为细致地来看，一个区块中包含的数据并不简单。每一个区块中的数据都被有组织地分为四部分——区块大小、区块头数据、交易数据和交易计数器，其中交易数据占据了较大的空间，然后是区块头数据。

在采用了区块链技术的不同应用中，区块中数据的组织形式可能会略有差别，但上述的这四个部分始终不会省略。区块大小用于记录本区块数据占据存储空间的大小，交易计数器用于统计本区块中存储的交易的数量，交易数据，顾名思义，就是记录的每一笔交易。在这四部分数据中，最有研究意义的就是区块头数据。

区块头数据不是很大（不到 100 字节），但它是一个区块的重要标识数据。区块头主要包含软件/协议版本、上一个区块头（或称父区块头）的哈希值、时间戳、难度值和 Merkle 根这些数据。其中，上一个区块头的哈希值是对上一个区块的区块头数据进行哈希加密计算之后得到的结果（在第 4 章将讲解关于哈希计算的相关内容），通常这个结果会比较长。时间戳是一个区块产生的绝对时间，在区块前后链接时，时间戳也是一个重要的依据。难度值是矿工挖掘出该区块时所执行的工作量，证明算法的困难程度，随着区块链中区块数量的逐渐增加，难度值也是会逐渐增长的。

上一个区块头的哈希值数据被计算出来并存储在当前区块头中，上一个区块的区块头数据不会和其他区块的区块头数据一致，所以计算出来的哈希值也绝不会一致。这样，区块就按照顺序链接在了一起，构成了所谓的区块链，如图 1-7 所示。

Merkle 树是一种哈希二叉树的结构，这是一种用于快速归纳和校验大规模数据完整性的数据结构。Merkle 树的计算方式是先对每个交易数据求解哈希值，然后将这些交易数据的哈希值两两串联再计算哈希值，接着还对这些哈希值两两串联并计算新的哈希值，以此类推，直到计算出一个哈希值后，这个哈希值就是 Merkle 树的根，也就是交易数据的 Merkle 值。在第 4 章还有更多关于 Merkle 树和 Merkle 根的介绍，这里不再详细介绍，为了方便，可以将交易数据的 Merkle

根理解为一个区块中所有交易事物的集体标识。

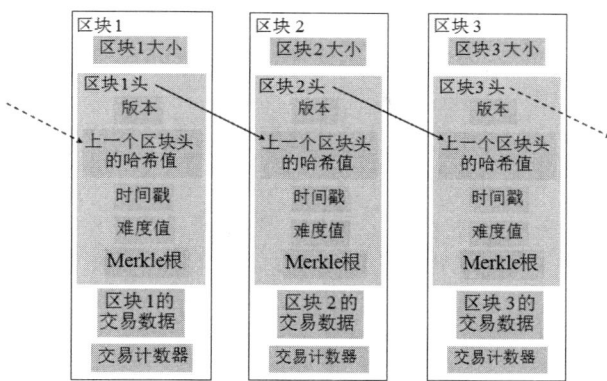

图 1-7　区块中数据的组织以及区块之间的链接方式

需要补充说明的是，尽管区块头中包含上一个区块头的哈希值，但是有些区块链应用并没有把上一个区块头的哈希值实际上传，所以并不真正地包含在区块的数据结构里。无论是该区块正在节点间传输还是该区块已经被存储在了某一节点的存储设备上，区块中可能并不包含有上一个区块头的哈希值。其实，这个哈希值可以在这个区块被网络中的某一节点接收后由该节点计算出来的，之后这个哈希值作为区块头数据的一部分，但是独立于区块的其他数据进行存储，存储的位置可以是一个另备的数据库表，这样可以快速地从磁盘中检索区块。

将区块组织成链能够有效地降低已有区块数据被更改或删减的可能性，这是区块链本身的一大特点。假设现在有黑客想要篡改 2 号区块中的交易数据，在他将交易数据修改成功后，这个区块的区块头内容就发生了改变，为了能证明这个 2 号区块是正确存在的，他还要修改 3 号区块的区块头数据，因为上一个区块的区块头数据变了，所以原先 3 号区块计算得到的父区块头哈希值就不对了，以此类推，他要修改 2 号区块以后的全部区块，这个难度就大了。即使他将自己设备上所有区块数据都更改完毕，其他人那里还保存有正确的区块链数据备份，这就迫使他必须更改整个系统的区块链数据。他将自己修改过的区块链数据发送到网络中的其他节点接受验证，但其他节点是不会验证并采用这个被篡改过的区块链数据的，因为无法与自己本地的区块链数据匹配上。

1.2.3　密码算法

将密码算法的巧妙运用比喻成区块链技术安全的卫士简直一点都不为过。密码算法在区块链技术中的应用非常多,接下来通过具体的例子来讲解一下。

首先,对参与交易的用户实现资产保护是一个对区块链技术非常严峻的考验,因为交易发起人要对交易进行签名确认,交易接收人的地址也要包含在交易数据中,必须要让存在有攻击想法的人即使拿到了交易发起人的签名和交易双方的地址也无法攻击参与交易的双方的资产。达到这样的目标是因为区块链技术中的签名和地址都是通过加密算法(准确来说是非对称加密算法)得来的。用户持有经过 Hash 算法计算得来的私钥,私钥非常敏感,它保护着用户的全部资产,必须严格保密,私钥可以经过单向计算的加密算法得到公钥,公钥可以对外公布,但是无法逆向推理得到私钥。地址即由公钥生成,交易中就是使用地址表示交易的双方。交易中的签名也是由私钥生成,每次交易的签名均有可能不一致。

其次,区块链的区块与区块之间链接的关系是后面的区块保存有前面一个区块的 Hash 值(父区块 Hash 值),计算 Hash 值要用到 Hash 算法。从根本上来讲,Hash 算法并不是特意为加密而准备的,它最初被发明的意图就是用来计算得到文件的数学摘要,只不过 Hash 算法这种只有相同的数据才会计算得到相同的 Hash 值的特性使得其带有一丝丝密码算法的色彩,因为这样可以用唯一的 Hash 值标示唯一的数据。关于 Hash 算法的内容可以参考 5.1 节。借助 Hash 算法这样的特性,子区块保存的父区块 Hash 值也就只能关联到一个唯一的父区块,这样就构成了一条从父区块到子区块的有向无环链。

使用父区块 Hash 值在父区块与子区块之间建立起关联的这种方式还有一个好处,那就是在黑客想要修改链中某一个区块数据的时候,该区块的 Hash 值就会发生改变,于是子区块所保存的该区块 Hash 值也要发生改变,这就相当于子区块也发生了改变,以此类推,链上所有位于该区块之后的区块数据都要进行修改。这是相当麻烦且很难成功的修改。

最后,区块头中保存有交易的 Merkle 根,其实 Merkle 树本身就是一棵 Hash 二叉树的结构,构建 Merkle 树时,最底层的节点是区块中每一则交易数据的 Hash 值,往上一层的节点是两个相邻交易数据 Hash 值串联再计算 Hash 值的结果,再往上一层的节点是下一层两个相邻 Hash 值串联再计算 Hash 值的结果,以此类推,直到 Merkle 树的最顶层只有一个 Hash 值,也就是 Merkle 根。将交易以 Merkle 根的形式存储在区块头中的目的是更好地对交易进行检索。关于 Merkle 树会在第 2.3.4 节中进行介绍。

密码算法在区块链技术中最普遍的应用就是在以上的三种情况下。当然,并不是所有的具体区块链技术应用都会出现或仅仅出现上述三种用到密码算法的情况。在以后的区块链内容学习的过程中,如果出现有密码算法在区块链技术应用中的其他应用会特别加以说明。

1.2.4 共识机制

共识机制是一种节点对区块链账本中记录的交易达成一致认同共识的机制。节点没有理由完全信任来自临近节点的区块数据，在使用了共识机制后，所有的节点就对接收到的区块数据有了合法性判断的一致标准，从而也能构建出对其他节点的信任。从多方面考虑，选择一个合适的共识机制对于区块链技术达成全网的区块链账本数据非常重要。

对于上节介绍的记账的例子可以看作是区块链的记账模型，在这个例子中，甲、乙、丙、丁四人通过掷骰子的方法决定谁是当天的记账人，然后其他人在核对当天的账目无误后将账目抄写过来即可。可以说区块链账本就是在此基础上融合了计算机网络，大家通过网络进行交易。对于过去的某一时间段所发生的交易（如过去 10 分钟），由推选出的记账人负责记录汇总，并传递给其他人检查同步。

在上述记账的例子中，共识机制就是每天通过摇骰子选出记账的人，大家对今天的账目记录情况都一致认同选出来的这个人所记录的，而其他人的记账结果则不会被认可。对属于计算机网络技术的区块链技术来说，通过投掷骰子的方法制定共识机制显然不合适，区块链技术中的共识机制是要通过设计算法来实现的。

实现共识机制的算法可称为共识算法，目前已有多种共识算法被应用于区块链技术应用中，并取得了非常不错的效果，才使这些共识算法在区块链技术领域名声大噪。这些共识算法包括工作量证明算法（Proof of Work，PoW）、股权权益证明算法（Proof of Stake，PoS）、委托权益证明算法（Delegated Proof of Stake，DPoS），以及实用拜占庭容错算法（Practical Byzantine Fault Tolerance，PBFT)等。

在这些共识算法中，PoW 可以算是一个在区块链技术中非常经典的共识算法了，率先提出区块链的概念并将区块链技术完美应用到比特币系统中使用的就是 PoW。不仅仅比特币系统中使用了 PoW，后续的绝大部分类似的去中心化数字货币系统中都使用了 PoW。PoW 的大概思想是要求打包区块的人在区块中投入一定的算力，或者说付出一定的算力劳动，这个劳动的标准是找到一个数学难题的正确解，并将这个正确解保存在区块中作为区块打包人的工作量证明。关于PoW 算法在"第 2 章介绍去中心化数字货币"中会有专门的介绍，在第 6 章，也会有关于 PoW 的一些说明。另外，在第 6 章也有其他共识算法的介绍，例如，

PBFT、PoS 和 DPoS 等。其实，共识算法虽然有不同，但是其目的都是一样的，都是确保网络中各个节点都能对账本数据结果达成一致认同。

其实，各种不同的算法实现的是不同的筛选方案，设计的初始目的还是一样的。限于篇幅，这里不再展开对于这些算法的详细讨论，大家明白了区块链系统就是通过这种共识算法来使得网络中各个节点的账本数据达成一致即可。第 5 章专门讲解了关于共识算法的一些内容，在那里有对以上共识算法的具体解释。

1.3　区块链技术架构的更替

通过上一节对记账方式演变和区块链技术实现的介绍与对比，我们能够知道使用区块链技术的目的就是维护一个公共的数据账本，区块链技术中所有的设计都是为了更好地对这个公共数据账本进行维护。

在这些设计中，共识算法主要用于在各个节点间统一账本数据；密码算法主要用于保证账本数据的篡改困难；网络通信主要实现了节点的快速发现和连接以及同其他节点的数据往来。

这么看来，区块链技术类似于一种精心设计的分布式数据库系统。区块链的发展到目前为止经历了区块链 1.0 架构、区块链 2.0 架构和区块链 3.0 架构这三代的更替。在这一节中，我们将简要地介绍区块链本身在这三代更替中发生的变化，而唯一不变的是区块链技术始终是类似于一种分布式数据库系统存在的。

1.3.1　区块链 1.0 架构

比特币是率先使用区块链技术的一个项目，可以毫不夸张地说，因为比特币的诞生，才有了区块链技术。也许是受到比特币的影响，其他人也开始使用 1.0 架构的区块链技术实现一些仅仅具有数字货币交易功能的系统，例如，达世币（Dash）系统、莱特币系统等。

事实上，这个阶段的区块链技术仅支持实现功能特定的应用，例如，最经典的数字货币交易系统，在开发人员将应用系统开发出来以后，用户能做的只是按照规则去使用，而二次开发或功能修改则是不被允许的。

图 1-8 以采用了区块链 1.0 架构的比特币系统为例，展示了其系统结构示意图。

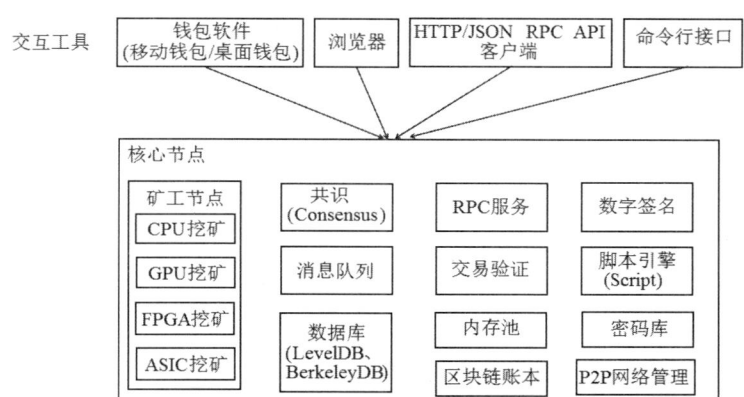

图 1-8　区块链 1.0 架构典型组成结构图

如图 1-8 所示，在整个应用系统中，主要分为交互工具和核心节点两部分，其中核心节点实现了系统的主要功能，包括发起交易、收发交易或区块数据、保存和管理区块链账本、产生新的地址以及挖矿等，交互工具实现了用户与核心节点交互的功能。可以这么理解，系统通过交互工具把操作接口留给了用户，核心节点只负责功能的实现，用户能通过命令行、钱包软件、浏览器界面及 RPC 客户端等形式与核心节点进行沟通。

在核心节点中，其他的重要组件已经在上一节做出了解释，通过阅读第 2 章关于去中心化数字货币系统的介绍，能够获得对区块链 1.0 架构的一个更深刻的认识，这里不再叙述。对于核心节点中的矿工节点，并不是所有的比特币用户都能运行此功能，或者担任这个角色。

在区块链 1.0 架构中（特别是在比特币系统中），矿工主要完成以下两个工作。

（1）记账。与若干个矿工进行算力竞争，获胜者就要将内存池中的交易数据打包到区块中，并添加到区块链账本上，然后将新的区块广播给其他用户。这里内存池中存储的数据是发生在网络中的交易，但是这些交易还没有被写入区块链中，也就是还没有被全网确认的交易，属于待确认的交易数据。

（2）接受奖励。矿工不会白白地付出，系统应当对他打包数据并广而告之全网的行为予以一定的奖励，奖励可能来自支付方所支付的交易费，但大部分情况下是系统凭空产生的，这样有利于新增货币的发行。

对于交互工具，和普通用户最相关的就是钱包工具，当然一些骨灰级用户通常会选择使用 RPC 客户端或命令行接口，但那些人只占所有用户的一小部分。

用户使用钱包工具的主要目的是管理自己的账户地址以及余额。钱包工具一般具有友好的 UI 界面，使用起来和其他的应用程序没什么不同之处，所以受到大部分用户的喜爱。

浏览器工具有它独特的功能，其使用方法就是登录一个网址，然后查看当前区块链网络中的一些相关数据，例如，每个区块的产生时间、最新的区块高度以及内存池中的交易数量等。此外，浏览器工具还能对发生的每一笔交易进行查询。

1.3.2 区块链 2.0 架构

在区块链技术的发展过程中，继区块链 1.0 架构之后出现了更加灵活的，能够支持自定义及部署智能合约的新一代区块链架构——区块链 2.0 架构。

同比特币是区块链 1.0 时代的先驱者一样，以太坊是区块链 2.0 架构时代的先驱者。不过与比特币专门用于收付款相比，以太坊支持通过编写智能合约来实现不同的处理逻辑（包括和比特币相同的收付款功能），这极大地方便了开发者创建去中心化的应用。从这一点来看，以太坊类似于一个定制 DApp 的开发平台。

另外，一些基于区块链 2.0 架构的应用也提供了内部数字货币（例如，以太坊的内部货币是以太币），从这一点来看，这些应用完全能自主实现基于区块链 1.0 架构的应用。这就好比以太坊可以通过编写智能合约实现一个比特币系统一样，因此，有些人认为以太坊就是在原有的比特币系统上经过扩展而来的。

以太坊是区块链 2.0 时代的经典作品，图 1-9 就以采用了区块链 2.0 架构的以太坊为例，展示了其系统结构示意图。

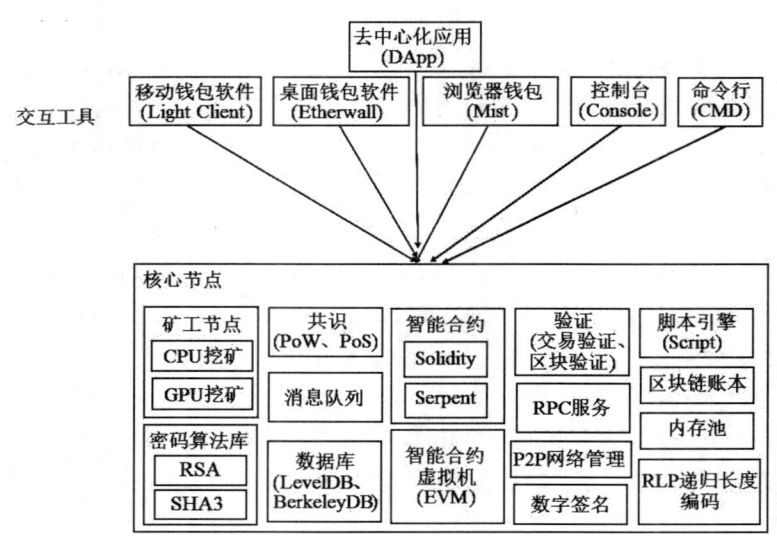

图 1-9 区块链 2.0 架构典型组成结构图

如图 1-9 所示，与区块链 1.0 架构相比，区块链 2.0 架构增加了一些组件，其中最突出的就是智能合约虚拟机（在以太坊中是 EVM）和智能合约的加入。

在以太坊中，智能合约是开发人员编写的区块链技术应用系统的算法实现（有点类似于脚本程序），不能将智能合约理解为一种编程语言，也不能将智能合约理解为一种开发工具，智能合约就是开发出来的程序。

令人欣慰的是，智能合约里不必从头开始构建区块链技术应用系统，共识算法、密码算法、网络通信等已经在以太坊平台准备好了。智能合约的开发和调试都需要配合开发工具进行，智能合约开发完毕后需要编译为字节码，然后才能部署到智能合约虚拟机上运行。

智能合约虚拟机负责解释字节码，就像 Java 虚拟机（JVM）解释 Java 字节码一样。凭借着这样的智能合约的体系设计，基于区块链 2.0 技术架构的应用（如以太坊）能够在比特币系统原有的功能上继续进行扩展，进而支持区块链应用处理逻辑的定制化开发，区块链架构也因此得以升级。

1.3.3 区块链 3.0 架构

以太坊项目的真正发起是在 2014 年初，项目的成形是在 2015 年，而项目真正进入公众的视野则是在 2016 年，也就是说，区块链 2.0 架构的出现是在两年前。与之相比，区块链 3.0 架构出现的时间还要更晚一些。

超级账本是区块链 3.0 架构中的一个具有代表性的项目，尤其是 Fabric 超级账本子项目。在超级账本中，区块链技术不再仅限于数字货币或者金融的应用范畴之内，它成为了一种广泛使用的解决方案，支持各个行业的数据定义。这些行业，如医疗健康、物联网、企业供应链、行政管理等，都在区块链 3.0 技术的支持范围之内，因此可以说区块链 3.0 技术更擅长于创建面向行业的应用。

谈到行业应用，首先要清楚的是行业应用的用户是有一定的范围的，仅限于一个市场或某一个企业内部，所以这就要求该应用具有身份认证以及许可授权的功能；其次，由于行业内部的竞争，一个企业往往需要数据在传输过程中不会被窃取，所以这就要求该应用具有保护交易信息传输通道的设计。当然，一些特殊的行业可能还会对应用具有其他的特殊的要求。

综上所述，对于提供给企业使用的行业应用，一般不会采用公共所有类型的区块链网络，而是采用组织私有类型的区块链网络。支持定制化的组织私有区块链网络的创建也是区块链 3.0 架构中引入的一项新的特性。

超级账本是区块链 3.0 时代的代表作品，图 1-10 就以采用了区块链 3.0 架构的超级账本 Fabric 为例，展示了其系统结构示意图。

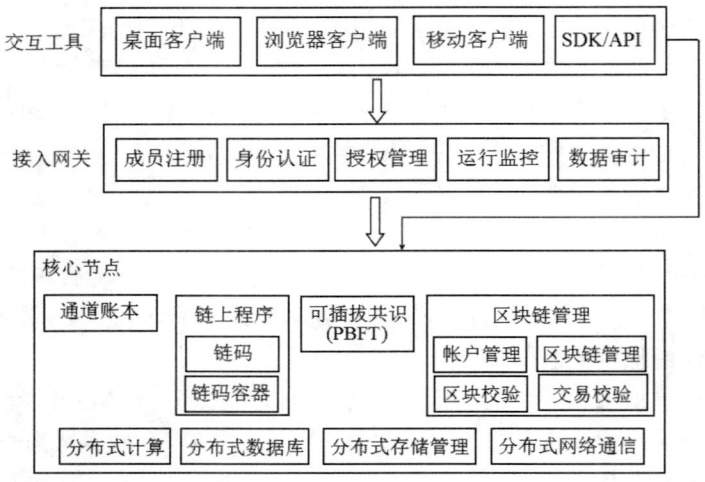

图 1-10　区块链 3.0 架构典型组成结构图

如图 1-10 所示，在区块链 2.0 架构的基础上，区块链 3.0 架构删减了一些组件，同时又增加了一些组件。

首先，在交互工具中，钱包工具变为了一个非必须项，这是因为区块链 3.0 架构允许定制化地选择是否使用数字货币，在一些有需要的场合，也可以通过智能合约编程的方式来实现数字货币。

然后，除了前端工具和核心节点外，区块链 3.0 架构中还增加了一个接入网关控制。接入网关控制的工作可以交给特定的节点担任，能够算得上是非常有特点的一个增设项，目的就是为了增加安全性，如成员注册、身份认证以及授权管理等，而数据审计则有利于加强数据的可靠性。

最后，区块链 3.0 架构的区块链将核心节点中一直沿用的共识协议改为了可插拔共识协议。可插拔共识协议的意思就是共识机制可以使用也可以不使用，这是在搭建网络时网络管理者选择配置的。

纵观这几个版本的区块链架构的发展，可以发现每一个新的架构都会在设计上比上一个架构更加灵活，有一种往框架的方向发展趋势。从事过程序设计的人都知道，在一般程序编写的过程中，使用框架的好处是能够降低开发的成本，在对其进行二次开发和配置后可以非常容易地达到预设的需求。

1.4　去中心化应用及其优缺点

普遍看来，我们之前所使用的互联网应用几乎都是中心化的。中心化应用指的是曰一个特定企业或个人作为服务端为某个应用及其用户提供服务，例如，腾讯公司为 QQ、微信等聊天软件提供服务，又如百度公司为使用他们的网盘的用户提供服务等。中心化应用的一个明显的特征就是依赖于中心化的组织提供相应的维护与服务，长此以往，中心化应用的弊端也逐渐显现出来，例如，运行情况不透明、容易发生单点故障和无法有效地防止网络审查等。

由于中心化应用存在着这些弊端，一些特定类型的应用的创建受到了限制，为了解决这些问题，与中心化应用对应的去中心化应用被开发了出来。在本节，我们将主要了解什么是去中心化应用、它与区块链技术有什么关系，以及去中心化应用有什么优缺点。

1.4.1 去中心化应用

去中心化应用（Decentralized Application，DApp）也是一种以网络为基础的互联网应用，顾名思义，去中心化应用不需要特定企业或个人作为服务端为某个应用及其用户提供服务支持。去中心化应用是在点对点的网络上运行，并且应用的源代码是开源的，此外由于不再需要特定企业或个人提供服务，所以网络中不存在能够完全控制 DApp 的节点。

在 DApp 中，由于没有了中心化的组织，所以首先要解决的问题就是如何存储用户需要用到的程序数据。比特币就是一款典型的去中心化应用（下一章会详细地介绍比特币），它开创性地使用了区块链数据结构来存储应用数据。

由于去中心化应用运行在点对点（Peer to Peer）的网络上，而网络中的这些计算节点都是对等节点，这就意味着可能会出现某些节点得到的应用数据被恶意篡改的情况，所以其次要解决如何防止被恶意篡改数据或者与他人分享错误信息的问题。这就需要在对等的节点之间产生一个共识，以确认某个节点发布的数据是否正确。对于中心化应用，解决这个问题很容易，使用中心服务器就可以了，但是对于 DApp 而言，并不存在这样的一个中心服务器，因此这确实是一个不小的挑战。幸运的是，一致性协议（Consensus Protocol）可以用来解决这个问题。不同的 DApp 使用的一致性协议也会不同，例如，比特币使用的是工作量证明协议（或称为工作量证明算法，PoW）来达到节点间共识的目的。

每个用户都通过一个客户端（client）来运行 DApp，这个客户端也就相当于分布式应用中的一个服务端。一些 DApp 客户端还会提供丰富的应用程序编程接口（Application Programming Interface，API），对于具有探索兴趣的非专业开发者，这些 API 能够帮助他们开发出更具特色的其他客户端。最后要说的是，为了完成以上的设想，DApp 客户端应该是开源的，并可以被自由地下载使用，这样整个去中心化的想法就能比较好地实现了。

在上面提到了分布式应用，这里来解释一下什么是分布式应用。分布式应用是指将应用分布在多个对等的服务端上，而非只有一个服务端。分布式应用主要应对具有大量的应用数据和通信数据或者依赖的某个服务端停机造成系统大面积瘫痪的场景，在这些情况下，应用分布式化是非常有必要的。由于分布式应用会在多个服务端中对应用数据和通信数据进行备份，所以运行起来具有较高的可用性。

一般无法保障所有的中心化应用都是分布式的或者都不是分布式的，这是因为服务提供商有可能会准备多个服务端来完成相同的功能，但可以肯定的是，去中心化应用都是分布式的。

1.4.2 去中心化应用的优点

DApp 有着一些中心化应用无法比拟的优点。

首先，由于它们原生就是分布式应用，所以相对于中心化应用来说具有更高的容错性，并且不会发生单点故障。

其次，由于不存在中心机构，并且任何节点都可当作一个服务端，所以网络中不存在能够完全控制 DApp 的节点，也就是说，不存在单一的机构或个人能够成功入侵应用数据或通信数据，并强制性地删除或修改一些内容。

再次，如果运行 DApp 的网络非常庞大，用户非常多，那么关闭这个应用的可能性几乎为零。但这对于中心化应用而言，直接关闭中心机构的服务器就可以了。

最后，由于上述优点的存在，用户可以对 DApp 产生较高的信任度。因为应用的安全稳定运行是用户非常关注的一个问题，尤其是那些涉及重要机密以及财产的应用，所以用户对 DApp 的信任，也算是它的一个优点。

1.4.3 去中心化应用的缺点

任何事物都不是十全十美的，DApp 也存在着一些固有的缺点。

首先，DApp 的维护成本比较高。这是因为去中心化应用是分布式的，同步更新 DApp 或修改原有的 bug 必须对运行在每一个节点的 DApp 都执行相同的操作，而这些节点的数量可能是数千万乃至上亿个。

其次，对于需要账号和密码才能登录的 DApp 而言，开发人员还须思考如何才能验证用户的身份（即账号和密码的正确性）。在中心化应用中，这不是难事，只要将用户输入的账号和密码通过网络输送至中心服务器，服务器再将其与数据库中存储的账号密码信息对比即可验证该用户输入的账号和密码是否正确。

最后，共识协议是一个去中心化应用中必不可少的部分，但共识协议设计起来相对复杂。想要更多地了解关于共识协议的内容，可翻阅本书第 5 章。

1.5 DApp 中的用户

许多互联网应用在为用户提供服务时都是依靠用户创建的账户（或地址）来识别用户，DApp 中也应该这么做。在以中心化服务提供商为安全基础的中心化应用中，创建账户可能只需要输入账户名称以及密码就可以了，密码由服务提供商存储并予以保护。但是在 DApp 中，由于不存在这样的服务提供商，所以保护账户密码的安全就需要依靠透明的数学原理。

比较靠谱的办法是使用一个公钥-私钥对（public-private key pair）来辅助保护账户和密码的安全。公钥-私钥对是密码学中的一个名词，可以从私钥产生公钥，但是要保证不可能从公钥推导出私钥。账户可以从公钥计算 Hash 值而得到（也可再经过其他步骤），是用户身份的代表。在使用账户进行交易时，交易相当于改变了公共大账本中的数据，所以还需要提供由私钥产生的签名。在公钥-私钥对中，公钥可以对外公布，但是私钥一定要妥善保管，如果私钥泄露，那么账户中存储的数据或价值有可能会被窃，如果私钥丢失，那么用户想要再使用账户的希望是渺茫的。

使用公钥-私钥对的方式能够较好地达到隐匿用户个人信息的目的，但是在一些 DApp 中还要求具备身份验证与权限管理的功能，这在以区块链技术 3.0 架构为基础的 DApp 中尤为常见，典型的就是超级账本 Fabric。这种具有身份验证与权限管理功能的 DApp 多见于组织或企业内部，具有较高的专用性和针对性。

数字化的身份信息是能够让用户方便持有并快速通过其他用户验证的良好媒介，也是管理用户权限的最佳方案。在多种形式的数字化身份信息中，最受推崇以及使用最广泛的当属数字身份证书。证书要由 DApp 中特定的机构颁发，在持有合法的数字身份证书之后，所有用户以及 DApp 应用本身都能通过数字身份证书验证持有者的身份。

其实数字身份证书就是通过证明公钥的所属来达到存储用户信息的目的，它的存储形式就是一个电子文档。为了验证证书本身的真实性与合法性，在证书内应该还要包含用证书颁发机构的私钥进行加密的证书签名部分。如果要对证书本身进行验证，那么可以使用证书颁发机构的公钥解码证书签名部分，解码成功则说明该证书由该机构颁发并且真实合法。

一些出现的较早且比较成功的 DApp 都提供了对内部数字货币的支持，例如，比特币系统，它是一种去中心化的数字货币系统，也是一个 DApp。比特币系统中的内部货币就是比特币，系统的作用就是实现账户之间的转账。采用区块链账本分布式地保存交易账目的这种做法，除了可以很好地防止篡改外，维持比特币系统能够稳定运行的另一个优势就是一些人可以通过硬件资源换取收益。这些人就是所谓的"矿工（miner）"。

矿工负责产生组成区块链账本的区块，区块内是一笔笔的交易，这个产生区块的过程就是所谓的"挖矿"。要让用户相信矿工所产生的区块并对其中包含的交易达成共识是一个比较麻烦的问题。比特币系统采用挖矿赚取矿工费回报的方式来鼓励矿工打包交易到区块中，但是挖矿的过程会对硬件资源造成非常大的负担，如果矿工能够诚实地打包交易到区块中并且在最短的时间里挖矿成功，那么他就会得到系统给予的矿工费回报——一定数额的比特币。

在后续以区块链技术为基础的 DApp 中逐渐弱化了对内部数字货币的支持，比特币系统支持内部数字货币的原因是他本身就是为支付和收款而准备的，此后的以太坊虽然支持以太币，但是以太坊本身却不再仅仅具有支付和收款的功能，紧接着出现的超级账本 Fabric 虽然名字中含有"账本"二字，但是本身却不再提供内部数字货币。

1.6 著名的 DApp 应用

前两节介绍了一些关于 DApp 的内容，主要讲解 DApp 是什么及其与中心化应用之间存在的区别。本书的主题是区块链技术，而 DApp 是一个比区块链技术更广泛的概念，因此 DApp 本身不在本书主题范围内。尽管如此，介绍区块链技术时又离不开对 DApp 的介绍，因为使用了区块链技术的应用，本身就是一种 DApp。

本节要介绍一些典型的 DApp 应用。对于这些 DApp 的介绍都力求简洁明了，因为和本书主题相关的 DApp 都被安排在了后续的章节中进行详细的介绍，而对于其他不与本书主题相关的 DApp，只需要达到理解其工作原理的程度就可以了，没必要深入追究。

1.6.1 比特币

在几年前，比特币（Bitcoin）是一个非常热门的 DApp，尽管一些国家对其采取了抵制的态度，但它带来的区块链技术却是开创性的。简单来说，比特币就是一个去中心化的加密数字货币系统，它使用一个区块链账本记录在所有用户间发生的交易。

那么，区块链账本在比特币系统中是如何发生作用的呢？

广义上的区块链技术非常复杂，涵盖了计算机技术的方方面面，为了简单说明，我们将比特币系统中使用的区块链技术理解为一种数据结构。区块链账本就是采用了这种数据结构的交易记账结果，账本的组成单体就是一个又一个的区块。在区块中主要包含成百上千条交易信息、前一个区块的哈希值（Hash）、时间戳（timestamp）以及区块高度值等，当然还有像版本号一类的辅助标识信息。区块和区块之间的连接关系依靠区块内包含的前一个区块的哈希值，这个由对前一个区块计算哈希值得出的结果能唯一标识该区块，不同的区块不会计算出相同的哈希值。依靠存储了前一个区块的哈希值，这些区块之间自然也就形成了一条彼此相连的链。

在比特币系统中，拥有一个货币地址的机器看作是比特币网络中的一个节点，每个节点都会接收来自其他节点传递过来的区块和交易数据，同时也会向其他节点转发区块和交易数据。在接到区块后，验证无误就能存入本地保存的区块链账本。在这个区块链账本中，保存的交易不仅仅是和自己相关的，甚至可以同步全网中发生的所有交易。即便是全网中任意一个节点或数个节点删除或更改了自身所保存的区块链账本中的交易数据，只要这份账本被其他人也保存了，那么他所作的删除或更改都是无效的。

在比特币系统中，为了保障新挖出的区块的正确性以及整个区块链账本的安全性，开发者特别引入了工作量证明（Proof of Work，PoW）共识算法。矿工要将他所接收到的交易打包到一个区块内，并发布给其他的节点，那么怎么确定矿工所打包的交易一定是没有被修改过的呢？工作量证明算法要求矿工在挖矿的时候以付出一定的计算量作为代价，并因此得到一些挖矿奖励，这对矿工付出的工作是一份奖励，在区块被成功挖出后还要经受各个节点对其的校验，矿工打包交易进区块前这些交易也同样会被各个节点校验。校验的工作由软件自动完成，同时还会与已保存的区块链账本核对，一旦发现区块或交易不合法，节点便有权拒绝接收该交易或区块，如果区块被众多节点拒收，系统还会将奖励给矿工的费用收回。

比特币系统属于一种去中心化的数字货币系统，关于区块链技术在去中心化数字货币系统中的应用在第2章中会有更详细的介绍。尽管比特币中使用的区块链技术是开创性的，但是提到比特币，很多听说过其名的人总是会在脑海中泛起一个意识——政府对比特币的管控非常严格。的确作为一种纯货币的去中心化应用，它的一些不安全因素使得政府部门不得不加紧对其的看管，甚至有些国家（少数国家）认为它是非法的。

在这些不安全因素中，首先就是它存在着可用于洗钱的风险，这主要是因为账户与他们的比特币之间不存在任何的标识；其次，由于比特币兑实际货币的汇率存在着起伏，所以人们丢钱的风险很高。

与去中心化的货币系统相比，中心化的（或者说内部的）货币大部分都是合法的，因为它们完全在政府（一个中心组织）的管控下，这就使得风险少了很多。

不过，尽管有这些风险的存在，还是有些国家支持比特币的使用，那些乐于使用比特币的人，他们的主要观点是，比特币也可以实现快速便捷地发送和接收；低汇率买进比特币再高汇率卖出比特币可以赚取一些外快；黑客即使从区块链的交易数据中提取到了用户的地址，他们也无法窃取这个比特币地址中的比特币，因为用户在支付时需要使用他自己独有的密钥对这次的交易进行签名。

1.6.2 达世币

达世币（Dascoin）系统是一种在比特币系统的基础上开发出来的去中心化数字货币系统，在一些关键的设计上都参考了比特币系统。与比特币系统一样的是都采用了 PoW 共识算法，公共账本也都采用了区块链数据结构，并且也都是由矿工负责区块的挖取。

尽管比特币系统开创了区块链技术的应用并且取得了不错的效果，但是无论是在设计上还是在运行上，比特币系统总给人一种还可以继续完善的感觉。达世币不仅仅模仿了比特币系统中精华的部分，还对比特币系统中可以继续有所提高的部分做出了相应的改进。

达世币系统在隐藏参与交易账户的信息方面做出了一定的改进。要知道，比特币系统对于每一个交易数据都是不加密的，因为比特币系统没有将对于用户来说敏感的个人数据放到交易数据中，所以即便交易数据对外完全公开也不会造成安全上的隐患。达世币系统将交易中的账户信息予以加密，包括货币地址、交易签名和金额，这是因为达世币系统的开发者认为尽管货币地址和交易签名不是值得保密的信息，但是一旦把这些信息暴露出去，任何人花费达世币的历史都是可追溯的，交易所甚至会把用户的身份信息直接透露给监管及机构。站在用户的角度考虑，这些是不被接受的。

此外，在比特币系统中，一笔交易要先传递到矿工节点那里，然后由矿工运行挖矿算法来获得这个区块的工作量证明，只有在矿工打包的区块被多数的节点确认并接收后，这笔交易才被认为是合法的。这样的机制明显很慢，一笔交易少说要 10 多分钟，多则半天才会被承认。达世币系统开通了及时支付功能，一笔交易能及时地被确认和到账。另外，交易中放入一定的手续费可以鼓励矿工尽快地打包交易，但手续费并不是必须的，相比于比特币系统中的手续费标准，达世币系统中的手续费标准明显更低。

普通节点是达世币系统中最普遍存在的节点，他们大都是需要完成转账或收款的用户。除了普通节点外，在达世币系统中还存在矿工节点和主节点。矿工节点非常好理解，就是达世币矿工所代表的网络的节点，他们同样是负责将交易打包到区块中并传播出去。普通节点和矿工节点在比特币系统中同样存在，达世币相对创新的地方就是设计了"主节点"，这是在达世币系统中应用的主节点网络技术。普通节点或矿工节点成为主节点的条件就是拥有一个完全静态的 IP 地址，以及由系统冻结拥有的 1 000 个达世币。

主节点在网络中享受收益。在比特币系统中，每挖出一个区块，区块内交易中所包含的交易费和系统对矿工的奖励费总体上是归于这名矿工所有的，但是在达世币系统中，总体的这些费用中只有 45%归于这名矿工，还有 45%平均分给全网主节点，而另外的 10%由主节点投票决定其归属，通常这 10%会用于系统的建设。

关于达世币系统还有诸多未尽的详细事宜，有兴趣研究和尝试达世币系统的读者可访问达世币系统的官网（https://www.dash.org/）。

1.6.3 零币

零币（Zcash）系统源自于 Zerocoin 项目，和达世币系统、比特币系统一样，都是一种使用了区块链技术的去中心化数字货币系统，并且也是参考比特币系统改进而来的。

零币系统同样是隐藏了交易数据中的货币地址、交易签名和金额这些信息，并且同样是出于进一步保护用户隐私性的目的。零币系统采用了一种称为"零知识证明"的机制来完成隐匿部分交易信息的功能。这种零知识证明机制可以在无需公开发送者、接收者以及交易数量的条件下验证交易。

有兴趣尝试零币系统和研究零知识证明机制的读者可访问零币系统的官网（https://z.cash/zh/）。

1.6.4 莱特币

和达世币系统、零币系统比起来，莱特币（Litecoin）系统和比特币系统具有更近的"血缘关系"，毫不夸张地说莱特币系统就是比特币系统的克隆，甚至莱特币系统和比特币系统所使用的钱包软件也是非常相似的。图1-11对比了两款数字货币系统的钱包软件主界面，（a）图为莱特币系统主界面，（b）图为比特币系统主界面。

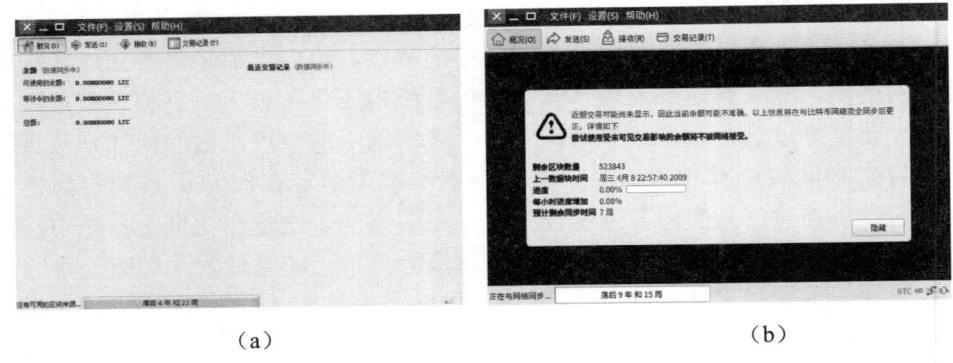

图 1-11　莱特币系统和比特币系统的钱包软件界面对比

当然，莱特币系统也并不是完全地克隆了比特币系统，还是稍微做了一些改变。例如，比特币系统原计划是发行 2 100 万个比特币，而莱特币系统在此基础上翻了4倍，比特币系统中每个区块的挖出时间是大概10分钟，而莱特币系统则缩短为 2.5 分钟。

其实莱特币系统对比特币系统最大的改变当属挖矿算法。在比特币系统中，矿工运行 SHA-256 哈希算法得到区块工作量证明的解，这是一种常见的哈希算法。在莱特币系统中，SHA-256 算法被换成了 Scrypt 算法。相比于 SHA-256 算法更倾向于需要较高的计算性能，Scrypt 算法则是对内存的带宽和容量有更大的依赖。

在莱特币系统发展的过程中，所遇到的问题几乎和比特币系统一模一样。相对低成本的挖矿使得区块链分叉的情况越来越容易发生（区块链分叉见第 3 章）。为了提高交易的验证速度，莱特币系统抢在比特币系统之前（2017 年 5 月）支持了隔离见证（隔离见证见第 3 章）。

对于想进一步了解莱特币系统的读者，可到莱特币系统的官网（http://www.laiteb.com/）进行相关的学习。零币系统、达世币系统和莱特币系统本质上和比特币系统一样，都是去中心化的数字货币系统，因此一些人甚至称呼零币系统、达世币系统和莱特币系统为比特币系统的"朋友圈系统"。

1.6.5　以太坊

以太坊（Ethereum）并不是一个像比特币系统或零币系统那样具有特定功能

的去中心化应用，准确来说，以太坊更像是一个平台应用，用于开发基于区块链技术的去中心化应用。在以太坊平台上开发 DApp 时要使用一个或多个事先编写好的智能合约（一种在以太坊上运行的程序），这些智能合约合作实现了一个 DApp 的功能。

以太坊支持智能合约的特性扩展了在以太坊中"交易"一词涵盖的范畴。通常在使用比特币系统或达世币系统时交易就是转账一类的，但是在以太坊中则不然，除了可以进行数字货币的转账交易外，投票、众筹和聊天等都能算作是一起交易。也就是说，能被封装成数据包的数据转移都能在以太坊中称得上是一起交易。这就是区块链 2.0 架构的优势，应用能够定制化开发，交易所涵盖的范围也更广。

理论上来说，可以在以太坊平台上通过设计智能合约实现一个比特币系统，这可能是对于智能合约的美妙之处最生动的描述。不过，在以太坊上创建 DApp 也有一些限制，并不是所有种类的 DApp 都能在以太坊上完美地实现，只有当某类 DApp 要实现的功能在以太坊的支持范围内时，才能接着考虑该 DApp 要如何进行设计。

可即便是区块链 2.0 架构，发生在以太坊网络中的交易仍需挖矿，同时，现阶段的以太坊仍是采用的 PoW 共识机制。以太坊账户同样可以保存一份完整的区块链账本，这份账本中的区块包含了来自全网的所有的交易。

以太坊也具有内部货币，即以太币（eher）。在使用智能合约实现去中心化的数字货币系统时，以太币就可以用来进行交易。以太币并不会像比特币那样单纯地用于交易，使用到以太币的情况多见于奖励矿工挖矿、部署智能合约和执行智能合约函数等。

关于以太坊的简短介绍就到此结束，第 7 章和第 8 章将深入介绍以太坊的内容，所以这里不再展开过多的描述。同样，有想了解以太坊的读者可访问以太坊的官网（https://www.ethereum.org/）。

1.6.6　超级账本

超级账本（Hyperledger）项目是一个比较庞大的项目，总体上和以太坊一样，是一个以区块链技术为基础实现去中心化应用的开发平台，主打适用于企业或特定集体的具有授权功能的 DApp 开发。

时至今日，超级账本 Hyperledger 大项目下面已经开发出了 8 个子项目，包括 Fabric 项目、Sawtooth 项目、Iroha 项目、Blockchain Explorer 项目、Cello 项目、Indy 项目、Composer 项目和 Burrow 项目。

在这 8 个子项目中，Fabric 是最早出现的，也是最成熟的。Fabric 本质上就是一个具有授权和身份管理功能的 DApp 应用的开发平台。在 Fabric 上，开发人员可以通过开发用户应用链码实现需要的功能，用户应用链码其实就相当于以太坊中的智能合约。

除了要实现具有所需功能的用户应用链码外，在真正地运行用户应用链码前，还需要搭建 Fabric 的网络环境以及发放数字身份证书，这是和比特币系统以及以太坊都有所区别的地方。在比特币系统中，默认网络环境就是全球范围内的大网络环境，在以太坊中，以太坊原生支持全球范围内的大网络环境，另外也可以搭建私有网络，但是却不具备身份认证和权限管理等机制。

其实 Fabric 和比特币系统、以太坊之间存在不同正是区块链 3.0 架构最新特性的表现。在 1.3 节中讲解了 3.0 架构的区块链技术增加了对身份认证、许可授权和加密传输等功能的支持，因此更适合开发定位准确的行业应用。另外，Fabric 支持不使用共识协议，也支持使用拜占庭容错算法共识协议，这种可插拔的共识也是区块链 3.0 架构中引入进来的。

超级账本的 Sawtooth 子项目和 Fabric 子项目的定位以及功能都相同，都是基于区块链技术的去中心化应用开发平台，Sawtooth 子项目实现了对一种新的共识机制——消逝时间量证明（Proof of Elapsed Time，PoET）。Iroha 项目同样支持开发基于区块链技术的去中心化应用，在此基础上，Iroha 强化了 Web 和移动特性的支持。Blockchain Explorer 项目可以作为一款基于浏览器的区块链账本信息查看工具使用，能够查看绑定区块链的状态信息（区块个数、交易历史等）。Cello 项目提供了区块链平台的部署和运行时管理的相关功能，在使用 Cello 时，即便链的管理员不是开发者，也可以轻松地部署和管理多条区块链。Indy 项目主要提供了一种在去中心化应用中的数字身份管理机制。Composer 项目可以看作是一款用户应用链码开发辅助工具，提供语言层面的支持，包括自动生成代码等。Burrow 项目主要提供了对以太坊虚拟机的支持。

关于超级账本中的 Fabric 在本书后面的两章中会有比较具体的介绍。另外，超级账本本身可以看作是一个联合的项目，参与进来的力量非常多，包括很多实力雄厚的公司（如 IBM、Intel、AMD 等），也有很多初创企业，当然社区的力量也非常庞大。想要快速地了解超级账本，可访问官网（https://www.hyperledger.org/）。

1.6.7　Ripple

Ripple（瑞波）可以当作一个去中心化的转账平台使用。Ripple 出现得比较早（大概是 2004 年），尽管也使用了类似区块链账本的数据结构，但由于当时

"区块链"这个概念还没有出现,所以关于 Ripple 的介绍中并没有类似"区块"或"区块链"等关键词。

Ripple 设计有内部货币——瑞波币(XRP)。在 Ripple 中,存在网关节点和普通节点两种节点,其中网关节点就相当于代理人的作用。在普通节点想要支付 XRP 从商贩那里购买物品时,他需要先连接到信任的瑞波网关节点,然后将购买物品的瑞波币转到网关那里并告诉网关要参与交易的商家以及购买的物品。商家会通过连接到信任的瑞波网关节点并提供密码的方式接收从其他瑞波网关节点那里传递过来的交易请求,进而完成一次交易。

在 Ripple 中,普通节点与网关节点之间的信任很重要,两个网关节点之间的互相信任也很重要,其实说白了就是构建出一个信任链,如果两个普通节点所连接到的网关节点互相不信任,那么就可以再连接到中间网关节点,直到构建出一条信任链为止。

在 Ripple 中,网关节点和普通节点之间的关系是雇佣与被雇佣的关系,所以在两个或多个普通节点之间转移瑞波币的时候,通常还要付给网关节点一些佣金。佣金的多少由信任链上网关节点的数量决定,数量越多,往往佣金越高。

Ripple 的运行具有明显的对熟人关系网的依赖,利用的是普通节点与网关节点或网关节点之间的共同信任,这一点和运行于中世纪的阿拉伯半岛的 hawala 网络有着非常相似的机制。hawala 网络就是依靠熟人与熟人之间的相互信任达成跨地域范围的交易。Ripple 实际上处理交易的速度并不慢,在全球范围内平均每秒 1 500 起交易可以被 Ripple 处理,每起交易的平均处理时间在 4 秒左右。尽管 Ripple 有着与比特币系统比肩的网络性能,但它是一个非常小众的存在,这也算是 Ripple 非常遗憾的地方。

1.6.8　OpenBazaar

简单地可以将 OpenBazaar 理解为一个去中心化的电子商务平台,就好像去中心化的淘宝或者去中心化的 eBay 一样。在 2014 到 2016 年间,OpenBazaar 就像一个区块链领域的杀手一样闯入人们的视野,一时间很多币圈与链圈的媒体都争相对其做出报道。

按照官方的说法,创建 OpenBazaar 的目的就是创建一个完全自由的买卖市场,无论是买方、卖方还是中间人,都可以加入 OpenBazaar 并成为网络中的一个节点。中间人在 OpenBazaar 网络中的作用就是当遇到买卖双方有争端的时候出面调解,借此机会中间人可以收取一定的手续费。

使用 OpenBazaar 进行交易拥有足够的安全性,并且抗审查,因为 OpenBazaar

中的每个用户都不是匿名的，其 IP 地址被软件记录着。在共识机制方面，Open-Bazaar 和比特币系统一样采用的是工作量证明机制。

OpenBazaar 不提供内部货币，但是支持买方和卖方用比特币、Zcash 和 BCH 进行交易。相比起其他平台在交易过程中充当最大的中介商，官方称开发 Open-Bazaar 的目的就是当作一款开源软件使用，并试图利用区块链技术消除一切可能存在的中介费用与服务费用，从而让消费者得到更多的实惠。

早期的 OpenBazaar 是一个非常不错的项目，并且也得到了广大消费者高度的评价，从使用便携性方面来说也非常不错，至于在后面的几年里逐渐销声匿迹，可能是一部分卖家没有能够正确地认识到区块链技术带来的便携性，从而导致平台上物品种类稀少，另外也可能是一些中心化的电商平台耗费了大量的人力物力去进行平台的维护，从而使得这一类的平台相比较 OpenBazaar 有更快的成交速度。

如果对 OpenBazaar 这个平台感兴趣，那么可以到 OpenBazaar 的官网（https://www.openbazaar.org/）下载安装这个平台。OpenBazaar 本身并不是很大（约 100MB），官网提供了 Windows、Mac OS 和 Linux 3 个系统平台的版本，同时详细地介绍了安装的方法。

1.6.9　IPFS

IPFS（Inter Planetary File System，星际文件存储系统）是一个将文件存储系统去中心化后的结果，比起这个称呼，我更喜欢称之为"文件共享系统"。

在文件存储时，IPFS 先将一个文件分解为多个数据块，每个数据块约 256KB，然后对这些数据块计算 Hash 值。在每个节点内，由一个文件计算出的这些哈希值被存储在一个哈希表中，如果多个节点都在哈希表中存储这份文件的 Hash 值，那么就是文件的 Hash 值被维护成分布式哈希表（Distributed Hash Table，DHT）。每个节点也可以不存储完整文件的全部 Hash 片段，而仅仅存储所需要的文件片段所对应的 Hash 值，这样在本地就维护了一个不完整的文件哈希表。

当需要获取文件或文件部分片段时，可以发送对应的 Hash 值到 IPFS 文件系统中进行请求。IPFS 文件系统借助 P2P 的网络架构将每个 Hash 值传播给距离发出请求最近的节点，接着这些节点又将每个 Hash 值传播给与自己最近的节点，以此类推。

节点在存储哈希表的同时，还要存储与之对应的文件片段。一旦在某个节点保存的哈希表中找到了相同的全部或部分 Hash 值，那么就表明这个节点存储了请求者所需要的文件片段，最后这些文件片段就会被原路返回给发出请求的节点。

IPFS 的目标是辅助（将来甚至是取代）目前在互联网中被广泛使用的超文本传输协议（HTTP），通过 IPFS，一些具有相同文件的节点可能会相互连接在一起。在 IPFS 中获取文件的办法不再是像 HTTP 中那样基于域名采取联合寻址的方式，而是一种所谓的基于内容的寻址。

不过，请求者能够得到他所需要的文件片段的前提条件是网络中其他节点恰好保存了这些文件片段，如果某个文件在 IPFS 文件系统中不是那么受欢迎，那么该文件将有可能从 IPFS 中消失。新的文件可能也会不被网络中的其他节点保存，这时可以通过文件共享的方式将文件推送出去。

关于 IPFS 的更多设计细节，可访问 IPFS 的中国社区（http://www.ipfs.cn/）。

第 2 章　区块链的最初应用——去中心化数字货币

在上一章我们讲解到区块链的思想源自于比特币（Bitcoin）开源项目。也许你不会特别理解这样的一个观点，因为在那里我们并没有着重地对比特币予以介绍，而只是对区块链的整体设计思想进行了简单的讲解。

实际上，将区块链技术用于实现去中心化的数字货币系统是非常成功的实践，而比特币系统也可以算得上是去中心化数字货币系统中一个典型的存在。去中心化数字货币系统的大多数设计灵感都来源于更早存在的传统中心化数字货币系统，只是创新性地加入了区块链技术。本章是专为解释区块链技术如何被运用在去中心化的数字货币系统中而准备的。

在本章，首先呈现出来的是对传统数字货币系统的介绍以及比特币的诞生（2.1 节），然后讲解去中心化数字货币系统是如何运作的（2.2 节），以及区块链思想是如何体现在数字货币的去中心化中的（2.3 节与 2.4 节）。

2.1　数字货币的去中心化历程

通俗来说，数字货币指的是在对现实中的实体货币进行数字化处理后得到的一种具有面值的货币。当然，如果将这里所说的数字化理解为计算机的一种扫描技术，那就错了。就好像数字签名一样，我们并不会将数字签名理解为一种对亲笔签名进行扫描后得到的数字图像，更不会理解为从触摸板录入的手写签名。

比特币就是一种典型的数字货币，但更好的习惯是将其理解为一种"高级"的数字货币。在比特币的交易过程中，为了使一笔交易能够获得大众的认可，创作者（即中本聪，在 2.1.2 节会有相关的介绍）率先提出了区块链的思想。

在比特币付诸使用以后，事实证明区块链是一个非常棒的想法。

然而，任何事物的诞生都不是一蹴而就的，比特币也不例外。在比特币诞生之前，世界上已经存在了很多种与之类似的数字货币。由于或多或少的自身设计上的缺陷，这些"先驱"数字货币注定都没有进入大众的视线（至少没有比特币那样影响广泛），留下的只是后来的专家学者们在已有成果的基础上对数字货币的进一步思考。

2.1.1 加密数字货币的过去

对于数字货币的研究可以追溯到 20 世纪 80 年代，从那时起就开始出现了一些比较经典的数字货币，它们都可以看作是现代数字货币的雏形。在这些比较经典的数字货币中，我们要进行简单介绍的是 E-cash、HashCash 以及 B-money 等。

1983 年 David Chaum 在其论文 *Blind Signature for Untraceable Payments* 中提出了无法追踪的密码学盲签名付款技术，这可以看作是对加密数字货币的最开始的研究。后来 David Chaum 在 1990 年将他在论文中提出的想法付诸实现，这也就出现了后来广为人知的首个匿名化的加密数字货币——E-cash（electronic cash）系统。David Chaum 为了方便用户使用 E-cash，他还成立了一个公司 Digicash，不过 Digicash 最终失败了，E-cash 也没能进入大众的视野。导致 David Chaum 的想法失败的原因是，E-cash 只面向具有小额支付需求的用户，这就限制了一部分人使用 E-cash，另外 E-cash 的运行需要像 Digicash 这样的中介公司，中介公司的收益要从用户那里获得，在不能提供任何便利的情况下还要收取一定的费用，用户自然不会为之买单。

E-cash 虽去，但是 David Chaum 提出的基于密码学的盲签名付款技术却影响着后来的加密数字货币。所谓盲签名付款技术，是一种用于实现付款方匿名的技术，即交易发起者将待签名的一笔交易经一个称为"盲变换"的过程后转为不可见的消息，然后发送给交易接收者进行签名，消息对于接收者而言也不可见，这样就保证了签名消息的无法追踪特性。

一旦交易被签名，就代表交易接收者同意进行这笔交易。经过了盲签名的交易，即使交易被公布，谁也无法追查出签名的人是谁以及是在什么时候进行的签名，即使是签名人也是如此。一方面，盲签名的匿名性很好地保护了用户的隐私，另一方面，盲签名的匿名性也为许多不法分子提供了方便，他们可以趁机进行一些无法被追赃的违法犯罪活动。

跟随着 E-cash 的步伐，1997 年 Adam Back 在其论文 *Hashcash - A Denial of Service Counter-Measure* 中提出了 HashCash。HashCash 是一个基于 Hash 算法（关于 Hash 算法在 5.1 节会有介绍）的支付系统，从客观意义上来讲，HashCash 的设计初衷并不是为了解决数字货币系统的中心机构依赖的问题。在大多数情况下，它被用来解决垃圾邮件过滤问题，也可以说是解决在接收邮件时存在的 DoS 攻击的问题。

接下来，就来讨论一下为什么 HashCash 会被应用在这些场合。在密码学中有一种被叫作 RSA 加密锁算法的非对称加密算法，它是由 Ron Rivest、Adi Shamir 和 Leonard Adleman 在 1978 年时一起提出的，RSA 的命名就是他们三人的姓氏首字母拼在一起，当时他们三人都工作于美国麻省理工学院。RSA 加密算法的灵感来源于数学中的大数字分解困难，通俗的理解就是，对于一个很大的数字，求解得到它的乘数因子非常困难，而对于小一点的数字，求解得到它们的积则非常容易。

尽管 HashCash 用到的不是 RSA 而是 SHA 算法（Secure Hash Algorithm，安全哈希算法），但是本质上还是基于解决类似的数学难题，希望在付出大量的工作（准确地说是付出 CPU 的计算代价）得到正确的结果后才能被允许继续执行某种操作（如发送垃圾邮件到你的邮箱）。在这种机制的支持下，为了完成垃圾邮件过滤的功能，可以添加一个规则，除了经常给我发送电子邮件的朋友之外，任何人想要给我发送电子邮件时我都要求他在邮件的头部加一个字符串戳记（hashcash stamp），对这个戳记我会计算它的 SHA1 散列值，只有当这个散列值满足一定的条件（比如某些位的值是 0）时，这个邮件才会被接受。为此，邮件发出者必须付出 CPU 的计算代价才能得到这个正确的字符串戳记。按照 CPU 的运算速度，即使得到这个字符串戳记的运算时间不会太长（几分钟或者十几分钟），但是对于一个发送垃圾邮件的系统而言，再试图在极短的时间里发送出数以万计的邮件将会是一件非常具有挑战甚至是不可能的事情，因为每个用户需要得到的字符串戳记结果都是不一样的。他们的 CPU 为此需要付出更多的计算代价。

SHA1 散列值是一种用 SHA1 哈希加密算法得到的一串字符。哈希加密算法的显著特征是对于一串输入数据，无论数据多长，得到的散列值数据结果都是长度固定的。散列值数据结果的固定长度一般都要视所使用的具体算法而定，例如，在使用 SHA1 哈希加密算法时散列值数据结果的长度是 160 bits，而在使用 SHA-256 哈希加密算法时散列值数据结果的长度是 256 bits。

需要注意的是，无论 SHA1 还是 SHA-256 亦或是其他的，都是只有当输入数据完全相同时才能得到相同的散列值，否则即使输入数据只相差一个标点符号，都会导致散列值的千差万别。例如，对于字符串数据"this is data"，它的 SHA1 散列值为 6b5a04fdbb8b98db76dblffdec6936f8d7c46a6d，然而对于字符串数据"this is data."，它的 SHA1 散列值为 333e9667643afd2f5784cefd42a65cb3aa7c773d。

只有当输入数据完全相同时才能计算得到相同的散列值，在很大程度上我们都可以这么理解，那么有没有可能两个不同的输入数据，得到相同的散列值呢？这种情况是无法避免的，但也用不着担心。相关资料显示，在计算 SHA1 散列值的时候发生这种情况的概率是 2^{60}，也就是说，2^{60} 个样本中能找到两个相同的 SHA1 值。对于这种输入数据不同而 SHA1 散列值相同的情况，我们称之为 SHA1 碰撞。

HashCash 的工作量证明（Proof of Work，PoW）机制指的就是这种付出大量的计算代价。可以认为工作量证明机制是在 HashCash 中首次被提出的，不过这都不重要了，PoW 启发了后来出现的去中心化加密数字货币系统——比特币系统，这才是它的伟大之处。

当然，HashCash 采用的这种办法并不一定会时时刻刻都有效。换句话说，只有当所采用的算法迫使 CPU 付出客观上的计算代价时，算法的作用才会体现出来。如果有一天计算机的运算能力得到了质的提升（在毫秒甚至微秒的时间内就能完成之前花费数秒的时间才能完成的运算），又或者算法所依赖的数学难题被有效地攻克，那么设计这个算法的意义将会荡然无存。

1998 年，Wei Dai 在发表的文章中提出了建立一种分布式的匿名电子现金系统，也就是 B-money。B-money 相比于之前出现的数字货币系统已经称得上是比较完善了，B-money 中设计采用 PoW 机制进行数字货币的生成，而且也是首次提出来实现交易结算的去中心化。然而，B-money 离成功只差一步之遥，Wei Dai 没有非常肯定自己的想法，B-money 也由于尚不健全而只是被一小部分人接受。

在后来出现的比特币（Bitcoin）系统有很多设计元素都来自 B-money，可以说，比特币系统就是 B-money 的具体实现。比特币系统中率先提出了区块链的概念，并且设计将交易数据以区块的形式保存在区块链账本上，也实现了交易结算的去中心化。比特币系统中通过 PoW 机制进行选择交易结算人，PoW 机制最显著的特征就是需要付出一定的计算能力作为工作量。在付出了一定的工作量之后，交易结算的结果才能为广大的用户所认同。

比特币系统的投入运行是在 2009 年，大约是在与比特币系统投入运行的同一时期，Nick Szabo 提出了 Bitgold。Bitgold 类似于 Bitcoin，采用的都是用户通过算力竞争的方式抢先解决工作量证明问题的机制。在一定的时间内，率先找到工作量证明问题的解的人要将结果公开发布出来，如果结果正确，那么所有的人以他所打包的区块中包含的交易为准同步自己的交易账本。

在 Bitcoin 之后一系列类似的产品井喷式出现，例如，2011 年投入运行的莱特币系统（LTC），2014 年投入运行的达世币系统（Dash）以及同年投入运行的比特股系统（BTS）等。与这些去中心化的数字货币系统同时存在的也有中心化的数字货币系统，例如，支付平台 PayPal。无论是否实现去中心化，各类数字货币系统都有自己相应的优点，中心化的更简单且更容易被理解接受，去中心化的成本更低更安全。目前主流的还是中心化的货币系统，但去中心化的货币系统在未来能否站到主导地位还是一个比较耐人寻味的话题。

2.1.2 中本聪与比特币

2008 年 10 月，一位使用化名 Satoshi Nakamoto（中本聪）的人，在其论文 *Bitcoin: A Peer-to-Peer Electronic Cash System*（《比特币：一个点对点的电子现金系统》）中首先提出了比特币。这篇论文也就是后来为人们所熟知的比特币白皮书。这篇论文的原文可以到比特币官网（https://bitcoin.org/bitcoin.pdf）进行查阅，原文是英文的，也有翻译为中文的版本，想要进行中文版本的论文原文查阅可以到巴比特网站，网址是 http://www.8btc.com/wiki/bitcoin-a-per-to-per-electronic-cash-system。巴比特网站是一个著名的区块链咨询与技术服务网站，可以为区块链的初学者提供很多帮助。

据中本聪本人的描述，在创作这篇论文之前，从 2007 年 5 月就开始了对比特币的构思，并且在 2008 年的 8 月份就完成了比特币官网（也就是 bitcoin.org）的注册工作。也就是大概在这一时期，他尝试着将自己的想法通过邮件的形式发送给那些看起来会对比特币产生兴趣的人。在论文发布之初，中本聪并没有选择将其放到知名的学术期刊或者学术网站上，而是将其发布在了一个比较小众的密码学讨论群组里（因为比特币的设计本身就涉及了很多密码学的内容）。得益于中本聪所作的前期推广工作，他的论文很快被一部分人接受，慢慢地，这一部分人就逐渐地多了起来并且大部分都成为了比特币项目的开发与维护者。

从本质上来看，比特币系统也属于数字货币系统的一种，只不过比特币系统是去中心化的。在其他传统的数字货币系统还在依赖于一个中心服务器提供结算业务时，比特币系统就率先提出来使用去中心化的方式记账。就像是在第 1 章中介绍的记账方式的演变一样，众人通过摇骰子的方式随机决定当天谁来记账，其他人过后将他的记账结果同步过来，比特币系统也是这样的，系统内负责记账的人一般称之为"矿工"。为了记录在全网范围内发生的交易，大约每隔 10 分钟所有的矿工就进行一次竞选，矿工所使用的机器要在这大约 10 分钟的时间里执行一定量的计算任务（工作量证明算法，PoW）才能在竞选中有机会获胜。率先完成计算任务的矿工就相当于摇骰子选中的记账人，这名矿工将他所接收到的多条交易打包到一个称为"区块"的数据结构中，这个区块先是传递给在网络连接上与这名矿工关系最近的节点，接着这些节点又发送给在网络连接上与自己最近的节点，以此类推，直到包含多条交易数据的区块到达网络中绝大多数节点。节点将接收到的区块链接成一条链的数据结构，这就是区块链账本。

除了打包交易的人有很大的不确定性外，区块链技术，或者说比特币系统相对于传统数字货币的另一大特点是账本交由全部（或大多数）用户保存。用户在本地基本上都有一个区块链账本副本，由从其他节点那里接收来的区块链接而成。多人共同保存一份区块链账本的优势就在于能够很好地防止记账数据被篡改。

不过，仔细研究比特币系统的设计，确实可以发现它吸收了不少来自传统中心化数字货币系统的优点，例如，传统中心化数字货币系统采用密码学中加密的办法保证用户的财产和交易过程的安全，比特币系统也是通过密码算法计算出密钥来保障这一过程的安全。其实在中本聪之前，已有学者提出了类似比特币系统的构想，例如，B-money 中的去中心化设计，或者 Bitgold 中的用户在解决工作量证明问题时存在竞争关系，解题的结果用加密算法串联在一起公开发布。因此，从这些大背景来看，比特币系统的诞生绝不是一次偶然。

在客户端软件（钱包软件）被许多其他志同道合的程序员修订完善之后，比特币系统于 2009 年 1 月 3 日正式启动运行，也就是在这个时候，诞生了区块链历史上的第一个区块数据。第一个区块数据是由中本聪通过直接编码的方式创造出来的，习惯上，我们称这个区块为创世区块或上帝区块。

新用户想要体验比特币的最佳途径是，使用一些现金从拥有比特币的人手里兑换出一定数额的比特币到自己的比特币地址上，然后这些比特币就可以使用了。比特币与流通货币之间的兑换存在着一定的汇率，汇率可能会在不同的时间段里有所波动（上涨或下跌都有可能），所以在兑换时一定要注意好汇率的对接。在 2015 年，按照当时的汇率来计算，比特币的总市场估值甚至一度达到了 100 亿美元，相比于任何一个传统的数字货币系统而言，这绝对创造了史无前例的大突破。从目前已有的数据来看，使用比特币完成的单笔交易的最大数额为 1.5 亿美元，这笔交易及时地完成并迅速地被记录，而且没有缴纳任何手续费。

关于中本聪本人我也没有办法提供关于他的更多的信息。在 2011 年 4 月之后，中本聪退出了公众视野，并将比特币代码开发与网络建设的重任留给了区块链社区的成员。当初在他推行比特币时选择匿名的原因，到现在为止还不为公众所知。也有人猜测中本聪是一个团队而非一个人，毕竟很难想象出有谁能凭一己之力设计出如此完善的去中心化电子现金系统，然而从中本聪的网络交流记录来看，在长达两年的时间里，保持同一个账号在回复邮件甚至释放代码补丁时的风格、语气一致，这恐怕是只有当相同的人使用该账号的时候才能达到这样和谐的效果。

对于用户而言，在使用比特币时是否知晓关于中本聪其人更多的信息已经不是那么重要了，因为比特币系统在运行时不依赖于任何的个人或团队，包括中本聪以及和他一起完善客户端软件的团队。比特币系统的运行依赖于透明公开的数学原理和巧妙构思的算法。

受到多方面因素的影响，比特币近两年来的使用情况不是非常乐观，尽管如此，我想说的是区块链技术的诞生本身就带有开创性的色彩。在中本聪及其合作者们采用区块链技术实现去中心化的数字货币系统的时候，他们万万没有想到作为配角的区块链技术本身的影响力已经大大超出了作为主角的比特币。大浪淘沙之后，区块链技术被保留了下来并快速地更新换代，在其他更广泛的领域中闪耀着其独特的光芒。

就目前来看，使用了最新区块链技术的应用已经遍地开花，但是我认为想要切实地搞清楚区块链技术的真实面貌还是需要从它最初的设计开始。在接下来的几节中，将以比特币为蓝本，具体地看一下当初的区块链技术是如何在去中心化的数字货币系统中发挥作用的。

2.2 去中心化数字货币系统的基本设计

在目前已知的去中心化数字货币系统中，比特币系统无疑是最具有代表性的一个存在。比特币系统之所以能获此殊荣，全都在于它是第一个采用去中心化的区块链技术实现交易记账的，后续出现的各种去中心化数字货币系统都或多或少地参考了比特币系统中的关键设计。

在这一节中将主要以比特币为蓝本，展开对去中心化数字货币系统基本设计的介绍，主要包括用户手中的密钥（公钥和私钥）、货币地址以及交易过程等相关的内容。在针对性地介绍去中心化数字货币系统中如何运用区块链技术前，解释这些基本的设计是必须的。

2.2.1 密钥、私钥与公钥

在使用数字货币进行交易（2.2.3 小节将会谈到交易的创建与进行）时，首先要解决的问题就是通过什么样的办法才能确定数字货币的所有权。对于比特币而言，货币所有权是通过数字密钥、比特币地址和数字签名来确认的。

数字密钥由用于进行交易的钱包软件产生，并被存储在钱包软件管理的一个文件或专属的数据库中。交易需要有效的网络连接，但是在没有网络的情况下，用户的钱包软件仍然可以生成并管理数字密钥。

数字密钥一般都是成对出现的，即一个数字密钥包含一个私钥和一个公钥（密钥是对公钥和私钥的笼统称呼）。如果将公钥理解为个人存储在银行的账号，那么对应的私钥就像是该账户的 PIN 码（Personal Identification Number，个人识别码）。

"数字密钥"最早是密码学中的一个关键词。借助密钥的机制，去中心化数字货币系统的基本骨架得以完善，这包括去中心化的信任、货币所有权确认以及在密码学之上建立起的安全模型。不过，对于数字货币的使用者来说，多数情况下不会接触到数字密钥，因为这些数字密钥是经过特定的加密算法计算而来，并且烦琐而冗长，直接使用起来非常不便，所以密钥被存储在钱包软件内，由钱包软件进行管理。

对于发生在去中心化数字货币系统中的每一笔交易，只有当该交易包含一个有效的可被识别的签名时，它才会被存储到区块链这个大账本中。生成并存有一对被钱包软件认可的有效的数字密钥是能够产生有效数字签名的必要条件，这表明了数字密钥的重要性，毫不夸张地讲，拿到了数字密钥副本就相当于掌握了对该账户下的货币的控制权。

在进行数字货币交易时，为了使交易的过程更加地顺畅，需要使用货币地址来作为货币的"出发点"和"目的地"。通俗来讲，货币地址就像是我们在进行银行转账时所用到的账号。一般情况下，货币地址由一个公钥经过密码学算法生成并对应于这个公钥，但是并非所有货币地址都由公钥生成，在进行功能开发的情况下，货币地址也可以由支付脚本来代替。支付脚本是属于开发者经常会接触到的较高阶内容，对于使用者，货币地址才是货币的出发点和目的地。

货币地址的设计使得交易的过程更加灵活，地址的类型可以设定为个人账户类型或者公司账户类型等，在支付的时候也方便了选择是支付到个人还是支付到公司。一般数字密钥必须妥善保管，不能交予他人，但货币地址则恰恰相反，因为当从对方那里接收一定数量的数字货币时，首先需要做的就是把货币的地址告诉对方。

公钥加密算法是钱包软件产生公钥与私钥的依据。在本小节接下来的内容中，会通过使用公钥加密算法产生公钥与私钥的过程对公钥与私钥本身进行更具体的讲解，至于钱包软件和货币地址等其他内容，它们被放在了稍后的几个小节中。

公钥加密算法（或公开密钥加密算法）最早在20世纪70年代被发明出来。公钥加密算法是基于一些数学函数的逆向计算的困难性，例如，求解大数的素数幂和计算椭圆曲线的乘法结果。这些数学函数的原理不同，但是具有无法逆向计算的共同点，就是说很容易向一个方向计算，但不可以（或极其困难）向相反方向推导。随着公钥加密算法在密码学领域的成熟，一些其他的数学函数也被逐渐使用进来。

在去中心化数字货币系统中使用最多的公钥加密密码算法当属椭圆曲线密码算法（ECDSA）。ECDSA根据输入的私钥计算得到对应的公钥，一般私钥都是先通过随机源产生一个随机数，然后将这个随机数经过计算哈希值得到的。目前最常用的哈希算法是SHA-256哈希算法，经过哈希算法得到哈希值拥有固定的长度（如SHA-256算法产生的私钥长度为256个二进制位）。私钥经过ECDSA计算得到唯一的公钥，在这样的计算过程之后，就很难再从公钥推算出私钥，钱包软件将私钥与公钥存储在一起，从而构成了一个数字密钥对。

虽然私钥本质上只是一个由随机选出的数字经过哈希计算之后得到的哈希值，但是私钥非常重要，因为在执行交易时为了证明资金的合法所有权，钱包软件会将发起者的数字签名添加到交易数据中。同一个发起者发起的每次交易都有可能具有不同的数字签名，但是这些数字签名确实都由同一个私钥生成，因此一旦将私钥泄露给第三方的其他人，那么就相当于将处于该私钥保护之下的数字货币也拱手让予他人了。

私钥的存储也必须谨慎，为防止私钥的意外丢失（私钥一旦丢失就难以找回），最好是对私钥进行备份，如果不慎发生了私钥丢失的情况，那么其所保护的比特币也就永久性丢失了，这比将货币拱手让人的情况还要糟糕。

既然本质上私钥只是一个哈希值，而经过SHA-256算法计算得到的哈希值的长度是有限的，那么就可以将生成一个比特币私钥理解为在十进制的 $1 \sim 2^{256}$（精确而言是 $1 \sim 1.158 \times 10^{77} - 1$ 之间，$1 \sim 1.158 \times 10^{77} - 1$ 略小于 2^{256}）之间选择一个数字，如何去选择并不重要，重要的是要确保选取的结果无法被预测或计算得到。

从程序编写角度来看，做到取值的结果无法被预测或计算得到最好的办法是，先使用一个确保密码学安全的随机字节生成器来产生一长串随机字节。这是最重要的一步，对于得到的随机字节，一般称之为熵源或随机性来源。之后，再对这串随机字节执行SHA-256哈希加密算法，这样就产生了一个256位的二进制数字。如果运算结果符合数值范围要求，就得到了一个合适的私钥，否则，就要用另一串随机字节再次进行尝试。

SHA-256 哈希加密算法的计算过程并不复杂，只是对输入内容进行了更加严格的加密。第 5 章安排有关于 SHA-256 哈希加密算法的计算过程介绍，感兴趣的读者可先翻阅到第 5 章进行了解。下面是一个随机生成的私钥的例子，分别以十六进制和二进制形式表示（256 位的二进制数如果换作十六进制表示的话就是 64 位）。

```
# 十六进制的私钥
1e45423a4ed27608a15a2018a2b0e9ee52bcf330be530edcc32c8ffc6a526a23

# 二进制的私钥
0001111001000101010000100011101001001110110100100111011000001000
1010000101011010001000000000110001010001010110000111010011110010
0010101111001111001100100000101111100010010100001110110111001100
0011001011001000111111111100010101001010010011010100010001101100
```

私钥可以通过多种编码格式进行展示，最常见的就是钱包导入格式（WIF），这是一种将私钥经过 Base58Check 编码之后的结果。钱包导入格式只是经常使用的其中一种，可以被用到的还有 WIF-compressed 等。将私钥编码为不同的格式后虽然导致了可读性变差，但是却很好地保护了私钥的内容不被直接暴露出来，这也算是将私钥编码后再输出的一项优点。

一个私钥被不同的格式编码后，虽然结果看起来不同，但是私钥原有的数值并没有改变。表 2-1 展示了这些编码格式的描述。表 2-2 展示了同一个私钥被这些编码格式编码之后的结果。

表 2-1 私钥的常见编码格式

格式种类	前缀	描述
Hex	None	将私钥编码为十六进制的形式，长度为 64
WIF	5	将私钥编码为 Base58Check 格式，并在编码后的结果前添加前缀 "5"
WIF-compressed	K 或 L	在对私钥编码为 Base58Check 格式前先添加 "0x01" 前缀，编码后的结果添加前缀 "K" 或 "L"

表 2-2 展示不同编码格式的私钥

格式种类	私钥示例
Hex	1e45423a4ed27608a15a2018a2b0e9ee52bcf330be530edcc32c8ffc6a526a23
WIF	51JcQ5tfbAH58c2JeyhfnUSUKPsYbnkJ3mpQ3Yp62v5RNBCJpEB
WIF-compressed	KoACwwCAWZ3eXmf6YwgdGa96xFC1jZgmmBMTYzGWiC6tb3awvrtJ

如上所述，公钥可以由私钥经过椭圆曲线加密算法计算得到，那么这个过程可以用公式表示为：

$$K = k * G$$

在公式 $K = k * G$ 中，k 即代表私钥，K 即代表公钥，G 是通常被称为生成点的常数点。需要记住的是这个过程是不可逆的（或者说逆推的过程非常困难）。通过公钥计算出私钥的过程被称为"寻找离散对数"，说这是非常困难或近乎不可逆的原因是必须去暴力搜索所有可能的私钥值（即 k 值）并逐个地试验这些可能的值。图 2-1 示意了从随机数字到私钥再到公钥的过程。

图 2-1　从随机数字到公钥

接下来看一下从私钥计算到公钥的过程，由于这个过程中用到了椭圆曲线加密算法，那么首先了解一下椭圆曲线加密算法的一些内容。椭圆曲线加密算法是一种基于离散对数问题的非对称加密算法，大致的思路是使用既得的私钥与一条椭圆曲线上的某个点进行乘法运算来得到公钥。典型的椭圆曲线示例如图 2-2 所示。

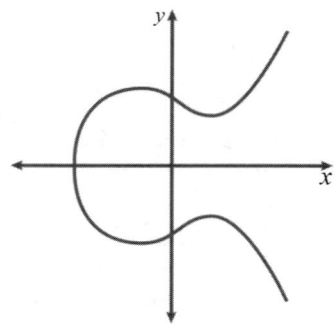

图 2-2　典型椭圆曲线示例

图 2-2 描述了椭圆曲线大致的外观。不同的去中心化数字货币系统可能使用的椭圆曲线标准略有不同，例如，在比特币中使用的是 SECP256k1 标准所定义的一条特殊而精确的椭圆曲线。SECP256k1 标准由美国的 NIST（National Institute of Standards and Technology，国家标准与技术研究院）机构制定。在 SECP256k1 标准中，除了一条椭圆曲线外，还有一系列的数字常数，在 https://en.bitcoin.it/wiki/Secp256k1 上可以找到关于 SECP256k1 更详细的说明。

SECP256k1 标准中定义的椭圆曲线可以用以下的函数来描述。

$$y^2 \bmod p = (x^3 + 7) \bmod p$$

或者

$$y^2 = (x^3 + 7) \text{ over } (Fp)$$

在上面的式子中，$\bmod p$ 表示对素数 p 取模，其中 $p = 2^{256} - 2^{32} - 2^9 - 2^8 - 2^7 - 2^6 - 2^4 - 1$，这是一个非常大的素数，另外，$\bmod p$ 也可写作 Fp。在函数的 y^2 项和 $x^3 + 7$ 项上都执行对素数 p 取模运算表示该曲线被定义在素数阶 p 的有限域内，而不是对于在实数范围内的 x 和 y 都有效。或许这样说会比较难以理解，最直接的记法就是，SECP256k1 标准所定义的椭圆曲线的函数图像是不连续的，更形象地来说就是在一个极大的二维网格上的一系列复杂且有规律的散点。

生成公钥的过程需要先以一个既得的随机私钥 k 为起点，按照公式 $K = k * G$ 将其与 SECP256k1 标准中定义的位于曲线上的生成点 G 相乘，这样会得到另外一个点，该点即为得到的公钥 K。注意，比特币中所使用的生成点都是相同的，其十六进制形式的值为：

```
（79BE667E F9DCBBAC 55A06295 CE870B07 029BFCDB 2DCE28D9 59F2815B
16F81798, 483ADA77 26A3C465 5DA4FBFC 0E1108A8 FD17B448 A6855419
9C47D08F FB10D4B8）
```

使用的 G 相同意味着相同的私钥 k 与生成点 G 相乘会得到相同的公钥 K，或者说，私钥 k 与公钥 K 之间的关系是固定的。除了私钥与公钥之间的关系固定外，更重要的并且一直强调的是二者只能单向运算，即只能从私钥得到公钥，而不能从公钥逆推得到私钥。如果得到的公钥长度过长，那么应该进行相应的截断操作，这也正是为什么其他人在得到比特币地址乃至公钥后无法更进一步得到相应的私钥的原因。

生成点 G 是在椭圆曲线上有 x 和 y 两个坐标值的一个点，那么计算出的公钥 K 也应该被定义为一个点 $K(x, y)$。下面展示了一个公钥的例子：

```
K(x)=BAE22D5C86F9E3081D57D3FFF57BF3DD7E9D2FFC8579D3D7F159C22FBF0C341A
K(y)=90B92D18BD734C60514EB0EC8AC349DC1DFE2E572B6AC3DA0528A47BD507CF3B
```

从公钥的例子来看，公钥的长度明显要比私钥更长一些，这意味着在存储公钥时，需要的存储空间也会更大。单独在钱包软件中存储公钥不会有太大的影响，但是每一起交易中除了会附上发起者的数字签名外还会将发起者的公钥提交上去，一个区块中又包含数百起甚至数千起交易，这样算下来，在本地的区块链账本累积了越来越多的区块之后，所占用的存储空间也就越来越大。

一种可行的降低公钥占用空间大小的做法是采用压缩格式的公钥。压缩格式公钥指的是省略公钥的 y 坐标值而只保留 x 坐标值,并且在 x 坐标值之前使用以 "02" 或 "03" 作为前缀。如果公钥的 y 坐标值是偶数,则十六进制压缩格式公钥的前缀就是 "02";如果公钥的 y 坐标值是奇数,则十六进制压缩格式公钥的前缀就是 "03"。通过压缩格式公钥的办法,用于存储公钥的存储空间整整小了一半(约 256 bits)。

在一个交易被打包成区块并被大多数人放入区块链链账本中之后,这些人都可以根据区块内交易的交易发起人公钥和数字签名信息,来验证该发起人是否具有交易中这些数额的数字货币的合法持有权。

我更喜欢将公钥加密算法称为非对称加密算法,之所以这样称呼是因为在整个加密体系中,公钥可以随意交给他人(即使这样还是尽量不要泄露公钥),而私钥则一定要严格保密。在第 5 章中讲解了密码学中的加密算法,包括对称加密算法和非对称加密算法等,有兴趣的读者可先翻阅到第 5 章进行了解。

2.2.2 货币地址

在上一小节的一开始,提及到了一些关于货币地址的内容。在使用数字货币进行交易时,收款方需要为付款方提供他的货币地址。货币地址可由公钥计算出来,并且这个过程也是单向的。从客观的技术角度考虑,货币地址代表了一对公钥和私钥的所有者。现在来看一下如何使用已经存在的公钥去生成一个货币地址。

货币地址一般由公钥经过只允许单向计算的哈希加密算法得到,所使用的哈希算法是 SHA(Secure Hash Algorithm)和 RIPEMD(the RACE Integrity Primitives Evaluation Message Digest)系列的算法,更具体的说就是 SHA-256 算法和 RIPEMD-160 算法。这样一次使用两个哈希算法计算哈希值的办法被称为双哈希加密。

在计算时,以公钥 K 作为输入,先计算其 SHA-256 的哈希加密值,得到一个长度为 256 bits(等于 32 字节)的二进制数据结果,再将得到的结果计算 RIPEMD-160 的哈希加密值,得到一个长度为 160 bits(等于 20 字节)的二进制数据。图 2-3 展示了从公钥到产生货币地址的大致过程。

在图 2-3 中,经过双哈希加密过程之后得到的公钥哈希就是货币地址的初始值。通常在软件界面或核心客户端中打印出来的货币地址都是经过 Base58Check 编码之后的结果,这也就是比特币地址是一串大小写字母和数字组合在一起的原因。去中心化的数字货币系统不仅在打印货币地址的时候可以使用 Base58Check 格式对其进行编码,在打印公钥或者存储私钥的时候也可以使用

Base58Check 格式进行编码。

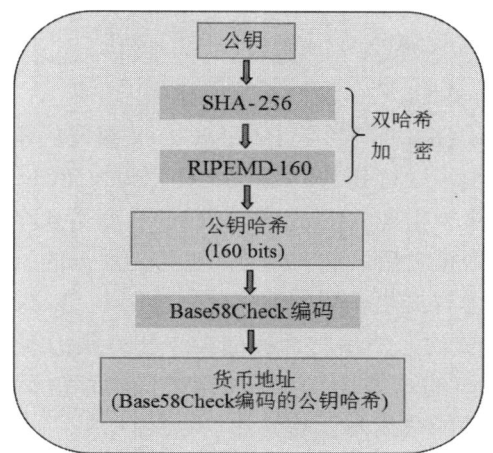

图 2-3　从公钥到货币地址

为了识别货币地址是经过 Base58Check 格式编码后的结果，可以采用在货币地址前加前缀（通常是数字"1"作为前缀）的方式。货币地址与密钥（尤其是私钥）最大的不同就是它能够分享给任何想给你发送货币的人。以下是一个比特币地址的例子。

158debgrbOyuNEWYd39vwK988LpEpy3Qzy

编码是计算机系统中常见的将长串数据表示为较短长度数据的方法。Base58Check 编码可以说是计算机系统中最常见的编码方式的一种。在很多区块链应用中都使用 Base58Check 格式编码得出私钥、公钥和货币地址。

十六进制编码是一种比较基础的编码方式。我们所熟知并且每天都在使用的传统十进制计数系统使用 0~9 这 10 个数字，这 10 个数字可以组成很大的数，也可以组成很小的数，而十六进制编码则额外使用了 A~F 这 6 个字母。在十六进制的编码体系中，字母 A~F 分别表示数字的 10~15。这样一来，对于一个同样的数字，它的十六进制表示会比十进制表示更短，但是没有改变数字的原有值。

在十六进制编码体系的基础上，更进一步的 Base64 编码使用了英文中的 26 个小写字母和 26 个大写字母以及 10 个阿拉伯数字和 2 个符号（分别是"+"和"/"）来对原始数据进行编码。与十六进制编码相比，使用 Base64 编码时能明显地感觉到编码后的数据长度简短了很多。

由于英文字母中的大写字母 O、小写字母 o 和数字 0 三者常常由于外观相近而导致混淆，此外，小写字母 l、大写字母 I 和数字 1 三者也会由于外观相近而导致混淆，所以 Base58 在 Base64 编码的基础上删掉了这些容易混淆的字符。也就是说，Base58 编码中不含有数字 0、大写字母 O、小写字母 l 和大写字母 I。此外，Base58 编码中还删除了"+"和"/"两个符号。习惯上会把 Base58 编码当作是 Base64 编码的子集。

Base58 编码和 Base64 编码都是 Base58Check 编码的基础，所以选择在最后来介绍 Base58Check 编码。与 Base58 编码相比，Base58Check 编码增加了错误校验码来检查数据在转录中出现的错误。校验码的长度是 4 个字节，添加到计算完哈希值的需要编码的数据之后，这个校验码也作为数据的一部分参与到编码中。

那么，校验码是怎样产生作用的呢？使用 Base58Check 编码时，编码软件要先计算原始数据的校验码，然后将计算的结果和得到的编码数据中自带的校验码进行对比，如果对比的结果是二者不相同则代表有错误产生，进而就可以判断该 Base58Check 格式的数据是无效的。

在计算校验码并对比的过程中，校验码是如何计算得到的并不重要，对于比特币地址来说，校验码被设计为从需要编码的数据的哈希值中得到。Base58Check 编码引入的错误检验码非常有用，在通常情况下，一个错误的货币地址应该不会被钱包认为是有效的，如果判断失误，那么将产生资金流失的风险。

如果在去中心化的数字货币系统中使用 Base58Check 编码的地方比较多（如私钥的存储、公钥及货币地址的打印等），那么该如何从编码之后的数据分辨出所编码的数据类型是公钥、私钥亦或是地址呢？比较有效的办法是在编码后的数据签名加上前缀，这个前缀也可以叫作"版本字节"。版本字节和编码格式本身是没有关系的，编码格式的定义中也没有对版本字节做出规定。

对版本字节做出规定的是具体的应用，例如，比特币系统规定，经 Base58Check 格式编码后的货币地址的前缀是"1"（十六进制是 0x00），而 WIF 钱包导入格式的私钥（同样是经过了 Base58Check 格式编码）的前缀是"5"。如果私钥的数据在编码前就加入了前缀"0x01"，那 WIF 钱包导入格式的私钥的前缀就是"K"或"L"。压缩格式公钥也有前缀，其前缀是"2"或"3"。

既然计算得到比特币地址后还需要加入版本前缀和 Base58Check 的校验码，那么图 2-3 所示的从公钥到比特币地址的过程就不能算是很详细和具体的了，至少要对公钥哈希添加版本前缀和校验码之后才能进行 Base58Check 编码。Base58Check 编码会在 5.5 节中进行介绍，那里有相比图 2-3 更具体和详细的图解。

即使是经过 Base58Check 编码，比特币地址仍然是一串很长的数据，而且打印的结果中出现了大写字母、小写字母和数字，这样在分发比特币地址时仍有很大的困难（需要将那么长的一段文本复制下来然后粘贴发送给对方）。除此之外，如果把几个看上去相差不大的比特币地址放在同一个比特币地址列表中，那么这显然增加了辨识某一比特币地址的难度。

在近些年,扫描二维码付款逐渐成为了主流,一些生成二维码的算法顺势多了起来。一些去中心化的数字货币系统的钱包软件也实现了将货币地址以二维码的形式打印出来。例如,在使用比特币的钱包软件时就能扫描对方的二维码地址进行付款。这些与时俱进的功能的实现也算是钱包软件易于使用的一个原因。

2.2.3 发起交易

发起交易实际上就是将一定数额的数字货币从它最初的持有者货币地址里转移到下一个持有者货币地址,接着,新的持有者便拥有了对这些数字货币再次转移到其他货币持有者地址的权利。一桩交易直到被打包到区块并被记录到区块链账本上之后才能被承认是有效的。矿工的任务就是每隔 10 分钟打包一个区块,区块里面记录了过去发生的交易。

以比特币系统为例,接下来看一下使用比特币完成一桩交易的例子。假设现在有一个名叫 Alice 的比特币新用户,她从朋友 Jone 那里听说了比特币并想开始使用比特币。两人相约在一个风和日丽的下午见面,地点是 Alice 经常去的咖啡厅。由于 Alice 是新用户,她需要先拥有一些比特币,恰好 Jone 是比特币的老用户,他拥有一些比特币。见面之后,Alice 要做的就是从 Jone 那里用现金换取一些比特币。Alice 打开她的钱包软件,软件上有她的比特币地址(经过 Base58Check 编码后显示),也有比较直观的二维码地址。Alice 将二维码的比特币地址展示给 Jone,Jone 也打开他的钱包软件,钱包软件通过这个二维码读取了 Alice 的比特币地址信息。由于是初次尝试,Alice 并不打算兑换太多的比特币,她掏出了 10 美元的现金给 Jone,然后,Jone 在 Bitcoin Charts(https:// bitcoincharts.com/)网站上查到了他们所处地区的当前现金兑换比特币的汇率,当前的 10 美元只能兑换 0.1 个比特币,于是 Jone 在发送比特币数量一栏写入了 0.1,在确认无误后,Jone 单击了"发送"按钮。比特币的基本单位是 BTC,即 1 个比特币可用 1 BTC 表示,最小的比特币单位是聪,1 聪等于 1 BTC 的一亿分之一。比特币支持很大数额的交易,也支持很小数额的交易(最小支持到 1 聪的比特币交易)。

Bitcoin Charts 网站是一个市场数据服务网站,主要显示了全球众多交易所内的现金与比特币之间的兑换汇率,这种网站的存在方便了按照当地的汇率来进行现金与比特币的结算。除了 Bitcoin Charts 网站之外,具有类似功能的还有 Bitcoin Average〈https://bitcoinaverage.com/en/bitcoin-price/btc-to-gbp〉网站和 ZeroBlock 应用等。Bitcoin Average 提供了比特币对其他币种的交易量加权平均价格。ZeroBlock 是一个支持在 Android 和 iOS 平台上运行的 APP,它是免费的,可以显示不同交易所内的比特币当前价格。

在 Jone 单击"发送"按钮后，Alice 的钱包客户端马上就显示得到了一笔比特币转账，数额是 0.1 BTC，当前余额也是 0.1 BTC。她可以马上花掉这 0.1 BTC，但是这笔转账不会像软件提示转账成功那样快速地得到全网其他节点的认可，因为还没有矿工将这笔转账交易打包到区块链账本中。

翌日，Alice 在一家咖啡店用过咖啡后，她想起了昨天得到的 0.1 BTC，她想体验一把使用数字货币付款的感觉。这家饭店是支持使用比特币付款的，在前台还有打印出的店主 Bob 的比特币二维码地址。Alice 拿出手机，打开移动钱包并登录她的账户，扫描付款二维码后付款了 0.05 BTC。

在 Jone→Alice→Bob 这一条交易路径中，货币的所有权链（或者交易链）如图 2-4 所示。

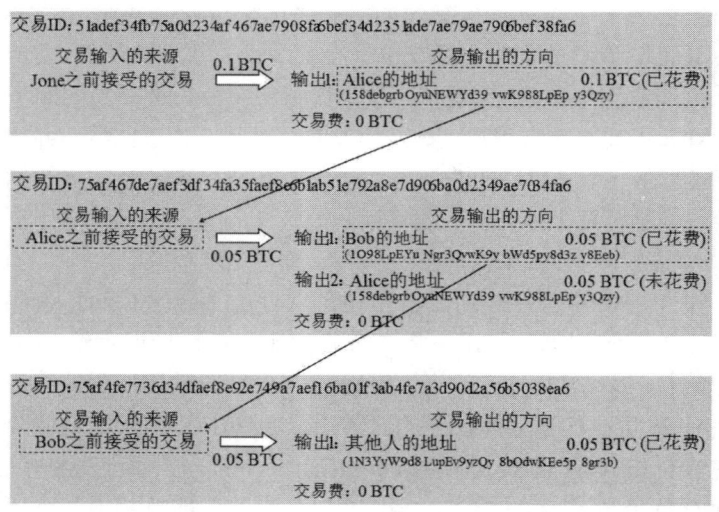

图 2-4　Jone→Alice→Bob 的交易链

一般比特币钱包软件都维护着一个小型的本地数据库，用于存储被用户的私钥锁定的比特币。Alice 从 Jone 那里获得了 0.1 BTC 的比特币，那么这 0.1 BTC 的比特币就从被 Jone 的私钥锁定的状态改为被 Alice 的私钥锁定的状态，这个小型的数据库对此进行了记录。

现在 Alice 要向 Bob 付咖啡款 0.05 BTC，在钱包软件中输入数值后，钱包软件就在本地的这个小型数据库中搜索有没有可用的被 Alice 的私钥锁定的比特币。恰好，之前 Alice 收到了 0.1 BTC 的比特币，钱包软件就以这 0.1 BTC 的比特币作为本次交易的输入，其中 0.05 BTC 的比特币交由 Bob 的私钥进行锁定，剩余的 0.05 BTC 的比特币则交由 Alice 的私钥进行锁定。

对于 Alice 来说，她实际上花费了 0.1 BTC 的比特币，只不过其中的 0.05 BTC 的比特币到了 Bob 的那里成为了已花费的输出，而剩余的 0.05 BTC 的比特币到了自己这里成为了未花费的输出。关于已花费和未花费的输出，在下一小节交易的 UTXO 账户模型会有更全面的讲解。

Bob 的钱包软件接收到这笔交易后，因为 Bob 的私钥可以产生这个地址且仅有 Bob 的私钥可以产生这个地址，所以根据交易中接收方的货币地址，钱包软件会使用 Bob 的私钥锁定这 0.05 BTC 的比特币。

在比特币系统中，一个交易的数据被定义成是有着确定的字段及字段值的结构化数据。例如，一个交易数据中的输入部分可以被定义为一个结构化的数据，主要包括输入指针、输入索引、解锁脚本大小、解锁脚本等相关字段及字段值。表 2-3 展示了比特币系统的交易输入的数据结构。

表 2-3 交易输入的数据结构

字段名称	大小	内容
输入指针	32 bytes	指向交易中花费掉的 UTXO 的哈希指针
输入索引	4 bytes	交易中被花费掉的 UTXO 的索引号，从 0 开始计
解锁脚本大小	1~9 bytes	解锁脚本的长度
解锁脚本	不定	通常是货币持有者的数字签名

在这些字段中，解锁脚本通常是交易发出方的数字签名，数字签名是由私钥生成的，其作用就是证明交易的发起者所拥有的私钥能够解锁参与交易的货币。输入索引是交易中花费的 UTXO 的索引号，关于 UTXO，下一小节会有针对性的解释，这里只需要知道 UTXO 是参与交易的一个独立的货币单位就可以了，一个 UTXO 可能包含数额不定的数字货币。

一个交易数据中的输出部分也可以被定义为一个结构化的数据，主要包括交易总聪数、锁定脚本大小及锁定脚本等相关字段及字段值。表 2-4 展示了比特币系统的交易输出的数据结构。

表 2-4 交易输出的数据结构

字段名称	大小	内容
交易总聪数	8 bytes	用单位"聪"表示交易中转移的货币总量
锁定脚本大小	1~8 bytes	锁定脚本的长度
锁定脚本	不定	

通常，在比特币系统中将交易的输出创建为一个脚本的形式，这个脚本中需要读入一个交易接收者的签名，当脚本能验证这个签名可以匹配到交易中货币接收方的地址时，脚本才会将货币支付给交易接收者。例如，Alice 向 Bob 转

账的锁定脚本定义的是，Bob 的钱包软件拿出一个签名，脚本读入这个签名确保对方的货币地址符合交易中要求的 Bob 的货币地址，然后才会将交易中的比特币使用 Bob 的签名锁定。

比特币系统一个完整的交易的数据结构包括输入数据结构和输出数据结构。表2-5 展示了这个完整的数据结构。

表 2-5 完整交易的数据结构

字段名称	大　小	内　容
版本	4 bytes	专门为交易制定的版本，不同版本的交易往往依赖不同的规则
交易输入数量	1~9 bytes	交易从几个比特币地址输入过来
输入数据结构	不定	和交易输入数量对应的交易输入数据结构
交易输出数量	1~9 bytes	交易向几个比特币地址输出
输出数据结构	不定	和交易输出数量对应的交易输出数据结构
时钟时间	4 bytes	一个 UNIX 时间戳，表明交易的发生时间

在一些去中心化的数字货币系统中，钱包软件一般不仅仅只有一种。就比特币系统而言，用户可以接触到的钱包软件分为完整客户端钱包软件和轻量级客户端钱包软件两种。用户普遍使用的应该是轻量级客户端钱包软件（或轻钱包软件），这种钱包软件只利用了本地的小型数据库来保存和自己相关的未花费输出比特币，所以一般软件占用的空间也不大，适合在移动端（如手机）使用。而完整客户端钱包软件，会自动从网络上同步区块数据，自然也就包括了网络中所有的未消费输出。完整客户端钱包软件功能强大，但是这些区块数据占用的空间太大，所以一般只有矿工会用到完整客户端钱包软件。

最后，为了让这笔交易尽快地被网络处理，比特币系统支持在交易中设置一定的交易费。交易费的主要目的是奖励矿工打包交易至区块所付出的劳动。比特币系统鼓励用户在交易中设置交易费，在网络中包含非常大量的交易的情况下，矿工也会在打包交易时有选择地打包那些较多交易费的交易。矿工费一般在找零和剩余零钱中扣除，例如，Alice 在向 Bob 支付 0.05 BTC 的比特币的时候，如果选择了另付 0.005 BTC 的交易费，那么能给 Alice 的找零就只有 0.045 BTC 了。

2.2.4　交易的 UTXO 模型

一些钱包软件的使用者认为用户的货币余额跟随着货币地址一起被固化在了钱包软件的数据库中，其实这对于去中心化的数字货币系统而言是不正确的。一般的支付软件都依赖于一个中心服务器提供余额查询服务，这个中心服务器必须足够安全，如果不慎受到黑客的攻击，那么对用户造成的财产损失将是无法估量的。

去中心化的数字货币系统没有一个提供余额查询服务的中心服务器,那么该如何在保证安全的前提下确定用户还有多少可支付的货币呢?解答这个问题是本小节的主要内容。关于交易的存储,需要知道的是,每一起交易所构成的交易记录数据被打包在同一个区块中,数量不断增加的区块组成区块链结构存储在各个用户的数据库中。用户的余额就是钱包软件根据用户同步过来的区块链数据计算而得出的。

在比特币中,类似这样计算余额的机制称为账户的 UTXO(Unspent Transaction Output,未花费事务输出)模型。UTXO 可以算是比特币交易中无法再被分割的交易单位,其数值可以是任意大小的数字货币量。在一起交易中,交易发起者将一些货币转移到交易接收方这里,这些接收方接收到的货币就可以当作是输入的一个 UTXO 单位。

交易发起者在整个交易中有可能只花费了一个单位的 UTXO。例如,Alice 从 Jone 那里得到了 0.1 BTC,这可以看作是她得到的一个 UTXO,现在她想要到 Bob 的店里消费 0.05 BTC 购买一杯可乐,交易的实际情况不是简简单单地 Alice 向 Bob 转移了 0.05 BTC,而是 Alice 花费了这个整个 UTXO,其中 0.05 BTC 到了 Bob,另 0.05 BTC 又回到了自己这里成为了新的 UTXO。转移到 Bob 那里的 0.05 BTC 构成了一个交易,回到了自己这里的 0.05 BTC 又构成了一个交易。在比特币中,就是采取了这样的办法实现大数额货币找零,这也从侧面证明在一些去中心化的数字货币系统中 UTXO 被设计为不可拆分的。

当然,交易发起者在整个交易中也有可能花费掉了多个单位的 UTXO。假设现在 Alice 又想使用比特币购买一只价值 10 BTC 的名贵口红,但是她这里只有 0.05 BTC,她需要从朋友那里再换取点货币过来,于是她找到朋友 Jack、Jone、Bruce 以及 William,从朋友那里转移过来的 UTXO 刚刚好凑够了 10 BTC,于是她的钱包组合了这五个 UTXO 发送到商家那里。

图 2-5 展示了花费一个 UTXO 产生找零与花费多个 UTXO 组合成一个 UTXO 之间的对比。

(a)拆分 UTXO　　　　(b)组合 UTXO

图 2-5　拆分 UTXO 与组合 UTXO

比特币网络监视着不计其数的 UTXO，货币持有者只是在进行一定数量的UTXO 的保管。发生在网络中的交易在被记录到区块链中之后，由全部的节点负责保管，这样，用户持有的货币就以 UTXO 的形式被其他节点记录下来了。

实际上在前面也多次提到过，用户的货币余额其实就是钱包软件展示给用户的直观数据，是钱包软件通过扫描用户保存有的区块链账本中的交易数据，并按照交易发生的时间回溯所有与用户交易相关的 UTXO，再将它们聚合起来而计算出的值。

2.2.5　交易在比特币网络中的传播

一笔交易能成功地打包进区块链，并被网络中的众多节点保存是交易在全网能够获得承认的重要前提，在此之前，这笔交易首先要做的就是广播到网络中。

占用存储空间 300~400 字节的数据就能描述一笔交易，钱包软件生成描述这笔交易的数据文本，并将数据文本从交易发起者那里发送到网络中任意一个使用相同去中心化数字货币系统的节点处（具有直接相连关系的节点优先）。

交易发起者不必验证最先接收到交易数据的节点的身份，何况他本人也不会知道哪个节点先接收到交易数据。相应地，这些接收到交易数据的节点也不需要信任交易数据发出者的身份，因为他本人也不会知道这笔交易是第一次中转还是中转了多次才到达他这里。

能达到这么高度的信任是因为交易中包含了交易发起者及交易接收者的货币地址信息和个人签名信息，这些都是能够高度辨识使用者身份的信息。此外，交易中并不存在比较敏感的信息，例如，支付密码及私钥等。正是因为这样，交易数据可以不经加密就直接在网络中公开地传播。换句话说，只要交易数据能够无损地到达接收节点，它是通过什么样的途径传播的并不重要。

当然，在网络环境非常便捷的当今，最常见的传播交易数据的途径当属 Internet，在一些极端的条件下，节点之间通过存储介质传递交易数据、通过聊天工具传递交易数据以及通过近场 NFC 传递交易数据等办法，在理论上都是可行的。

只要一笔交易数据发送到了一个其他节点上，那么就要考虑这笔交易被这个节点再转发给其他节点了。在转发一笔交易之前，为了确保交易数据是无损的，通常节点还要按照交易的格式对交易数据进行验证。一些去中心化的数字货币系统在验证的环节还设计了验证结果回馈的功能，如果交易数据被验证为通过，那么交易数据接收节点会发送给交易数据发送节点一条表示交易有效的反馈信息，而如果交易数据被验证为不通过，那么交易数据接收节点则会发送给交易数据发送节点一条表示交易无效的反馈信息。

对交易数据进行验证是避免垃圾信息泛滥以及避免货币系统受到恶意攻击的有效办法。每一个节点在确认接收一笔交易之前，必须按照既定的规则对交易进行独立验证，这个验证的规则固化到了钱包软件里，如果一个异常的交易企图在网络中传播，那么其所能通过的节点寥寥无几。

交易在网络中的传播符合 P2P（Peer to Peer，点对点）的网络结构。在一个 P2P 结构的网络中，所有的成员节点都是对等节点，每一个节点都依靠着不固定的拓扑连接关系连接到其他的节点，一些与本节点直接相连的其他节点可以算作是本节点的近邻节点，而一些不与本节点直接相连，但是却通过其他节点与本节点相连的节点所发出的数据也能在几经周折后到达本节点。从整体上看，一个大的 P2P 网络结构更像是链接松散又非常杂乱的"破蜘蛛网"。

钱包软件依靠点对点协议在其他节点启动时发现并连接到相应的节点。交易数据从发出者节点传播到该节点连接的其他节点，这些接到交易数据的节点在验证通过交易后又将交易传播到网络中任意与其直接相连的三四个乃至更多的近邻节点，而这些近邻节点又会将验证通过的交易转发到多个与之直接相连的近邻节点。过程以此类推，在不到一分钟的时间内，由于这种雪崩式的传播方式，一笔验证通过的交易就可以被网络中绝大部分正常运行的节点接收到。这样的过程如图 2-6 所示。

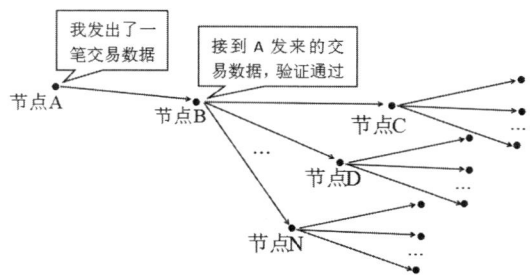

图 2-6　交易在 P2P 网络中的传播

2.3　去中心化数字货币中的区块链技术

去中心化数字货币系统相比于其他传统数字货币系统而言，最创新的地方莫过于设计并实现了一个非常大的区块链账本，所有使用者都参与到了这个区块链大账本的维护中。区块链是由单体的区块从前向后有序链接起来的，这些单体区块就是聚合了很多交易信息的容器数据结构，所以本质上区块链是一个更加庞大的容器数据结构。

在了解完交易如何执行后，下面来介绍一下这个区块链账本是如何记录已经完成的交易的。本节将从单体区块结构开始，逐步过渡到区块之间的链接，最后两个小节还会对 Merkle 树和创世区块等相关概念做出一些说明。

2.3.1 区块结构

处在区块链中的每个区块都指向前一个区块，就好像指针一样，因此区块链还可以看作是一个垂直的栈，第一个区块（首区块或创世区块）被放在栈底，之后每个区块都依次堆叠在前一个区块的上面。"区块高度（block height）"这个术语描述了某个区块在栈中的位置（也可理解为某个区块与首区块之间的距离），此外，由于最新添加的区块处于栈顶，所以"顶端"或"顶部"这两个术语用于描述最新添加的区块。

使用 Google 的 LevelDB 数据库存储区块链元数据是一个极佳的选择（至少目前来看是），除了 LevelDB 数据库之外，区块链元数据也可以被存储在一个简单的数据库中或作为 flat file（一种不记录相对关系的文件）存储。

单体区块不仅聚合了很多交易信息，还包括其他关于本区块描述的数据，例如，区块大小、区块头和交易计数。记录区块大小的数据占了 4 bytes 的存储空间，记录了该区块的大小是多少字节。区块头的大小是 80 bytes 且固定不变。由于采用 UTXO 交易模型，所以记录每个交易信息用掉的存储空间可能是不同的，因为这取决于交易的输入输出数量。假设记录每个交易信息平均要用掉 250 bytes 的存储空间，而每个区块包含的交易数量不会低于 500 个，这样粗略估算来的话，区块头只占到了一个区块中很小的存储空间。

表 2-6 描述了一个单体区块结构中包含的数据。

表 2-6 单体区块结构中包含的数据

内 容	大 小	解 释
本区块大小	4 bytes	存储有一个描述本区块占用存储空间大小的字符值
本区块的区块头	80 bytes	区块头中也存储了一些具体的内容
计数本区块所含交易	1～9 bytes	存储了一个用于交易数量计数的不定整数
交易数据	不定大小	区块里存储了交易信息的部分

暂时先撇掉区块结构中存储的其他数据，来看一下所谓的区块头。80 bytes 的区块头被具体地分为了 6 个子类的数据，表 2-7 描述了一个区块的区块头所包含的这 6 个子类的数据。

表 2-7　区块头结构中包含的数据

内容	大小	解释
版本号	4 bytes	存储版本号的目的是方便跟踪软件或协议的更新
父区块哈希值	32 bytes	存储的是位于区块链中的父区块的区块头哈希值
Merkle 根值	32 bytes	存储的是该区块中交易数据的 Merkle 根值
时间戳值	4 bytes	用精确到秒的 UNIX 时间戳作为该区块产生的近似时间
难度目标值	4 bytes	存储的是挖取该区块时使用的工作量证明算法的难度目标
Nonce 值	4 bytes	存储有关于工作量证明算法的计算器值

区块头中首先是软件的版本信息（占用 4 bytes 的存储空间），其次是父区块的哈希值（占用 32 bytes 的存储空间）。父区块指的是该区块的前一个区块，在栈中的父区块处于本区块底下紧挨着的位置。对每个区块头数据计算 SHA-256 哈希值之后，可凭借这个哈希值识别出区块链中对应的区块。父区块哈希值指的就是对父区块的区块头数据计算 SHA-256 哈希值之后的结果。父区块哈希值存储在每个区块的区块头中，通过父区块哈希值，每一个区块都可以达成对前一个区块的引用。这样一来，区块之间就按照这种方式链接到父区块，从而创建了一条一直可以回溯到创世区块的链，"区块链"的概念也就由此而来。

由于区块头中包含父区块哈希值，因此该值也会参与到当前区块头数据的 SHA-256 哈希值计算中。SHA-256 哈希值计算的显著特征就是参与计算的值即使发生了微小的变化，计算而得的值都会发生很大的变化，因此如果父区块的数据有任何改动，父区块的哈希值就发生改变。父区块哈希值的改变将引起区块链发生一连串的改变，最开始是子区块的区块头数据发生改变，子区块哈希值因此而发生改变，随后孙区块的区块头数据也会发生改变，以此类推。

一旦在一个区块之后链接了很多个区块，这种改变一个区块值会影响到之后所有区块值，唯一的办法是采取强制性措施重新计算该区块后所有的区块，但这意味着耗费巨大的计算量——至少是全网 50%以上算力都一致同意并参与进来。所以，当一个区块链的长度达到足够长之后（通常是含有数千个区块），区块链中早先存在的区块就像历史一样无法改变，这是体现区块链安全性的一个关键特征。

再其次是 Merkle 根植（占用 32 bytes 的存储空间）。关于 Merkle 根在 2.3.4 节会有专门的阐述。它大致的意思就是对每个交易数据计算 SHA-256 哈希值，然后将相邻的两个交易的哈希值加起来再计算哈希值，以此类推，最终会得到一个 SHA-256 哈希值，也就是 Merkle 根值，所以 Merkle 根值本质上就是一个哈希值。而 Merkle 树就是一棵哈希树。

在 Merkle 根值之后的是一个时间戳值（占用 4 bytes 的存储空间），然后是一个难度目标值（占用 4 bytes 的存储空间）和一个 Nonce 值（占用 4 bytes 的存储空间）。时间戳值、难度目标值和 Nonce 值都与挖矿竞争有关，关于这三个值的介绍可到下一节中翻阅。

最后需要说明的是，每个区块只有一个父区块这是肯定的，但有时也会发生多个矿工几乎同时挖出各自不同区块的情况，所以一个区块允许暂时拥有多个子区块。这些子区块的区块头中存储父区块哈希值的位置将存有相同的父区块哈希值。一般将一个区块拥有多个子区块的情况称为"区块链分叉"。

区块链分叉应该是暂时的，最终的结果是这些子区块中只有一个会被保留下来，并成为区块链的一部分，这是目前解决区块链分叉问题的常见办法。遇到区块链分叉问题的概率不会很高，关于区块链分叉的问题会在下一章予以详细的介绍。

2.3.2　用区块头哈希值和区块高度标识区块

区块哈希值（准确而言是区块头哈希值）是由一个区块的区块头两次计算 SHA-256 哈希值之后得到的结果，可以作为该区块的区块标识符对待，或者说这个区块头哈希值就是该区块的数字指纹。数字指纹可以明确地标识一个区块，由于各个区块的区块头数据都不相同，所以该区块又是这个数字指纹唯一能标识的区块，因此区块头哈希值也可以作为区块的主标识。以比特币区块链账本的第一个区块为例，该区块的区块头哈希值为 000000000019d6689c085ae165831e934ff763ae46a2a6c172b3f1b60a8ce26f。

需要强调的是，作为区块主标识的区块头哈希值并没有被存储在本区块的数据中，这个值作为父区块哈希值存储在了子区块的区块头中。既然没有被存储，那么从何处查看这个值呢？区块头哈希值实际上是节点将新区块从网络上接收过来时，为了验证区块链中某一个区块是新区块的父区块而即时计算出来的。

即使是一台配置非常低的计算机，当它在计算区块头哈希值时的速度也会是非常快的，不过，仍有人想要将计算好的区块头哈希值作为备份存储起来。一个普通的数据库表就能满足存储区块头哈希值的需求，在以后想要快速地检索某一个区块时，使用这个数据库表就可以了。

除了使用区块头哈希值标识区块外，区块在区块链栈中的位置也可以标识该区块。上一小节谈到的"区块高度"这一术语描述的就是区块在区块链栈中的位置。就拿比特币系统的区块链账本中的第一个区块（创世区块）来说，其区块高度（block height）值为 0，每一个在后面产生的区块都要在其前一个区块的区块高度值基础上加 1。

区块高度可以用来作为某一区块的标识，但却不像区块头哈希值那样可以作为区块的主标识。具体而言，虽然一个区块总是有着其特定的区块高度值，但是一个区块高度值并不是总能对应到一个区块。

导致出现上述情况的原因还是由于区块链分叉问题的存在。当两个或两个以上最新挖取出的区块在区块链里争夺同一位置时，它们就可能有相同的区块高度值。在下一章有关于对区块链分叉问题的具体讨论。

和区块头哈希值相同的是，区块高度也没有存储到区块数据内。当节点从网络中接收一个新的区块时，节点会自动地识别该区块在区块链栈中的高度。为了方便快速检索，可以将区块高度作为另一类元数据同区块头哈希值一起存储在数据库表中，并将区块高度作为索引。

区块高度值的另一个作用是计数当前区块的数量。例如，比特币系统大概每过 10 分钟就会有一个新区块诞生，按照这个速度，到 2014 年 1 月 1 日为止，已有新增的区块 278 000 个，即区块高度已经达到了 278 000。在后面几年的时间里，区块还在不断地被挖取出来，这个区块高度值也处在稳步上涨的阶段。

2.3.3 区块间的链接

在比特币系统中，一个完整的节点应该会保存有一份从创世区块开始的区块链账本副本，随着新区块的不断产生，完整节点保存的本地副本也会不断地进行链条扩展更新。

在一个区块刚刚被矿工成功挖掘出来时，这个区块数据就会首先传递给和矿工相邻的节点，然后这些节点再传递给和自己相邻的节点，以此类推。

当某节点从网络中接收到一个区块后，首先要做的是验证这个区块（新区块校验的内容在 2.4.6 节），然后和自己已有的区块链账本建立起链接。建立链接的方式很简单，就是按照第一小节所讲的检查接收区块的区块头中所含父区块哈希值，然后对比是否与本地区块链账本中最后一个区块的区块头哈希值相同。如果相同，那么就将这个新接收的区块作为最后一个区块存储在已有的区块链账本上。

假设现在有一个节点在本地保存了一个含有 258 415 个区块的区块链账本，某一时刻节点从网络中监听到有新区块产生的消息，于是就接收了这一个新区块。在编辑完这个新区块的数据后，节点应该定位到位于区块头中的父区块哈希值字段处，从这里读取该区块的父区块的哈希值。读取到的父区块哈希值为 0000000000000004c19ed149cca6f84edf3862fb4c725e5722e6f456711dca86。

接着节点会计算本地保存的区块链账本中最后一个区块的区块头哈希值，这个高度为 256 415 的区块的区块头哈希值计算结果也为 0000000000000004

c19ed149cca6f84edf3862fb4c725e5722e6f456711dca86。这个区块头哈希值的计算结果和新区块中保存的父区块哈希值一致，所以接收到的新区块就被作为本地区块链账本的最尾端一个区块而保存了下来，区块链因此变长到 258 416 的新高度。

图 2-7 显示了高度分别为 258 414、258 415 和 258 416 的三个区块通过父区块哈希值链接在一起而形成一条链。

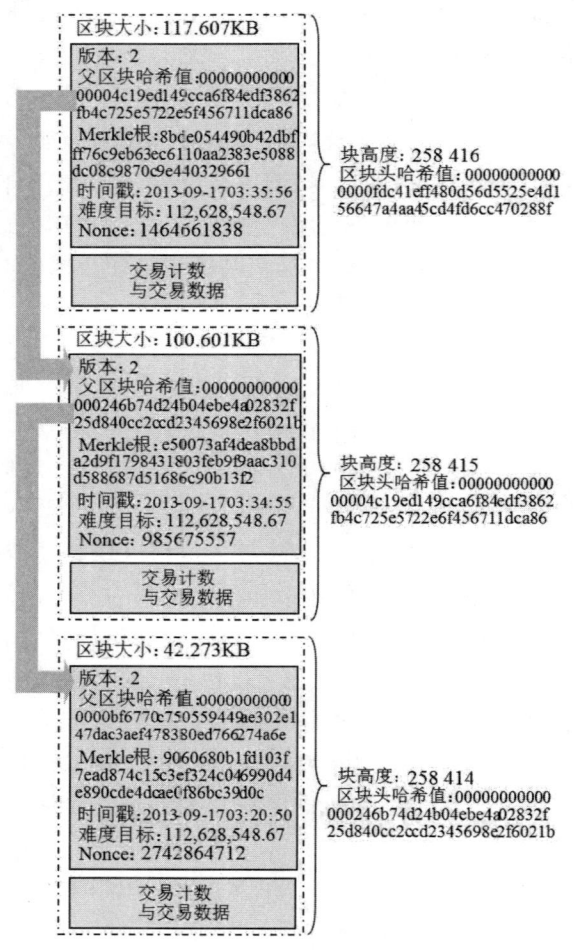

图 2-7　三个区块通过父区块哈希值链接在一起

2.3.4　Merkle 树与 Merkle 根

在 2.3 节的一开始，就谈到比特币区块链账本的每个区块都包含了很多个交易，在区块头中，这些交易是以 Merkle 根的形式存储的。

谈到 Merkle 根，首先要理解什么是 Merkle 树。Merkle 树是一种常见的哈希二叉树，这种二叉树的数据结构常用于校验大规模数据的完整性，以及对大规模数据进行快速的归纳整理。在区块链技术类的应用中，Merkle 树的作用就是归纳一个区块中的所有交易，同时生成整个交易集合的数字指纹，这种数字指纹能非常高效地校验区块内是否存在某交易。

在计算机学领域，二叉树是一种数据元素按分支关系组织起来的数据结构，这些数据元素被人们习惯性地称为树的节点。由于这种数据结构具有分支且形状类似树的树枝分叉，"二叉树"中的"树"就由此而得名。"树"的结构就像是一棵倒栽的树，"树根"在上部，同时"树叶"在下部。

二叉树中根节点（或称根元素）在树的最上方，由根节点向下二分叉后产生了两个子节点，这两个子节点也可向下各自二分叉，然后最新的一层就是总共包含有四个子节点。这样的节点向下二分叉可以不受限制，以此类推，经过几轮的迭代后，就形成了一棵茂密的"大树"。由于每次分叉时节点都是二分叉，二叉树的称呼也就由此而来。

Merkle 树的生成是自底向上的。假设现在需要计算得到 n 笔交易数据的 Merkle 根值并存储在区块头中，那么先要做的就是对这 n 笔的交易数据分别求解哈希值，这些哈希值按照顺序放在 Merkle 树的底部，接着对前两个哈希值相加再求解哈希值，还有第三和第四个哈希值相加后再求解哈希值，以此类推（先假设 n 是偶数）。这些第二批计算得到的哈希值放到 Merkle 树的倒数第二层，然后对这一层的哈希值执行两两相加再求解哈希值得到 Merkle 树的倒数第三层。Merkle 树的更高层也是执行了这样的递归过程后得到的哈希值，直到只剩一个哈希节点，这个节点就是 Merkle 树的根。

对于比特币系统而言，在构建 Merkle 树时，每次计算哈希值都是使用了两次 SHA-256 哈希算法（即双哈希或 Double SHA-256 哈希算法）。

Merkle 树能有效地校验区块内是否存在某交易的原因就是，当 n 个交易数据经过哈希加密再插入 Merkle 树后，最多经过 $2 \times \log_2 n$ 次计算后就能检查出某交易是否在该树中。

接下来，通过一个构建 Merkle 树的例子来理解 Merkle 树的生成过程。假设现在有 A、B、C 和 D 四个原始的交易数据，起始时所有的交易都还未存储在 Merkle 树中，那么构建 Merkle 树就先要计算这四个交易数据的哈希值。假设 A 交易数据的哈希值用 H_A 表示（其他的 B、C 和 D 可以此类推），在计算完 H_A、H_B、H_C 和 H_D 后，它们分别存储至 Merkle 树底层的相应叶子节点。计算 A 交易数据的哈希值可表示为 H_A = SHA256(SHA256(A))。

经过SHA-256哈希算法计算出的哈希值的长度是32 bytes，无论算法的输入有多长时都是一定的。将两个相邻叶子节点的哈希值串联后再计算双哈希，由此而得到的新的节点可称为这两个相邻叶子节点的共同的父节点。例如，将H_A和H_B串联后输入到哈希算法中进行计算，得到的哈希值可用H_{AB}表示，这就是叶子节点H_A和H_B的共同父节点。H_A和H_B的长度均是32bytes，将H_A和H_B串联后的数据长度为64 bytes，得到的H_{AB}长度还是32 bytes。

计算A交易哈希值和B交易哈希值串联后的结果的哈希值可表示为$H_{AB}=$ SHA(SHA(H_A+H_B))。

与H_{AB}处于同一层的节点是H_{CD}。对H_{AB}和H_{CD}继续执行上述的操作可得到一个处于顶层的最终的节点，这个最终的节点就是需要记录到区块头中的Merkle根（可用H_{ABCD}来表示）。Merkle根的长度在任何情况下都是32 bytes的，这由所使用的哈希算法决定。图2-8展示了从H_A、H_B、H_C和H_D计算得到Merkle根的大体过程。

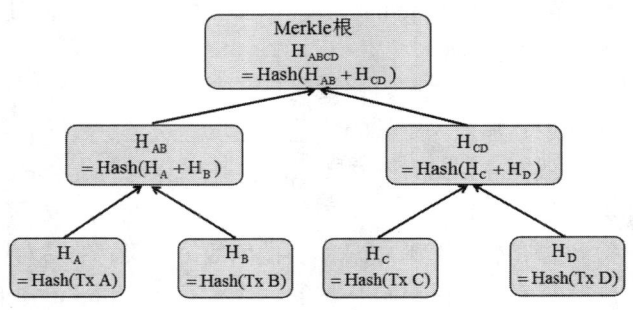

图2-8 Merkle树简单示例

由于Merkle树是二叉树的形式，所以除了根节点外，它的其他层的都具有偶数个叶子节点。如果遇到有奇数个交易需要归纳的情况，那么处理的办法就是将最后的交易复制一份，通过这样的办法构造偶数个叶子节点。例如，现在A、B、C和D四个交易数据只剩下A、B和C三个交易数据，那么C交易数据会被复制一份，也就是说，这个Merkle树中有两个H_C，并且H_{CD}也变成了H_{CC}。图2-9展示了在这种情况下计算得到Merkle根的大体过程。

现在将通过四个交易构造Merkle树的方法扩展到通过任意数量的交易构造Merkle树。对于比特币系统而言，每10分钟产生一个区块，由于比特币拥有着非常大量的用户，所以在这10分钟之内产生成百上千的交易是非常容易的，处于同一个区块中的这些大量的交易都会采用和上述相同的办法归纳起来，而最终产生的一个Merkle根仅仅是一个32 bytes的数据。

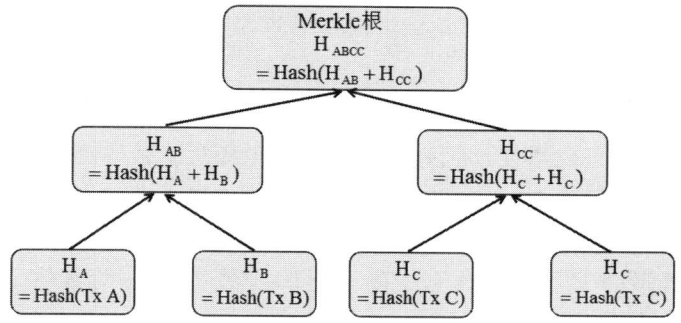

图 2-9　含有奇数个原始交易的 Merkle 树

如图 2-10 所示，原始的交易数据共有 16 个，这 16 个交易数据的哈希值经过多次的双哈希计算后形成了一个更大的 Merkle 树。总之，无论区块中有多少个交易，Merkle 树都会把所有的交易归纳成一个大小为 32 bytes 的 Merkle 根，当交易数量偏多时，这棵 Merkle 树会很大；当交易数量偏少时，这棵 Merkle 树也会相应的小一点。

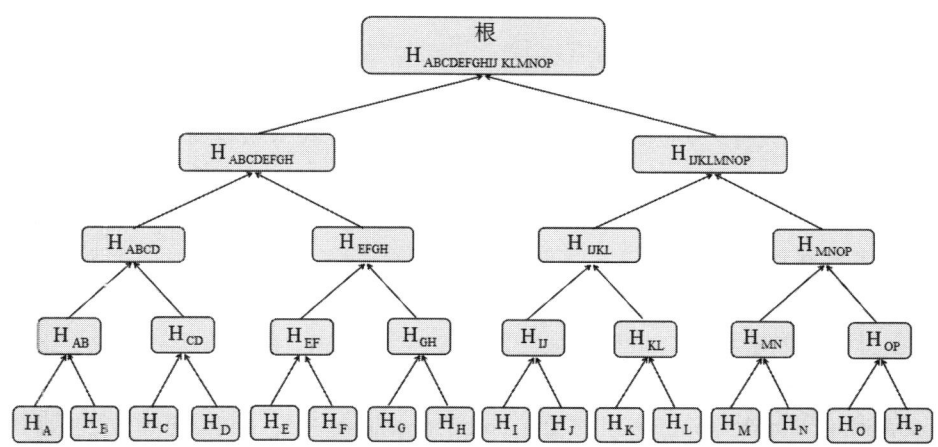

图 2-10　含有更多原始交易的 Merkle 树

为了校验在 n 个交易数据中是否存在某个特定的交易，只要组合出从与之相关的交易到位置仅次于 Merkle 根的哈希值路径（称为 Merkle 路径），然后通过这个 Merkle 路径计算出从该交易到 Merkle 树根的认证路径就好了。在这个认证过程中需要计算与该交易相关的 $\log_2 n$ 个 32 bytes 的哈希值。

例如，在图 2-10 中，为了验证交易 A 的存在，组成 Merkle 路径的四个哈希值分别是 H_B、H_{CD}、H_{EFGH} 和 $H_{IJKLMNOP}$，使用 Merkle 路径内的四个哈希值再和交易 A 的哈希值一起计算 H_{AB}、H_{ABCD} 和 $H_{ABCDEFGH}$ 进而得出 Merkle 根

H$_{\text{ABCDEFGHIJKLMNOP}}$，只要计算得到的 Merkle 根值和区块头中存储的 Merkle 根值相同，就能确定交易 A 的确存在。

当一个区块中包含的交易数量骤增时，保证最大限度地降低校验交易是否存在时所需的计算量非常重要，因为所有人都希望交易能够被快速地校验。将交易以哈希值的形式存储在 Merkle 树中恰好满足了人们想要快速校验交易的需求。

无论交易数量在如何增长，对交易数量计算以 2 为基底的对数的结果却在保持着非常缓慢的上升。假设现在有一条 10 个或者 12 个哈希值（大约 320~384 bytes）的 Merkle 路径，这就足以能验证在含有 1 024 个或者 4 096 个交易的区块中存在着某个交易。

2.3.5 创世区块

在以比特币为代表的去中心化数字货币系统乃至其他区块链技术应用系统中，创世区块指的是区块链网络运行之初产生的第一个区块数据。由于在那时区块链网络还未启动，所以创世区块是通过直接编写代码的方式创造出来的。

创世区块是区块链里面所有区块的共同祖先，这也就是说，从任一区块按照链接顺序向前回溯，最终都将到达创世区块。另外，比特币区块链里的创世区块创建于 2009 年，这一年正是比特币系统开始进入公众视野里并被一些用户使用的一年。

创世区块应该被编写到比特币客户端软件里，这意味着每一个节点在没有同步区块数据前就已经拥有了一个区块的数据。得益于去中心化的特性，将创世区块编写到客户端软件里能确保创世区块不会被改变，因为每一个节点都存储了创世区块的哈希值、结构、被创建的时间和里面的交易。

如果对创世区块感兴趣，那么在比特币核心客户端源码（下载源码可访问 https://github.com/bitcoin/bitcoin）的 chainparams.cpp 文件中可以查到创世区块是如何被编写到比特币核心客户端里的。另外，创世区块的哈希值如下。

000000000019d6689c085ae165831e934ff763ae46a2a6c172b3f1b60a8ce26f

若在 blockchain.info（https://www.blockchain.com/explorer）等区块浏览网站搜索这个区块哈希值，网站会转到一个链接，里面包含这个哈希值的区块信息浏览页面，页面里的内容是一些对这个区块的描述。例如，在 blockchain.info 会转到 https://www.blockchain.com/btc/block/000000000019d6689c085ae165831e934ff763ae46a2a6c172b3f1b60a8ce26f。图 2-11 展示了这个区块信息浏览页面，在这个页面中创世区块被标记为 0 号区块。

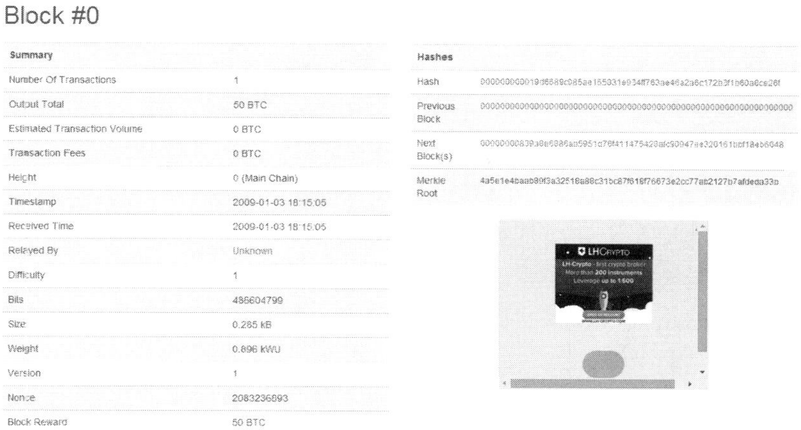

Block #0

Summary	
Number Of Transactions	1
Output Total	50 BTC
Estimated Transaction Volume	0 BTC
Transaction Fees	0 BTC
Height	0 (Main Chain)
Timestamp	2009-01-03 18:15:05
Received Time	2009-01-03 18:15:05
Relayed By	Unknown
Difficulty	1
Bits	486604799
Size	0.285 kB
Weight	0.896 kWU
Version	1
Nonce	2083236893
Block Reward	50 BTC

Hashes	
Hash	000000000019d6689c085ae165831e934ff763ae46a2a6c172b3f1b60a8ce26f
Previous Block	0000000000000000000000000000000000000000000000000000000000000000
Next Block(s)	00000000839a8e6886ab5951d76f411475428afc90947ee320161bbf18eb6048
Merkle Root	4a5e1e4baab89f3a32518a88c31bc87f618f76673e2cc77ab2127b7afdeda33b

图 2-11　blockchain 描述区块信息的页面

除了能在网站上查看创世区块或者其他区块的内容之外，一般去中心化数字货币系统这一类的应用都会提供一个基于命令行（CLI）的核心客户端的工具，在核心客户端中也支持通过输入区块的哈希值查看相应的内容，因此得到区块的哈希值是一个重要的前提。

2.4　挖矿行为

与其他传统的数字货币系统相比，去中心化的数字货币应用，例如，比特币，都不会设置一个中心运营机构来记录每一笔交易的信息。在之前多次提到，当使用者使用比特币完成一笔交易后，这笔交易会立即在网络上传播开来，只有当这笔交易被一个称为“挖矿”的过程验证且加入到一个区块之后，这笔交易才会作为共享区块链账簿的一部分并被所有的使用者承认。

挖矿的过程不仅实现了交易信息的记录，还实现了新货币的发行，另外在杜绝双重支付以及防止欺诈交易从而很好地保护系统安全性等方面，挖矿也提供了很大的帮助。在这一节，将以比特币为例逐步地揭开挖矿的神秘面纱，细致地了解矿工是如何在去中心化的数字货币系统中进行挖矿的，以及挖矿如何展现出它的诸多妙用。

2.4.1　挖矿与去中心化共识

挖矿的首要功能是矿工将经过他们验证的新交易记录在总区块链账簿上。

大约每经过10分钟就会有一个矿工挖矿成功，他所打包的区块会从众多矿工打包的区块中脱颖而出，成为区块链账簿上最新被挖掘出来的区块。

矿工挖矿是否成功，主要取决于在这10分钟时间里他能否使用他的计算机运行工作量证明算法，并比其他矿工更快地得到正确的结果。工作量证明算法（在2.4.4节会有相关介绍）可以理解为一种基于加密哈希算法的数学难题，并且这道题的难度是在不断增加的。按照过去每年的高性能计算平台来估计，使用该计算平台解决当时的这道数学难题所花费的时间就是大约10分钟。解决这个难题后得到的正确答案要包括在新区块中，作为一名矿工的付出了解题计算工作的证明，"工作量证明"也就因此而得名。

最新被挖掘出的区块里包含的交易是，从上一个区块被挖掘出来到新的区块在挖矿算力竞争中获胜为止，矿工所能接收到的全部交易。这些交易被依次添加到区块内的交易数据记录部分，并跟随着区块的链接被记录到总区块链账本中。包含在已挖掘出的区块内并且随区块而添加到区块链上的交易被称为"确认交易"，即这些交易已经被矿工验证成功。只有当交易被验证之后，比特币接收方才能够证明他在这次交易中接收到了一定数额的比特币。

矿工挖矿成功后会得到一定的奖励，奖励分为创币奖励和交易费奖励两种。创币奖励主要是为了奖励矿工创建新区块所付出的计算资源，而交易费奖励指的是这一名矿工所打包的区块中所有交易的交易费全部归该矿工所有。矿工们挖矿的主观目的就是获得这些奖励，所以为了得到这些奖励，矿工之间存在着一种竞争关系。

用户发起的每笔交易通常都会包含一笔交易费，当然也可以不包含交易费，包含交易费的好处是能够激励矿工优先地将此交易打包至区块。大部分用户不希望缴纳交易费或者只会缴纳小数额的交易费，所以挖矿成功的矿工能够得到的交易费通常只占到了矿工挖矿收入的很少一部分（约1%或更少）。如果一名挖矿成功的矿工所打包的区块中不含有交易费，那么他依然能够凭借创币奖励来创收。

创币奖励是比特币系统发行新币的唯一途径，与中央银行通过印刷纸币来发行真实货币的想法类似，其他与比特币性质相同的去中心化数字货币系统也采用了这种办法发行新币。在2016年，比特币系统对矿工成功挖掘出一个区块的奖励是12.5个比特币，在当时，这些比特币能够兑换的真实货币是1250美元左右，是一笔非常可观的收入。

表面上看，通过挖矿获得的创币奖励和交易费奖励都是一种对矿工的激励措施，但作者们设计"挖矿"过程的最主要的目的既不是生产新币也不是激励矿工，而是实现交易结算的去中心化。也就是说，生产新币和激励矿工只是采取的一种手段。

挖矿从某种意义上来讲还保护了比特币系统的安全。在之前多次提到的双重支付（或称一币多付）问题是一种对虚拟数字货币系统发生严重安全问题的构想，具体是指同一笔数字货币可以被用来花费两次甚至更多次。

不同于实体货币，一些传统的数字货币系统（没有实现结算的去中心化）用于记录交易信息的数据库可能被黑客复制或修改，所以花费货币的行为就可能不会从付款者身上更改货币的拥有状态，这听起来有些拗口，通俗来讲就是付款者存在有已支付但未扣除的货币。另外，不要忘记完成支付后收款者会得到相同数额的货币，总之无论如何就是整个系统不受控制地凭空诞生了很多额外的货币。

传统数字货币系统中的双重支付问题非常令人反感，就好像不法分子印制伪钞一样，大量的伪钞流入市场，会造成严重的通货膨胀进而导致货币贬值，这就是某些人不同意持有并使用虚拟数字货币的原因。

既然依靠中心机构提供验证并处理所有交易的结算服务面临着风险，那么实现了去中心化的数字货币系统又如何能做到在不考虑相信任何人的情况下，确保所有的参与者对过去所发生的交易及任意的货币所有权都能达成信任的共识呢？

除了矿工外，其他的使用者都会保存有区块链总账本的备份，这份区块链总账本可以当作交易被认证过的记录。当某一名矿工挖矿成功后，他所打包的区块会在网络上流传开来，使用者节点在接收到这个区块后就添加到自己的区块链总账本上，新的使用者也可以从其他使用者节点那里把落后的区块链总账本同步过来。这些实际上都是利用了 P2P（Peer to Peer，点对点）网络结构支持节点间互相传输信息的优势。这样的最终结果是所有的参与者共同维护了一个区块链总账本，即便是黑客修改了其中某一节点保存的账本数据，该节点照样能从其他节点那里将数据同步过来。

矿工在挖矿时使用的工作量证明算法属于共识算法的一种，在后面的章节中将介绍其他更多的共识算法。共识算法实现了非常有利于达成信任的共识机制。共识机制的存在是区块链技术被广泛接受的主要原因之一，共识机制也是中本聪最主要的发明之一。

所谓共识机制，更具体的叫法是"达成一致性共识的机制"，指的是面对着众多的交易，使用者们只认可付出了一定的计算工作量的矿工所打包的区块，即大家一致地达成了以该区块包含的交易信息为标准的共识。

在接下来的几小节中，将具体地审视挖矿的过程细节，包括矿工校验交易并将交易整合至区块、区块头和区块的构建以及工作量证明算法的运行原理等诸多内容，了解矿工打包的区块为什么能在全网的范围内达成共识以及任意节点如何从网络上接收区块并组合出他自己的可信任、全公开的区块链总账本。

2.4.2 交易校验及整合至区块

在 2.2 节中以去中心化数字货币中的比特币为例，介绍了使用其进行常规交易的原理以及这些交易是如何在网络上传播的，但是没有提到，临近的节点在确认接收交易前还需要对交易进行验证。

设置验证的环节可以确保交易的安全性与合法性，即有效的交易会在网络中传播开来，而无效的交易将会在众多节点的重重验证筛选过后被废弃。这些验证的内容主要包括以下列举的 7 项。

（1）整个交易的数据结构一定要正确。

（2）交易中的输入和输出都要有对应的比特币地址且值不能为空或 0。

（3）比特币对每个交易所需的存储空间做出了最大设定，整个交易占用空间的大小不能超过这个值。

（4）交易中的输出值也要在规定最大最小值的范围内（最大 2 100 万个比特币，最小 0 个比特币）。

（5）交易中输入值的总和一定要大于或等于输出值的总和。

（6）对于交易的输出，它必须是存在的，并且在之前没有被花费掉。

（7）当交易中的输入较多时，由于 UTXO 交易模型的原因，这会使得记录交易的数据也会占用较多的存储空间，因此缴纳一定数额的交易费是必须的，如果交易费过低，矿工有权拒绝打包该交易。

节点在接收到交易后需要验证的内容主要包括上面列举的这些项目，但不局限于这些项目。关于更多复杂的需要验证的项目以及对这些验证的实现，可以到下载好的比特币源码中查找 AcceptToMemoryPool()函数、CheckTransaction()函数和 CheckInputs()函数，从函数的实现中能够获得更详细的信息。

在比特币网络中，任何用户节点在接收到一个新的交易后都会执行上述的验证过程。除了正常的用户节点外，还有一些特殊的节点，运行这些节点的人会因为从事的是挖矿的工作而被其他人形象地称为"矿工"，而这些节点对应的也就是矿工节点（或挖矿节点）。

矿工节点一般会保存有一个区块链账本的完整备份，这样的矿工节点可以称之为"完整矿工节点"。当然，在其他的区块链技术应用中，矿工节点也可能不需要保存完整的区块链账本的备份，因为时间久了之后，这个备份是非常占用存储空间的。

与其他普通用户节点一样，矿工节点也在密切关注着传播到网络中的新区块。普通用户节点可以在新区块产生后的一段时间内通过从其他节点那里同步数据的方式将该区块同步过来，但是矿工节点不能这样做。一个新区块的诞生是一轮挖矿竞争的结束，同时又是新一轮挖矿竞争的开始，如果矿工不能及时地判断出自己有没有在挖矿竞争中获胜，那么他很可能处于被动的地位，所以，矿工节点要时时关注网络中新区块的产生。

交易验证通过后，无论普通节点还是矿工节点，都会将这些交易添加到自己机器的交易池（相当于一个内存池）中暂存起来。交易池中的交易是没有被加入到区块的交易，矿工节点不仅会把接收到的交易添加进交易池内，还会把这些交易整合到一个即将参与挖矿竞争的区块中。

交易整合过程的最先一步是要为交易池中的每笔交易分配一个优先级，然后才是根据优先值由高到低的顺序将交易整合到区块中的交易数据部分。

有很多办法能够确定交易的优先级。产生的较早但是在其他矿工那里没有被挖矿成功的交易无论是否拥有交易费都具有较高的优先级。两个都是最近产生而且产生时间几乎一致的交易要视交易费的多少来确定优先级，通常是交易费越多的优先级越高。占用空间较大的交易需要缴纳一定的交易费才能得到较高的优先级，没有交易费的话会被安排到最低的优先级，甚至可能在交易池中所有的交易被放入到区块中之后由于空间的原因而被排除在外。如果所有的交易所占的空间都不大，而且区块有足够的空间对这些交易进行存储，那么这些交易的交易费可有可无。

在比特币中，有一个专门的公式根据交易的输入和交易的块龄以及交易的总长度来计算交易的优先级。在具体存储交易数据的时候，会先将公式计算的优先级的结果与高优先级基准值进行比较，一般每个区块的交易数据部分的前 50KB 会用于存储这些具有较高优先级的交易。无论高优先级的交易是否包含交易费，矿工都要先将它们整合到区块的交易数据部分。

处理完高优先级的交易后，矿工节点主观上会先关注那些包含有交易费的交易，然后审核交易数据占用存储空间的大小，并按照"每千字节含的交易费"从高到低的顺序对这些交易进行排序和整合到区块的交易数据部分。

区块大小有固定的上限（在源码中通过 MAX_BLOCK_SIZE 定义），除区块头和区块大小外，交易计数器和交易数据都是可变大小的。如果在将含有交易费的交易记录完之后，区块仍未达到最大限制大小，挖矿节点也可以选择整合那些不含交易费的交易到区块中。一些道德高尚的矿工会将那些不含交易费的交易也整合记录到区块中，而那些只是为了获得矿工费的矿工则会忽略掉它们。

在理解优先级计算公式的时候，你一定在好奇交易的块龄是什么，以及为什么能够决定交易的优先级。实际上，由于种种原因导致交易池中的交易没能被整合到区块中，这些交易就一直留在交易池中，并成为了该挖矿节点在打包下一个区块时的候选交易。

随着新的区块被不断地挖出，根据 UTXO 交易模型，这些交易的输入就变得越来越"深"（这就是交易"块龄"），交易块龄也就随之变大。于是，在计算交易优先值的时候，计算得到的结果也就增加了。

创币交易（通常的称呼是 Coinbase 交易）是区块的交易数据部分必须存在又非常特殊的一笔交易，同时也是优先级最高的第一笔交易。Coinbase 交易的输出就是对应矿工节点的比特币地址，用于向矿工支付创币奖励费，借此表彰矿工们所做的贡献。

对比常规交易来说，Coinbase 交易不具备 UTXO 模式。Coinbase 交易只包含一个被称作 Coinbase 的输入，这个 Coinbase 输入的作用就是产生新的比特币作为矿工们的创币奖励。

在创建创币交易时，矿工节点要先算清矿工费的总额。矿工费总额的计算方法是对区块内所有的交易计算输入输出总和并求得差值。紧接着，矿工节点要计算出对这个新区块的创币交易额。创币交易额（或说是创币奖励额）的值根据区块高度的不同而存在差异，对此可翻阅至 2.4.7 节，对于最开始的 210 000 个区块的创币交易额是 50 个比特币，后来每产生 210 000 个区块这个额值会减半一次。也就是说，高度从 210 001 到 420 000 的这 210 000 个区块的创币交易额为 25 个比特币，以此类推。

如果你下载得到了比特币的源码，那么在 main.ccp 文件中的 GetBlockValue() 函数内可以看到关于创币交易额的详细计算过程。以下代码就来自该函数。

```
int_64t GetBlockValue(int nHeight, int64_t nFees)
{
    int_64 nSubsidy = 50 * COIN;
    int halvings = nHeight / Params().SubsidyHalvingInterval();

    if(halvings >= 64)
    {
        return nFees;
    }

    nSubsidy >>= halvings;
    return nSubsidy+nFees;
}
```

在 GetBlockValue()函数中，COIN 是一个值为 100 000 000（单位为聪）的常

量，代表一个比特币。变量 nSubsidy 由 50 与 COIN 的乘积得到，代表前 210 000 个区块中每个区块的创币交易额为 50 亿聪（1 亿聪等于 1 个比特币）。

halvings 代表创币交易额的衰减次数，每经过 210 000 个区块这个额值会减半一次衰减次数值加 1，当 halvings 超过最大值时（最大值 64），创币交易额的计算结果将为 0。也就是说，在有限个区块被挖出之后，将不再具有创币交易额。halvings 主要由 nHeight 参数和 SubsidyHalvingInterval() 函数计算得到，nHeight 参数是当前区块高度，SubsidyHalvingInterval() 函数返回的是 210 000 这个数字。

创币交易额 nSubsidy 的衰减由右移操作实现。当区块数量达到预期的数量时，nSubsidy 右移一位，每右移一位都代表着 nSubsidy 缩减了一半（除以 2）。函数最终会将 nSubsidy 返回，同时会返回 nFees（区块中的交易费）作为对矿工的最终奖励。

2.4.3 填充区块头

区块头是一个区块中非常重要的组成部分，占到了区块中 80 bytes 的存储空间，矿工在构建即将参与挖矿竞争的区块的时候也要填充好该区块的区块头。在 2.3.1 节中我们知道了区块头中包含 6 个字段，分别是占用 4 字节的版本号、占用 32 字节的父区块哈希值、占用 32 字节的交易 Merkle 根值、占用 4 字节的时间戳值、占用 4 字节的难度目标值和占用 4 字节的 Nonce 值。

最开始，比特币区块链账本的每个区块的版本号都是 1，每当网络整体发生一次重大的变革或软件进行一次重要的更新，这个数值都会加 1。在写作本书时，最新的版本号是 4。

在第 2.3.1 区块结构小节中已经介绍过了父区块哈希值的计算过程，这里不再对此展开叙述。矿工节点要保存有区块链账本的整体备份或者至少保存最近产生的区块，这样在填充父区块哈希值字段的时候就可以快速地得出计算结果。矿工节点还要通过快速可靠的网络接入比特币网络中，这样才能及时地监听到其他矿工挖矿成功的信息，并获得最新打包出的区块作为自己参与下一轮挖矿竞争的父区块。

向区块头填充 Merkle 根字段也是必须的。根据之前介绍的计算 Merkle 根的办法，矿工节点要将全部的交易数据计算哈希值后组成一棵 Merkle 树，关键的是创币交易的哈希值要第一个插入到 Merkle 树中。在成对逐层地计算了很多哈希值之后，得到的一个长度为 32 bytes 的值就是 Merkle 根的结果。

在 2.3 节中介绍区块结构的时候就接触到了时间戳的概念，只不过在那里没有进行解释。确切地来说，时间戳就是使用 UNIX 纪元的时间编码，编码的值等于从1970年1月1日0点起到设立时间戳时为止总共经过的时间秒数。时间戳有着非常重要的作用，它为像区块链这种分布式网络中的所有节点都提供了时间上的基准参考。

接下来的难度目标值和Nonce值是矿工节点重点需要填充的两个区块头中的字段。

难度目标值字段定义的是为了使区块有效，而矿工节点需要执行的工作量证明算法的难度。"难度位"是难度目标值的实际标识方式，其占用的存储空间是4 bytes，在区块中编码及存储时采用的都是"指数/系数"的格式。在这4 bytes的空间中，第1个字节存储了指数，后面的3字节存储了系数。以区块277 316为例，它的难度位值为0x1903a30c，前两位十六进制数字（0x19）是指数，而接下来的六位十六进制数字（0x03a30c）则是系数。

将难度位值换算为十进制形式，难度目标值可按以下公式进行。

$$难度目标值 = 系数 \times 2\wedge(8 \times (指数 - 3))$$

还是以区块277 316为例，其十进制的难度目标值为：

$$0x03a30c \times 2\wedge(8 \times (0x19 - 3))$$
$$= 238348 \times 2\wedge(8 \times 0x16)$$
$$= 238348 \times 2\wedge176$$

由此得到的结果是一个非常大的数字。

其实挖矿也主要是与区块头中的难度目标值和Nonce值字段密切相关的。填充完区块头内全部的字段后，就可以开始挖矿了。

Nonce值在初始时为0，评判挖矿是否成功的标准是有没有找到一个合适的Nonce值使得对该区块头计算哈希值得到的结果小于难度目标值。在下一小节介绍的就是在挖矿时需要使用到的工作量证明算法。挖矿的大概想法是希望挖矿节点进行多达数万亿个不同的Nonce值的尝试，直到找到一个满足上述条件的Nonce值为止，这个多达数万亿次的尝试就是所谓的"工作量"，而得到的合适的Nonce值就是所谓的"工作量证明"。

2.4.4 工作量证明算法与开始挖矿

在完成了交易数据整合以及区块头的填充工作之后，整个区块的构建工作就算是完成了，不过，此时的区块仍然只能算是一个即将参与挖矿竞争的候选区块。只有在挖矿竞争获胜，该区块才能通过网络中其他节点的校验而成为能够添加到区块链账本上的合法区块。

在前面的一些内容中，不止一次地接触到哈希算法，尤其是 SHA-256 哈希算法，例如，计算密钥、计算 Merkle 根以及计算区块头哈希值等。除了这些地方用到了 SHA-256 哈希算法外，在比特币的挖矿过程中使用的工作量证明算法也是以 SHA-256 哈希算法为支撑的。

关于 SHA-256 哈希算法的介绍以及计算过程可以参考 5.1.1 节和 5.1.3 节，无论输入的数据有多么长或多么短，经由 SHA-256 哈希算法计算得出的结果永远是 256 bits（等于 32 字节）的长度。在 5.1.1 什么是 Hash 算法小节中，通过一个简单的 Python 脚本验证了 SHA-256 哈希算法会对不同的输入产生不同的输出。

工作量证明算法就是借用了 SHA-256 哈希算法因输入不同而输出不同的特性，一遍又一遍地重复计算区块头的 SHA-256 哈希值，然后不断地修改 Nonce 值（通常是加 1），直到这个哈希值足够小于难度目标值。

例如，就像 5.1.1 什么是 Hash 算法小节中那样计算"Today is Wednesday1"句子的 SHA-256 哈希值并当作区块头的哈希值，句子后面的数字就相当于 Nonce 值。假设任意设定的难度目标是计算得到的 SHA-256 哈希值转化为十六进制后以"0x0"开头，那么在尝试到句子"Today is Wednesday7"的时候，刚好达到了难度目标的要求。也就是说，为了达到预定的难度目标，付出了 7 次尝试，这就是工作量，数字"7"作为 Nonce 就是工作量证明。

目前为止，还没有任何人能够在预先设定 SHA-256 哈希值的情况下逆向求解出原数据，这就意味着，为了能达到预期的哈希值，需要进行不断的尝试，这也是目前唯一的方法，每次都要修改输入值，直到出现符合条件的哈希值为止。

下面要为比特币区块链账本中高度为 277 316 的区块进行挖矿计算，这个区块的难度位是 0x1903a30c，经过计算得到的难度目标值用十进制表示为：

```
22841846036606073433831162439675358381837306616146 59043328
```

转化为十六进制后为：

```
0x5d28000000000000000000000000000000000000000000000000
```

现在要做的就是寻找一个 Nonce，使得对区块头计算 SHA-256 哈希值之后的结果要小于这个难度目标值。SHA-256 哈希计算直接得到的是二进制数据，数值对比时也是在二进制的基础上进行对比。那么将难度目标值转换为二进制表示并补齐到 256 bits 的长度之后，它的前 64 个 bit 都是 0。要做到 SHA-256 哈希值的前 64 bits 都为 0 并不容易，大概估计一下，假设某位矿工拥有每秒可以进行 1 万亿次哈希计算的挖矿设备，那么也需要花费上半个多月乃至一个月的时间，才能为该区块找到正确的 SHA-256 哈希值（或 Nonce 值）。

这就好比投掷骰子，摇骰子的人将两颗骰子放在盒子里，猜点数的人在盒子翻开前说出自己对点数和值的猜想。假如现在的规矩是只要参与者们猜到的点数和值小于实际开出的点数和值就算获胜，那么对于和值为 10 以及和值为 8 的投掷结果来说，显然在投掷结果的和值为 10 时的时候参与者们猜中的几率会大些，因为这时给参与者们提供的可选择空间很大。一旦遇到开出的和值结果为 4 或者 3 的情况，那么参与者们想要猜到比这个和值更小的数就非常困难了，因为这时给参与者们提供的可选择空间实在是太小了。现在考虑极限情况，假如投掷出的点数和值为 2，那么每个参与者获胜的概率就会骤降到 1/36。

下面的这段代码是一个简化版的工作量证明算法实现。在这段代码中，为了节约时间只作演示，难度位 difficulty_bits 的值被设定在 0 到 31 之间，可以逐个尝试的 Nonce 值被设定在 0 到 2^{32} 之间。另外，根据难度位值计算难度目标值的公式也向着更简单的方向作了修改，用于计算 SHA-256 的区块头数据也使用了一段字符串来代替。代码的主体是一个 for 循环，循环的次数就等于难度位的个数，每执行一轮循环，难度位值都增加 1，对于不同的难度位值，Nonce 值都会从 0 开始进行尝试。

```python
import hashlib
import time

# 定义最大的 Nonce 值，在尝试不同的 Nonce 值时不超过该值
Max_nonce = 2 ** 32

# 进入循环，difficulty_bits 就是这里的难度位
for difficulty_bits in range(32):
    print("Strating, difficulty_level is %d \n"
          "difficulty_bits is: %d bits"
          % (2 ** difficulty_bits, difficulty_bits))

    # 记录每一轮开始的时间
    start_time = time.time()

    # 这部分实现的就是简化版的工作量证明算法，Block_data 相当于在
    # 每一个难度等级下用于计算 SHA-256 哈希值的区块数据。
    # difficulty_target 是难度目标值,由 difficulty_bits 难度位值计算而来。
    # 工作量证明算法的核心是在一个 for 循环中尝试所有的从 0 到 Max_nonce 之间
    # 的 Nonce 值，并计算将 Nonce 值添加到区块数据后所得的 SHA-256 哈希值，
    # 如果这个值小于 difficulty_target(是难度目标值)，那么挖矿成功，打印
    # 成功的 Nonce 值及此时的 SHA-256 哈希值
    SHA_256_hash = " "
    Block_data = "test_block" + SHA_256_hash
```

```python
    difficulty_target = 2 ** (256 - difficulty_bits)
    print("target_hex is:%s" % hex(2 ** (256 - difficulty_bits)))
    for Nonce in range(Max_nonce):
        SHA_256_hash = hashlib.sha256((str(Block_data) +
                                    str(Nonce))
                                    .encode("utf8")).hexdigest()
        if int(SHA_256_hash, 16) < difficulty_target:
            print("Success, The Nonce is: %d" % Nonce)
            print("SHA-256 Hash is: %s" % SHA_256_hash)
            break

    # 这部分代码的作用主要是打印耗时信息，end_time 要与 start_time
    # 相互配合
    end_time = time.time()
    elapsed_time = end_time - start_time
    print("elapsed_time is: %0.4f seconds" % elapsed_time)
```

下面展示了简化的工作量证明算法在运行过程中的部分输出。

```
'''
Strating, difficulty_level is 1
difficulty_bits is: 0 bits
target_hex
is:0x10000000000000000000000000000000000000000000000000000000000000
00000
Success, The Nonce is: 0
SHA-256 Hash is:
cf1e9caa376e5911ac07195b2d8817f2849d7ab35bc74388845dceba3a926e97
elapsed_time is: 0.0001 seconds
...
Strating, difficulty_level is 4
difficulty_bits is: 2 bits
target_hex
is:0x4000000000000000000000000000000000000000000000000000000000000000
Success, The Nonce is: 2
SHA-256 Hash is:
39dd2565f295d3bb93fb455e15852dacbfcc2e4a5d0e5af7f193d4136e904443
elapsed_time is: 0.0000 seconds
Strating, difficulty_level is 8
difficulty_bits is: 3 bits
target_hex
is:0x2000000000000000000000000000000000000000000000000000000000000000
Success, The Nonce is: 21
SHA-256 Hash is:
```

```
136b623bd2c5a76a2b13ac88ce0e9f83102648f3bf8bb4d401485e12a5a21e08
elapsed_time is: 0.0001 seconds
...
Strating, difficulty_level is 16777216
difficulty_bits is: 24 bits
target_hex
is:0x1000000000000000000000000000000000000000000000000000000000
Success, The Nonce is: 42239239
SHA-256 Hash is:
00000028b5e78d239bafd4e17840f9014cd69a8d6afba808b8b7a7b3d176f900
elapsed_time is: 96.9077 seconds
Strating, difficulty_level is 33554432
difficulty_bits is: 25 bits
target_hex
is:0x800000000000000000000000000000000000000000000000000000000
Success, The Nonce is: 42239239
SHA-256 Hash is:
00000028b5e78d239bafd4e17840f9014cd69a8d6afba808b8b7a7b3d176f900
elapsed_time is: 101.1458 seconds
...
'''
```

从输出的情况可以看出，当难度比较小（difficulty_bits 小于等于 23）时，Nonce 值比较小也比较容易找到，但是当 difficulty_bits 在大于等于 24 之后，寻找 Nonce 值所耗费的时间明显有所增加，Nonce 值本身也变得非常大，difficulty_bits 的作用也就在这里体现出来了。

2.4.5 难度目标的调整

在上一小节中，对工作量证明算法中的挖矿难度有了一定的了解，那么在这一小节还要知道并不是所有的区块都具备相同的挖矿难度。

随着电子科技的不断发展，矿工们挖矿所使用的矿机也由最初的 CPU 和 GPU 逐渐过渡到了现在的 FPGA 和 ASIC。对于 CPU 需要几十年才能寻求到正确解的工作量证明算法，使用 ASIC 设备仅需几十分钟甚至不到 10 分钟就可以了。

综上所述，比特币系统需要同步地调节挖矿难度，以适应不断被生产制造出的高性能挖矿运算设备。比特币系统中大约每 10 分钟产生一个区块，也就是说大约每隔 10 分钟就有一名矿工挖矿成功，这个大约 10 分钟的时间也就是新货币发行和交易达成有效的基准时钟。为了保证系统的稳定运行，这个大约 10 分钟的时间必须保证在未来的几年乃至几十年内都没有很大的变化。

实际上，比特币挖矿难度的调整是在每个挖矿节点上独立完成的。每当 2 016 个区块被挖出后，挖矿难度就会进行一轮调整。挖矿节点先要计算出当前最新的 2 016 个区块产生的时间（分钟）长度与 20 160 分钟（等于 14 天）的比值，如果发现该值大于 1 或远大于 1（远大于 1 说明每个新区块的产生速度平均慢于 10 分钟），那么会适当降低挖矿难度，相反，如果发现该值小于 1 或远小于 1（远小于 1 说明每个新区块的产生速度平均快于 10 分钟），那么会适当增加挖矿难度。

总体上看，挖矿的难度目标是呈现出明显上升趋势的。具体的计算新一轮区块挖矿难度的值可用以下公式表示。

$$\text{New Difficulty} = \text{Old Difficulty} \times \frac{\text{Time of 2 016 Blocks}}{20\ 160\ \text{minutes}}$$

关于比特币的挖矿难度具体是如何调整的，可参考其核心客户端的 pow.h 头文件中的 GetNextWorkRequired() 函数。以下是 GetNextWorkRequired() 函数在 pow.cpp 中的实现代码。

```
unsigned int GetNextWorkRequired(const CBlockIndex* pindexLast,
                                 const CBlockHeader *pblock,
                                 const Consensus::Params& params)
{
    assert(pindexLast != nullptr);
    unsigned int nProofOfWorkLimit =
        UintToArith256(params.powLimit).GetCompact();

    //每次困难度调整间隔内只改变一次
    if ((pindexLast->nHeight+1) %
        params.DifficultyAdjustmentInterval() != 0)
    {
        if (params.fPowAllowMinDifficultyBlocks)
        {
            //为测试网络指定困难度规则
            //如果新区块的时间戳相较于上一个区块来说大于 20 分钟
            //那么就允许挖矿一个较小难度的区块
            if (pblock->GetBlockTime() > pindexLast->GetBlockTime() +
                                params.nPowTargetSpacing*2)
                return nProofOfWorkLimit;
            else
            {
                //返回上一个没有指定的最小难度规则的区块
                const CBlockIndex* pindex = pindexLast;
                while (pindex->pprev && pindex->nHeight %
                    params.DifficultyAdjustmentInterval() != 0
```

```
                    && pindex->nBits == nProofOfWorkLimit)
                pindex = pindex->pprev;
            return pindex->nBits;
        }
    }
    return pindexLast->nBits;
}

//返回将我们想要的14天内产生的区块的数量值
int nHeightFirst = pindexLast->nHeight -
                    (params.DifficultyAdjustmentInterval()-1);
assert(nHeightFirst >= 0);
const CBlockIndex* pindexFirst =
                    pindexLast->GetAncestor(nHeightFirst);
assert(pindexFirst);

return CalculateNextWorkRequired(pindexLast,
                    pindexFirst->GetBlockTime(), params);
}
```

对于不可避免的比值过大或过小的情况（通常是4倍），在难度调整时都按4倍进行调整。这是一种周期不平衡的情况，一般都是由哈希计算能力不平衡导致的，在处理这种问题时也比较耗时，通常需要在多轮难度调整中完成。

2.4.6 成功构建区块与新区块校验

假设现在有一名矿工，他已经成功创建了一个候选区块，并且在极短的时间内找到了一个正确的Nonce值，也就是说，他挖矿成功了。他所挖矿成功的区块的区块高度是277 316，查阅blockchain网站得知该区块的Nonce值为924 591 752。

接下来，他（矿工节点）会立刻将这个277 316号区块发给网络中所有和他相邻的节点，接收到区块的节点也会将该区块继续传播给网络中的其他节点。区块按照这样的点对点的模式进行传输，在一个较短的时间内，网络中的大部分节点都能顺利地接收到新节点并添加到自身的区块链账本数据中。

当新区块在网络中传播时，每一个节点在接收到新区块后，都会进行和验证交易类似的步骤去验证该新区块，这样验证新区块的办法有利于确保网络中传播的都是有效的区块。

矿工节点要时刻关注网络中新区块产生的消息。当矿工节点收到并验证了新的区块后，它们便不再继续构建相同高度的区块，转而开始区块链账本中下一个区块的Nonce值计算工作。

所有节点在验证新区块时会遵循标准清单中的一系列标准对该区块进行验证，若没有通过验证，这个区块将被拒绝。这些标准写在了比特币核心客户端的 CheckBlock() 函数和 CheckBlockHead() 函数中，主要的验证标准有以下几个。

（1）区块的数据结构符合规范。

（2）Nonce 值能够验证通过，使得区块头的哈希值小于目标难度值，这样能够证明矿工付出了足够的工作量。

（3）区块数据占用的空间大小在限制范围之内。

（4）区块数据的交易信息数据部分的第一个交易是 coinbase 交易，且 coinbase 交易只有一个。

（5）区块数据的交易信息数据要能够验证通过。

2.4.7 日渐减小的货币供应量

"挖矿"这个名字起得非常有意思，它能很容易地让人联想到现实生活中的挖矿作业。在矿场，随着矿工们的不断挖掘，总有一天所有埋藏于地下的天然矿物都会被挖空并被使用掉。

通常去中心化数字货币都设置了可挖出的货币量上限，或者说是货币供应量上限，以及一个确定的且不断减慢的货币发行速度。就拿比特币来说，创币奖励的比特币数量会在每 210 000 个区块被挖出后减少一半，挖出这 210 000 个区块需要耗费的时间大概是 4 年，也就是每过 4 年时间货币的发行速率就降低 50%。

比特币系统在 2009 年正式投入运行，在当时挖出一个区块的创币奖励为 50 个比特币。当第 210 000 个区块被挖出后（大概在 2012 年），创币奖励调整为每挖出一个新区块奖励 25 个比特币。这个状态在 2016 年的某个时刻再次更新变为每挖出一个新区块奖励 12.5 个比特币。

按照这种创币奖励以对折方式递减，根据计算，在第 13 230 000 个区块（2137 年左右）被挖出之后，再挖出的每个新区块的创币奖励数量变为比特币的最小货币单位——1 聪（1 比特币等于 1 亿聪）。预计到 2140 年的第 1 344 万个区块被挖出之后，所有的总共 20 999 999.98 个比特币将全部发行完毕。

图 2-12 展示了因比特币的货币供应速度随着时间变化而逐渐降低，导致了货币供应总量随时间变化而逐渐趋于饱和。

全部发行完毕也就意味着在此之后不会再产生新的比特币，即矿工挖矿成功后能获得的所有收益全部来自交易费。到那时，是否还有人愿意参与到比特币的挖矿活动中来就很难说了。

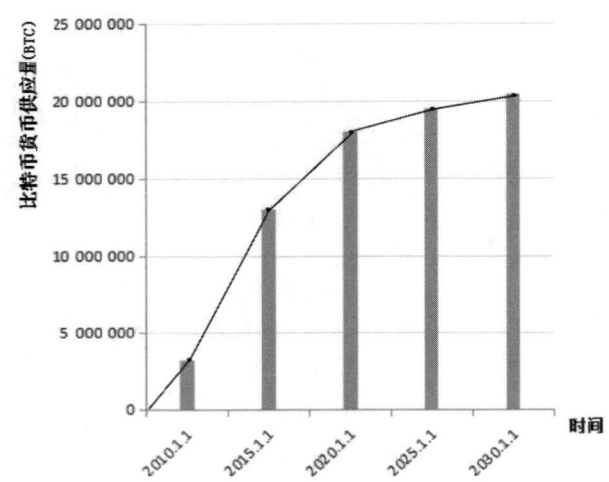

图 2-12 比特币的货币供应速度随着时间变化而逐渐降低

2.4.8 理智从事挖矿活动

想成为一名从事比特币挖矿的矿工，拥有一套专用的计算机设备是必不可少的，从前几个小节了解到，进行比特币挖矿需要计算机执行很多次的哈希值计算。

在比特币刚刚发行之初，那时由于和挖矿相关的软硬件技术还不是太完善，挖矿的难度值也不是非常高，所以矿工们普遍使用家用计算机进行挖矿，也就是用所谓的中央处理器（Central Processing Unit，CPU）来执行挖矿所需的运算。

那些家用计算机的配置大概在什么样的级别上呢？举个例子来说，在 2010 年，当时的中高端 CPU 每秒可以进行大约 2 000 万次的哈希函数计算。近些年来 CPU 的发展遇到了瓶颈，直观的表现是 CPU 在运算速度方面的提升不是很大，但是挖矿的难度水平是在不断上升的。在 2015 年初，挖矿的难度水平就达到了 2^{67}，如果那时用于执行挖矿计算的硬件还是 CPU，按照每秒进行 2 000 万次的哈希函数的速度，找到一个有效的区块大概需要花费几十万年的时间。这个例子毫不夸张，使用 CPU 挖矿难如登天。

通常称使用 CPU 挖矿的矿工为第一代矿工，他们是最早的一批挖矿的人，也是思想比较超前的一类人，因为那时区块链的概念才刚刚提出他们就敢于尝试。在越来越多的第一代矿工意识到使用 CPU 挖矿已经无利可图时，他们开始使用显卡（Graphics Processing Unit，GPU，图形处理器）来代替 CPU 进行挖矿。

显卡是几乎每台家用桌面计算机上都会配备的一款硬件，主要在图像处理方面相比 CPU 具有更高的性能。对于 CPU 来说，执行复杂的逻辑分支运算是它的强项，不过，当遇到高数据吞吐量的并行计算处理时，CPU 就显得有些吃力了，因为 CPU 要从自己的 Cache 缓存中直接读取数据，虽然 Cache 缓存的读取速度要比内存快，但是 Cache 缓存的容量普遍都非常小（家用计算机的 CPU 的 Cache 在 10 MB 左右）。

显卡是专门为图像处理而设计的一款硬件，它弥补了 CPU 在高数据吞吐量的并行计算处理方面的短板，并且接受 CPU 对它的指挥。在图像处理时需要进行大量的矩阵运算，而矩阵运算有一个明显的特点，那就是很少有复杂的逻辑分支运算的情况，更多的是将矩阵乘以或除以一个相同的数等，这种重复度很高的运算。

显卡为了做到在更短的时间内进行更多的矩阵运算，它必须被设计得拥有足够大的 Cache（在显卡中称为显存，显存普遍的大小为 6 GB），以及更多的专门执行算术运算的结构，并且这些算术运算结构还要能够支持并行计算。

一些游戏玩家会选择一块高性能的显卡来提高游戏界面的画质，以及游戏在高分辨率情况下运行的速度，而一些绘图工作人员使用高性能显卡的主要目的，是使自己的作品看起来非常的绚丽。相比于他们而言，矿工也发现了使用显卡执行挖矿时带来的效率的提升，尤其是当显卡逐渐深入到通用计算领域。

2010 年，有一门名叫 OpenCL（Open Computing Language，开放运算语言）的计算机语言诞生了。使用 OpenCL 语言可以调用显卡硬件进行非图像处理类的工作，也就是直接调用显卡硬件资源进行通用计算。OpenCL 是一门高级语言，从 C 语言那里获得了一些设计的灵感，在 OpenCL 之后，又诞生了著名的 CUDA 语言，不过 CUDA 只支持 Nvidia 公司生产的显卡。

使用显卡执行大量的并行矩阵运算（事实上通过 OpenCL，显卡还能实现其他类型的运算）时，人们发现速度要比在 CPU 上执行得更快。另外，执行挖矿算法时存在着的大量的算术运算可以很轻易地被设计成并行处理，因为可以同时使用不同的随机数计算多个哈希值，这样可以显著地提高计算速度。

鉴于以上种种原因，2011 年前后，使用显卡进行挖矿成为了主流，一些软硬件技术上的发展也给通过显卡来进行挖矿铺平了道路。显卡的高数据吞吐量和高度支持并行计算处理的特性正好迎合了挖矿的需要。此外，使用显卡挖矿还有以下四个优势。

（1）显卡容易购买。需要使用显卡的用户有很多，经过近些年的发展，显卡市场已经非常的成熟，从低端到高端的显卡都能很容易买到。当然，有时候由于显卡的供不应求，同一款显卡有可能在售卖的后期会被厂商故意抬高价格。

（2）配置使用显卡来进行挖矿非常容易。矿工不必自己编写复杂的代码来实现使用显卡进行挖矿的功能，他只需要打开比特币核心客户端的一些设置或安装一些插件就能开始使用显卡来挖矿了。

（3）一些功能比较多的高端显卡还特别集成了针对位移操作的指令，这对加快哈希算法，尤其是 SHA-256 哈希算法的运算速度提高非常有帮助。

（4）就像 CPU 支持超频运行一样，大多数显卡也可以超频运行。显卡超频指的是显卡以高于设计频率的频率在运行。将显卡超频意味着显卡能以更快的速度执行算术运算，对于挖矿而言，显卡超频能增加矿工争得区块数据打包权的信心。美中不足的是，显卡超频可能会引起一些运算错误的问题，另外，显卡超频会使显卡更容易变得过热，这无疑增加了显卡出现故障的风险。

对于显卡超频，例如，将显卡超频 50%，与没有超频时相比，在执行相同运算的情况下速度也会有 50% 的提升，但是这也会造成 SHA-256 运算出错的概率增加 30%。增加运算出错的概率意味着你可能在不经意的一瞬间就错过了一个正确的运算结果。不过，仔细算来显卡超频还是比较合适的，如果速度变为原先的 1.5 倍，而准确率变为原先的 0.7 倍，这样的乘积就是 1.05，相比于原先的 1 乘 1 得 1 的情况，这说明了超频带来了获利增加 5% 的结果，这也正是为什么许多矿工肯花费时间去研究如何调整超频倍数的原因。

除了合理地控制显卡超频倍数外，采用在一个主板上搭载多个显卡并协调它们一致工作的办法也能达到增加获利的效果，这有点类似于分布式运行的原理。在安装有多个显卡的计算机上运行比特币挖矿节点并没有什么其他特别的地方，计算机还会照常地监听网络收集交易，然后组装区块，所不同的就是在进行 SHA-256 哈希计算时使用了多个显卡来进行加速。图 2-13 展示了多个显卡在同一个货架上合作进行挖矿的场景。

图 2-13　使用多显卡挖矿

使用显卡进行比特币挖矿的这一做法兴起于 2011 年，并在 2012 年成为主流。在这两年的时间里，由于矿工们疯狂地订购性能优良的显卡，他们的这种行为甚至一度影响了显卡市场的正常运作，显卡的价格也随着需求量的猛增而大幅上涨。游戏玩家们采购一款热门的显卡变得困难，市场上各种矿卡（矿卡就是由于长时间运行挖矿算法而导致性能严重下降的显卡）琳琅满目。

在细数完使用显卡挖矿的一系列优势后，回过头来看一下使用显卡挖矿的一些固有缺点。首先，显卡在执行挖矿算法时硬件的利用率不会很高。要明白显卡并不是专为挖矿而生的，尽管显卡执行算术运算时的高度并行特性非常适用于执行挖矿算法。显卡是专为图形处理而生的，在显卡内部的更多硬件单元实现的还是图形处理一类的任务，比如它拥有大量的浮点运算单元（Floating Point Units，FPU），但是在以 SHA-256 为代表的哈希计算中几乎见不到浮点运算，所以这些浮点运算单元也就白白地浪费了。

其次，即使矿工们在使用显卡进行挖矿，随着挖矿运算难度的增加，显卡像 CPU 一样面临着难以克服的速度上的问题，也就是所谓的性能瓶颈。在刚刚遇到性能瓶颈的问题的时候，一个比较行之有效的办法就是超频，通常一个比较高端的显卡在超频之后可以达到每秒 2 亿次的哈希运算的程度，这是在使用单个 CPU 时无论如何也达不到的程度。不过，众所周知，超频对显卡硬件本身的伤害很大，超频会大大降低显卡本身设计的使用寿命。

尽管超频是一个比较有效的办法，但是不能忽略的是挖矿的难度也在不断增加。按照 2015 年早期的比特币挖矿难度来估计，即使你拥有了 100 块超频后每秒进行 2 亿次的哈希运算的显卡，仍要花费上数百年的时间才能找到一个有效区块。

对于性能瓶颈的问题，除了超频，还有一个行之有效的解决办法，那就是用很多块显卡组成集群，用分布式的办法运行挖矿算法。当把大量的显卡堆放在一起的时候，最先要解决的问题就是如何有效地为这些显卡散热。显卡本身没有很好的冷却降温装置，几乎所有的显卡设备都是靠铜质散热管和散热风扇配合的方式散热，在最初设计的显卡的使用场景中，一个计算机机箱内只放置一到两张显卡，这样便足以应对绝大多数的图形处理的任务。

最后，显卡本身非常耗电。对于个人而言，显卡虽然容易购得，但是运行速度快的显卡同样价格不菲，如果真的要使用显卡集群去挖矿，在解决好散热的问题后还需要解决电费的问题，因为一块性能优良的显卡功耗普遍在 300W 左右，当集群中的显卡数量非常多时，将 300 倍乘会得到一个非常大的数字。

综上所述，属于第二代矿工的时代已经过去，使用显卡来进行比特币挖矿的做法基本上也已经成为了历史。不过，对于一些类似于比特币的新兴数字货币系统应用而言，由于这些货币系统尚处于初级阶段，所以使用显卡进行挖矿还是非常不错的选择。

在2012年底，一种新的挖矿方式又出现了，那就是在现场可编程门阵列（Field-Programmable Gate Array，FPGA）上通过使用硬件驱动程序设计语言Verilog编程的方式实现挖矿算法。FPGA不像显卡那样有很多冗余的硬件单元，所以FPGA在硬件利用率方面相对于显卡有非常大的进步。慢慢地，FPGA逐渐取代了显卡而成为挖矿领域的主力军，那些使用FPGA挖矿的矿工自然也就是所谓的第三代矿工。

在使用FPGA挖矿时，也可以将很多FPGA集群在一起，通过CPU或其他中央处理单元来指挥所有的FPGA，在这一点上，FPGA和显卡非常的相似。图2-14（a）展示了单体FPGA矿机，图2-14（b）展示了多个单体FPGA矿机集群起来的场景。

（a）单体FPGA矿机　　　　　　　　（b）多个单体FPGA矿机

图2-14　FPGA矿机

显卡能被FPGA取代用来进行挖矿是因为FPGA具有显卡无法比拟的优势。首先，FPGA是一种定制化的硬件，实现定制化的目的就是要求硬件最大限度地发挥最佳的性能（理论上FPGA设备的每个晶体管都能运行挖矿算法）。除了定制化之外，用户可以在现场调试或者修改硬件的某些参数，这也正是"现场可编程门阵列"的名字的由来。而反观显卡，显卡的硬件和功能是在出厂之前就设定好的，几乎不能自己去定制化地生产显卡，所以市面上的显卡能做的工作都是一样的。

其次，FPGA比显卡能更好地支持数位操作，而这种数位操作会提高挖矿时哈希值的计算速度。

最后，FPGA的散热问题很好解决。FPGA不必插到主板上，多个FPGA之间靠信号线连接，FPGA与主机之间也靠信号线连接，由于空隙比较大，所以解决散热问题就非常容易。

一般每个 FPGA 矿机都可以轻易地达到每秒 10 亿次哈希运算的程度，这对于 CPU 或者显卡来说无疑是一个巨大的进步，但目前主流的挖矿设备却不是 FPGA。还是按 2015 年早期的比特币挖矿的难度来算，假设现在你有 100 块能够每秒进行 10 亿次哈希运算的 FPGA 矿机，那么依然需要 100 年的时间才能找到一个有效区块。

如上所述，尽管 FPGA 在挖矿领域相比于显卡效率上有了很大的提升，但是它最终还是败给了不断增加的挖矿难度。除此之外，使用 FPGA 挖矿还存在着一些其他的缺点。

首先，FPGA 设备在超频运行时的故障率偏高。造成这种问题的原因就是大部分矿工在使用 FPGA 矿机挖矿时为了抢得先机都会配置自己的 FPGA 矿机在超频模式下运行，并且都远超了 FPGA 设备的厂商为满足普通消费者而最初设定的频率。

其次，FPGA 对 32 位的加法的支持不是很友好，或者说在 FPGA 上优化 32 位加法的计算速度比较困难，这是硬件的先天特性所决定的。之所以这么重视 32 位的加法计算是因为其在哈希值的计算（尤其是 SHA-256 算法）过程中非常关键。

最后，尽管 FPGA 很容易散热，但是在能耗比方面，FPGA 相比显卡来说并没有很大的提升，此外，显卡是大众消费类型的产品，所以容易购得，但是 FPGA 却不是这样的。购买 FPGA 矿机的用户大多是知道怎么搭建 FPGA 环境并进行相应的编程的矿工，且矿工的数量又不是很多，故而在多数的电子产品商店中几乎见不到 FPGA 矿机的影子。

以上诸多的原因导致第三代矿工使用 FPGA 挖矿的历史不是很长（大概只有不到 6 个月的时间），这甚至比第二代矿工使用显卡挖矿的持续时间还短（使用显卡挖矿的浪潮大概持续了一年左右）。在这之后，定制化的专用集成电路（Application Specific Integrated Circuit，ASIC）就面市了。

当今的挖矿市场主要也是在被 ASIC 一类的产品所主导。ASIC 矿机中的关键部件就是大规模的集成电路芯片，这一类集成电路芯片的设计、制造以及优化的初衷就是为了加快执行挖矿算法（后来 ASIC 矿机也快速地加入到其他区块链应用的挖矿队伍中）的速度。

研发 ASIC 矿机的芯片是一项非常具有挑战性的工作，因而一款 ASIC 矿机的芯片所需要的研发周期往往比较长。受到利益的驱使，制作 ASIC 矿机的芯片的过程倒是出乎意料地迅速，这样容易导致的问题就是大多数 ASIC 芯片的实际质量与厂商对其所许下的承诺相差甚远。不过，这样的情况大多只出现在早期的芯片中，随着生产工艺的进步，近几年的 ASIC 矿机芯片制作技术已经相当成熟了。图 2-15 展示了一款常见的 ASIC 矿机。

目前有几个供应商在出售 ASIC 矿机（或 ASIC 矿机芯片），可供消费者选择的 ASIC 矿机也丰富多样，从大型且略微昂贵的到小巧玲珑经济环保的应有尽有。图 2-15 展示的就是一款比较小巧的 ASIC 矿机。

图 2-15　一款 ASIC 矿机

尽管 ASIC 矿机就是为了挖矿而专门设计的，但是面对比特币挖矿难度的极速上涨以及整个网络在算力方面的不断上升，2015 年之前的 ASIC 矿机普遍使用寿命不到一年。旧矿机就极有可能面临着被矿工淘汰掉的情况，因为会有运算能力更强、能耗比更高的矿机被研发出来。

将"保质期"划定在一年的时间范围内是一个非常保守的估计，绝大部分早期的 ASIC 矿机芯片在 6 个月后就被淘汰了。并且在这短短的半年时间里，通过挖矿获得矿工费奖励的情况大多发生在最前期，尤其是在前 6 个星期内矿工们普遍都能拿到他依靠这台 ASIC 矿机得到的所有矿工费奖励的一半，但是到了这 6 个月的后期，他基本上很难抢到打包区块数据的机会了。

经过以上的对比介绍，我们会发现在比特币挖矿时使用 ASIC 矿机才是明智之选，另外，经济实惠型的 ASIC 矿机的价格也不是很高（2 000~3 000 元就能够买到一款性价比不错的 ASIC 矿机），尽管如此，还是依旧要劝阻你停止比特币挖矿的想法。

原因就是，从目前的形式来看，个体的小矿工无法从挖矿中获得可观的经济效益。一方面，考虑到购买矿机的成本，矿机运行时所要消耗的电力成本以及其他（如冷却装置）的成本，大多数使用 ASIC 矿机的矿工都无法通过挖矿来填满对此进行的成本投入。另一方面，个体矿工在订购 ASIC 矿机时不能做到批量化，这是导致矿工遇到工厂延迟出货情况的主要原因。卖家及时发货非常重要，因为早期的 ASIC 矿机的生命周期都比较短，所以及时地拿到矿机就等于率先抢占了打包区块数据的先机。

除了上面所说的两个原因外，更重要的一点是，挖矿正在从个体矿工逐渐向大型的专业挖矿中心转型。显而易见，运作这些挖矿中心的公司相比个体矿工投入了更多的成本，拥有着更多的算力资源，在争夺区块数据打包权利的时候他们也会比个体矿工更有优势。不过让人难以理解的是，作为一种区块链技术应用，比特币的最初设计理想就是实现去中心化，这些大型的专业挖矿中心的出现显然与这个最初的理想背道而驰。那么，随着越来越多的专业挖矿中心的出现,是否意味着比特币或其他区块链应用也要开始走向中心化的道路呢?这一点目前还不得而知。

想要建设一个挖矿中心,一定要做到选址得当。首先,选择的地方要有足够快的网速接入,目的是与比特币网络中的其他节点更快地连接,这样,当新的交易被广播出来的时候,能更快地监听到。其次,选择的地方最好是偏寒的气温,这样有利于矿机设备的散热,最后,选择的地方要有相对较低的电费,电费越低,挖矿的成本自然也就会随之降低。

基于对以上这三个因素的考量,格鲁吉亚和冰岛自然也就成为了建设挖矿中心的首选之地。在格鲁吉亚有一个非常著名的 BitFury 公司运营的比特币挖矿中心,图 2-16 展示了这个挖矿中心的全貌。BitFury 公司早些年从事的是 ASIC 矿机芯片的研发,不过现在的 BitFury 公司凭借其在 ASIC 矿机芯片领域的优势一跃成为了比特币挖矿行业的巨头。

图 2-16　一个在格鲁吉亚运作的 BitFury 挖矿中心

以上就是笔者劝告读者不要盲目地去从事比特币挖矿的原因,个体矿工不仅需要为挖矿付出大量的财力、物力以及精力,而且还要时刻做好因此而亏钱的准备。当然,现实也不会总是使人悲观,令人欣慰的是,在 2013 年的时候,比特币兑换现金的汇率大涨,换句话说就是比特币的价格大涨,这在一定程度缓解了矿工们亏钱的情况。不过投入大量的设备成本从事挖矿活动并赌注比特币的价格是否会上升,倒不如在低价的时候直接用钱去购买比特币,并在比特币价格上涨的时候卖掉,就像股票一样,这样的盈利方式或许会好一些。

第 3 章 区块链热议话题

第 2 章系统地学习了去中心化数字货币系统的设计和运行，在一些细节上并没有进行深入的探讨，要知道，如果单独把一种去中心化数字货币（如比特币）拿出来细细地讲解，都需要占用整本书才可以。

另外，在第 2 章中有一些关于区块链的热议话题也没有来得及予以介绍，如区块链分叉、侧链、闪电网络以及多链等。本章将重点放在这些区块链的热议话题上。这些区块链的热议话题有的是目前已经得以解决的，有些则是还在困扰着开发人员的，总之都和区块链密切相关。

3.1 区块链分叉

区块链技术最大的特点就是采用了分布式的数据结构，在一定程度上，这种分布式的数据结构很难被篡改，但正是因为这种数据结构是分布式的，导致在各个节点间快速及时地同步区块数据也变得困难。在这种同步区块数据困难的情况下，区块链分叉问题也就随之而产生了。在这一节中主要来讲解一下区块链技术中普遍存在的区块链分叉问题及解决办法。

3.1.1 区块同时被挖出导致的分叉

接下来，以比特币中因为区块被同时挖出而导致的区块链分叉问题为例，来了解一下区块链在网络中发生分叉的过程。

如图 3-1 所示，甲和乙两个矿工节点代表了在网络中没有直接相连关系的两名矿工，他们都保存了相同的区块链账本，P 区块是他们保存的区块链账本中高度最高的一个块。虽然甲和乙两名矿工在网络中没有直接相连关系，但是这并不代表他们两个在地理位置上也相距很远，因为比特币的网络拓扑结构不是基于地理位置而组织的。

几乎在同一时间（或者说相差很短的时间），甲和乙两名矿工都计算得到了各自区块的工作量证明算法的正确解（即 Nonce 值）。为了便于描述这个分叉事件，在图 3-1 中，甲矿工挖出的区块标记为 A 区块，而乙矿工挖出的区块标记为 B 区块。这就相当于甲和乙两名矿工都找到了能够延长原有链的区块，于是立即将各自找到的区块广播到网络中，区块会先传播到邻近的节点那里，随后才能传播到整个网络中。也就是在这时，区块链分叉的情况就发生了，一些与甲矿工有直接或间接相连关系的节点会先接收到 A 区块并作为最高区块，而一些与乙矿工有直接或间接相连关系的节点会先接收到 B 区块并作为最高区块。

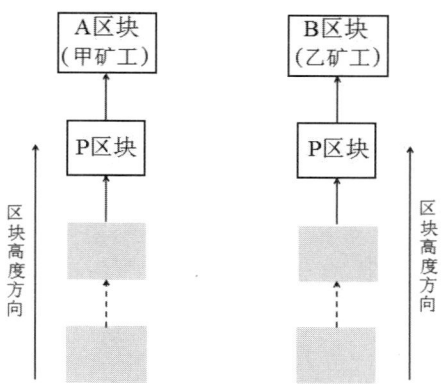

图 3-1 两名矿工各自挖出一个区块

此时，比特币网络上的节点就对区块链数据产生了分歧，一些节点以 A 区块作为最高区块并以 A 区块为父区块来产生新的区块，而另一些节点则以 B 区块作为最高区块并以 B 区块为父区块来产生新的区块。为了方便描述，以 "A 区块阵营" 和 "B 区块阵营" 为称呼来指代分别以 A 区块和 B 区块作为父区块的节点，这其中也包括矿工节点。即便是 B 区块晚一些到达了 A 区块阵营，A 区块阵营中的节点仍是认同区块链从 A 区块开始延长，但是他们同时也会保留着 B 区块以防止 B 区块所在的分支日后成为主链。对于 A 区块晚一些到达了 B 区块阵营的情况也是类似的。

区块链分叉的情况可能发生，但挖矿算力不会百分百地在这两个阵营中平均分配。这也就是说，总会有一个阵营抢在另一个阵营前挖出下一个区块并将其传播出去。如图 3-2 所示，现在假设 B 区块阵营中的矿工节点找到了一个 C 区块并即刻传播出云，而此时 A 区块阵营中的矿工节点还没有找到下一个区块。

这个 C 区块会先在与该矿工节点具有较近连接关系的节点间传播开来，假设 B 区块阵营中的大部分节点都接收到了 C 区块，他们直接将 C 区块保存到区块链账本上，区块链由此得以延长。还假设 A 区块阵营中的一部分节点也接收到了 C

区块，因为这个阵营中的节点也保存有 B 区块，而 C 区块的父区块就是 B 区块，所以就导致这些节点得到了两个区块链结果：P→A 和 P→B→C。

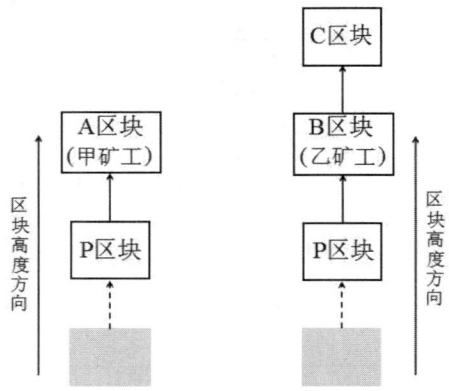

图 3-2 B 区块阵营中出现新的区块

从这两个结果来看，显然 P→B→C 这条链更长，也累计了更大的难度，所以 A 区块阵营中接收到 C 区块的这些节点会根据结果将 P→B→C 这条链认同为主链，而将 P→A 这条链认同为备用链。这就叫认同累计的最大难度的链为主链。

如图 3-3 所示，我们称这些节点改变认同主链的行为叫作链的重新共识。链的重新共识导致的结果是，想继续在 A 区块的基础上挖矿的矿工都会停止下来，将注意力转移到 B 区块分支上，如果不这样做，他们在 A 区块基础上挖出的区块在以后就很有可能成为"孤块"。

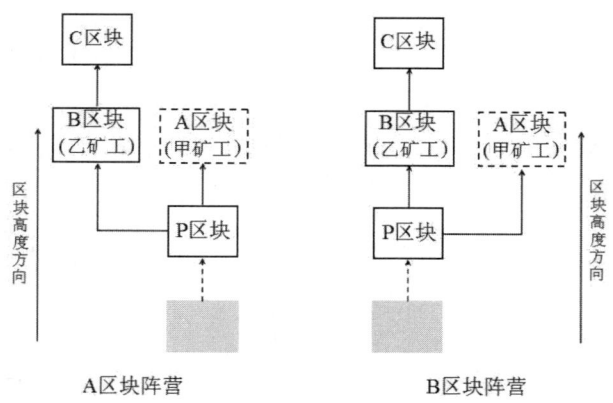

图 3-3 链的重新共识

C 区块会慢慢被 A 区块阵营中的所有节点接收到，如果在所有节点都接收到

C区块之前这个阵营中还没有A区块的子区块产生，那么阵营中的全部节点都将完成链的重新共识。这样，原计划在P→A这条链上继续挖出区块的矿工都会停下来，全网将P→B→C这条链识别为主链，并将C区块作为主链的最后一个区块，后续的所有区块都以C区块作为父区块来产生，P→B→C这条链就这样得以继续延长。

事实上，像这种因为两个矿工在几乎同一时间挖出两个对立的区块而导致的区块链分叉的情况几乎每周都有发生，并且从理论角度来讲无法避免。区块链除了可以出现像上面这种两区块分叉的情况外，甚至还可以出现三区块或更多区块分叉的情况，只不过这种多区块同时被挖出的可能性非常低，甚至说极为罕见。

减少区块链分叉情况可以通过增加挖出每一个区块所需要的时间来实现。例如，比特币将挖出每个区块所需要的时间设计为10分钟，假设10分钟产生一个区块，那么在一个区块产生后，10分钟的时间内就足以到达网络中的大部分节点。

产生一个区块所要的时间如果设定为大于10分钟（如20分钟或30分钟），这就相当于给了区块传播到网络中的节点更多的时间，但这样却导致了交易清算时间的延长。相反，产生一个区块所需要的时间如果设定为小于10分钟（如3分钟或者5分钟），这样虽然能够让交易清算更快地完成，但是却会因为区块没有足够的时间传遍全网而导致更多区块链分叉情况的发生。

区块链应用不得不在这两者之间妥协，既要交易尽快地完成清算，又要尽量避免区块链分叉的情况发生。经过多方考量，区块链应用最终都要根据网络的规模和网络的传播速度设定一个合适的区块产生间隔时间。

3.1.2 软件升级导致的分叉

区块链分叉不仅仅会出现在上面这种两个区块同时被两个矿工节点挖出的情况下，软件升级也会带来区块链的分叉。由软件升级而导致的分叉可以分为软分叉和硬分叉两种。

所谓的硬分叉指的是，在一部分节点完成软件更新后，由于通信协议或者区块数据结构的升级，而导致这些矿工挖出的区块无法被使用旧版本软件的节点解析的情况。而所谓的软分叉则指的是，即使新版本软件对通信协议或者区块数据结构进行了升级，使用旧版本软件的节点仍能有效地识别软件升级后所挖出的区块中没有发生改变的数据结构部分。

鉴于区块链技术具有高度的分布式特性，当新版本的软件被发布之后，不能指望全部的使用者节点（尤其是比特币这种公有链类型的区块链应用的使用者节点）都能在第一时间完成软件升级以遵循新的标准，因此区块链的软分叉和硬分叉都有可能发生。

新版本的软件一般不会排斥使用旧版本软件所产生的区块，然而反过来就不行了，这是因为软件一般都具有向前兼容的特性，即新版本的软件可以识别出旧版本软件所产生的数据，而旧版本的软件则无法识别出新版本的软件所产生的数据。

这样一来，软件升级而引发的分叉问题（尤其是硬分叉）就导致了在一段时间内不同的用户能够承认的合法区块链有所不同，如图 3-4 所示。图 3-4（a）展示了使用旧版本软件的节点在接收到由新版本软件产生的两个区块（New3 区块和 New4 区块）之后，虽然能勉强承认其中的部分数据而将其作为本地区块链账本的延长，但是最好还是立即更新软件以便对区块进行完整的校

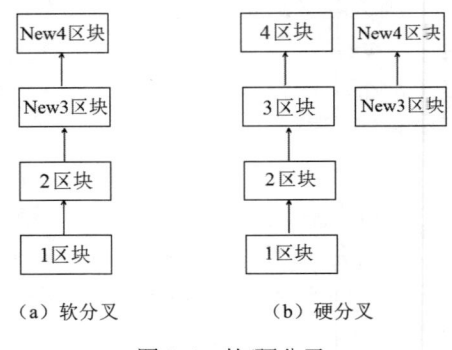

图 3-4　软/硬分叉

验。图 3-4（b）则展示了使用旧版本软件的节点在接收到由新版本软件产生的两个区块（New3 区块和 New4 区块）之后，无法将其作为本地区块链账本的延长，进而选择了保存下来作为备份。

必须承认，在软/硬分叉中，硬分叉是一种最难处理的情况，但是当区块链应用软件需要进行大范围的功能调整时，硬分叉又是一个无法避免的情况。为了尽量减少软/硬分叉情况的出现，对于软件开发者，最好对软件的整体升级有一个明确的规划，而对于软件使用者，最好是当遇到稳定版的软件更新推送时就进行软件的升级。

3.2　区块扩容

区块扩容是一个非常好理解的概念，就是扩大每个区块的容量以存储更多的交易数据。在每一个区块链技术的应用中，一般都限制了区块数据占用存储空间的大小。例如，比特币在早些年对其区块数据占用存储空间的大小设定为 1 MB。

限制区块的大小一方面起到了很好的控制区块链账本数据的增长速度的作用，另一方面也平衡了矿工收益之间的差异。这主要是因为如果不限制区块的

大小，那么矿工就会无限制地包揽网络中的交易（尤其是含有矿工费的交易），这样不仅会导致有些矿工会得到较高的矿工费而有些矿工只能捡一点矿工费的零头，还会导致区块链数据的增长得不到很好的控制。

合理地限制区块数据的大小就像是合理地增加挖矿难度一样非常讲究。还是以比特币为例，在早期其区块大小被限制为 1MB，按照每一个交易事物数据平均占用的存储空间为 200 bytes 计算，再加上区块头要占用 80 bytes 的空间，这样一个区块中平均放置交易事物的数量也就是 5 000 个左右。

对于处在发展初期的比特币系统来说，在用户数量不多的情况下，每 5 000 起交易打包一次不是很慢的速度。按照每 10 分钟就有一个区块被挖出来计算，网络对这 5 000 起交易的处理效率是每秒钟大概 8 起。如果用户不多且交易不频繁，那么每秒钟有 8 起交易被确定的速度并不是很慢，假如这段时间全网内发生的交易的数量超过了 5 000 起，那么在网络中的待确认交易也不会很多，这样看来 1 MB 的区块大小是比较合理的。

5 000 这个数量的得来是基于从一个 UTXO 到另一个 UTXO 的简单交易，如果一个交易中聚合了多个 UTXO 或者一个 UTXO 同时拆分流向了多个账户地址，那么一个 1 MB 的区块中所能存储的交易事务的数量将远远达不到 5 000。从已经挖出的区块所包含的交易事物的数量来看，一个 1MB 的区块中普遍只打包了 1 800 个左右的交易。

一个事实是，随着比特币系统的发展，其用户也在逐渐地增多，随之而来的就是交易数量的增加。如果比特币系统维持着每秒钟只能确认 8 起交易的能力的话，那么将会有大量的交易因不能及时地打包而囤积在网络中，越积越多。要知道，一些早已被人们广泛使用的银行转账支付方式每秒钟需要处理的交易数量通常能达到数千起甚至数万起。在这种区块链数据将会呈现爆炸性增长的情况下，显然适当地进行区块扩容是一个比较理想的选择。

从某个角度来讲，区块扩容也有助于防止区块链分叉的情况发生。因为当一个矿工被允许打包更多的交易后，他本身寻求 Nonce 值的速度并不会受到影响，这样，全网所需要的矿工数量也就不会增加了。只要能够成功打包交易至区块的矿工越少，自然因为两个或多个矿工同时打包出区块而导致的区块链分叉问题也就随之减少了。

对于比特币系统来说，确实也经过了几次区块扩容。在几次比较大的用户量波动的事件中，因为整个网络的处理能力，一些专家、矿工以及社区也曾经针对区块扩容展开了几次集中的探讨。

2015 年比特币区块扩容改进方案 BIP100（Bitcoin Improvement Proposal 100）被提出。这个方案的主要内容是通过增加区块的大小达到提高交易确认处理的效率。BIP100 建议将 1 MB 的区块大小限制改为 8 MB，同时还要每两年将区块大小限制的数值进行翻倍。不过由于这个提议没有得到足够多人的支持，方案 BIP100 自然也就没有得到实施。

紧接着，方案 BIP101 于 2016 年又被提出。方案 BIP101 并没有方案 BIP100 那么激进，而是提议将区块的大小限制从 1MB 改为 2MB，后期根据交易的数量动态地更改这个区块大小限制值。可惜的是方案 BIP101 就像方案 BIP100 一样由于没有得到足够多人的支持而被迫放弃。从此，关于比特币系统区块扩容的讨论就愈发变得激烈。

比特币区块扩容的真正实施是在 2017 年 7 月，根据早已提出的 BIP91 方案，对区块采取隔离见证（Segregated Witness，SegWit）的方式。早在这一年的 5 月，当时就有机构提出当全网 80% 及以上的矿工节点都支持隔离见证的方案之后就启动该方案，同样的在 6 个月后如果得到了 80% 及以上的矿工节点的支持后，就将区块大小限制改为 2 MB。现在看来，这两个计划都实现了，隔离见证的方案目前还在实施，同时区块数据的大小也从限制为 1 MB 变更成为 2 MB。

隔离见证和交易的签名部分密切相关。在一个交易中要包含能够辨识的交易发起者的签名才算是有效的交易，在后续验证交易的过程中也会涉及这个交易发起者的签名。所谓隔离认证，指的是将交易中的签名部分独立出来，放到交易数据末尾的称为"见证（Witness）"的字段中。"见证"字段会随着交易被各个节点接收，但是交易在经过矿工打包之后就不再包含有"见证"字段。

隔离见证确实是一个比较值得去尝试的好想法。首先，签名的作用只是为了证明交易货币来源的合法性，这样的证明过程只需要在矿工那里进行一次就好了，一般情况下普通用户节点在接收到一个新区块后也不会逐一核对区块中每一条交易的签名是否合法，这些普通用户节点通常只关心交易数据本身，所以这些签名对他们来说并无太大的用处。其次，交易数据中签名部分所占的空间大概为 50bytes，这部分数据如果没有随着区块存入区块链的话，那么理论上需要 4MB 的区块才能存下的交易数据现在只需要 1MB 的区块就足够了，这相当于无形之中就获得了扩容区块的效果。最后，在矿工构建区块时需要对交易事物数据执行 SHA-256 哈希计算，以得到交易事物 ID 进而构建出 Merkle 树，这个计算需要用到交易事物的整个数据，包括签名部分在内，而将签名部分存放到"见证"字段里并不会对交易事物 ID 的计算过程构成任何影响。

当然，也许有一部分人并不认同隔离见证的方案，他们可能为此另起炉灶。2017 年 8 月 1 日，比特币系统通过硬分叉的方式产生了一个新的比特币区块链变种——Bitcoin Cash（BCH，比特币现金）。这是在比特币系统已有的 478 558

个区块的基础上产生的第一次硬分叉。ViaBTC（一个比特币交易所）进行这次硬分叉的目的就是对抗隔离见证，并且硬生生地将区块扩容至 8 MB。在经过很短的时间之后，BCH 就从原有的比特币系统（BTC）中独立出来并拥有了直追 BTC 的市值。

BCH 也支持 BTC 中的比特币，一些比特币系统的用户在经过这次硬分叉加入到 BCH 中之后，他原所持有的比特币数量不会发生改变，也可以使用这些比特币兑换 BCH 中的币种（及比特币现金）再进行交易。

除了上面所提到的关于比特币系统的区块扩容大事件外，关于区块扩容的其他争议也是时常发生。从这些资料来看，关于区块链分叉的问题始终没有一个可以让全网节点都能接受的办法，因为让数量庞大的用户坐在一起针对这件事做出讨论是太难了。尽管目前已经采取多种方法实现区块的扩容以及削减交易数据的长度，但是关于区块链扩容问题的探讨仍在继续。

3.3 侧链

许多刚刚接触区块链技术的读者在看到"侧链"这个概念的时候往往会和区块链分叉发生混淆，实际上侧链和区块链分叉是两个完全不相关的概念。侧链技术的实现是为了在两个毫不相干的区块链应用上来回地转移财富数据，进而达到沟通两条区块链的目的。在这一节中将对侧链技术进行比较深入的讲解。

3.3.1 极具创造力的侧链技术

在第 1 章中介绍 DApp 时提到了莱特币系统，实际上莱特币系统和比特币系统非常相似，同样是实现了去中心化的数字货币应用系统。实质上，莱特币系统就是在比特币系统的源码基础上稍加改进而得来的，内部也有专属货币，即莱特币。

假设 Alice 在从 Jone 那里获取比特币的时候，朋友 Susan 告诉她莱特币也是一个非常不错的选择，于是她又从 Susan 那里换取了一定数额的莱特币。经过一段时间的使用后，她觉得同时持有两种数字货币非常不便，这时她就在想有没有一种办法能在这两种数字货币之间直接做价值转换？

事实上 Alice 的想法并不是天方夜谭，实现在两个独立的区块链应用之间直接做价值转换就需要引入侧链技术。例如，Alice 想使用比特币系统，那么她就需要将莱特币系统所保存的区块链数据冻结，然后作为侧链引入到比特币系统所保存的区块链数据上，最后将比特币系统所保存的区块链数据作为主链并激活已冻结的区块链侧链数据。

实际上，侧链技术是被比特币系统率先引入的，当初侧链技术出现在比特币系统中的目的只是为了将市面上零零散散的去中心化数字货币系统进行一个统一。在比特币系统出现后的几年，一些使用了区块链技术的其他去中心化数字货币系统陆陆续续地被开发及发布出来，例如，前面所说的莱特币以及达世币等。这些零零散散的数字货币系统借鉴了比特币系统的开发经验以及代码逻辑，它们的开发者们试图通过推广这些新的去中心化数字货币系统进而分得市场的一杯羹。

不过，现在的侧链技术在各个区块链技术应用系统中已经被普遍支持。对于一些实现了侧链协议的区块链技术应用系统，例如，比特币、以太坊、比特币现金（BCH）、莱特币及达世币等，它们都能在彼此之间存在竞争关系的同时成为对方的侧链应用。

从"侧链"这个称呼可以看出，侧链是相对于主链而存在的，想要确定哪一条链作为侧链那就需要先确定将哪一条链作为主链。没有一种应用规定自己所保存的区块链数据必须作为主链的数据，同样也没有一种应用规定自己所保存的区块链数据必须作为侧链的数据。当初比特币系统引入侧链的目的是为了吸引市场中其他去中心化数字货币系统的资金，但就目前来看，用户大多通过侧链将比特币系统中所保有的货币转移到功能更丰富的区块链去中心化平台（如以太坊）。

现在比较著名的比特币侧链有 ConsenSys 推出的 BTC Relay、Rootstock 和 BlockStream 合作推出的元素链。当然，也有一些非比特币的侧链，著名的有 Lisk 和 Asch 等。

3.3.2　双向挂钩与 SPV 证明机制

侧链的设计主要是用来在主链区块链应用和侧链区块链应用之间实现资产的安全转移，要在侧链协议中实现这样的功能确实非常困难，因为不仅要在主链应用和侧链应用之间进行数据的传递，还要确保主链或侧链在接收到对方的应用数据时足够安全。

一般我们可以称主链与侧链之间的数据往来为"双向挂钩"。在挂钩的过程中，采用比特币系统中设计的 SPV 证明是验证数据安全性的非常好的办法。图 3-5 简单展示了采用双向挂钩机制时主链和侧链之间的数据往来关系。

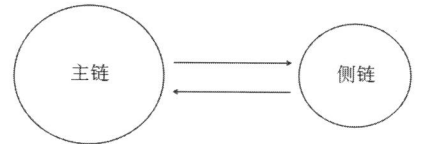

图 3-5　主链和侧链之间的数据往来

SPV（Simplified Payment Verifcation，简单支付验证）实现的是，在付出较少代价的基础上判断某个交易是否已经被打包进区块中（被验证过）。SPV 机制的设计方便了那些只关心与自己相关的交易的用户。这些用户只关心自己发出的交易有没有被矿工验证以及有没有随着打包出来的区块固化存储到区块链账本中。

例如，一个想要知道他付给对方的比特币是否已经被验证过，那么这个节点可以在与各节点的通信过程中建立一个 Bloom 过滤器，这个 Bloom 过滤器将不包含对方比特币地址的交易都过滤掉。Bloom 过滤器筛选出的符合条件的交易将以"Merkleblock"的消息形式告知节点。Merkleblock 消息包括交易所在的区块的区块头以及一条连接目标交易与 Merkle 根的 Merkle 路径。

这样的一整个筛选的过程就是 SPV 机制。总之，使用 SPV 机制的节点会在收到仅仅有 1KB 左右的数据的情况下，就达到了判断与自己相关的交易是否已经被验证的目标。这 1KB 左右的数据足足比一整个区块的数据少了大约一千倍。在没有 SPV 机制的情况下，实现上述的功能需要运行着完整功能节点的矿工来完成，他们检索区块链中整体的交易 UTXO 记录。

以比特币为主链应用及莱特币为侧链应用为例，通过 SPV 机制从主链向侧链交换数据的过程大概为以下几个步骤。

（1）用户先在比特币系统上创建交易，这起交易的输出就是用户在莱特币系统上的地址，由于输出地址不是比特币的地址，所以这是一起特殊的交易。

（2）这起特殊的交易所涉及的比特币应该被系统主动锁定，在交易没有被矿工成功挖出之前，这些比特币不应该再被使用。

（3）交易需要等待被打包进区块，这可能需要十几分钟的时间，有了足够的工作量证明，侧链应用才会承认这笔交易的合法性。

（4）用户来到莱特币系统，通过 SPV 机制向莱特币系统证明来自比特币系统的输出就是用户在侧链系统内账户地址，然后领取这笔比特币。

（5）在莱特币系统，用户仍要等待一段时间，当这笔交易被足够的工作量证明之后，这些比特币才能在莱特币系统上自由流通。

这些数额的比特币在莱特币系统上的自由流通意味着它们在原有的比特币系统已经被永久锁定。整个过程如图 3-6 所示。

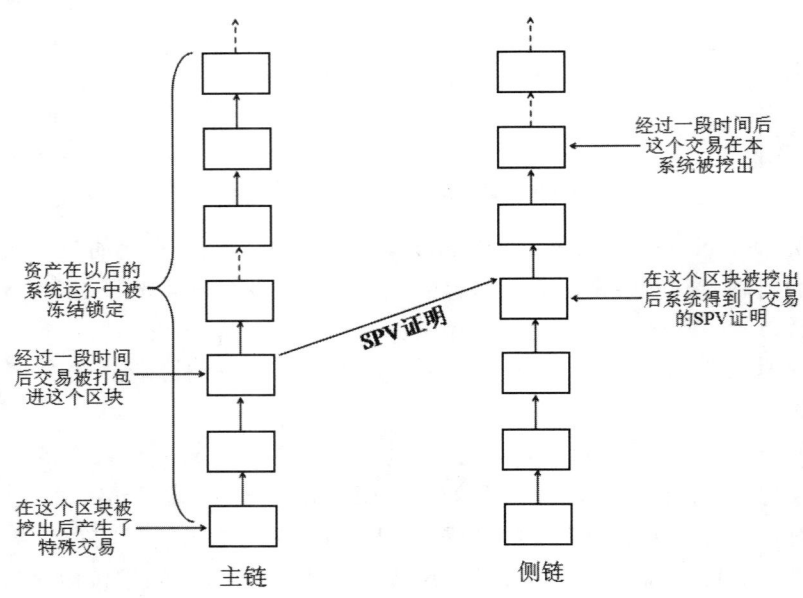

图 3-6 主/侧链交换数据过程

3.4 闪电网络

"闪电网络（Lightning Network）"这个概念最早是作为提高比特币网络处理交易速度的办法在社区中提出来的，关于闪电网络的描述可参见发表于 2015 年初的论文 *The Bitcoin Lightning Network:Scalable Off Chain Instant Payments*。

在比特币发展的早期，全网络能够每秒正确验证并记录到区块链中的交易不会超过 20 起，这和区块容量限制有很大的关系，是比特币网络性能比较低下的一个表现。实际上，在大家都在商讨是否应该区块扩容以及如何区块扩容之前，闪电网络也在试图解决全网单位时间内能够验证的交易数量非常少的问题。

闪电网络的计划是构建一个微支付的环境，就是在交易的双方或多方之间实现一个独立的双向支付通道。这条通道的运行独立于整体的比特币系统网络，甚至可以算是一个由交易参与方共同组建的微型网络，但是关键的环节（比如提现或阶段性记账）还是要放到比特币系统区块主链上进行确认。

闪电网络其实就是智能合约的应用，具体的合约是 RSMC（Recoverable Sequence Maturity Contract，序列到期可撤销合约）和 HTLC（Hashed TimeLock Contract，哈希时间锁定合约）。其中 RSMC 主要解决了交易参与者在链下进行交易的问题，而 HTLS 主要解决了重复构建交易支付通道的问题。

"序列到期可撤销合约"是一个比较拗口的词，但是其概念理解起来却非常容易。首先假设在交易的双方之间已经存在了一个独立于比特币系统主区块链的支付通道，通道使用资金池的方式管理交易双方的资产。这个资金池管理的资产相当于交易双方存入通道中的预留金。如果双方在通道中发生交易，那么双方资金池中的资产就会发生变动，这样的变动不会立即上传到区块链，而是由交易的双方对资产变动的结果签名确认。如果后续又发生了多起交易，那么新的签名确认结果就会顶替掉旧的签名确认结果，以此类推。

可以把 RSMC 的实现理解为一个双方互相记账的方式，而且记账的内容完全是与自己相关的交易。还是以 Jone、Alice 与 Bob 之间的交易为例，Jone 向 Alice 发送比特币的交易发生在一个通道内，由 Jone 和 Alice 共同对资产变动的结果签名确认，之后 Alice 向 Bob 发送比特币的交易又发生在另一个通道内，由 Alice 和 Bob 共同对资产变动的结果签名确认。

一些对于比特币系统区块链账本来说比较关键的环节是需要被记录到账本上的，例如，参与交易的任何一方都可以提出将资金池中的资产提现到钱包软件中，前提是他向资金池出示经过签名的最新的资产变动结果，同时在这次变动中的对方也要出示相关的签名资产变动结果。另外，区块链主链还要定时收集全网的交易信息，这也算是对于区块链账本来说比较关键的环节了。

通过 RSMC，区块链主链需要记录的交易数量有了明显的减小，大部分记录到区块链总账本的交易变成了上述的那种将资金池中的资产提现到钱包软件中。这样确实做到了从区块扩容的另一方面考虑增强网络处理性能的目的。

在 RSMC 中的支付通道是使用 HTLC 实现的。"哈希时间锁定合约"也就是双方约定转账时由支付方提出一个哈希值，这个哈希值锁定了支付方转账金额对应的资金，收款方如果能提出一个口令，这个口令的哈希值和支付方所提哈希值相同的，那么收款方就能解冻被哈希值锁定的支付方转账资金并归为自己所有。

比较关键的一点是收款方提出口令的时间是有限的，这个有限的时间可以由支付方设定，也可以由系统设定，这也是"哈希时间锁定"的由来。

HTLC 利用不同的内容可以计算得到的哈希值也不相同的原理构建出了交易参与方之间的虚拟支付通道，其实这样的支付通道也适用于多人的场景。在多人场景下尽管逻辑会比较复杂，但是原理还是相同的。

总的来说，在闪电网络中，RSMC 合约起到了将交易转移到线下的作用，HTLC 合约起到了构建线下交易支付通道的作用，闪电网络结合了这两种合约的优势，为提高网络的交易处理性能做出了一定的贡献。

尽管闪电网络非常优秀，但是在比特币网络中并没有用到闪电网络，不过,在以太坊中却实现了和闪电网络功能非常相似的微支付系统——雷电网络。闪电网络的实现需要编写对应的智能合约,比特币系统不支持智能合约,而以太坊作为区块链 2.0 架构的代表则引入了对智能合约的支持。

3.5 共识攻击

在以比特币系统为代表的早期经典区块链应用中共识指的是大家(用户)一致认可付出了一定的劳动力的矿工所打包出的区块,重点是认可该区块中所包含的交易,认为它们都是合法的。经过之前的了解,我们知道了这所谓的"一定的劳动力"指的就是使用计算机一遍又一遍地运行挖矿算法,直到找到一个合适的区块 Nonce 值为止。

共识攻击指的就是对这种共识机制本身造成一定的破坏。在网络正常运转的情况下,矿工遵守规定通过算力竞争的方式争夺区块打包权并获取相应的挖矿奖励。整个系统因为这些矿工们的自律而被维持的井井有条。但是当遇到有的矿工掌握了全网大部分的算力时,这样网络稳定运行的情况就不能继续维持了。因为这时矿工往往会从最大化自身利益的角度考虑,通过攻击比特币的共识机制来达到为自己谋利的目的,从而造成对网络安全性和可靠性的破坏。

51%攻击是共识攻击中比较典型的一个攻击场景。其实这里所谓的"51%"只是一个大家都约定俗成的象征性称呼,其指的并不是具体的算力占到了全网算力的多少,而是指的占据了全网百分百算力的一大半。当攻击者所持有的算力超过全网算力"51%"时,理论上来讲,他发起的攻击尝试肯定会成功。51%攻击的发动者凭借着拥有相比于普通矿工更快的区块产生速度因而能生成绝大多数的区块,这是这种类型的攻击能够大概率获得地成功的主要原因。

51%共识攻击只对未产生的区块有效,因为它主要影响的是用户对交易达成共识的过程,严重的可能影响最近产生的区块(不到 10 个)。共识攻击很难攻击产生时间非常久的区块,这主要是因为随着时间的推移区块链也在逐渐地增长,当一个区块后面堆积了越来越多的区块后(超过 10 个),该区块就会凭借着累积了较大的计算难度(篡改一个区块需要连续篡改其后续的所有区块)以及得到了绝大多数节点的一致认可而基本可以认为是无法被篡改的。

站在乐观的角度考虑,51%共识攻击也对一些方面无法造成影响。例如,51%攻击无法修改用户的私钥以及椭圆曲线密码算法(ECDSA)的加密过程,这些都是用户资产安全的基础,因此攻击者无法从其他钱包那里盗取货币以及将货币资源在用户间重新分配。再如,51%攻击也不会修改每挖出一个区块返回给矿工的奖励值，因为攻击者这样的做法不会在其他节点那里验证通过。此外，攻击者也无法修改发生的较早的交易及相应的货币持有记录。

接下来，以比特币为例，看一下 51%攻击的典型攻击场景。

最普遍的场景就是通过修改未打包的交易记录达到双重支付的目的。Alice 从 Bob 那里购买了一杯咖啡，这是一起转移 0.05 比特币价值的交易，Bob 在看到自己的钱包显示多了 0.05 比特币之后没有等到这笔交易在确认被打包进区块之后就将咖啡递给了 Alice。Alice 的朋友 Lucy 拥有发起 51%攻击的算力资源，在 Lucy 将这笔交易打包进区块的时候她发动了 51%攻击。首先 Lucy 在将这笔交易替换（可以将输出换为 Alice 的另一个钱包地址）之后重新计算这个区块，然后 Lucy 将这个区块广播出去并在此区块的基础上又挖出了一个新的区块。区块链从 Lucy 发动攻击的那个区块开始发生了分叉，最终因为 Lucy 有能力更快地挖出区块，从而使她所挖出的区块组成了相对较长的链。网络中的节点统一认同累积了最大计算难度的链为主链，所以后续的矿工将继续在 Lucy 挖出的区块上工作而并不会发现交易有什么异样。

双重支付就是这样，Bob 以为接到了来自 Alice 的 0.05 比特币，但是实际上这 0.05 的比特币去了别的钱包地址那里。实际上为了0.05 比特币的价值并没有必要发动 51%攻击，因为发动 51%攻击所需要付出的成本要远远高于这 0.05 比特币（包括购买计算设备及散热设备等）。

51%共识攻击的其他场景还包括拒绝服务。在攻击者拥有了系统中绝大多数算力资源的情况下，它可以轻易地忽略掉网络中的一些交易而不提供打包服务，这些交易可以是不含矿工费的交易，也可以是特定货币地址的交易。即便是这些交易被其他的矿工打包，攻击者仍然可以凭借着强大的算力资源强行地分叉区块链网络，从而造成区块链的不稳定秩序。

即便是网络中存在的有能力发动51%攻击的攻击者不发动任何攻击而只是循规蹈矩地打包区块，他们的存在也会对其他矿工造成不小的影响，因为一旦其他矿工抢不到打包区块的机会，那么久而久之他们的积极性就会明显下降甚至退出挖矿活动。这样最终导致的结果还是主要的挖矿算力被一部分人牢牢地把握住。

从全网范围来看，抵制 51%攻击比较好的办法就是采用除了 PoW（工作量证明算法）之外的其他更环保节能的共识算法，例如，PoS 及 DPoS 等，这类算法改变了 PoW 中劳动量仅仅依赖算力证明的做法，转而实现了通过持有数字代币的股权随机分配的方法达到随机选举代表的效果。

在大宗交易中，为了防止 51%攻击引起的双重支付，可以在包含有交易的区块累积了较大计算难度的时候再"发货"。例如，商家在交易完成的 24 个小时之后再发货的话，这笔交易所在的区块之后将会产生 144 个区块，这当然能非常有效地降低受到 51%攻击的可能性。

此外，在比特币中，开发者们为了降低在网络中发生 51%攻击的可能性还特意打算引入 P2Pool 挖矿协议以实现挖矿的去中心化控制。实际上，发生 51%攻击的可能性本来就不大，因为随着比特币系统中挖矿难度的指数级增长，所需的算力资源也在呈指数级增长，在这种情况下，一个矿工节点已经不可能占据全网哪怕 1%的算力资源，所以说比特币系统已经几乎不再受到来自某一个矿工的 51%攻击。

第 4 章　区块链技术的典型应用场景

> 区块链技术能否真正地落地并普及，关键的一个因素还是我们能否为其找到发挥的空间。区块链技术应用于去中心化数字货币领域从最初的 1.0 架构向 2.0 架构和 3.0 架构不断进步，同时在应用模式方面也更加成熟和灵活，但作为普通的使用者，他们在选择是否接受区块链技术时，更关心这项技术可以被用在哪些领域以及该如何使用。
>
> 这一章将主要来探讨一下区块链技术在哪些领域具有潜在的商业价值，以及区块链技术该如何服务于这些领域。

4.1　区块链技术具有潜在的商业价值

对于一项新兴的技术来讲，能否为其找到合适的应用场景是这项新技术能否真正实现落地普及的一项重要因素。区块链技术就是这样一个新兴的技术。比特币系统是一个将区块链技术放在数字货币系统中用于实现数字货币系统去中心化的典型示范，同时也是一个非常成功的示范。自比特币系统上线使用以来，尽管经历过大大小小的改版和分叉，但是比特币系统极低的故障率和系统长时间的自治运行还是显示出了区块链技术在实现这类应用系统时具有非常不错的的可靠性。

从此，一些有探索欲望的人就开始构想，区块链技术还能做什么？如何把区块链技术引入到实际的互联网应用中来？区块链技术的应用在落地普及之后能带来怎样的商业价值？

通常，想要实现一项新技术的在商业领域的价值，要先考虑这项技术存在什么优势。对于区块链技术而言，首先，它将账本数据分散保存到各个节点，而这样做最显著的优势是账本数据无法被篡改；其次，它合理地采用了公钥加密和哈希加密的办法，达到了保护用户隐私的目标；还有，区块链技术中没有引入第三方中介服务机构，在这样的前提下较好地实现了去中心化；最后，它允许分布式网络中有部分节点出错甚至宕机，也就是说具有较好的分布式容错性。

凭借着区块链技术所具有的这些优势，一些依赖于第三方中介服务机构的应用场景将发生很大的改变，最明显的就是应用的运行成本的降低以及应用的安全性的增加。不仅去中心化的数字货币系统很好地验证了区块链技术的实际应用性能，未来，所有与价值交换相关的应用系统，都将可能从区块链技术中得到启发或直接受益。在以下的诸多领域中，区块链技术的身影可能随处可见。

（1）共享资源，区块链技术采用公钥加密以及哈希加密的方式保障用户的私密信息安全，同时P2P的网络结构又能很好地提高网络中数据在各节点间传播的速度。凭借着区块链技术，信息资源发布方不必将资源推送到每一位用户，所有的用户都能接收来自其他用户的推送，并再推送给另外的用户的过程中极快地获得感兴趣的内容。一些公司看准了共享资源可以降低运营成本的优势，打算大展身手，同时这一领域也正受到大量的关注和投资。

（2）认证，以版权认证为例，版权认证的过程中要综合比对权威的数据记录，同时也要将认证的结果存入权威的数据库中，这就对数据安全性能提出了很大的挑战。区块链技术恰恰以数据安全性著称，无论是转账交易的交易数据，还是征信管理认证数据，亦或是版权认证的认证结果数据，只要数据本身是可以完全公开的，区块链技术都能将它们很好地保存下来。

（3）金融领域，区块链技术的首次应用就是在金融领域，也就是众所周知的去中心化数字货币系统——比特币系统。从比特币系统那里，人们开始认识了区块链技术，在经过了几年的实践之后，人们开始思考，除了可以实现数字货币系统的去中心化，能否将区块链技术应用于金融领域呢？答案是可以的，瞄准了区块链技术的数据安全性和运行成本相对较低，一些银行企业和金融交易机构成为了引入区块链技术的主力军。

区块链技术实际上能够运用的场景不仅仅是上述所罗列的这些，只要能够善于发现区块链技术的优势，未来，它甚至可能和人工智能技术、物联网技术以及大数据技术联合起来共同打造在云储、医疗、社交甚至网络环境安全等领域完美的应用体验。

4.2 广告传媒的去中心化

提起广告传媒，可能大家首先会想到的是安排在播放视频之前的各种产品介绍、从手机APP或电视广播等途径得到的新闻资讯、某位博主为了介绍某款产品而编纂的购物头条以及各种有趣的短视频等。

区块链技术对节点与节点之间的通信的设计符合 P2P 的网络结构。在使用了区块链技术的去中心化数字货币系统中，交易数据从一个节点那里出发来到另一个（或一些）与之相邻的节点这里，区块也是一样的从一个节点那里出发来到与之相邻的多个节点中。这种交易数据与区块数据的传递很好地体现了共享性。因为交易数据中并没有敏感的数据，不包括私钥以及密码，所以也无需加密，区块也是一样的。

借助 P2P 网络结构中一传多的数据传递方式，交易数据和区块能够很好地在短时间内到达全网大部分的节点那里，这也很好地体现了这种网络结构在数据传递时的效率。

在进行广告传媒活动的时候，大多数媒体采用的传媒方式就是将内容通过 APP 传递给客户，或者在客户浏览网页时将内容穿插进当前页面中，再或者就是在客户观看视频的时候以片头广告的形式将内容传递给客户。这些方式都巧妙地利用了互联网的优势，达到了向客户传递信息的目的，但是这些方式对于媒体方来说一般都有着比较昂贵的费用，另外当客户被他不愿意看到的内容占用了时间之后，他也会对这些内容产生反感。

广告传媒信息的共享化是一个比较不错的传媒的选择，就好象我们在看到有趣的视频时想要把它分享给我们的好友一样。尤其是当采用 P2P 的网络结构进行广告传媒信息的共享时，一个阅读者可以将他所获得的某些信息传递给和他关系密切的人，这些和他关系密切的人又会将这些信息传递给与自己关系密切的人，以此类推，在短时间内这些信息就被传递到了全网大部分的阅读者那里，而这些信息可以是一篇美好的文章，一款好商品的推荐，当然也可以是一段搞笑的视频或者是一则大家都需要看到的广告。

这种广告传媒的共享是一种非常典型的去中心化策略，使用区块链技术能够很好地实现这种广告传媒的共享。例如，可以将一个阅读者节点阅读、点赞和分享一条信息的行为看作是一次挖矿，在之后他的这个行为会被广播至全网，很快就能被与他具有最近连接关系的节点接收到，在这些节点再次阅读、点赞和分享这条信息后这条信息又会被传播到其他节点那里。

为了奖励挖矿一条信息的节点，通常这条信息都要包含一定的反馈给矿工的价值（矿工费）。矿工费是媒体在发布消息的时候填写在里面的，随着这条信息的不断被挖矿，信息包含的矿工费值也因为不断地奖励出去而在逐渐下降。信息内不包含矿工费之后，信息仍可被阅读、点赞和分享，但是矿工已经不能在这条信息里获得任何的价值。

使用区块链技术实现去中心化的广告传媒，其中的媒体就好象是在比特币中用户发起一则交易一样,可以选择放入一定的交易费,一条信息的发送就是一则交易的创建。只不过,在使用区块链技术实现去中心化的广告传媒的场景下,矿工的数量可能很多而用户(媒体)的数量则相对较少,这与比特币系统中矿工的数量较少而用户的数量较多截然相反。

目前,已有多个应用平台被开发出来实现基于区块链技术的去中心化广告传媒。在这些应用平台上,媒体投放的广告费被更有效地利用,激发客户阅读/观看兴趣的传媒信息被更好地传递。

在区块链技术正在逐步颠覆传统广告媒体、打破行业壁垒的行情下,一些中小微企业必然会在公平竞争的市场营销中脱颖而出,基于区块链技术的新零售平台也必然会得到重构,有价值的产品和品牌借助这个机会能够成功地脱颖而出。未来,区块链技术将越来越多地用于打造共享经济,实现分享创造价值的理念普通用户得以在浏览新闻、传播资讯的时候也能做到真正地获益。

4.3 区块链技术实现版权登记

对于从事各种内容原创的作者,他最在意的莫过于自己的版权能否得到保护。版权,也可称为著作权,指的是原作者以及相关的权利人对包括文学作品、艺术作品以及科学发明产品等在内的原创作品享有的财产权以及人身权。版权需要确权,只有经过权威机构登记确定过的版权才算是合法的版权。

版权确权的常规做法是,由需要确权的申请者到相关的行政部门进行登记备案,但是这样做的弊端是需要等待较长的时间以及付出相应的成本。版权确权的门槛偏高是当今很多内容原创作者想要确权但又无奈放弃的主要因素。此外,随着互联网技术的快速发展,在网络上发表原创内容成为了越来越多人的选择,但是网络技术的发达也给一些人剽窃原创内容有了更多可乘之机。

在版权的维权过程中,举证困难一直是一个比较难以解决的问题。内容剽窃者不会主动承认抄袭是导致举证困难的主要因素之一。此外,在版权维权时,我国法律的一贯主张是谁维权谁举证,这就要求原创作者在维权时搜集到足够的能够被法律认可的版权证明以及侵权证据,而侵权证明的搜集往往会耗费一定的时间和精力。即便是收集了足够的证据,许多作者也会因为启动法律程序维权过程中存在的维权程序复杂、费用高以及审理周期长的问题而主动放弃了维权。

区块链技术与大数据技术的结合很好地解决了版权确权过程中存在的诸多难题,顺利地缩短了版权确权所需要的时间。大数据技术负责将提交确权的作品在以往确权过的数据库中进行查询，确保没有抄袭的痕迹，之后再由区块链技术将作品同作者的签名一同打包为区块并保存在本地区块链账本中，然后广播给和版权相关的单位（如出版社、技术社区网站等）进行保存。

使用区块链技术实现版权登记主要利用了区块链技术的数据无法篡改性，一旦版权证明被写入到区块中并被保存到区块链上，那么透明公开的数学原理就对其起到了很有效的保护作用。从经济角度来看，使用区块链技术实现版权的登记所需要用到的成本也更加低廉。

区块链技术的实现与互联网密切相关，对于一些网络社区而言，他们是最有可能率先采用区块链技术实现版权登记的。网络技术的发达使得资料的搜集更加便捷，内容的创作更加高效，这就导致了类似这样的平台每天都能收到非常多的原创内容。原创内容的作者借助平台的力量能够和其他志同道合的人交流，也能用自己的作品将自己推荐出去，更能在其他人引用自己作品的时候获取一定的收益。

网络的便捷同样导致了剽窃事件的高易发性，同时网络环境的复杂导致被转载多次的作品很难找到创作的源头。社区平台在寻找可靠的措施保护原创作者的合法版权的过程中就考虑到了区块链技术。目前，一些社区平台正在尝试利用区块链技术实现版权登记。例如，UC 头条就对一些原创的头条通过区块链技术进行版权认证，此外，CSDN 和简书也正在尝试对平台部分的原创帖子进行基于区块链技术的版权登记认证。

另外，越来越多的公司也在试图依靠区块链技术展开版权登记的服务，例如，汇桔网（https://www.wtoip.com/?=360ss&ozs=58430-2415）早在 2017 年就开启了对区块链技术实现版权认证以及版权数字化的研发布局，成立于 2016 年的纸贵互联网科技有限公司致力于数字化版权资产交易平台以及打造一个信任度高的分布式版权数据库。

2018 年，汇桔网在深度应用了大数据、人工智能及内容对比等多种先进技术的基础上推出汇桔数字知识产权应用平台——IP 链。IP 链主要提供了版权认证、版权保护及作者维权等版权相关服务，覆盖了确权、用权以及维权的各个方面。同年的 9 月 3 日，汇桔网发布了全国首张区块链版权登记证书。版权登记证书的发布是汇桔网在使用区块链技术实现版权保护的业务领域具有里程碑意义的一个事件，这也标志着汇桔网在这一领域的探索开始获得了一部分人的认可。

不仅汇桔网在使用区块链技术实现版权保护的领域进行了探索，此外，汇桔网还打造了一个非常优秀的使用区块链技术实现知识资源分享与变现的平台——爱梧桐。爱梧桐可以理解为一个去中心化的传媒平台。

纸贵公司与汇桔网同样是致力于使用区块链技术保护版权的潜在价值。在纸贵公司创立初期就完成了对贾平凹、潘朴、韩鲁华等作家的作品进行确权。自纸贵公司成立以来，得到了来自学术界以及政府部门的支持，提供的版权保护服务也逐渐健全化和体系化。据统计，截至 2018 年底，纸贵公司已经对超过 30 万件原创作品进行了确权服务。

目前，使用区块链技术实现版权登记认证的做法整体还处于尝试阶段，也有一些人对区块链在这个领域的应用持观望的态度。他们可能会对提供版权登记认证服务的公司是否具有像政府一样的权威性产生质疑。的确，在这些类似的公司陆续成立的情况下很难确定最终以哪一个公司的确权结果为准，如果同一件作品在不同的公司得到了不同的确权结果，那么这样的结果如何处理又有谁能说得清呢。

笔者认为，在这一领域，比较明朗的做法还是让政府参与进来，并提供版权确权的权威依据。使用区块链技术主要达到保存确权结果不被篡改的目的就可以了。

4.4　银行业的去中心化结算

银行是我们在生活中经常接触到的一个机构，每个国家都有银行，而基本上每个国家中的银行都可以分为中央银行和普通银行两种。中央银行的作用是监督货币的发行以及维护市场宏观经济的稳定性，而普通银行的作用则是作为中介机构协调发生在市场中的交易。普通银行可以是国家承办，也可以由私人承办，但中央银行一定要属国家所有或由国家控制。

在传统的银行服务体系中，为了完成在网点内的高频交易，同时还要确保交易的正确性以及快速被处理，银行每年都要投入大量的经费用到硬件和软件的建设与升级中，并且还要定期地维护这些软件和硬件。不仅用户在银行这里需要有一定的信誉度，在得到较高的交易处理效率时，银行同样需要积累可靠的信用度，所以这就要求银行提供的服务体系不能出错或者说极少出错，尤其是在面对系统漏洞攻击或由此引发的金融欺诈等问题时更要求银行能及时妥善地做出处理。

总体上，银行业为了保障用户的交易和财产的安全而付出的上述投入无疑是增加了用户的交易成本。银行业的相关从业人员尤其是高层管理人员也在考虑怎样才能在降低成本的同时保持或增加用户财产和交易过程的安全性。

2014 年，中国人民银行（我国的中央银行）成立了发行数字货币的研究实验室（PBoC），并针对在移动支付或互联网支付的业务领域采用基于区块链技术的去中心化数字货币的办法进行了深入的研究讨论。

2015年，PBoC发布了关于这次研究讨论的报告。

2016年1月，中国人民银行的PBoC又召开了一个去中心化数字货币研讨会，一些区块链领域的技术专家应邀与会，并对区块链技术实现的去中心化加密数字货币的最初设计、发展以及当前应用的总体框架进行了深入的介绍。会后，央行负责人发言指出要依托区块链技术早日发行去中心化的数字货币，以此降低提供交易服务的成本并从技术层面打击金融犯罪活动。

2016年的年底，去中心化数字货币研究所在央行成立，这可以看作是我国对银行业实现数字货币化走出的战略性的一步。关于以加密算法和区块链技术为基础的去中心化数字货币，研究所的态度是，在以央行为主导的前提下保持实物现金发行的同时进行批量的尝试发行。

我国的央行对于这次数字货币的尝试发行可以看作是我国在采用区块链技术解决金融问题的第一次表率，也是国家对区块链这一新兴技术的第一次承认。此后，央行发布消息称将继续深入研究数字货币涉及的相关技术（重点是区块链技术），包括移动支付、云计算、密码算法以及安全芯片等。

除了我国在瞄准使用区块链技术实现去中心化数字货币系统为银行业服务外，世界上的其他一些国家也在尝试将这样的想法变成现实。例如，加拿大的国家央行于2016年开发出的CAD币，英国央行推出的去中心化数字货币系统RSCoin等。

CAD币相当于是加拿大元的数字版，对外币的汇率和加拿大元相同，受加拿大央行的控制，用户可以在加拿大元与CAD币之间互相兑换。RSCoin是和比特币类似的采用分布式账本的去中心化数字货币系统，但是相比较而言RSCoin的区块链账本结构更加复杂，是一个双层链的结构，此外RSCoin在提交阶段换成了两阶段提交（Two Phase Commitment）的模式。在发行RSCoin后英国央行对其大力推广，并希望通过数字货币的普及达到节约经济成本的目的。

除了这些以外，还有很多国家的银行在进行类似的尝试，另外一些普通银行也在寻求通过与掌握了区块链技术的公司合作达到共赢的目的。例如，我国的邮政银行就正在与IBM公司合作，推出基于区块链技术的资产托管系统。一些技术型企业也在通过区块链技术实现新的支付方式，这些企业所开发的产品比较著名的有Abra、BitPOS、Bitwage和Circle等。

第 5 章　密码算法——区块链应用安全的保障

> 区块链技术，准确地说是包括比特币所使用的区块链技术在内的更广泛的区块链技术，可以看作是近 30 年来计算机科学技术发展的结晶。之所以对区块链予以这么高的评价是因为各种计算机技术都能在区块链中有所体现，如计算机 P2P（Peer to Peer，点对点）网络、计算机数据库、计算机分布式系统以及计算机密码学等。
>
> 在区块链技术所涉及的这些计算机技术中，计算机密码学占到了非常重要的一部分，因为良好的保密性是固有的数据不会被轻易改变的安全保障。在第 2 章介绍比特币的时候，适当地展示了计算机密码学的内容是如何被应用在区块链中的，而在本章中将进行深入的讨论。

5.1　Hash 算法

　　Hash（哈希）算法在区块链系统中有着非常广泛的应用，以比特币系统为例，在由随机源计算私钥再到由公钥计算比特币地址的过程中都用到了 Hash 算法，并且在比特币系统中计算区块头的哈希值时使用的也是 Hash 算法。

　　Hash 算法在比特币系统中的应用当然不仅仅局限于上述所列举的这些，区块中的 Merkle 树本身就是一种哈希二叉树，在区块挖矿操作中，工作量证明算法就是以 Hash 算法为基础的。在比特币系统之后的诸多区块链技术应用中，对 Hash 算法的使用率并没有下降，因此，可以毫不夸张地说，Hash 算法存在于区块链系统的每一个角落。

　　在这一节，我们将讲解什么是 Hash 算法，以及密码学中常用的 Hash 算法有哪些，当然，我们还要将之前常见的 SHA-256 哈希算法的加密过程还原出来，以达到具体地了解 Hash 算法的加密过程的目的。

5.1.1 什么是 Hash 算法

Hash 算法（也称为哈希算法或散列算法）在计算机加密算法中占有非常重要的地位，它主要是将任意长度的明文字符串换算为二进制的形式，再将这些二进制的内容计算得到固定长度（或者说较短长度）的二进制密文串（也就是 Hash 散列值或简称 Hash 值）。原则上不同的明文不可能计算得到相同的 Hash 值。

在多数的应用场景中，Hash 散列值被称为数字指纹（fingerprint）或摘要（digest）。Hash 算法是一个庞大的家族，根据 Hash 值计算方法的不同和得到 Hash 值长短的不同，Hash 算法又可具体地分为多个不同的算法。比如之前了解到的 SHA-256 算法，就是 Hash 算法家族中的一员。

可以在 Linux（以 Uubntu 发行版为例）的终端通过命令的方式计算明文串的 SHA-256 散列值，明文不必以二进制的形式给出。这就可以联想到我们在第 2 章中介绍的比特币根据随机源数据再使用 SHA-256 算法得到一个公钥或者私钥，这里给定的明文串就相当于随机源。

例如，在这里将一句话"Today is Wednesday"作为随机源，并计算它的 SHA-256 哈希值，则可在终端执行以下命令。

```
echo "Today is Wednesday"|shasum -a 256
```

执行命令后，在终端得到以下的输出。

```
a736c89d828e29dc2be4a8050667b5deb1f453d7f17d8e07ff5610ad2484cbe5
```

计算得到的 SHA-256 散列值一般不以二进制的形式显示，为了更加简短，换算成计算机中比较普遍使用的十六进制编码的形式打印出来。明文稍有不同，如在"Today is Wednesday"这句话的后面加上适当的标点符号，那么计算出的 SHA-256 加密值也会有着天壤之别。

除了使用 Linux 的命令行之外，Python 在其众多的库中也提供了计算 Hash 值的函数，例如，hashlib 库的 sha256() 函数的作用是计算 SHA-256 哈希值。下面的代码片段展示了在 Python 环境下使用 sha256() 函数计算"Today is Wednesday1"这句话的 SHA-256 哈希值以及打印出的计算结果。

```
~$ python
Python 3.5.2 |Anaconda 4.2.0 (64-bit)| (default, Jul  2 2016, 17:53:06)
[GCC 4.4.7 20120313 (Red Hat 4.4.7-1)] on linux
Type "help", "copyright", "credits" or "license" for more information.
>>> import hashlib
>>> text = "Today is Wednesday1"
>>> print(hashlib.sha256(text.encode("utf8")).hexdigest())
```

```
df99c1d74d3b3b65f1da3eefec19289fb50a57f3d9cafb8fa52989e
229667c38
```

如果在原句"Today is Wednesday1"的基础上做一些改变，例如，在原句的后面顺序地加上不同的数字，那么上面的那段脚本代码可以改写成下面这段。

```
~$ python
Python 3.5.2 |Anaconda 4.2.0 (64-bit)| (default, Jul  2 2016,
17:53:06)
[GCC 4.4.7 20120313 (Red Hat 4.4.7-1)] on linux
Type "help", "copyright", "credits" or "license" for more
information.
>>> import hashlib
>>> text = "Today is Wednesday"
>>> for num in range(1,15):
...     input = text + str(num)
...     hashresult = hashlib.sha256(input.encode("utf8")).hexdigest()
...     print(input, "->" ,hashresult)
...
Today is Wednesday1  -> df99c1d74d3b3b65f1da3eefec19289fb50a57f3
d9cafb8fa52989e229667c38
Today is Wednesday2  -> 2f8d20fd70a7b80355557529e19feca3c32f0fb4
20085243f1358bf3c531810b
Today is Wednesday3  -> 5e15b027dcaf55d9039ca47f884293c67ff561e2
be9d78705616179418ae6be1
Today is Wednesday4  -> d3bb170ab071520e55a26abf8f8865d8e319693
705fbe43386e97d0250baca0a
Today is Wednesday5  -> b5319f8179af19b6d024fcacfefdde45f5ea9db00
8d6df12422419d67865d8b8
Today is Wednesday6  -> 40597d5f1255a87b13392a428d7138ccd6bbe0f
a7ac2b0e38afe9660881f4a13
Today is Wednesday7  -> 04bd858d15c55e0a1b4a248ef7cdd40754a9a1e
a8ea3e2454eac6d50658e2de7
Today is Wednesday8  -> 6623e081aa146dd79241a10b57b7df03c09ef54
06354bb492764161c17a4006b
Today is Wednesday9  -> 783678bffb9efadaf46009d2ad6551db099fa5598
a0a7f88fc4a78d4def200b0
Today is Wednesday10 -> 2cc281d5b0d47abbb9560c6db5bb4b9e493026
1f91f1e89fbcdd208f120dca7f
Today is Wednesday11 -> 484837517f2b52228eda68c9bea2860d04fe129
fa364b5932a1afec77e75f45a
Today is Wednesday12 -> 38bd22a75e72e177eb65b95616a21ce80b458a
2cc33ef1411761f18cffb8fc4b
```

```
Today is Wednesday13  ->  8ffbf441771241b5558c96502da6b96bddacbed
4019d6afe814f6138b933c917
Today is Wednesday14  ->  c70b101859ebcb04c47124293a7b1dd766a0fd
443225a4361f354a556a406b51
```

上面的代码中也粘贴了程序在终端执行后的输出结果。从输出结果中可以看出，虽然只是改变了末尾的数字，但是得到的结果却大相径庭。对于每个句子，sha256() 函数看起来是在随机地赋予它 SHA-256 哈希值，但是无论是哪一台计算机，在 Python 环境下使用 hashlib 库的 sha256() 函数总会对相同的输入产生相同的 Hash 值。

明文稍有不同则计算出的 SHA-256 加密值也会有着天壤之别，对于某个文件来说，在未经查看内容的情况下，只要计算 SHA-256 散列值后的结果同样为 df99c1d74d3b3b65f1da3eefec19289fb50a57f3d9cafb8fa52989e229667c38，那么文件内容极大概率上就是"Today is Wednesday1"。

Hash 算法得到的结果可以当作一个字符串来对待，因为输入到算法中的熵源存在随机性，所以 Hash 算法得到的结果也具有随机性。那么，有没有可能两个不同的输入数据经过相同的 Hash 算法之后得到相同的散列值数据呢？这种情况是存在的，当出现这种情况时，我们说发生了一次 Hash 碰撞。

Hash 碰撞的情况要尽量地去避免，我们以抗碰撞性作为衡量 Hash 算法避免 Hash 碰撞的性能指标。抗碰撞性可分为弱抗碰撞性和强抗碰撞性。其中，弱抗碰撞性指的是在给定明文前提下，无法找到与之碰撞的其他明文，而强抗碰撞性指的是无法找到任意两个发生 Hash 碰撞的明文。当某个具体的 Hash 算法符合弱抗碰撞性的条件时，我们称该算法具有弱抗碰撞性。同理，当某个具体的 Hash 算法符合强抗碰撞性的条件时，则称该算法具有强抗碰撞性。

为了保证 Hash 算法在密码学上的安全性，一个优秀的 Hash 算法应该具备以下三个优良特性。

（1）逆向困难。这个特性指的是如果知道了 Hash 算法计算出的结果，是无法（或者说很大概率上不可能）逆向推导出原始输入数据的。在密码学中，这尤为重要，经过 Hash 加密的重要数据即使被黑客截获，他也不可能根据截获的数据还原出原始的数据。

（2）输入敏感。这个特性指的是即使原始输入数据发生了任何微小的改变，新产生的 Hash 值也会有很大不同。

（3）抗碰撞。必须再次强调的是，抗碰撞并不代表完全不存在碰撞，它的意思是找到能发生碰撞的两个输入需要付出巨大的计算代价。这就像暴力破解密码一样，对于有效期为 10 年的密码，如果在 10 年之后才被破解，那么密码破解即使成功了也失去了意义，因为原密码在即将超过有效期之前就会被一个安全程度更高的密码代替。

5.1.2 用于加密的常见 Hash 算法

目前常见的用于加密的 Hash 算法有 MD、SHA 和 RIPEMD 系列算法，当然，除此之外的 Hash 算法还有很多种，其余的那些都是不太讲究加密特性的，被用在对加密性能要求不严格的场合（例如，一致性 Hash 算法常见于负载均衡的领域）。这种情况下使用 Hash 算法的目的只是快速地计算出一个无需加密源信息的摘要值，因此会使用一些其他的快速 Hash 算法。需要注意的是，我们在区块链中只关注那些被用来执行加密任务的 Hash 算法，所以其他的快速 Hash 算法，在这一小节不会被涉及。

MD4（Message Digest Algorithm 4，也可称为 RFC 1320）是 MIT（美国麻省理工学院）的 Ronald L.Rivest 于 1990 年设计出来的。它对输入以每 512 个 bits 为一组进行分组，生成 4 个 32 bits 的数据，最后串联起来，成为一个长度为 128 bits 的 Hash 值，这个 128 bits 长的数据也就是算法的输出。总的来说，MD4 求解输出的基本方式包括求余、取余、调整长度、与链接变量进行循环运算等。听起来 MD4 的实现过程比较麻烦，会给人一种难以攻破的感觉，但出乎我们预料的是，MD4 已被证明不够安全。

MD5（Message Digest Algorithm 5，也可称为 RFC 1321）是 Rivest 本人于 1991 年对 MD4 进行改进之后得到的版本，同样是输入不定长度信息，并且对输入仍以 512 bits 进行分组，输出为固定的 128 bits 的长度。MD5 比 MD4 稍加安全一些，但实现的过程也相应地变得复杂，需要牺牲更多的计算性能，所以计算速度会慢一些。不过，MD5 已被证明不具备"强抗碰撞性"。

MD4 和 MD5 算法都曾被广泛使用了一段时间，然而目前这两个算法也都被证明了是不安全的算法，因为 MD5 算法已经被王晓云教授于 2004 年破解，她将自己所用到的一些方法通过论文 *How to Break MD5 and other Hash Functions*（《如何破解 MD5 及其他 Hash 函数》）具体地阐述了出来。

RIPEMD-160（RACE Integrity Primitives Evaluation Message Digest 160，RACE 原始完整性校验消息摘要）是一个输出长度为 160 bits 的 Hash 加密函数，由 Hans Dobbertin 等 3 人在 MD4 和 MD5 的基础上于 1996 年提出来，旨在替代 128 bits 的 MD4 和 MD5。除了 RIPEMD-160 的 160 标准，算法还有其他三个标准：128、256 和 320，相对应的输出长度分别为 128 bits、256 bits 和 320 bits。不过，设计者们并没有对 RIPEMD-256 和 RIPEMD-320 投入太多的心血，他们只是在 128 bits 和 160 bits 的基础上，修改了一些参数来达到输出为 256 bits 和 320 bits

的目的，也就是说，RIPEMD-256 的性能和 RIPEMD-128 相当，而 RIPEMD-320 的性能和 RIPEMD-160 相当。

SHA（Secure Hash Algorithm）系列算法可以当作一大族 Hash 算法来看待。这个算法族的第一个实现由 NIST（National Institute of Standards and Technology，美国国家标准与技术研究院）于 1993 年发布。

在 1995 年，著名的 SHA-1 算法面世，它是 SHA 算法家族的第一代，由于在设计上模仿了 MD4 算法，所以二者具有类似的原理。SHA-1 的输出为 160 bits 长的 Hash 值，相比于输出只有 128 bits 的 Hash 值而言，这显然具有更好的抗穷举性，因此，SHA-1 得以在许多的安全协议中被广泛使用，这其中就包括 TLS 和 SSL。然而，随着加解密技术以及硬件水平的发展，近几年出现了关于 SHA-1 不具备强抗碰撞性的相关证明，并且 Google 于 2017 年 2 月正式宣布已破解了 SHA-1。SHA-1 的破解成功意味着通过该加密算法加密的文件已不再具有比较可靠的安全性，随后，Google 在其 Chrome 浏览器产品中逐步停止对使用 SHA-1 哈希算法证书的支持。

为了提高安全性，NIST 设计出了 SHA 算法家族的第二代——SHA-2。SHA-2 跟 SHA-1 算法原理类似，主要包括 SHA-224、SHA-256、SHA-384 和 SHA-512 算法（SHA-224 于 2008 年发布，其余均在 2002 年发布）。在第二代的 SHA 算法中，"-224""-256""-384""-512"分别代表了对应算法生成的 Hash 值的长度，也就是说，相比于 SHA-1，SHA-2 能支持更长的 Hash 值的输出。

SHA 算法家族的第三代也已被提出，因为目前 SHA-2 还没有被任何个人或组织宣布破解，所以在 SHA-2 还保留有一定安全性的前提下，SHA-3 目前还无法完全取代 SHA-2。SHA-3 在早期名为 Keccak 算法，由 Guido Bertoni、Joan Daemen、Michael Peeters 和 Gilles Van Assche 等人在 RadioGatun 上设计。2012 年 10 月 2 日，Keccak 在 NIST 举办的散列函数竞赛中获胜，因此被 NIST 选中，成为了所谓的 SHA-3。

除了使用 Ubuntu 的命令行计算 Hash 值外，在 1024tools（https://1024tools.com/hash）上也可以很方便地计算出一串明文数据的 Hash 值，这当然不仅仅局限于我们上述所说的 MD4、MD5 或者 SHA。1024tools 的初始界面如图 5-1 所示。

仍然要说的是，鉴于目前 MD5 和 SHA-1 已经被破解，所以出于安全性的考虑，一般推荐使用 SHA-224 或能够输出更长 Hash 值的算法（如 SHA-256）。虽然 MD5 是一个经典的 Hash 算法，SHA-1 也是如此，但是它们都被认为不具备足够高的安全性并因此被商业应用场景所放弃。

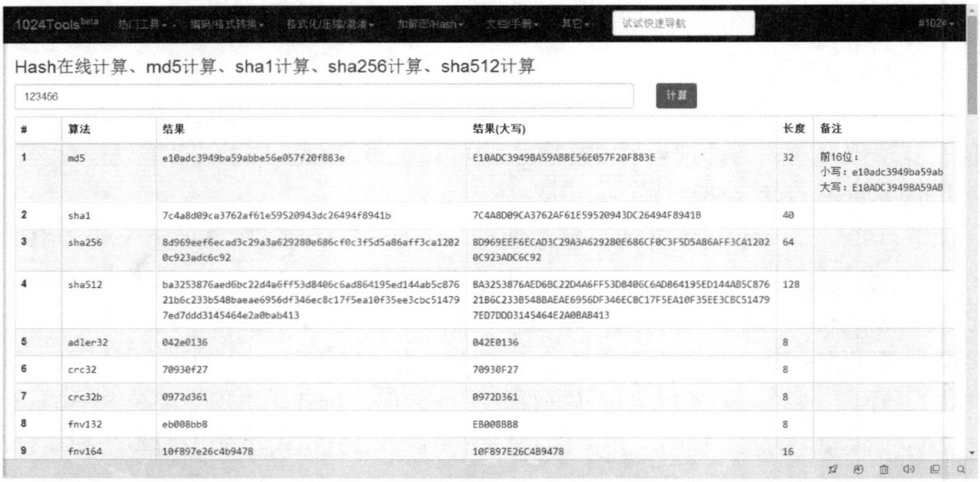

#	算法	结果	结果(大写)	长度	备注
1	md5	e10adc3949ba59abbe56e057f20f883e	E10ADC3949BA59ABBE56E057F20F883E	32	前16位： 小写：e10adc3949ba59ab 大写：E10ADC3949BA59AB
2	sha1	7c4a8d09ca3762af61e59520943dc26494f8941b	7C4A8D09CA3762AF61E59520943DC26494F8941B	40	
3	sha256	8d969eef6ecad3c29a3a629280e686cf0c3f5d5a86aff3ca12020c923adc6c92	8D969EEF6ECAD3C29A3A629280E686CF0C3F5D5A86AFF3CA12020C923ADC6C92	64	
4	sha512	ba3253876aed6bc22d4a6ff53d8406c6ad864195ed144ab5c87621b6c233b548baeae6956df346ec8c17f5ea10f35ee3cbc514797ed7ddd3145464e2a0bab413	BA3253876AED6BC22D4A6FF53D8406C6AD864195ED144AB5C87621B6C233B548BAEAE6956DF346EC8C17F5EA10F35EE3CBC514797ED7DDD3145464E2A0BAB413	128	
5	adler32	042e0136	042E0136	8	
6	crc32	70930f27	70930F27	8	
7	crc32b	0972d361	0972D361	8	
8	fnv132	eb008bb8	EB008BB8	8	
9	fnv164	10f897e26c4b9478	10F897E26C4B9478	16	

图 5-1　1024tools 初始界面

5.1.3　SHA-256 的加密过程

SHA-256 算法是我们在之前的章节中经常提到的一个 Hash 算法，它能被广泛地应用于以比特币为代表的区块链项目中是因为它具有较高的安全性。那么，在这一小节中我们将主要地来介绍一下 SHA-256 是如何计算得到 256 bits 长的 Hash 值的。

原始数据必须先进行补位，目的是使得其长度（二进制形式的长度）在对 512 取模以后的余数是 448。也就是说，补位后的数据长是 512 的整数倍并且余数是 448。即使长度已经满足对 512 取模后余数是 448，补位也必须要进行（再补 512 位即可）。

补位的具体操作是先在末尾补一个 1，然后再补 0，当满足长度对 512 取模后余数是 448 时，补位操作结束。总的来说，补位是至少补 1 位，最多补 512 位。下面以原始数据“abc”为例显示补位的过程。

原始数据“abc”转为二进制表达后的结果如下。

```
011000010110001001100011
```

补位第一步是在末尾先补一个“1”。

```
0110000101100010011000111
```

补位第二步是在后面补足一连串的“0”，使得补位后的数据满足长度在对 512 取模以后得到余数是 448 的必要条件（对于本例来说，补 0 的个数应该为 423）。

011000010110000100110001110...0

将长度为 448 bits 的二进制数据完全写出来将会占用大量的篇幅，所以在上面我们使用了省略号来代替大部分的全 0 数据，如果完全展示出来，那么最好把最后补位完成的二进制数据用十六进制写成下面的样子。

61626380000000000000000000000000000000000000000000000000
00000000000000000000000000000000000000000000000000000000

必须牢记 SHA-256 是在二进制的基础上进行计算的，而不是十六进制，所以我们得到的数据的长度是 448 而不是 112。在得到相应的二进制数据后，接下来看需要进行的补长度操作。

补长度的意思是将原始二进制数据的长度信息放到已经进行了补位操作的数据的后面。通常用一个长度为 64 bits 的二进制数据来表示原始数据的二进制长度。以原始数据"abc"为例，其长度就是 24，将补长度之后得到的数据用十六进制的形式写出来就可以得到以下的结果（十六进制的 18 就是十进制中的 24）。

61626380000000000000000000000000000000000000000000000000
00000000 0000000000000000000000000000000000000000000018

2^{64} 是一个很大的数字，这意味着原始的数据可以很长。在事实上，如果原始数据的长度超过了 512，那么在补长度之后得到的整个数据会是 512 的倍数，然后我们把整个数据分成多个 512 bits 长的数据块，每次处理一个数据块，最终得到数据的 Hash 值。

在 SHA-256 算法中，用到了 64 个常量，这些常量由自然数中前 64 个质数求解立方根后再取小数部分的前 32 bits 得到，这 64 个常量列举如下。

428a2f98 71374491 b5c0fbcf e9b5dba5 3956c25b 59f111f1 923f82a4 ab1c5ed5
d807aa98 12835b01 243185be 550c7dc3 72be5d74 80deb1fe 9bdc06a7 c19bf174
e49b69c1 efbe4786 0fc19dc6 240ca1cc 2de92c6f 4a7484aa 5cb0a9dc 76f988da
983e5152 a831c66d b00327c8 bf597fc7 c6e00bf3 d5a79147 06ca6351 14292967
27b70a85 2e1b2138 4d2c6dfc 53380d13 650a7354 766a0abb 81c2c92e 92722c85
a2bfe8a1 a81a664b c24b8b70 c76c51a3 d192e819 d6990624 f40e3585 106aa070
19a4c116 1e376c08 2748774c 34b0bcb5 391c0cb3 4ed8aa4a 5b9cca4f 682e6ff3
748f82ee 78a5636f 84c87814 8cc70208 90befffa a4506ceb bef9a3f7 c67178f2

在计算 Hash 值的过程中，需要用到一些函数，为了避免在介绍计算过程时手忙脚乱，在这里我们先看一下这些函数。每个函数的逻辑都可以用一个公式来描述，这些公式如下所示。

$$CH(x, y, z) = (x \& y) \oplus (\bar{x} \& z)$$
$$MAJ(x, y, x) = (x \& y) \oplus (x \& z) \oplus (y \& z)$$

$$LSIGMA0(x) = SHR\char`\^2(x) \oplus SHR\char`\^13(x) \oplus SHR\char`\^22(x)$$
$$LSIGMA1(x) = SHR\char`\^6(x) \oplus SHR\char`\^11(x) \oplus SHR\char`\^25(x)$$
$$SSIGMA0(x) = SHR\char`\^7(x) \oplus SHR\char`\^18(x) \oplus ROTR\char`\^3(x)$$
$$SSIGMA1(x) = SHR\char`\^17(x) \oplus SHR\char`\^19(x) \oplus ROTR\char`\^10(x)$$

公式中的"⊕"表示对参与运算的二者按位进行异或运算，"&"表示对参与运算的二者按位进行与运算，"-"表示对参数进行非运算。公式中的 x、y、z 并没有特殊的意义，在计算的时候，它们都是传入的变量，且长度皆为 32 bits。公式中的"ROTR"实现了循环右移汇编指令的功能，"ROTR^2(x)"是对 x 进行循环右移 2 个 bit 位。公式中的"SHR"实现了右移汇编指令的功能，"SHR^2(x)"是对 x 进行右移 2 个 bit 位。

该准备的基础认知已经准备好了，接下来具体地看一下 SHA-256 计算数据 Hash 值的过程。原始数据在补位和补长度之后得到的二进制表达会被分为 N 个 512 bits 长的数据块（N 可能是 1，也可能是其他更大的数字），Hash 初值 H(0) 经由第一个数据块执行计算过程后得到 H(1)，H(1) 经由第二个数据块执行计算过程后得到 H(2)，当有多个数据块时，这个过程就要依此类推。换句话说，当存在多个数据块时，计算处理的过程就是每次都操作一个这样的数据块，直到所有的数据块都参与完毕。在最后一个数据块参与计算完毕后，得到的结果可以用 H(N) 来表示，将 H(N) 的 8 个 32 bits 长的计算结果连接成一串 256 bits 长的二进制数值，这也就是最终的 Hash 值，当然可以用十六进制的形式输出这串值，不过这就要作为后话了。本段话中所描述的过程如图 5-2 所示。

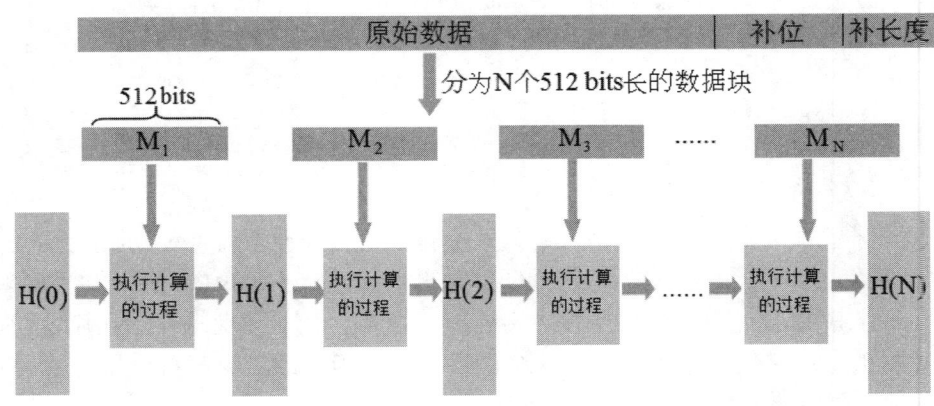

图 5-2　SHA-256 算法计算数据 Hash 值的大概过程

在上面我们提到了 Hash 初值 H(0)，实际上在 SHA 的每个算法中都用到了初值，对于 SHA-256 来说，H(0)分别是以下 8 个。

```
H(0)0 = 6a09e667
H(0)1 = bb67ae85
H(0)2 = 3c6ef372
H(0)3 = a54ff53a
H(0)4 = 510e527f
H(0)5 = 9b05688c
H(0)6 = 1f83d9ab
H(0)7 = 5be0cd19
```

这些初值是对自然数中前 8 个质数（如 3、5、7、11 等）的平方根的小数部分取前 32 bits 而来。

我能想到的表达上述计算过程的最好方法就是使用代码，比如下面的这段 Python 风格的代码就是在描述 SHA-256 的计算过程，尽管它显得那么蹩脚。在代码中，假设最外层 for 循环的循环次数就是 N 次，并且在按照索引引用列表中的数值时，列表中的相应元素已被赋初值。

```
for i in range(N):
    # 原始数据分为 N 个 512 bits 长的数据块。每个数据块又被分成 16 个 32 bits
    长子数据块。
    # 这些子数据块可被存储在列表中并通过 M[i][0]、M[i][1]、M[i][2]、...、
    M[i][15]的方式索引，
    # W 存储的是中间值，可当作一个中间变量对待
    for j in range(16):
       W[j] = M[i][j]
    for k in range(16,64):
       W[k] = SSIGMA1(W[k - 2]) + W[k - 7] + SSIGMA0(W[k - 15]) +
              W[k - 16]

    # H[0][0]～[0][7]是 SHA-256 算法中的 Hash 初值
    # 用字母 a～h 分别代表 8 个 32 bits 长的中间变量
    a = H[i][0], b = H[i][1], c = H[i][2], d = H[i][3], e = H[i][4]
    f = H[i][5], g = H[i][6], h = H[i][7]

for t in range(64):
    # K[t]用于索引 64 个常量中的某一个
    T1 = h + LSIGMA1(e) + CH(e, f, g) + K[t] + W[t]
    T2 = LSIGMA0(a) + MAJ(a, b, c)
    h = g, g = f, f = e, e = d + T1, d = c, c = b, b = a, a = T1 + T2

    # 最后一遍循环结束后，H[i+1]所包含的就是我们拼凑 Hash 值得原始数据
```

```
H[i+1][0] = a + H[i][0]
H[i+1][1] = b + H[i][1]
H[i+1][2] = c + H[i][2]
H[i+1][3] = d + H[i][3]
H[i+1][4] = e + H[i][4]
H[i+1][5] = f + H[i][5]
H[i+1][6] = g + H[i][6]
H[i+1][7] = h + H[i][7]
```

所有的数据块都依次参与了上述的循环过程之后，得到了 H[N][0]、H[N][1]、H[N][2]、....、H[N][7]这 8 个 32 bits 长的二进制数据，将它们从头至尾依次串联起来即可得到最终的 256 bits 长的 Hash 值。

5.1.4 Hash 算法的数字摘要

数字摘要是对计算得到的 Hash 散列值最普遍的称呼。多数情况下，使用数字摘要的目的是确保双方传递的文件没有在中途被更改过，在传输过程中数字摘要起到了保护文件内容的作用。使用数字摘要的依据是 Hash 算法具有较强的抗碰撞性，尤其是 SHA-256 算法，区块链技术中对 Hash 算法的应用尽管也是出于其强大的抗碰撞性，但却不是为了产生数字摘要。

数字摘要其实并不神秘，我们甚至会经常用到它。例如，从正规的网站下载软件或文件时，一般随着所下载的软件或文件都有一个相应的数字摘要值。这个摘要值的作用就是验证所下载的软件或文件是否为正版。只要用户对下载到的软件或文件运行网站所指定的 Hash 算法以达到自行计算的数字摘结果，然后再将计算得到的数字摘要值与官网提供的数字摘要值进行比对，即可验证软件或文件是否为正版。

5.2 Bloom 过滤器

事实上哈希算法除了适用于加密和签名类的问题外，内容查找类的问题也可使用 Hash 算法解决，这种依靠 Hash 算法实现内容查找就是我们在这一节主要来学习的 Bloom 过滤器。

事实上，在 Bloom 过滤器出现之前，Hash 算法就已经被应用于内容查找，那时对这种算法的称呼是"哈希快速查找算法"。

在解释哈希快速查找之前，先来看一下 Hash 值的特点。无论数据有多长，在计算 Hash 之后得到的 Hash 值都是定长的，长度由具体的 Hash 算法进行规定。此外，由于一些长度较长的 Hash 算法具有较高的抗碰撞性，因此能较好地保证不同的内容可以计算得到不同的 Hash 值。Bloom 过滤器正是利用了 Hash 值的这两大特点。

哈希快速查找的想法是，将每段数据最前面固定长度的一部分计算 Hash 值后存储起来，一般是存储到一个集合中，然后再将这些数据存储到另一个集合中，从数据集合构成到 Hash 值集合的映射。

检索一段数据是否存在，如果无法提供全部的数据内容，那么只提供数据前面的那一部分就好了。哈希快速查找算法会根据这一部分计算出 Hash 值，再与 Hash 值集合中的众多哈希值进行比较，如果 Hash 集合中存在这样的 Hash 值，那么就说明数据集中存在以给定数据部分开头的数据段，反之如果没有找到相同的 Hash 值，那么也就说明数据集中不存在以给定数据部分开头的数据段。

哈希快速查找是一个非常有参考价值的想法，因为这样可以避免编写那种按照字符逐一查找的复杂逻辑。由于出现较早，哈希快速查找也存在一些缺点，最明显的就是存在较高的误判率（曾经 100 万条数据中出现过 10%的误判率）。

Bloom 过滤器（Bloom Filter）就是基于上述这种哈希快速查找。Bloom 过滤器由 Burton Howard Bloom 在他1970年发表的论文 *Space/Time Trade-offs in Hash Coding with Allowable Errors* 中首次提出。正是因为 Bloom 过滤器基于 Hash 快速查找，理论上来讲，Bloom 过滤器在解决某个元素是否存在于某个集合中这类问题时能够实现比哈希快速查找更高的效率。

Bloom 过滤器的想法是，对于一条数据段，选取其中不重复的 k 个子片段（片段长度确定）进行 Hash 计算得出 k 个不同的 Hash 值，Hash 值不直接存储，表示这 k 个 Hash 值可以采用标记数组位的方式。确切地说，Bloom 过滤器会在计算出 Hash 之后创建一个长度为 n 个 bits 的一维数组，数组元素初始值均为 0，n 等于所能得到 Hash 值的最大值。根据 Hash 值的结果，数组中对应的 k 个位置就会被置 1，如图 5-3 所示。

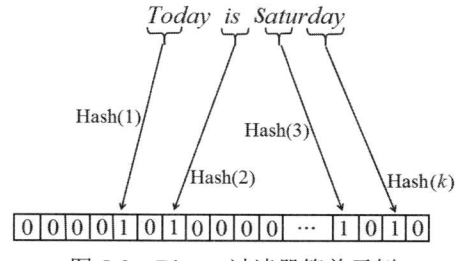

图 5-3 Bloom 过滤器简单示例

查找时，截取待查找数据段中 k 个相同长度子片段并计算哈希值，然后临时创建一个长度为 n 个 bits 的一维数组并根据 k 个哈希值对数组相应位置 1。对比操作就在这两个数组之间展开，如果两个数组中的 k 个 1 全部在相同的位置，那么可以很大程度上确定待查找数据段就被记录于数据库中。

Bloom 相比于普通的哈希快速查找显然提高了存储空间的利用效率，此外，使用 Bloom 过滤器能明显降低使用哈希快速查找数据段时存在的过高误判率的情况（可以将 100 万条数据中会出现误判率的情况降至 1% 左右）。

其实 Bloom 过滤器不一定要这样实现，Bloom 过滤器只是提供了一个很好的参考。区块链技术中有时也会用到各种各样的 Bloom 过滤器，例如，比特币系统中就使用 Bloom 过滤器实现 SPV 证明的功能。此外，Bloom 过滤器也有其他的应用范围，例如，可以用于网络信息检索系统、垃圾邮件过滤系统、注册身份管理系统等，一般这些系统中产生的数据都是结构化的。

5.3 加/解密算法

事实上，Hash 算法并不是纯粹地为了加密明文而设计，但是在一些适宜的场景下，由于 Hash 算法具有逆向困难性，一些 Hash 算法也会被当作一种加密算法使用。除了 Hash 算法之外，在密码学领域，有一些专门用于加/解密的算法。

这些加/解密算法其最初设计的初衷是在战争中加密重要的信息，在这些信息报送到其他据点的过程中，即使这些信息被敌方截取，在没有正确的密钥的前提下，敌方也很难破解得到原始的信息内容。

随着计算机软硬件技术的迅猛发展，这些加/解密算法慢慢地普及开来，并且形成了一个新的领域——密码学。这一节，我们就来介绍一下密码学中的加/解密算法，以及这些算法是如何在区块链系统中发挥作用的。

5.3.1 加/解密的过程

加/解密过程指的是对明文加密得到密文的过程和对密文解密得到明文的过程。执行明文的加密需要用到加密算法以及加密密钥，是通过加密算法和加密密钥，对明文进行加密，获得密文。执行密文的解密需要用到解密算法以及解密密钥，是通过解密算法和解密密钥，对密文进行解密，获得明文。

在这两个相反的过程中，加/解密算法一般没有保密的必要性，反而是密钥必须安全地保存起来。在一些安全性要求非常严格的场合甚至会用专门的设施去存管密钥，之所以这样做是因为密钥保存了明文与密文之间相互转换的最关键的信息。

图 5-4 展示了加/解密的基本过程。

对于一个加密密钥而言，理论上它的长度越长，密文的加密强度越大。为了有效地保护密文不被破解，妥善保存密钥是非常有必要的，除此之外，频繁地更换密钥也可使密文不被轻易破解。正因为如此，绝大多数加密算法都有在每次加密前随机生成密钥的设计。

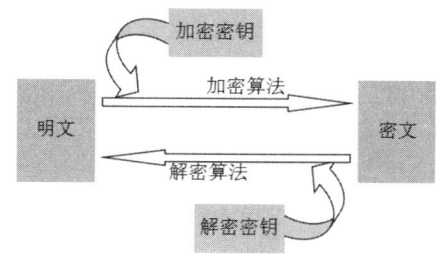

图 5-4　加/解密过程示意

在加/解密过程中使用相同加/解密密钥的算法被称为对称密码算法（Symmetric Cryptography），或者被称为公共密钥密码算法（Common-key Cryptography）。在加/解密过程中使用不同加/解密密钥的算法被称为非对称密码算法（Asymmetric Cryptography），或者被称为公开密钥密码算法（Public-key Cryptography）。

两者相比对称密码算法出现的相对较早。在战争题材电视剧中，经常会出现发电报的情景，报文需要加密，而使用的加密方法就是对称密码算法。对称加密的缺点显而易见，如果敌方知道了密钥和加密算法，利用这个密钥再执行解密算法就轻而易举地获得了报文。后来，非对称密码算法出现了。非对称密码算法的密钥分为公钥和私钥两种，对于一段需要加密的信息，通常用在加密时使用公钥而在解密时使用私钥。非对称密码算法的公钥可以公开给任何人，因此又得名公开密钥密码算法，但是私钥一定要保存好。在接下来的两个小节里，会通过一些例子对这两种密码算法分别作出介绍。

尺有所短，寸有所长。对称密码算法与非对称密码算法可看作是两种不同的模式，对于不同的应用场景，二者都能发挥其优势。例如，在明文数据的篇幅较长的情况下，对称密码算法往往性能相对较高，相反，在明文较短的情况下，非对称密码算法却能更胜一筹。

在使用密码算法时考虑到它们各自的优点，从而做到优势互补，是一个非常理智的选择。因此，非对称密码算法与对称密码算法通常结合使用，例如，在对大段数据进行加/解密时，首选的是对称密码算法，密钥的长度一般较短，在网络中传输对称密码算法的密钥时，可使用非对称密码算法先对其进行加密。

在大多数的区块链系统中，普遍使用的都是非对称密码算法，这是因为几乎不会出现对大段数据进行加/解密的场景，所以本书安排了相对多的内容对非对称密码算法进行介绍。

加/解密过程的完成是建立在复杂的数学计算的基础上，需要注意的是，在数学角度并不能精准地给出所有的密码学算法的安全性证明。一些安全性较高的密码算法（或者说数学计算强度较高的密码算法），它们都是经历了用户们长时间的实际使用后，在众多的密码算法中脱颖而出的。尽管如此，仍然没有证据表明哪些强度的密码算法绝对不存在漏洞。

5.3.2 对称加密算法

对称加密算法（这是我给对称密码算法的习惯性称呼）是应用较早的加密算法，技术比较成熟。在执行对称加密时，数据发出方将需要加密的原始数据（也称明文）和加密密钥一起输入到加密算法中进行处理，使其变成复杂的加密密文，然后再将密文发送出去。接收密文的一方如果想解读接收到的密文，就需要使用和数据发出方一样的加密密钥，并经过相同加密算法的逆算法对密文进行解密，这样才能得到原始的明文数据。

加密和解密过程使用的密钥是相同的，这也正是对称加密算法的称呼的由来。这一类算法有着很多的优点，首先它的加/解密效率较高，其次它的加密强度也非常可靠。

当然，除了优点外也存在致命的缺点。例如，若第三方得到了本该只发送方和接收方持有的加密密钥，那么就意味着这种加密方式原有的安全性受到了破坏，并且不得不再设计一套新的加密密钥。另外，在每次使用对称加密算法时，每对用户都需要使用其他人不知道的唯一密钥，必须考虑如何管理这些曾经使用过的密钥，因为逐渐增长的密钥数量会构成一种存储上的负担。

分组加密和序列加密是在执行对称加密时的两种主要形式。这两种加密形式的共同之处在于它们都是对称加密，不同之处在于二者有着不同的实现原理。分组加密会先将明文数据切分为几段定长的数据块作为基本加密单位，然后再对这些数据块依次执行加密。序列加密每次只对一个字节或字符进行加密处理，且使用的密钥也会不断地变化。

接下来，我们看一些比较有代表性的对称加密算法，这些算法有 DES、3DES、IDEA 和 AES 等。

DES（Data Encryption Standard）是一个采用分组加密形式的经典对称加密算法，由美国的 IBM 公司于 1972 年研发成功，并于 1977 年成为了美国数据加密标准。DES 算法将明文数据按 64 bits 进行分组，使用长度为 64 bits 的密钥（密钥事实上仅有 56 位参与运算，其第 8、16、24、32、40、48、56、64 位都是奇偶校验位）。

尽管 DES 非常的经典，但遗憾的是借助现代的硬件设备和解密算法，通过暴力搜索的方式已经可以很容易地破解得到经过 DES 算法加密的明文内容。

3DES（Triple DES）是对每个 64 bits 长的数据块使用 3 次 DES 加密算法。3DES 的出现是因为随着计算机运算能力的增强，DES 加密时使用的密钥的长度变得越来越不安全，暴力破解 DES 加密的情况越来越多。对每个数据块使用多次 DES 加密算法相当于增加了原先密钥的长度（但每个数据块的长度还是 64 bits），3DES 通过这种相对简单的方法达到了尽可能避免被攻击成功的目的。

总而言之，3DES 不是全新设计的一种分组对称密码算法，它的处理过程和加密强度优于 DES，不过遗憾的是由于年代过于久远，3DES 现在也被认为和 DES 一样不够安全。

IDEA（International Data Encryption Algorithm）算法由中国学者朱学嘉博士和著名的密码学家 James Massey 于 1990 年联合提出，经过一些修改后于 1992 年最后完成。IDEA 本身没有什么显著的优点，它在设计上参考了 3DES，明文数据块和密文数据块的长度都是 64 bits，只是将密钥长度增加到 128 位，这样就获得了更好的加密强度。

AES（Advanced Encryption Standard）算法由比利时密码学家 Joan Daemon 和 Vincent Rijmen 发明，最初该加密算法的名字是 Rijndael。Rijndael 也是分组算法，有 128 bits、192 bits 和 256 bits 3 种长度的分组。Rijndael 算法具有处理速度快的显著优势，并且目前尚未找到有效的破解手段。

2000 年，NIST（National Institute of Standards and Technology，美国国家标准研究所）经过层层筛选，于 15 个优秀的加密算法中评选出 Rijndael 作为 AES，标准为 FPS-197。随后，NIST 用 AES 取代了 DES 作为实现对称加密的最新标准。

关于对称加密算法的内容到此为止。对称加密算法适用于大量数据的加/解密过程，而不适宜在一些需要签名的场景则下使用，并且对称加密还需要提前分发好密钥，所以大多数区块链系统中惯用的加密算法都是非对称加密算法。鉴于上述原因，本书中将不会再对对称加密算法做出详细的解释，如果你仍有兴趣的话，可通过阅读《实用密码学》一书进一步了解。

5.3.3 非对称加密算法

非对称加密算法（我习惯对非对称密码算法采用这个称呼）是在对称加密算法的基础上被研究出来的，并且省去了执行对称加密时要分发密钥的麻烦，不得不说，非对称加密的加密方式是非常优秀的。

在非对称加密算法中，同样是有两种密钥，即加密密钥和解密密钥，但是加密密钥和解密密钥的内容不同。一般加密密钥可以称为公钥（public key），而解密密钥可以称为私钥（private key）。

私钥和公钥的保密程度不同。私钥一般通过随机数算法生成，然后再计算 Hash 值以达到很大程度上的随机性，所以私钥只能是个人持有而其他人不能获取。公钥可以根据私钥经由一定的算法生成，一般公钥是公开的，他人可获取的。

非对称加密算法都有一个共同的特征，那就是安全性基于数学问题的解题难度。就是非对称加密算法以数学原理为依据且公开透明，这和对称加密算法严格保密加密算法的要求有所不同。

目前在非对称加密算法领域主要涉及到的数学问题包括基于大数质因子分解、离散对数、椭圆曲线等经典数学难题。非对称加密算法中典型的代表有 RSA、ElGamal、ECC（Elliptic Curve Crytosystems 椭圆曲线）和 SM2 系列等算法。接下来会对所提到的这些非对称加密算法做一个简单的介绍。对于 RSA 算法和椭圆曲线密码学算法，这两者在区块链系统中是比较常见的，所以安排了接下来的两个小节具体地介绍它们。

RSA 算法由 Ron Rivest、Adi Shamir 和 Leonard Adleman 三人于 1978 年共同提出，算法的命名就是他们三人的姓氏首字母拼在一起，后来，三人也因此于 2002 年共同获得了图灵奖。

RSA 算法的原理利用了数学中的大数字分解困难，简单来说就是，对于一个很大的数字，求解得到它的多个乘数因子非常困难，而反过来的话，对于小一点的数字，即使它们的乘积很大，求解起来也是非常容易的。

RSA 是目前最常用的非对称加密算法，即使年代久远，它依然保持有较强的影响力。在如今，经过 RSA 算法加密得到的密钥对绝大多数密码攻击方式都具有抵抗力，或者说，只有较短的 RSA 密钥才可能被暴力搜索的方式强力破解。截止到 2016 年，仍没有任何可靠的攻击较长 RSA 密钥的方式被提出，所以可以认为，只要其密钥的长度足够长，用 RSA 加密的信息实际上是不能被解破的。但是，现代科技的发展日新月异，尤其是分布式计算和量子计算机理论的逐渐成熟，使得 RSA 算法的加密安全性也开始受到了质疑和挑战。

ElGamal 算法和 RSA 算法类似，RSA 算法的依据是大数质因子分解困难，而 ElGamal 算法依据的是模运算下求解离散对数困难。所谓离散对数，是一种基于同余运算和原根的一种对数运算。

例如，现在有 y 是 n 的一个原根，令 $n=5$，$y=2$，如果存在有满足 $(k,n)=1$ 的 k 存在，那么 k 关于 y 的离散对数定义为存在一个整数 t，使得下式成立。

$$y^t \equiv k \bmod n$$

整数 t 可以随意取值，如果 $t=0$，那么有 $2^0 \equiv 1$，如果 $t=1$，那么有 $2^1 \equiv 2$，如果 $t=2$，那么有 $2^2 \equiv 4$，如果 $t=3$，那么有 $2^3 \equiv 3$。离散对数的求解目标就是

找到这个正整数系数 k（如果 k 存在）。ElGamal 算法由 Taher ElGamal 在 1986 年提出，但是目前人们仍未找到离散对数的快速解法。一些特殊情况下的离散对数可以快速计算，但是计算离散对数目前并没有非常高效的固定计算方法。

目前，ElGamal 算法被应用在 PGP 等安全工具中，但在区块链系统中却不常见，所以这里不对该算法做出过于详细的解释，有兴趣的读者，可参阅 ElGamal 算法的官方说明（https://en.wikipedia.org/wiki/ElGamal_encryption）。

ECC 椭圆曲线加密算法最早在 1985 年由 NcalKoblitz 和 Victor Miller 分别独立提出。ECC 充分利用了对椭圆曲线上特定的点执行乘法后的逆运算困难的特性，其基本思想是在一个椭圆曲线方程上随机找一个点，并使用该点对私钥执行乘法运算以得到公钥，在私钥较长的情况下，由公钥计算得到私钥是非常困难的。

作为在现代备受关注的加密算法，ECC 系列算法一直被认为具备较高的安全性，但美中不足的是其计算过程比较费时。

SM2 也叫作 ShangMi2，国家商用密码算法。SM2 出现较晚，由国家密码管理局在 2010 年 12 月发布。SM2 由 ECC 改进而来，因此也是以椭圆曲线为依据，不过，SM2 在加密强度方面有了明显的提高，甚至要优于 RSA 系列算法。

与 SM2 算法齐名的还有 SM1、SM3、SM4 以及 SSF33 等，它们同样都是由国家密码管理局发布。遗憾的是，SM2 算法少见应用于区块链技术，原因可能是一些区块链技术应用项目本身有着开源的精神，另外也可能是一些国外的开发团队更认同在世界范围内受到一致公认的的加密算法。

不过，要是想加密较长的文件或大段的数据，我的建议还是选用对称加密的方法，尽管在对称加密中失去了密钥就是失去了一切，但是从加密强度方面考虑，非对称加密的加密方式要稍弱于对称加密的加密方式。另外，在处理时间上，非对称加密算法的密钥生成以及解密的速度也要稍慢于对称加密算法。

有些情况下，可以根据对称加密方式和非对称加密方式各自的优缺点将二者结合使用。对称加密针对大段的数据有较高的加密强度，那么就可以对需要加密的数据采用对称加密的方式。对称加密的密钥可能在传输的过程中受到截获或者更改，那么就可以在传输密钥前对其进行非对称加密。这样的做法既考虑到了对称加密算法的加密强度，又考虑到了非对称加密算法的密钥安全性。

5.3.4 RSA 密码学算法

在这一小节中来讲解一下 RSA 算法的具体实现过程。

RSA 算法的第一步是随机选择两个不同的质数，对这两个质数以 a 和 b 作为代表。在实际应用中，为了能够造成破解上的困难，随机选择的这两个质数应该是越大越好，不过，为了计算方便，在接下来的这个例子中，将通过不大的两个质数来解释 RSA 加密算法的处理过程。

现在假设一个情景，有两个人（分别以甲方和乙方作为称呼）要进行加密通信，并且使用的就是 RSA 加密算法，甲方率先选择了质数 73 和 79 作为 a 和 b。

RSA 算法的第二步是计算 a 和 b 的乘积 n。甲方把 73 和 79 相乘得到 $n = 73 \times 79 = 5\ 767$。乘积 n 的长度可以作为密钥长度，5 767 写成二进制是 1011010000111，一共有 13 bits，所以这个密钥就是 13 位的长度。

需要说明的是，实际应用中，由于随机选择的质数一般都比较大，所以 RSA 密钥的长度一般在 1 024 bits 左右，这个长度在一些重要的应用场景下甚至能达到 2 048 bits。

RSA 算法的第三步是计算 n 的欧拉函数 $\phi(n)$。欧拉函数的计算可以根据公式 $\phi(n) = (a-1) \times (b-1)$ 来完成。计算欧拉函数的 $\phi(n)$ 相当于计算两个质数分别减 1 后的乘积。按照公式，甲方算出 $\varphi(n) = 72 \times 78 = 5\ 616$。

RSA 算法的第四步是随机选择一个整数 e。在随机选择整数 e 的时候，还要确保 e 满足条件 $1 < e < \phi(n)$，且 e 与 $\phi(n)$ 互质。提供给甲方选择的范围在 1～5 616 之间，他决定随机选择了 43。

RSA 算法的第五步是计算 e 对于 $\phi(n)$ 的模反元素 d。模反元素是一个 d，使得 $e \times d$ 被 $\phi(n)$ 除的余数为 1 的整数，算式即如下所示。

$$e \times d \equiv 1 \pmod{\phi(n)}$$

或者可以写为如下所示。

$$e \times d - 1 = k\ \phi(n)$$

在上面的式子中，k 就是一个整数系数。通过公式 $e \times d - 1 = k\ \phi(n)$ 求解模反元素 d，实质上可以理解为求解包含 x 和 y 的二元一次方程（并不是方程组），这个方程可以写为如下所示。

$$ex - \phi(n)y = 1$$

已知 $e = 43$，$\varphi(n) = 5\ 616$，所以要求的就是 $43x - 5\ 616y = 1$。从式子 $43x - 5\ 616y = 1$ 来看，x 的值必定会大于 y 的值。

采用扩展欧几里得算法可以快速地求解出 x 和 y 的结果。扩展欧几里得算法又称辗转相除法，用于计算两个整数的最大公约数。在这里不再给出关于扩展欧几里得算法的详细计算过程，总之，甲方算出一组整数解为 $(x, y) = (10\ 579, 81)$，即 $d = 10\ 579$。

RSA 算法的第六步是产生最终的公钥和私钥。私钥由 n 和 d 封装而来，而

公钥则由 n 和 e 封装而来。在刚刚的例子中，$n = 5\,767$，$e = 43$，$d = 10\,579$，所以得到的私钥就是（5 767，10 579），得到的公钥就是（5 767，43）。

至此，RSA 算法的所有计算过程就完成了。作为一种既能用于加密，也能用于数字签名的公开密钥算法，纵观上面的整个计算过程，不难发现 RSA 算法的设计还是很简单的，这也是它在目前非常流行的原因。当然，RSA 算法不会采用十进制的形式作为最终的输出，通常是十六进制，而使用二进制输出则会显得非常冗长。

需要一再强调的是，RSA 的安全基于大质数分解的难度，但是在上面的例子中，为了便于演示，特意选择了比较小的两个质数。RSA 的公钥和私钥分别是一对大质数，从一个公钥和密文恢复明文的难度相当于分解两个大质数之积，在数学领域，这被公认为是非常困难的。

RSA 算法也存在着缺点。首先，由于没有任何理论能够证明破译 RSA 的难度与分解大质数的难度等价，所以无法从理论上判定 RSA 的保密性能如何。其次，一个合理的大质数的产生受限于质数产生的技术，而这会直接影响到产生的密钥的质量。最后，为了能够支持更长的 RSA 密钥，硬件要付出更大的运算代价，显而易见的就是得到密钥的速度变慢了。尽管如此，到现在为止距离 RSA 被提出已经过去了 30 多年，在这 30 多年的时间里，它成功抵御了各种攻击，因此被认为是目前最优秀的公钥加密算法之一。

5.3.5 椭圆曲线密码学算法

在数学上，椭圆曲线指的是由一些位于某个特定椭圆曲线方程上的点连接而成的一条连续曲线。数学上的通用标准椭圆曲线方程表达式如下。

$$y^2 = x^3 + ax + b$$

在表达式 $y^2 = x^3 + ax + b$ 中，改变常量 a 和 b 的值可以控制椭圆曲线的形状，但是无论常量 a 和 b 的值如何改变，绘制出的椭圆曲线的外观大致如图 5-5 所示，这幅图是与第 2 章中的图 2-2 相同的。

改变常量 a 和 b 的值导致椭圆曲线形状的不同也就导致了椭圆曲线加密算法具有不同的标准。例如，比特币系统中使用的是 SECP256k1 标准所定义的一条椭圆曲线，这是在区块技术中

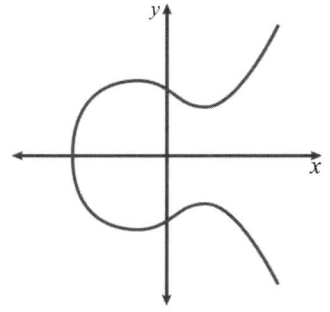

图 5-5　椭圆曲线样例图

常使用到的一个椭圆曲线标准。SECP256k1 标准所定义的椭圆曲线可用表达式 $y^2 \bmod p = (x^3+7) \bmod p$ 描述。

表达式 $y^2 \bmod p = (x^3+7) \bmod p$ 中，$\bmod p$ 表示的是对质数 p 进行取模运算。在数学中，质数又称素数，是一个大于 1 的自然数，并且除了 1 和它自身外不能被其他自然数整除。和质数相对的是合数，除了 1 和它自身外还能够被其他自然数整除，因此合数存在很多个因数。

$\bmod p$ 也可写作 Fp，对于 SECP256k1 标准来说，p 的值为 $2^{256}-2^{32}-2^{9}-2^{8}-2^{7}-2^{6}-2^{4}-1$，如果计算出来，$p$ 将是一个非常长的质数。

事实上，SECP256k1 标准所定义的一条椭圆曲线并不是一条能够在图上连贯描绘出来的椭圆曲线，准确地说，应该是一系列的散点。这是因为曲线 $y^2 \bmod p = (x^3+7) \bmod p$ 并不是定义在实数域内，而是定义在一个素数阶的有限域内。为了能够更好地说明这个观点，下图 5-6 展示了 p 较小（等于 17）时由 $y^2 \bmod p = (x^3+7) \bmod p$ 构成的曲线。

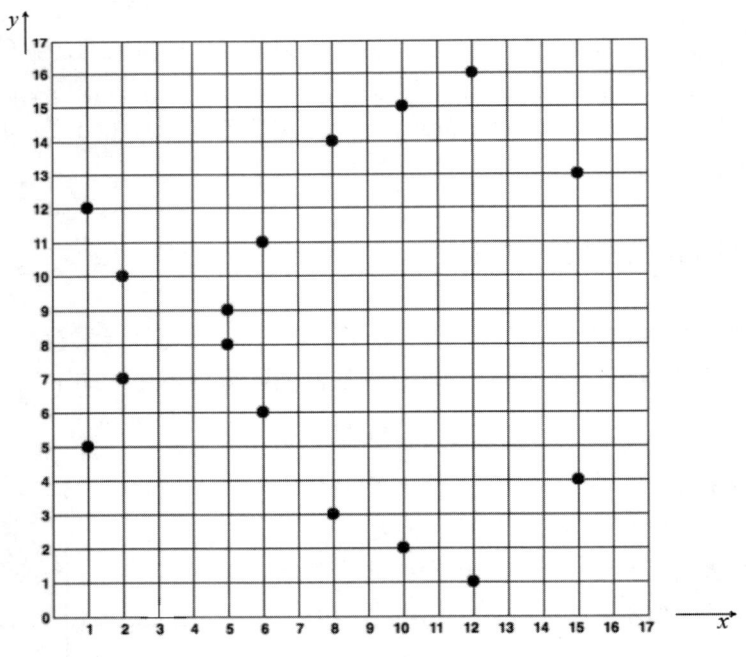

图 5-6　$p=17$ 时的椭圆曲线散点图

事实上，在区块链技术应用中，直接使用的并不是椭圆曲线密码算法，而是椭圆曲线数字签名算法——ECDSA。ECDSA 本质上还是使用了 ECC，只不过又在此基础上融合了数字签名算法（DSA）。也就是说，ECDSA 利用了对椭圆曲线上特定点进行乘法逆运算十分困难的特性。ECDSA 将椭圆曲线上的一个点作为常数生成点 G，随机生成的私钥与 G 相乘得到公钥，因此如果要从公钥推导到私钥就要破解 G 的值，而 G 的值是无穷多个的，并且也不连续，这样就造成了破解私钥的困难。

相比于 RSA 算法，椭圆曲线加密算法显然在实际的使用中更为广泛，除了比特币系统之外，几乎所有的区块链技术应用在生成密钥的时候都用到了椭圆曲线密码算法。

在 1999 年，ECDSA 算法被美国国家标准协会列为 ANSI 标准，在 2000 年又被国际电气与电子工程师协会列为 IEEE，以及被美国国家标准与技术研究院列为 NIST 标准。

5.4　Diffie-Hellman 密钥交换协议

Diffie-Hellman 密钥交换协议的主要服务对象是对称密钥。通信的双方在传递采用了对称加密算法加密过的数据时还要进行加密密钥的传递，这是对称加密算法的规定。Diffie-Hellman 密钥交换协议就是一种用于保密发送密钥的协议，即便是密钥的传输通道非常不安全。

Diffie-Hellman 密钥交换协议出现的比较早，大概是在 1976 年，因此能称得上是一个非常经典的协议，但是目前该协议依旧被广泛地应用。为了能达成对密钥本身的保密，Diffie-Hellman 协议本身就能算得上是一种加密算法，在设计上主要基于解离散对数的问题。

"循环群"是一个在数学中的概念，其定义是，若一个群 G 内的每一个元都是 G 的某一个固定元 a 的乘方，那么 G 就是循环群，记为 G = (a) = {a^m | m ∈ Z}，a 也可以称为 G 的一个生成元。

假设现在有一个很大的素数 p，且有 q 为 p 的模循环群的原根，如果给定任意一个常数 x，那么根据公式计算 $y = (q^x) \bmod p$ 是很容易很快的，但是反过来求解未知的 x 却非常困难。从对素数进行取模运算的角度来看，这样的过程还是和 ECC 的原理相同。

在 Diffie-Hellman 密钥交换协议的实际使用中，如果两人需要确定对称加密密钥，那么他们应该先商议 $y = (q^x) \bmod p$ 中的 p 和 q，然后由密钥发出方随机选取一个整数 x 并计算 $y = (q^x) \bmod p$，之后还要将 y 发送给密钥接收方。密钥接收方要做的和密钥发送方一样，随机选取一个整数 w 并计算 $z = (q^w) \bmod p$，之后还要将 z 反馈给密钥发送方。

密钥的求解可以双方使用接收到的来自对方的 y 和 z，即密钥发出方计算

$k = (z^x) \bmod p$,密钥接收方计算 $k = (y^w) \bmod p$。

其实双方计算的 k 的结果应该相同,因为能够证明 $z^x = y^w$。只要双方按照这个公式计算密钥 k,无论途中被截获了 y、z、p 或者 q,只要双方自行选择的随机整数没有被泄露,那么密钥的计算结果就是安全的。

5.5 编码与解码

在计算机中,数据通常以 0 或 1 的形式存储,也就是我们所熟悉的二进制形式。每个 0 或 1 数据所占的存储空间称之为一个位(bit),八个位可组成一个字节(byte)。如果将计算机所存储的二进制数据直接打印出来,那么从这些密密麻麻的 0 和 1 中不会看出来任何可以直接被理解的信息,因为这是原始的数据被编码为二进制形式之后的结果。

编码的逆向操作是解码,也就是说,需要进行解码才能从二进制数据中得到原始的数据内容。一些编码表(如著名的 ASCII 码表)制定了编码/解码的规则,提供了我们对小批量数据进行人工编解码时的依据。

在这一节,我们将探索一下区块链技术中经常会使用到的 Base64、Base58 和 Base58Check 编码(因为在第 2 章中已经对这三个编码方法有了初步的认识),在这之前,需要先对编码/解码的过程有一个整体的认识。

5.5.1 编码/解码的细节

十六进制编码是计算机中除了二进制编码外我们接触到的一种编码方式,所谓十六进制编码指的就是使用数字 0~9 和字母 A~F 来编码十进制中的 0~15 这十六个数字。一个十六进制的数字可以通过 4 个二进制的数字来表示,例如,E 可以表示成 1110。

ASCII 编/解码表是在学习计算机原理或者编程基础的时候必须要接触了解的一张编/解码表。表 5-1 展示了 ASCII 编码的部分内容,关于 ASCII 码表更为详细的内容,可以参考网站 https://www.ascii-code.com。

表 5-1 ASCII 码表部分内容

DEC	OCT	HEX	BIN	Symbol	HTML Number	Description
0	000	00	00000000	NUL	&#000	Null char
1	001	01	00000001	SOH	&#001	Start of Heading
2	002	02	00000010	STX	&#002	Start of Text

续表

DEC	OCT	HEX	BIN	Symbol	HTML Number	Description
3	003	03	00000011	ETX	&#003	End of Text
4	004	04	00000100	EOT	&#004	End of Transmission
5	005	05	00000101	ENQ	&#005	Enquiry
6	006	06	00000110	ACK	&#006	Acknowledgment
7	007	07	00000111	BEL	&#007	Bell
8	010	08	00001000	BS	&#008	Back Space
9	011	09	00001001	HT	&#009	Horizontal Tab
10	012	0A	00001010	LF	&#010	Line Feed
...						
101	145	65	01100101	e	&#101	Lowercase e
102	146	66	01100110	f	&#102	Lowercase f
103	147	67	01100111	g	&#103	Lowercase g
104	150	68	01101000	h	&#104	Lowercase h
105	151	69	01101001	i	&#105	Lowercase i
106	152	6A	01101010	j	&#106	Lowercase j
107	153	6B	01101011	k	&#107	Lowercase k
...						
250	372	FA	11111010	ú	&#250	Latin small letter u with acute
251	373	FB	11111011	û	&#251	Latin small letter u with circumflex
252	374	FC	11111100	ü	&#252	Latin small letter u with diaeresis
253	375	FD	11111101	ý	&#253	Latin small letter y with acute
254	376	FE	11111110	þ	&#254	Latin small letter thorn
255	377	FF	11111111	ÿ	&#255	Latin small letter y with diaeresis

十六进制编码的出现是为了将二进制编码的结果表示的更加简洁。在表 5-1 中，BIN 一列是在计算机磁盘上存储的二进制数据，DEC 和 OCT 一列分别是其对应的十进制数据和八进制数据，而 HEX 一列就是其对应的十六进制数据。从编码的长度来看，十六进制编码确实比二进制编码有所缩减和简洁。

二进制中的 00000111 是一个 Bell（响铃），对应到十进制为数字 7，如果用计算机程序去打印，那么将只能听到一声铃声，控制台不会得到任何的输出。在 ASCII 码表中能对应到字符 "7" 的十进制数字是 55，其二进制形式是 00110111，字符或字符串是能在控制台打印出来的，对于我们来说，这种能打印出来的字符显然更通俗易懂。

在之前的章节中，我们将得到的比特币私钥、公钥和地址通过终端打印出来，得到的是一连串的十六进制字符。实际上得到的这个十六进制的字符串就是原有数据转换为易于理解的字符的形式然后打印出来，如果不做转换，直接打印的话则毫无意义。

举个例子，假如现在某人的账户下只剩下了 70 个比特币，这个结果直接打印的话就是大写字符 "F"（对应到十进制的 70）。对于习惯了使用十进制的我们而言，需要阅读 ASCII 码表编码规则才能解读这个字符"F"表达的意思。而如果把数字 70 转换成字符串"70"（对应到十六进制形式是 3730，对应到十进制是 5548）后再打印，对于显示在屏幕上的文本 70，理解起来就容易多了。

5.5.2 Base64 编码

在第 2 章中，我们在讨论比特币的设计原理时提到了 Base64 编码算法，这是一种用 64 个字符（64 个字符包括 26 个英文字母的大小写、0~9 这 10 个阿拉伯数字、"+"号和"/"号）来表示任意二进制数据的方法。

Base64 编码主要用于对二进制数据进行表示。对于一些二进制文件（常见的如 exe、jpg 和 pdf 等），如果直接用文本编辑器打开会看见很多的乱码，而不是一串以 0 或 1 组成的字符串。这时就需要一个方法，它能将原有的二进制数据编码成字符串的格式，然后就可以直接用文本编辑器打开编码后的文件进行查看。Base64 就是这样的一个方法。

既然说 Base64 是一种用 64 个字符来表示任意二进制数据的方法，那么表 5-2 就直观地展示了 Base64 编码算法通过 64 个字符来编码二进制数据的规则。

表 5-2 Base64 编码对照表

编号	字符	编号	字符	编号	字符	编号	字符
0	A	1	B	2	C	3	D
4	E	5	F	6	G	7	H
8	I	9	J	10	K	11	L
12	M	13	N	14	O	15	P
16	Q	17	R	18	S	19	T
20	U	21	V	22	W	23	X
24	Y	25	Z	26	a	27	b
28	c	29	d	30	e	31	f
32	g	33	h	34	i	35	j
36	k	37	l	38	m	39	n
40	o	41	p	42	q	43	r
44	s	45	t	46	u	47	v
48	w	49	x	50	y	51	z
52	0	53	1	54	2	55	3
56	4	57	5	58	6	59	7
60	8	61	9	62	+	63	/

结合上表，Base64 编码算法的编码过程如下。

（1）将二进制数据按照每 3 个字节为一组进行分组，每组长度为 24 bits，然后再将每一组分为 4 个 6 bits 长的组。这么处理是因为 Base64 是使用上表中的

64 个字符来编码二进制数据的,只有 6 bits 长的二进制数据才能表示出 2^6（64）种组合。

（2）在以 3 个字节为一组进行二进制数据分组时,如果二进制数据的长度不是 24 的倍数,则要用"\x00"字节在末尾补足,编码后的结果还要在末尾加上 1 个或 2 个"="号,表示补了多少字节。

（3）对于 6 bits 长的二进制数据组,对照上表去查找对应的字符即可,这样就可以转换为 Base64 编码了。

以"name"这个字符串为例,它的二进制表达是 011011100110000101101101011000101,由于长度不是 24 的倍数,需要在末尾补足 16 个 0,则转换为 Base64 编码是 bmFtZQAA==。大家也可以自行尝试其他的例子,体会 Base64 的编码过程。

除了上述的 Base64 外,还有一种 url-safe-Base64 编码,这种编码是将 Base64 编码中的字符"+"和"/"分别变为"-"和"_"。做出这种改变是因为标准 Base64 编码中的"+"和"/"在 URL 中不能直接作为参数。

当然,Base64 除了用于对二进制数据进行表示外,它还可以用来对数据进行加密。只不过,在使用 Base64 进行加密时,由于加密的过程比较简单,得到的结果是对方无法立即看出原数据是什么内容,对应着编码规则,可以很容易的解码。因此,Base64 只能勉强地被用在对加密性能要求不高的场景下。

5.5.3 Base58 编码

Base58 实际上就是 Base64 的一个子集,如果理解了 Base64 编码,那么 Base58 编码理解起来就容易多了。

顾名思义,Bse58 编码是基于 58 个字母和数字的。实际上 Base58 所做的是去除了 Base64 中几个看起来容易混淆的字符。相对于 Base64 编码来说,Base58 编码中不包括以下几个字符。

（1）数字 0;
（2）大写字母 O;
（3）大写字母 I;
（4）小写字母 l;
（5）+与/。

具体的表 5-3 展示了 Base58 编码算法通过 58 个字符来编码二进制数据的规则。

表 5-3　Base58 编码对照表

编号	字符	编号	字符	编号	字符	编号	字符
0	1	1	2	2	3	3	4
4	5	5	6	6	7	7	8
8	9	9	A	10	B	11	C
12	D	13	E	14	F	15	G
16	H	17	J	18	K	19	L
20	M	21	N	22	P	23	Q
24	R	25	S	26	T	27	U
28	V	29	W	30	X	31	Y
32	Z	33	a	34	b	35	c
36	d	37	e	38	f	39	g
40	h	41	i	42	j	43	k
44	m	45	n	46	o	47	p
48	q	49	r	50	s	51	t
52	u	53	v	54	w	55	x
56	y	57	z				

在使用 Base58（Base64 也一样）进行编码时，一些应用会在标准编码对照表的基础上进行调整。也就是说这些应用所使用的编码表的内容和标准编码表一样，但是其中字符的顺序可能不同。例如，比特币中使用的 Base58 编码规则和上表相同，但是莱特币则不同。

5.5.4　Base58Check 编码

　　Base58 可以看作是一种基于文本字符的二进制编码格式，对于 Base58 的使用多见于比特币和其它的加密货币中。Base58 不仅实现了数据编码，与此同时还保持了较好的易读性。Base58Check 编码同样是常用在比特币和其他加密数字货币中的编码格式，它属 Base58 编码的一种，可以算作是改进版的 Base58 编码。相比于 Base58 编码，Base58Check 编码增加了错误校验码来检查数据在传输过程中是否出现错误。

　　在二进制数据的传输过程中，最令人担忧的就是数据本身发生了改变，虽然这种情况发生的概率很小，但是也要做好十足的防备。为了保护数据安全，通常会添加一个校验码，通过校验码的配合可以发现数据是否被破坏。Base58Check 就是 Base58 的基础上加上了校验码。

　　还是以比特币为例，比特币系统中钱包地址的生成就是使用到了 Base58Check 编码。钱包地址的作用是用来转账，尽管 Base58 编码相对于 Base64 编码已经有了很大的进步（表现在对一些易混淆的字符能够有效地避免），但当一些意外放生时，如用户的输入有误或者因为网络的原因导致地址信息在传输过程中被破坏，这都会给用户带来损失资产的风险。

具体的 Base58Check 的编码方式为，进行编码前，首先在待编码的内容中加入一个字节的版本信息前缀，版本信息前缀要根据实际的项目自行约定，主要用来标识需要编码的数据，例如，比特币地址采用了 0（十六进制是 0x00）作为版本信息前缀，而对比特币私钥编码时的前缀是 128（十六进制是 0x80）。然后再将待编码内容求哈希值，通常只需要取得该哈希值的前 4 个字节即可。接着将上一步求解到的哈希值加到带编码内容的后面，在将这些按照 Base58 的规则整体进行编码。图 5-7 展示了 Base58Check 编码的过程。

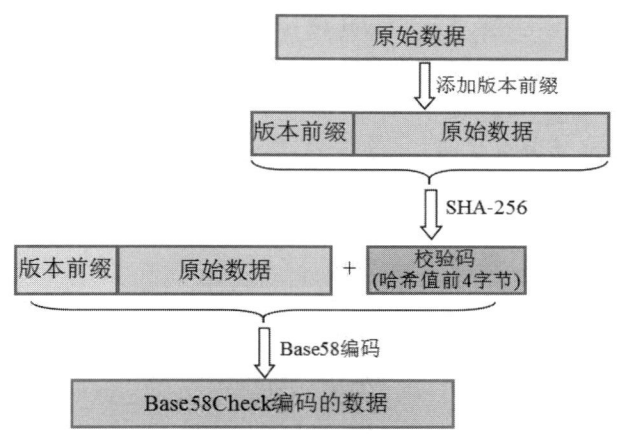

图 5-7　Base58Check 编码的过程

待编码内容哈希值的前 4 个字节就是所谓的校验码。由于校验码是通过需要编码的数据进行哈希值计算得到，所以可以用来检测并避免转录和输入中产生的错误。对于使用 Base58Check 编码的数据，编码软件在检查错误时先逆推出原始数据并计算原始数据的校验码，然后将计算的校验码和接收到的编码数据中自带的校验码进行对比，若二者不匹配则表明有错误产生，于是判定这个 Base58Check 格式的数据就是无效的。

这样的做法常被用于核对比特币地址，一个错误比特币地址不会被钱包认为是有效的，否则极有可能造成资金的丢失。

选择使用哈希算法计算得到校验码是因为哈希算法在检测数据完整性方面具有先天的优势，只要原始数据有任何细微的更改，计算出的哈希值都会发生变更。除了生成私钥和公钥外，Base58Check 中的校验码可以算作是哈希算法的又一个应用。当然，除了这些，区块链技术还为哈希算法的大展身手提供了更多的场合，如计算 Merkle 根和共识算法，在后面的章节中将一一地进行讲解。

第 6 章 共识算法构建出区块链的灵魂

> 从之前所介绍的区块链理论来看，一个区块链技术应用系统，首先它的运行应该是分布式的。将众多的节点放到分布式系统中，首要解决的问题是对一致性的保障。在 6.1 节会具体地探讨什么是分布式系统的一致性问题。
>
> 如果分布式系统无法保证处理结果一致的话，那任何建立于其上的具体业务系统都无法正常工作。本章就主要致力于介绍如何通过算法的方式解决分布式系统的一致性问题，这一类算法可以称之为共识算法。在 6.2 节用共识算法解决一致性问题中会有关于共识算法的一些介绍，之后的章节中是一些具体共识算法的针对介绍。

6.1 分布式系统的一致性问题

分布式系统的一致性指的是所有分布运行的节点之间的数据要保持完整和同步。例如，我们购买火车票的时候，有很多购买方式（如去售票网点或者在客户端 APP）可供我们选择，并且这条线路上存在多个站点，那么面临的一个很大的挑战就是如何确保在任意区间都不会出现超售的问题（在这一区间上同一个座位被卖给了不同的人）。售卖火车票系统的服务器不止一台，每台服务器都可当作分布式系统中一个独立运行的节点，在售票工作人员的运营下，这些服务器都是高效一致同步的。

再比如说我们存了一笔钱到银行，无论到了哪个分行，我们查询自己的账户余额的时候金额都是相同的。当我们在一家分行取款后，马上再到另一家分行查询余额，查询的结果就是取款之后的结果。银行服务系统的服务器也不止一台，在内部工作人员的运营下，它们的高效一致同步带来的就是数据结果的一致且同步。

如果不存在有专员运营的中心服务器，那么当某一个终端需要处理来自某一个客户的购票请求，并将购买的结果同步到与之相连的其他终端时，这个问题看起来就没那么简单了，尽管目前我们可以放心地购票而不必担心出现什么系统错误。为了支持更海量的用户和更高的性能，很多设计和实现上的挑战也逐渐增多起来。

6.1.1　解决一致性问题非常重要

在计算机领域有一条著名的摩尔定律。摩尔定律是由英特尔（Intel）创始人之一 Gordon Moore 提出来的，其内容是相同面积的集成电路上可容纳的元器件的数目会在隔了 18~24 个月之后增加一倍，相应的性能也将提升一倍。换句话说，保持价格不变，用十美元购买到的电脑性能，在时隔 18~24 个月之后会翻一倍以上。从这个定律可以看出，它主要揭示了信息技术发展的速度。

距离摩尔定律的提出已经过去了半个多世纪（该定律于 1965 年提出），并且这一定律已经不再适用于观测现代的硬件发展。换句话说，摩尔定律遇到了瓶颈，再实现性能的翻倍增长将会需要三年的时间甚至更长。在这种情况下，为了进一步提高对海量数据的处理能力和计算机可扩展计算能力，逐渐出现了一些运行在分布式架构之上的计算机系统。

所谓的分布式架构的计算机系统，就是说使用多台计算机或服务器来互相协助处理同一个任务，然后整合出结果。分布式架构的计算机系统应该是建立在网络之上，各台计算机或服务器都是独立运行的，它们之间借助网络传递消息数据。

如果把分布式架构的计算机系统中的每台独立运行的计算机或服务器都当作一个节点来看待，那么当给定某个节点一系列的操作后，在约定协议的保障下，一致性的目的就是使得其他节点都对经由该节点处理得到的结果达成一致的共识。

我们可以借用"状态机"的概念来理解所谓一致的共识。通常状态机是用来表示有限个状态的，并且状态机包含在这些状态之间的转移和动作等行为。状态机也可抽象为一个具体的数学模型，它具有状态总数有限、某一时刻具有确定的状态，以及某种条件下会从一种状态转为另一种状态这 3 个特性。能够用状态机来理解的，如银行系统中某一时刻的某一账户的状态、售票系统中某一座位在某段路程中的状态等。

状态机同样可以类比到分布式系统来中每个节点拥有的数据状态。现在的一个分布式系统中有多个服务器节点，这些服务器节点之间通过网络协同工作，并且这些服务器节点的初始数据状态都一致。那么，当其中的一个服务器节点执行了一系列指令后，例如，对编号为 1 的服务器节点执行状态从 a 到 b 再到 c 的切换指令后，理想的达成一致的共识结果是其他服务器节点（2 号、3 号等）都能执行这个状态从 a 到 b 再到 c 的切换的指令，并且最终状态的结果也是相同的。如果只是最终的状态相同而状态的变化过程不一致，那这种情况会被算作是没有达成一致的共识。

如果应用是中心化的，在其分布式运行的服务器之间达成一致性的共识相对较容易，当遇到某些服务器之间出现通信不可靠或者略有延迟的情况、某台服务器发生故障甚至宕机的情况，专业的运营人员会在第一时间进行维修或切换到其他服务器。

如果应用是去中心化的，那么在没有任何中心服务器作为调度的情况下，达成一致的共识显得更加重要和充满挑战，因为这是保证各个节点都正常且稳定运行的基础。但是从另一方面考虑，要求这些节点完全不发生故障，并且它们之间的通信没有任何时差，这相当于让它们作为一台巨大的计算机在运行。达成这样的强一致性通常需要付出一些性能上的代价，但是这台巨大的计算机整体上仍然是性能卓越的。

6.1.2 分布式系统对一致性的要求

总的来说，分布式系统对一致性的要求是每个节点都能产生同样的结果或者从其他节点那里同步当前的状态，这是最基本的要求。达到高度一致性后的分布式计算机系统看起来就好像是构建出了一台性能非常卓越的机器。出于对系统可用性及实用性方面的考虑，就分布式系统而言，一般还希望节点在达成一致时能满足以下要求。

（1）分布式系统要限时返回一致性的状态结果。这也就是说达成一致的状态要在有限的时间内完成，这个时间越短越好。节点间不能同步地达成一致性的结果大多归咎于利用网络发送消息时存在一定的延迟，这些延迟本身就无法避免的，当节点数非常多时，这种问题会更加严重。

达到这样的要求并不容易，尤其是对于不同节点上同时触发的操作，要安排有恰当的排序机制。如果没有一个恰当的排序机制，我们将很难判断出这些节点将达成怎样的一致的状态。

例如，目前火车票的出售情况是只剩下了一张某一区间的票，1#乘客通过手机客户端购买了这张票，而 2#乘客通过自动售票机在几乎同时也购买了这一张票。从手机客户端看来，这张票应该属于 1#乘客，于是客户端把这一决策发布到网络中。而在自动售票机看来，这张票应该属于 2#顾客，于是自动售票机把这一决策发布到网络中。这么一来，问题就变得复杂了，我们知道同一区间的一张票不可能卖给两个人。对于这样的一个问题，最直觉的回答是在将决策发布到网络中时将时间信息也添加进去，这也是一个解决办法，但是谁又能确保售票机和客户端遵循同样的一个时间基准呢？

由此可见，安排好事件发生的先后顺序十分重要。通常分布式系统在限时返回一致性的状态结果时还会把多件事件进行排序，而且这个顺序还要通过大家的认可。

（2）分布式系统中的每个节点都要返回合法的状态结果。这是因为分布式系统作为一个逻辑上的整体，所有节点达成的一致性的状态必须与来自系统内的某个节点的状态相同，而不应该是其他不属于系统内的状态，也就是所谓的返回错误的结果。

（3）分布式系统要有一定的故障容忍的特性。尽管我们都非常的不希望，但是节点确实有发生故障的可能，达成分布式系统一致性同样也在要求只要系统内占总数一半以上的节点都在正常工作，整个分布式系统就能达成一致性并继续有效运行，其他故障节点可在修复后再进行同步。同时，这也可以看作是分布式系统应用的一个优点——抗单点故障。

6.1.3 达成一致性面临着诸多的挑战

事实上，满足分布式系统在运行时对一致性的各种要求是一项充满了挑战的任务。

首先，当分布式系统要求限时返回一致性的状态结果时，这就要求节点之间的网络通信做到可靠，尽量避免消息延迟以及乱序，坚决杜绝内容错误等。

其次，当分布式系统要求每个节点都要返回合法的状态结果时，这就要求尽量保障节点能有最低的处理时间，不排除节点有发生宕机的可能，但是要尽量做到节点不会得出错误的处理结果。

最后，分布式系统还要有一定的故障容忍的特性，这考虑到了部分节点可能会发生宕机，也可能会返回错误的处理结果，但是分布式系统对此一定要有容忍的限度。

另外，异步调用的分布式系统是一个比较好的选择，尽管同步调用的分布式系统在设计起来非常简易，但是却严重降低了分布式系统的可扩展性，分布式系统甚至会因此退化为单点系统。

所谓异步调用的分布式系统，指的是系统中各个节点的时钟差异可能较大，节点间消息传输的时间也可能较长，各节点对消息的处理速度更是没有一个统一的标准，在这种情况下系统还能在未来的某一时刻达成最终一致性。

而所谓同步调用的分布式系统，则指的是所允许系统中的各个节点存在的时钟差异非常小，且消息传递必须在一定时间内完成才能进行接下来的处理。

6.1.4 施加约束的一致性

在之前，我们讨论的几乎都是理想情况下分布式系统达成一致性共识的要求，这是一种严格一致性（strict consistency）。严格一致性很有助于我们在理论上分析什么是分布式系统的一致性，但是要真正地实现这样的严格一致性会付出很大的代价，最先要做到的就是所有节点之间的通信全部都要瞬间完成，其次还要保证节点不会发生任何故障等。在实现了严格一致性之后，整个系统也就差不多变成一台机器了。

对于这种严格一致性，习惯上称之为强一致性（strong consistency）。一般来讲，强一致性主要包括下面两类。

（1）顺序一致性（sequential consistency）由 Leslie Lamport 在 1979 年其经典论文 *How to Make a Multiprocessor Computer That Correctly Executes Multiprocess Programs* 中提出，属于一种比较强的约束。顺序一致性要求所有节点都向全局执行顺序（total order）看齐，并且每个节点都将自身的执行顺序（local order）反馈到全局执行顺序中。例如，某节点先执行 A 操作指令，再执行 B 操作指令，则其他节点从全局执行顺序中也应该看到这个顺序，并且得到的结果也必须是先 A 后 B。顺序一致性本质上只是限制了各节点间执行指令的顺序关系，但没有要求在所有节点间按照物理时间对所有操作指令进行全局顺序排序。

（2）线性一致性（linearizability consistency）源于 Maurice P.Herlihy 与 Jeanette M.Wing 于 1990 年发表的经典论文 *Linearizability：A Correctness Condition for Concurrent Objects*。线性一致性在顺序一致性的基础上改善了进程间的操作指令排序，属于一种更强的一致性，形成了唯一的全局顺序（系统在顺序执行，所有节点能看到的所有操作指令都经过了顺序排序，并且跟实际发生的顺序严格一致）。

线性一致性能够很大程度地表现出符合我们预期的理想效果，不过，在实现的难度上却远远超出我们的预期。对所有操作指令排序按照时间排序不仅依赖于全局的时钟或锁，而且还要有一些复杂算法来作为依靠，因此，达成线性一致性的分布式系统往往在性能方面大打折扣。

通常，要求越强的一致性会造成越弱的综合处理性能，以及越差的可扩展性。这主要是因为实现强一致性要依靠非常准确而统一的计时设备作为保障。就目前精度最高的一些时钟而言，石英钟最低能达到 10^{-7} 的漂移率，而更准确的原子震荡时钟能达到最低10^{-13}的漂移率。Google 试过使用原子时钟将分布式数据库 Spanner 的不同数据中心的时间偏差控制在 10 ms 以内,并且取得了非常奏效的结果,但如果在全球范围内大规模地投入原子时钟的使用显然会造成成本过高的问题。

从对强一致性的描述来看,要达到强一致性显然是困难重重的。最重要的是,我们对去中心化的分布式系统中的任意一个节点的状态都没有办法去进行管控。在生活中,我们可以类比地发现,即便一支相当庞大的队伍有着统一的命令指挥,他们仍不能做到完美的整齐划一。再比如运行比特币系统的节点,没有谁能对其中的某些节点实施有效的控制,控制这些节点达成时间的统一或者开启/关闭这些节点,也没有谁能发现并剔除一个恶意伪装的节点。

然而,实际上,更多的时候我们对一致性的要求没那么强烈,因此,可以适当地放宽对一致性的要求,这在很大程度上会降低系统实现的难度。通常,在给定约束的条件下,可以达到所谓的系统最终一致性,简单来说在间隔了一定时间后的某个时刻,系统达成了一致的状态。

在以实现最终一致性为目标的分布式系统中,节点可以暂时断网,节点甚至也可以暂时宕机,只要恢复网络连接后能够从其他节点那里同步过来数据就好。总而言之,只要整个系统中绝大部分的节点都能正常工作,整个系统就总能有机会达成数据或状态的一致。由于这种最终一致性弱化了在某些方面上对系统的要求,所以可以笼统地称其为弱一致性(weak consistency)或受约束的一致性。

6.2 用共识算法解决一致性问题

在分布式系统中,比较普遍的做法是采用"共识算法"的计算机算法来实现系统中的节点对某个提案(proposal)或交易达成一致性共识的过程,这主要是因为共识算法对分布式系统内部达成一致性共识起到了非常好的辅助作用。

共识算法也可以形象地看成是一种共识机制的实现,共识机制的不同自然也就导致了共识算法的不同。在这一节中将介绍和共识算法有关的理论依据以及分布式系统(重点是采用了区块链技术的分布式系统)中常用的共识算法有哪些。

6.2.1 关于共识算法的讨论

在分布式系统中,对任何可以达成一致的信息都称呼为"提案(proposal)",

这就像在之前谈论区块链技术的时候习惯把这些信息称为"交易"一样。共识算法要解决的就是通过什么样的一个过程才能使尽可能多的节点对分布式系统中的提案达成一致的意见。为此，共识算法中最关键的部分还是汇总、排序、传播到分布式系统中的提案。

需要注意的是，共识算法泛指达成分布式系统一致共识的一类算法，而不是具体的某个算法。另外，"共识"和"一致性"是两个经常联系在一起使用的词汇，但严格来说，两者的含义并不完全相同。如前面所述，一致性指分布式系统中多个节点都能完成数据状态的同步。然而，共识则描述了分布式系统中多个节点之间，彼此对某个状态达成一致结果的过程。这样看来的话，一致性比较偏向于描述结果状态，共识则更偏向于描述一种手段。

在共识算法中常会采用激励或者随机竞争的办法促使一致性共识的达成，这些办法很大程度上受到了来自博弈论和社会学的启发。

节点向网络中散播负面的消息是一种比节点发生故障而导致无法响应系统更可怕的节点行为，因为如果仅仅是节点失去了对系统的响应，那么等节点修复后它依旧能继续响应系统，而如果是节点随便向系统中传播负面消息，那么系统整体的运行都将会受到影响，严重地甚至会导致瘫痪。在这种情况下，可以适当地采取激励的办法，当恶意散播负面消息的节点看到了这种激励，这比他自己的行为更加有利可图，那么他自然也就失去了发生这种行为的动机。因为每个节点都有最大化自己利益的倾向，所以适当地采取激励的办法，大部分的节点都会遵守规则，努力成为正常运行的节点。

随机竞争是建立在激励之上的一种办法。在计算机分布式系统中，竞争可以建立在算力竞争基础之上，也可以建立在拥有的其他资源竞争的基础之上。例如，在第 2 章介绍去中心化数字货币系统的时候，比特币中所使用的 PoW 算法就是一种建立在算力竞争基础之上的共识算法。另外，在后面要介绍的同样是采用了区块链技术的以太坊项目，该项目目前也是采用了 PoW 的共识机制，但是在规划中以太坊将采用 PoS 共识算法，PoW 算法就是一种建立在其他资源竞争（持币竞争）基础之上的共识算法。

随机竞争实际上就是一种权利的竞争，就好像在军队中竞选将军一样，将军一定是比普通的士兵具有更大的权力，所以士兵才会去争着做将军。在分布式系统中也是这样，无论是算力竞争还是其他资源竞争，都是由获胜的节点汇总被递交到网络中的提案/交易，然后其他节点对该节点的汇总结果达成一致共识。在区块链技术中，这个汇总的过程也就是所谓的"打包"。

事实上，在网络可靠、存在节点失效（即使这样的节点非常少）的最小异步模型系统中，并不存在一个可以解决一致性问题的确定性共识算法。这就是分布式系统的 FLP 不可能原理，由 Fischer、Lynch 和 Paterson 三位作者在 1985 年发表论文 *Impossibility of Distributed Consensus with One Faulty Process* 中提出，并取了各自名字的首字母作为定理名称。

FLP 定理说的很直白，也很好理解。这就好比由 Alice 发出的提案需要 Alice、Bob 和 Jone 一致赞同才算提案通过，但是当 Alice 和 Bob 都投了赞同票之后，Jone 离线了（没有进行投票），如果一直这样的话，在有限时间内三人永远不会对 Alice 的提案达成一致赞同的共识。

FLP 不可能定理告诉设计者，试图为异步分布式系统设计在任意场景下都能实现达成共识的共识算法最终都将会是徒劳的，如果允许存在节点故障失效的情况，那么异步式分布式系统就无法确保一致性共识在有限时间内完成。既然如此，那么有没有可能在付出一些代价的基础上尽量地达成全网一致性共识呢？这就要用另一个定理来回答，这就是 CAP 定理。

CAP 定理说的是在分布式计算机体系中没有办法同时做到一致性（consistency）、可用性（availability）和分区容忍性（partition tolerance），但是在设计中可以弱化对某个特性的支持。

CAP 定理中，一致性指的是一种强一致性，即所有节点都能在相同的时刻得到同样的数据；CAP 定理中，可用性指的是在有限时间内任何正常工作的节点都能成功地响应接收到的每个请求；CAP 定理中，分区容忍性指的是在因为网络故障而导致的系统发生分区的情况下，系统仍能正常运行，即使无法保障节点与节点之间的通信。

对于一些对强一致性不敏感的分布式系统应用，可以适当地弱化对一致性的要求。例如，用户通过浏览器静态页面访问某网站时，网站升级之后需要用户执行刷新操作。另外，对于软件的更新来说，也并不是一旦放出一个更新版本所有的用户都能及时地更新。弱化强一致性的例子在生活中比比皆是，和消息群发相比，打电话显然能更快地通知到其他人，因为一旦有电话打进来手机就会响，而群消息则需要主动去群里浏览。

如果弱一致性是不可用的，在一些应用中本身就对一致性有着较高的要求，那么可以从另一方面考虑弱化可用性。Paxos 共识算法和 Raft 共识算法就是从弱化可用性的角度出发，允许少数节点离线，同时也允许这些节点暂时不对外提供合法的处理结果。

从现实生活的角度来理解，弱化可用性说白了就是牺牲掉不必要的组成部分或功能，例如，对于服务器系统而言可能不需要其具有华丽的界面，即使是有华丽的界面也不会对系统本身的性能有任何的提升，所以在一般情况下使用的都是基于命令行的服务器系统。

除了可以弱化一致性和可用性之外，弱化分区容忍性也是可以选择的，这是由于一般情况下发生在分布式系统中的分区的情况不是很多。尽管事实是这样，但是想要完全忽略系统分区也是不可行的。一些共识算法的两阶段提交设计可以较好地实现弱化分区容忍性，另外，以 ZooKeeper 为代表的分布式关系型数据库系统在设计时也从弱化分区容忍性方面做出了考虑。

FLP 不可能定理和 CAP 定理指导着一个又一个共识算法的诞生。FLP 不可能定理告诉我们什么是不可能的，而 CAP 定理告诉我们这些牺牲掉一些特忙就能将这些不可能变成可能。在有错误的进程存在并且有可能出现网络分区的情况下，再试图通过传统计算机算法体系提出相应的一致性共识的解决方案是不可能的，但是如果从弱化一致性、弱化可用性和弱化分区容忍性考虑就能将这些不可能变成可能。

这些理论性较强的定理理解起来也不是非常容易，但是在共识算法的设计中起到了不可磨灭的作用。对于有兴趣了解这些定理的读者，可以通过网络搜集一些资料。下一小节将会介绍一些具体的共识算法，这些共识算法不仅在区块链系统中有所应用，在其他的分布式系统中也能看见一些使用的影子。

6.2.2 常见共识算法

常见的共识算法可以分为两类，一类是能够解决网络拜占庭错误的算法——BFT（Byzantine Fault Tolerance）类算法，另一类则是不能够解决网络拜占庭错误，而只是针对普通节点错误的算法——CFT（Crash Fault Tolerance）类算法。

能够解决网络拜占庭错误（实现网络拜占庭容错）的算法是以 PBFT 算法为代表的 PoW 算法、PoS 算法以及 DPoS 算法等。根据问题解决思路的不同，在 BFT 类算法内部也会因为算法原理机制的差异而导致全网一致性共识的强度稍有不同。例如，PBFT 算法中设立了专属的部门负责打包整理网络中发生的交易且网络范围比较小，他们在网络中的位置是固定的且所发挥的智能也是固定的，因此一旦经由他们发布出交易打包区块，那么这个区块就是确定的，全网节点就立刻达成最终一致共识。

再例如，PoW 算法中，全网节点一致达成只认可每轮挖矿算力竞赛中获胜矿工所打包结果的共识。矿工是一个非常不确定的角色，尤其是依靠一轮又一轮的算力竞赛筛选出来的负责打包整理某段时间内发生在网络中的交易的矿工。因为何种算力竞赛在很大程度上要依靠矿工自己所拥有的设备，所以拥有更高算力设备的矿工只会更大概率地夺得区块打包权。

获胜矿工的不确定性也就导致了节点参考共识结果的不确定性，再加上

PoW 适用于网络范围大的场景，这些就导致了经过 PoW 达成的全网一致共识要经过一段时间的沉淀才能逐步强化成为无法更改的最终一致共识。PoS 算法及 DPoS 算法也是与 PoW 算法类似的充满竞争，但竞争却不是那么激烈，另外由于不依赖于算力竞赛所以也显得更加环保。

能够解决网络非拜占庭错误（实现网络非拜占庭容错）的算法是以 Paxos、Raft 等为代表的共识算法。对于区块链网络来讲，使用实现网络拜占庭容错的算法会对网络的运行要求更加严格，所以在大部分的区块链技术应用中没有使用这类的算法。不过，这也不能说明这类的共识算法在区块链技术应用中毫无用武之地，例如，ZooKeeper（一个 Google 开发的，开源分布式的应用程序协调服务）就采用了 Paxos 算法，etcd（一个为实现共享配置和服务发现而设计的高可用性键值存储项目）就采用了 Raft 算法，并且这两个项目都得到了比较不错的效果。

关于网络拜占庭错误以及相关的拜占庭将军问题，对它们的具体介绍是在 6.4 节中，在这里只需要知道，网络拜占庭错误指的是网络中小于等于 1/3 的节点会发生故障，严重的是这些故障节点会伪造信息造成恶意响应，而网络的非拜占庭错误指的是网络中半数以下的节点发生故障，但只是不响应而不会伪造信息造成恶意响应。

无论是 BFT 类共识算法还是 CFT 类共识算法，都要看到其优势。网络中发生非拜占庭错误的概率较大，如果只想实现网络非拜占庭类型的容错，那么使用 CFT 类的算法不仅有效而且速度较快，虽然 BFT 类共识算法处理全网节点达成一致共识的速度较慢，但是这类共识算法却能容忍网络中节点出现更严重的故障。

表 6-1 展示了上述这些区块链技术领域中常见的共识算法及应用了该算法的区块链技术应用项目。

表 6-1 常见共识算法及其应用一览表

共识算法	应用
Paxos	Google Chubby、ZooKeeper
Raft	etcd
PBFT	超级账本 Fabric
PoW	Bitcoin、Litecoin、以太坊前三个阶段：Frontier（前沿）、Homestead（家园）及 Metropolis（大都会）
PoS	主要是以太坊第四个阶段：Serenity（宁静）
DPoS	BitShare

6.3 拜占庭将军问题与 PBFT 算法

PBFT 共识算法是我们第一个要接触到的算法，尽管以比特币系统为代表的区块链技术应用系统最初采用的都是 PoW 共识算法，但是 PBFT 算法绝对能称得上是在 BFT 类算法中可以坐上第一把交椅的算法。PBFT 算法也是一个"有故事"的算法，想要了解 PBFT 算法还要从影响深远的拜占庭将军问题说起。本节的第一小节会对拜占庭将军问题予以介绍，之后的第二小节是 PBFT 算法部分。

6.3.1 拜占庭将军问题

在这一小节，先来了解一下在分布式系统中影响深远的拜占庭将军问题（Byzantine Failures）。拜占庭将军问题是一种复杂化了的两军问题，最早是作为点对点通信中的基本问题由美国计算机科学家 Leslie Lamport 于 1982 年提出。

拜占庭作为东罗马帝国的首都，目前位于土耳其的伊斯坦布尔。鉴于巅峰时期的东罗马帝国国土辽阔，为了抵御住从四面八方入侵进来的敌人，国内的军队被拆分为很多个分队散布到边疆的重要军事阵地，每一个分队中都有一个将军负责统领该分队。由于当时的通信手段相对落后，所以分队与分队（或者说将军与将军）之间只能依靠通信兵传递消息，包括军队演习以及战争等重要机密信息。

在发生战争的时候，为了可以最大程度上创造获胜的可能，东罗马帝国内所有相关的分队要采取协调一致的行动，这也就是说，所有相关分队的将军都要达成军事行动上的一致共识。如果所有的将军都忠于东罗马帝国，那么达成一致共识会非常容易，但是现实是，将军们往往还需要考虑到其他的将军中是否存在有敌军的间谍或者将要发生叛变的危险分子。

现在想象一个拜占庭被某个强大的敌人进攻的场景，并且此时的拜占庭只拥有十支分队。虽然这个进攻的敌人没有把握直面拜占庭的十支分队，但是却有战胜其中任意五支分队同时联合攻击的实力。基于一些战略上的原因，这十支分队无法集合在一起单点突破，并且任意一支分队单独出击都会惨败，为了能最大程度上取得获胜的可能，拜占庭的军队只能在分散包围的状态下同时一起发动攻击或至少任意六支分队同时发动攻击。

当拜占庭的这些分队的将军们依靠信差传递消息的方式确定了进攻的目标以及进攻的具体时间等一致行动共识之后，困扰着这些将军的是，他们互相没有直接接触，谁也不能确定其他将军是否依旧忠诚于东罗马帝国。假设现在分队中有一部分的将军不忠于东罗马帝国，他们可能会恶意变更接收到的行动消息转而发送给其他的将军，由于他们的左右，军队整体的秩序被扰乱，在这样的环境下达成的一致行动共识就有可能不利于战争的取胜。

拜占庭将军问题就是在这种状态下形成的。拜占庭将军问题指的是，在明知道军队内有人策划破坏的情况下，其余所有忠诚于东罗马帝国的将军该采取一种什么样的分布式协议来让他们能够远程协商，以求在不受或尽量少受不忠诚将军的影响下达成对帝国获胜有利的一致行动共识。

经过 Leslie Lamport 等人的论证，如果不忠诚将军的数量超过了总将军数量的 1/3，那么达成拜占庭将军问题中所谓的一致行动共识将是希望渺茫的。在拜占庭将军问题中，应该明确的一点是，拜占庭将军问题的设立情境中没有考虑到负责传递消息的通信兵是否恶意修改了消息，再递交到将军手中或者敌军截获了消息等一系列更加复杂的情况，也就是说，消息传递的通道是没有问题的。

如果再将消息传递通道的安全性考虑进来，那么拜占庭将军问题就可以借用另外一个与之相关的问题来理解，这个问题就是两军问题。拜占庭将军问题和两军问题看起来比较相似，但却有实质上的差别。图 6-1 展示了两军问题模型。

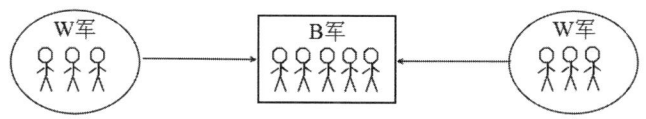

图 6-1　两军问题图示

在图 6-1 中，蓝军（图中对应到 B 军）驻扎在两支白军（图中对应到 W 军）之间，并且蓝军比左右两侧的任意一支白军都强大，不过，若两支白军联起手来同时攻击蓝军，则一定能击败蓝军。现在白军面临的一个问题是，两支分队的沟通渠道被蓝军阻断，由于距离遥远，派遣通信兵穿过蓝军领土到对面的分队传递消息的过程非常凶险。为了能够商量好协同进攻的时间和战术，白军就要考虑，能不能找到一个增加白军获胜信心的通信协议，两军问题就由此而来。

例如，现在左侧白军（简称 W1 军）派出通信兵向右侧白军（简称 W2 军）发出了军事行动消息，W1 军无法确定 W2 军是否接收到了这个消息或者 W2 军接收到的消息是否就是之前发送出去的消息，若 W1 军想要知道 W2 军接收消息的结果，则 W2 军就必须给 W1 军一个回执消息。然而，就算 W2 军发送出了回执消息，还是有很大的可能因为回执消息的传递速度或者回执消息被 B 军截获而耽误原有计划军事行动的执行。

这样乍一看起来，两军问题因为存在有 B 军破坏，W1 和 W2 两军之间的消息传递通道的可能性而变得无解，但是在两军问题中确确实实需要用到回执消息。在使用了原消息与回执消息配合的模式后，W 军还要做的就是准备好应付通信兵所传递的消息在半路上被 B 军截获并篡改的情况，这可以算是最坏的情况了。

对于现代的通信系统而言，同样存在着这个领域中的两军问题需要去解决。举一些中心化的网络应用（如聊天应用、转账应用及文件传输应用等）为例，在这些网络应用中用户依靠着中心服务商才能交换彼此的信息，这就意味着在通过服务商传输信息时可能有信息丢失、被篡改或监听的情况。对于这种情况，很遗憾，我们到目前为止还没有找到完全能够将其解决的办法，能做的只有不断地提高技术手段达到降低出现这种情况的概率的目的。

使用高效的通信协议是一个在目前受到众多支持的做法，尤其是广泛为人所知的 TCP 协议以及其中关键的三次握手机制。从最基础开始完整地介绍 TCP 协议已经超出了本书的范畴，对于那些对 TCP 协议比较陌生的读者，可以尝试在网页上搜索"三次握手与两军问题"或翻阅专业的书籍得到更详细的解释。在这里，我们只能通过在两军问题中使用三次握手机制降低通信错误概率的例子来理解 TCP 协议的设计要点。

如图 6-2 所示，现在假设 W1 军先向 W2 军发送了一个随机数 a（代替是一则消息），W2 军收到 a 之后，紧接着又发送给 W1 军另一个随机数 b 以及作为回执的 ACK 消息 a+1。在接收到随机数 b 以及 ACK 回执消息 a+1 后，W1 军基本就可以确定 W2 军已经收到了消息，因为随机数 a 在传输过程中是被加密了的，需要 W2 军在接收到 a 之后运行解密程序获得真实的值再计算 a+1。另外，a+1 在传输过程中也经过了同样的加密，通过强行破解的方式得出 a 和 a+1 的值几乎不可能。最

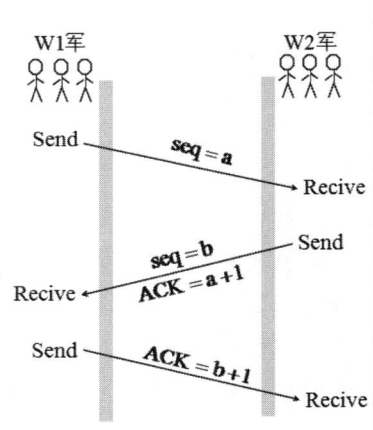

图 6-2　W1 和 W2 两军的三次握手

后，W1 军再发 ACK 回执消息 b+1 给 W2 军，在 W2 军接收到 ACK 回执消息 b+1 后，W2 军就知道 W1 军已经收到了 b 和 a+1。

尽管 W1 军和 W2 军之间经过了如上所述的三次握手，然而事实上，W1 军并不会知道 W2 军是否接收到了 b+1，并且，由于不能完全地相信信息传输通道的安全性，所以接收方接收到的 a 或者 b 也有可能是被截获并篡改的。这些问题的存在说明了即使经过了三次握手，现代通信系统中的两军问题依旧不能得到彻底的解决。因此，使用协议的作用就是在成本可控的条件下找到一种大家都

能接受的两军问题的解决办法。

在看完两军问题之后,我们一般的直觉就是它和拜占庭将军问题十分的相似。无论是两军问题还是拜占庭将军问题,仔细分析之后可以发现,在这两个问题中,信息接收方都不能完全相信自己所接收到的消息。在两军问题中,这是由于信息传输通道的不安全性导致的,而在拜占庭将军问题中,这是由于其他将军可能发生了"叛变"而导致的。

反观我们经常使用的互联网产品,当我们第一次通过互联网进行聊天、传输文件或支付等其他操作的时候,本能上我们都会有些担心,担心与自己相关的私密信息会被更多的人知道,担心一些重要的个人资料会被截取并被不法分子利用。产生诸如上述的这些担心的根源就是没有人能够保证互联网服务商搭建的"信息中转站"是百分百可靠的。用户的心理在便携性与担心之间徘徊,最终选择了一个折中的方案,那就是接受互联网服务商提供的服务并做好意外发生的准备。

现在我们将目光继续放回到拜占庭将军问题。目前的拜占庭将军问题已经作为一个共识问题被引入到了分布式计算领域,并逐渐发展出了一种计算机容错学理论。随着区块链概念的出现与流行,拜占庭将军问题又重新被越来越多的人接触。

在计算机容错学理论中,容错指的是在分布式系统能够稳定运行的前提下,允许其中的节点发生错误的情况。大体上,一共有拜占庭容错、崩溃容错、遗漏容错和崩溃遗漏容错4种容错类型。在这4种类型的容错中,拜占庭容错对分布式系统中的节点的运行要求的更为宽松,相比之下,崩溃停止容错则对节点的运行要求的较为严格。

图6-3按照对节点的运行要求展示了4种类型的容错相互之间的关系。以下是对这4种类型容错的具体解释。

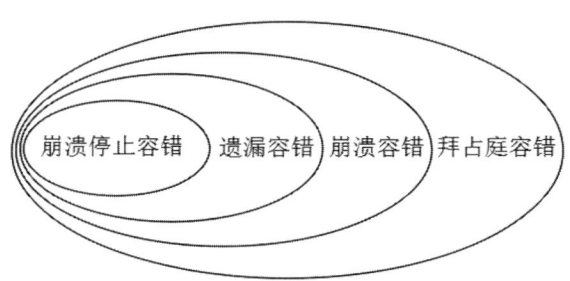

图6-3　4种类型的容错之间的关系

（1）拜占庭容错（byzantine failures）：这种容错指的是网络内的某个节点不会百分百地按照预订好的程序逻辑去执行，而且会不定地返回随意或者错误的结果。在所有的容错中，拜占庭容错所允许出现的是最难处理的情况，因此在解决网络内的节点发生拜占庭式故障错误的情况时非常麻烦。如果网络内发生拜占庭式故障错误的节点的数量少于 1/3，那么选择使用高效的同步网络或者共识算法尚可将故障排除，而一旦这种节点的数量超过了 1/3，则网络面临的只有以错误的状态运行且无法挽回。

（2）崩溃容错（collapse failures）：这种容错指的是网络内的某个节点总是按照预订好的程序逻辑去执行，不会返回随意或者错误的消息结果，在此基础上，容忍节点的消息结果的返回不是很及时。崩溃容错相当于是在拜占庭容错的基础上增加了一个节点运行不会出错的限制，而导致节点无法及时返回消息结果的原因可能是节点的断网、软件的崩溃后重启或者出现了网络高延迟等。

（3）遗漏容错（omission failures）：这种容错指的是网络内的某个节点在满足了崩溃容错的条件后（即仅仅是消息结果的返回不是很及时），能够在真正的崩溃前把状态数据完整且持久地保存到存储器上，类似的，遗漏容错就是相当于是在崩溃容错的基础上又增加了一个节点能够完整且持久地保存实时状态数据的限制。得益于状态数据的完整且持久的保存，节点在重新启动之后也能快速地恢复到崩溃之前的状态并继续正常运行。

（4）崩溃停止容错（collapse to stop failures）：崩溃停止容错比之前的三个容错对节点的运行要求还要严格。顾名思义，这种容错不再容忍节点能够把状态数据完整且持久地保存到存储器上再崩溃，而是节点一旦发生了崩溃类型的故障错误，这个节点就会自动切除与网络的连接关系，不再和网络上的其他节点有任何交互。因为这种容错不允许节点在发生故障错误后还接收或响应其他节点发来的信息，所以"崩溃停止"由此而得名。

6.3.2 PBFT 算法

解决拜占庭将军问题可以使用 Castro 和 Liskov 于 1999 年提出的经典又实用的 BFT 类算法——PBFT（Practical Byzantine Fault Tolerance）算法。在前面我们分析拜占庭将军问题的时候指出，经过相关的论证，最多可容忍不超过 1/3 的将军不忠诚于东罗马帝国，也就是说，只要 2/3 以上的将军忠诚于东罗马帝国，则这些将军就还有达成一致性行动共识的希望。

PBFT 算法用在分布式系统中实现的就是当系统内 2/3 以上的节点可以正常工作时，整个系统就可以正常工作。换句话说，PBFT 算法支持分布式计算机系统实现拜占庭容错，即可以容忍分布式系统中不超过 1/3 的节点发生"叛变"。

在 PBFT 算法出现之前，也有一批专家学者致力于解决分布式计算机系统中的拜占庭将军问题，当然也出现了一些令人欣慰的成果。美中不足的是，这些算法成果由于或多或少的存在着一些缺点（如性能太低或者过于依赖同步系统等）而没有被大规模正式地引入到实际的应用中来。直到 PBFT 算法的出现，这才攻克了原有算法在解决分布式系统的拜占庭将军问题时存在的效率缺陷，使得分布式系统实现拜占庭容错成为了可能。

关于 PBFT 算法的基本实现过程如下。

首先，在系统内按照某一预定规则选出一个节点当作主节点，主节点在后面的系统运行中是固定不变的。

然后，在系统正常运行时客户端发出请求 Request 给主节点，主节点会将接收到的请求广播到所有其他副节点，所有节点（即副节点连同主节点）要做的就是按照设定的规则对请求进行处理。

比较关键的是，主节点将请求广播给其他副节点的过程又可以分为三个阶段，包括预准备（pre-prepare）阶段、准备（prepare）和提交（commit）阶段。

这三个阶段中，预准备阶段指的是主节点将客户端收到的请求分配提案编号，然后发出预准备消息（即 pre-prepare 消息）给各副节点，在预准备消息中包括客户端的请求消息以及请求消息的摘要等相关内容。

准备阶段指的是副节点接收来自主节点的预准备消息，并对消息的合法性进行检查。当检查通过后，提案在该节点就进入预准备状态（即 pre-prepare 状态），并向其他节点（包括主节点）发送准备消息（即 prepare 消息）。为了方便其他节点验证准备消息是从哪个节点发出来的，准备消息中还同时附带有节点自己的 id 信息。收到准备消息的节点对消息同样进行合法性检查，检查通过后，这个准备消息就被节点成功地接收，当节点成功接收了至少来自 2f+1 个节点的准备消息后，提案在本节点进入准备状态（即 prepared 状态）。这里 f 等于可容忍的拜占庭节点数，节点接收的准备消息包括自己向自己发送的。

提交阶段则指的是提案在本节点进入准备状态后，节点向其他节点广播提交消息（即 commit 消息），用于证明提案在本节点已经进入准备（prepared）状态。当节点成功接收了至少来自 2f+1 个节点的提交（commit）消息后（2f+1 中包括自己向自己发送的），节点就能判断提案在其他节点那里已获得通过，同时提案在本节点进入提交状态（即 committed 状态）。

最后，提交状态的提案会作为回复（Reply）返回给客户端，客户端检查是否收到了至少 f+1 个来自不同节点的相同结果，作为最终结果。假设有一个主节点和三个副节点，其中第三个副节点是拜占庭节点，图 6-4 展示了 PBFT 算法这样的一个流程。

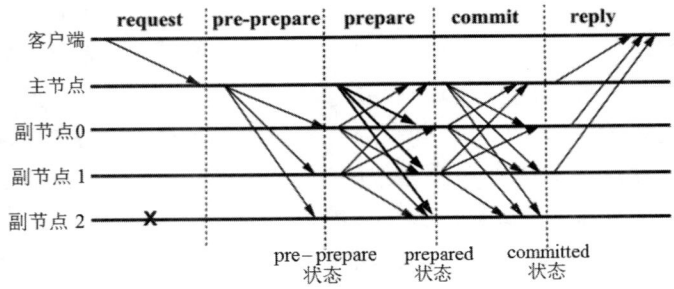

图 6-4　PBFT 算法的处理流程

接下来，我们主要以构建模型的方式来解释 PBFT 算法，以及它是如何解决拜占庭将军问题的。假设现在有 A、B、C 和 D 4 名将军，这 4 名将军分别等同于分布式系统中的四个节点，即将军 A 等同于主节点而将军 B、C 和 D 等同于副节点。为了满足情境要求，假设将军 D 是叛变将军节点，即从 D 将军这里发出的消息都是无效的，这里我们选择以 D 将军只接收消息而不发出消息。另外，还要假设这里有一位国王，国王就等同于上面所提到的客户端。

按照 PBFT 算法的规定，这 4 名将军率领的分队有 pre-prepare、prepared 和 committed 3 种状态，另外，将军们彼此间能传递的消息有 pre-prepare、prepare 和 commit 3 种。

参照 PBFT 算法的基本实现过程，由国王先向将军 A 发送军事行动命令，这个军事行动命令就相当于是请求 Request。将军 A 在将这个军事行动命令排序编号后作为 pre-prepare 消息转发给 B、C 和 D 3 名将军，如图 6-5 所示。

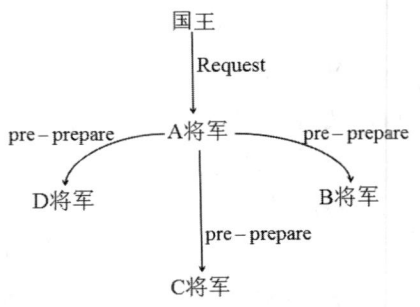

图 6-5　pre-prepare 消息的传递

B、C 和 D 3 名将军接收到 pre-prepare 消息之后命令分队进入到 pre-prepare 状态，A 将军率领的分队在他发出 pre-prepare 消息给其他将军之后就进入到了 pre-prepare 状态。为了这些将军之间能够互相告知自己的分队已经进入 pre-prepare 状态，这些将军需要在彼此之间及将军 A 那里发送 prepare 消息。

需要注意的是，我们已经假设 D 将军发生了叛变，这样一来，A 将军只会接收到两个 prepare 消息，同理，B 和 C 将军也只会接收到两个 prepare 消息，如图 6-6 所示。在这个模型中，允许发生拜占庭错误的将军数是 1，所以 A、B 和

C 将军都需要接收到至少 3 个 prepare 消息（包括自己向自己发送的）才可以确认其他分队已经进入 pre-prepare 状态，然后再命令自己的分队进入 prepared 状态。

进入到 prepared 状态后，A 将军不知道其他 3 位将军率领的分队是否都进入到了相同的状态，同理，B 和 C 将军也不知道其他将军率领的分队是否和自己有相同的状态。commit 消息的作用就是将自己分队的 prepared 状态报告给其他将军。commit 消息的发送和 prepare 消息的发送一样，如图 6-7 所示。

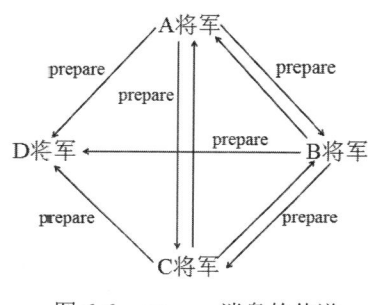 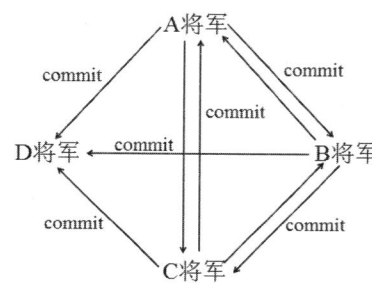

图 6-6　prepare 消息的传递　　　　图 6-7　commit 消息的发送

PBFT 算法很像是一种少数服从多数的投票机制，这种机制在网络节点数量可控、具有监管方机构的分布式网络环境下能够发挥较大的优势，一方面，PBFT 算法在这种环境下共识的时延只有 2～5 秒。另一方面，在这种环境下即使交易量非常高频，PBFT 算法也能有比较不错的共识效率。不过，在网络节点数量不可控有没有监管方机构的分布式网络环境下，PBFT 的这种机制就存在着很大的隐患。

超级账本项目是 PBFT 算法的良好应用案例。超级账本适用于构建联盟链类型的区块链网络，在这种网络中节点数量可控并且有身份证书管理机构以及特定的排序节点。关于超级账本项目以及联盟链类型的区块链网络会在第 9 章予以介绍。

6.4　Paxos 算法和 Raft 算法

Paxos 算法和 Raft 算法是在早些年常见于分布式服务器集群中的共识算法，尽管它们在目前的区块链技术中没有受到特别广泛的使用，但是笔者认为由于它们是分布式系统中比较经典的共识算法，所以还是需要进行一些了解的。

Paxos 算法出现的比较早，在后来一系列的 Paxos 算法变种形成了丰富的 Paxos 算法族。Raft 算法与 Paxos 算法有着非常大的关联，可以认为 Raft 算法就是在

Paxos 算法的基础上改进而来的。本节的第一小节将会对 Paxos 算法进行介绍，稍后的第二小节介绍的是 Raft 算法。

6.4.1 Paxos 算法

在介绍 Paxos 算法前，先要明确的是 Paxos 算法适用于网络属于非拜占庭容错类型，即允许分布式系统中半数以下的节点可以发生故障但不能向系统中恶意发送错误的信息。在这样的前提下，Paxos 算法指导网络中的全部正常节点如何达成共识。

Paxos 算法最早由美国的计算机科学家 Leslie Lamport 于 1998 年提出。Lamport 在他的论文 *Paxos Made Simple* 中借用一个提案模型详细地描述了 Paxos 算法，这个提案模型与现代会议制度非常地相似。

在这个提案模型中主要按照分工划分出了 4 个角色，分别是 Client（使用客户端的提议议案者）、Proposer（正式提议者）、Acceptor（议案决策者）和 Learner（最终决策学习者）。如果使用分布式计算机系统模拟 Paxos 算法的提案模型，那么每一个节点就可以对应到一名角色，当然也可以同一个节点对应到多名角色。

在上面 4 种角色中，占有主导地位的当属正式提议者和议案决策者。大致过程是，议案由提议议案者产生，之后这个议案经由正式提议者递交到议案决策者那里。产生的议案为了能够成功地被最终决策学习者学习，就要努力争取得到大多数议案决策者的支持。

对于初次接收到的议案，议案决策者可以选择初步接受或者初步不接受，对于初步接受的情况，那么正式提议者会再次向议案决策者询问是否确认为最终接受。议案决策者的最终接受决定会在产生后发送给所有人进行确认，当某个议案得到了超过一半的议案决策者最终接受的时候，这个议案也就基本上可以确定为最终要由决策学习者学习执行的议案了，也就是说最终决策者们接受了什么议案最终决策学习者们就去执行对应的议案。

通过分析 Paxos 的议案模型我们可以发现，Paxos 保证了超过一半的正常决策者节点存在时系统可以达成共识。图 6-8 展示了上述从议案的产生到决策再到议案被学习者学习执行的过程。

在图 6-8 的基础上，关于这个议案模型还需要进行说明的是，议案决策者的数量必须要大于或等于 3 个，而且必须是奇数个，因为这样才能确定是哪个议案的支持者更多。假如议案决策者的数量是偶数个，就很有可能会出现对于一个议案的支持者和不支持者数量五五开的情况，这是很麻烦的。另外，正式提议者不仅仅可以为某个提议议案者递交议案，也可以为多个提议议案者递交议案，只要这些议案被递交到决策者那里就可以。

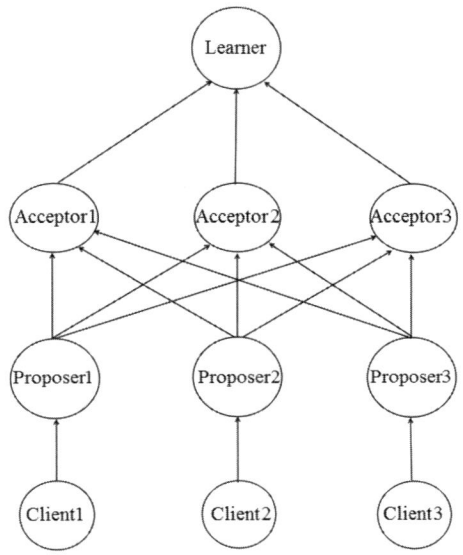

图 6-8　Paxos 算法被执行的过程

图 6-8 所示的是一种典型的多议案单执行的情况，即提议议案者提出的议案很多，但是只有一个最终决策学习者。这种情况下很容易达成一致性共识，因为最终决策学习者选择一个支持率最高的议案作为最终决议即可。

议案模型除了可以是多议案单执行类型的外，还可以是单议案多执行，即提议议案者提出的议案只有一个，但是最终决策学习者却很多。这种情况相比多议案单执行的情况更容易达成一致性共识，因为只有一个议案，最终决策学习者要么选择执行这个议案，要么就选择不执行这个议案。

比较麻烦的议案模型当属多议案多执行的，即提议议案者提出的议案有多个且最终决策学习者也有多个。这种情况可以向多议案单执行或者单议案多执行这两个容易达成一致性共识的情况靠拢，例如，可以在议案决策者中推选出一个代表并规定相同的时间内只有一个议案可以被发送到最终决策学习者那里执行，也可以在最终决策学习者中选举出一个代表决定在相同的时间内所有最终决策学习者都执行从议案决策者那里接收到的那一个议案。

关于 Paxos 共识算法及其中涉及的议案模型的介绍就到此结束了。最早由 Leslie Lamport 提出的那个 Paxos 算法目前习惯称之为 Basic Paxos（经典 Paxos）算法。在后续的几年的时间里，Paxos 算法家族又增添了多个新成员，它们都是由 Lamport 及他的合作者们在经典 Paxos 算法的基础上经过各种演化、优化和改进之后得到，因此都可以算是经典 Paxos 算法的改进版本。

这些经典 Paxos 算法的改进版本包括 2004 年提出的 Cheap Paxos 算法和 Egalitarian Paxos 算法、2005 年提出的 Fast Paxos 算法、Multi-Paxos 算法以及 Byzanetine Paxos 算法。

Paxos 算法家族有很多的共同点，最突出的两个共同点就是晦涩难懂和不易于工程实现，鉴于此，关于 Paxos 算法家族中的其他算法这里不再展开相关的描述。令人欣慰的是，维基百科（https://en.wikipedia.org/wiki/Paxos_（computer_science））给出了关于这些算法的详细介绍，对此感兴趣的读者可以自行通过网络搜索的方式了解学习。

6.4.2 Raft 算法

Raft 算法的出现是因为 Paxos 算法理解起来简单，但是难以通过编程的办法实现，以及难以应用于实际项目。在理解 Paxos 共识算法时我们借助了一个提议议案的模型，这样就比直接描述共识算法显得直白了一些，在理解 Raft 算法的时候最好也采用建立模型的方式，这个模型就是一个选举模型。

现在某集团内由一名主席完成集团的整体规划布局和集团对外的联系衔接等工作，例如，人事调配和上级政策传达等。对应到 Raft 算法的规则，集团的主席就相当于是一个领导（Leader）而其下属的员工就是一批跟随者（Follower）。另外，集团还规定了员工必须像主席一样时时掌握着集团的最新动态，即当行政人员到集团内部问话考察的时候，从每名集团成员那里得到的信息应该是一致的。

为了迎合 Raft 算法的规则，现在这家集团规定，主席不采用委派的方式（由上一任直接委派给下一任），而是通过企业内部成员公开投票选举产生。任何新加入公司的成员都是 Follower，对于有资格参与主席竞选的公司成员，他们就是候选者（Candidate）。

主席一般会定时地将外界的信息（包括政府政策以及市场行情等）汇报给 Follower，这也在向集团的成员表示主席还在正常地工作。

在主席刚刚接到外界消息的时候，该消息还处于未提交（uncomitted）状态，接着主席会并发地向所有的成员 Follower 发送这条消息。消息发出之后并不代表这个过程的结束，Follower 要根据这条消息执行相应的动作然后将执行结果反馈给主席，一旦主席接收到半数以上的 Follower 反馈过来的结果，那么就可以向外界反应相应的动作已执行。主席的这个向外界反应的动作就可以看作是消息处于已提交（committed）状态。一旦主席超过了一定的时间限制没有向集团成员展示外界消息，那么很有可能表明主席已经"抛锚"了，这时候就需要选举出新的主席（Leader）担当集团的大任。

主席发生"抛锚"的具体情况可能有很多。有可能是还没有来得及接收政府工作政策就发生了抛锚，也有可能是主席接收到了政府工作政策但是还没有来得及下放就发生了抛锚，还有可能是主席已经将政府工作政策传达给了各个部门和各个员工，但是主席没有等到这条政策被有效地实施就抛锚了，更有可能是政府的工作政策已经被各个部门和所有员工有效地执行，但是主席没有来得及获得执行反馈就抛锚了。无论出于怎样的原因，这都要在集团内部进行主席的再选举。

当然，也有一种"假抛锚"的情况，那就是主席的工作节奏比较慢，导致外界消息向员工的下达存在延迟，如果延迟过大，那么可能其他成员就会怀疑主席已经抛锚了，继而由投票发起者发起竞选主席的投票。在这种情况下，Raft算法的处理逻辑是旧的主席作废成为集团内的普通员工（Follower），新的主席上任开始他新的任期生涯。

候选者（Candidate）是每一次选举中最有权利坐上主席之位的一群人，由Follower进行投票，得票数多者成为新一任主席。除了依据主席是否长时间没有向成员发布消息外，一般每一任主席都有一个固定的任期（term）。在一个新任主席上任后就是他任期的开始，任期结束后还要再进行一轮主席的选举。图6-9展示了Raft内一次选举过程中成员角色的转换。

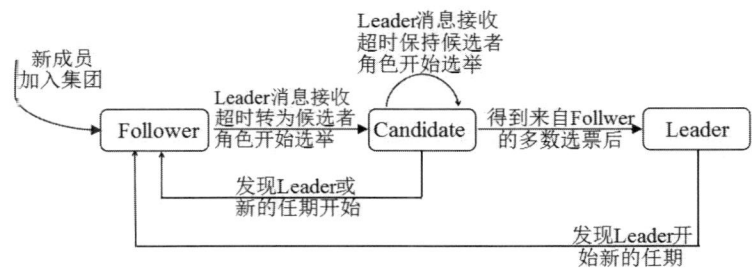

图6-9　Raft内成员角色的转换

对于一次选举而言，最难处理的就是平票的情况。对于Raft共识算法来说，平票就是两个或多个候选者Candidate得到票数同为最高的情况，在这种情况下，可以认为此次选举失败。经历一次选举失败后Raft共识算法对集团中的所有成员随机施加睡眠值，随后由率先走出睡眠期的集团成员再次发起主席竞选。新一轮的选举中，只有走出睡眠期的成员才会参与竞选以及为竞选投票，这样，基本就可以保证避免再次出现平票的情况。

以上就是对Raft算法最核心部分的解释。Raft共识算法由斯坦福大学的

Diego Ongaro 和 John Ousterhout 设计，最初的设计目标就是看起来比 Paxos 更加适合用来学习以及工程实现。在实际的分布式系统应用中，可以类比集团的主席就是服务器集群的主服务器（Leader），而其他从服务器（Follower）就是这个集群的成员，由主服务器接收外界的指令并协调其他从服务器有条不紊地运行，如果从服务器有宕机的风险或预兆，那么就从一众从服务器中挑选出一个作为主服务器使用。

6.5 工作量证明算法 PoW

在第 2 章中学习以比特币为代表的去中心化数字货币的时候，相信大家就已经对工作量证明算法（PoW，Proof of Work）有了相当深刻的了解，其实工作量证明算法本身也正是随着比特币的出现而出现的，并随着比特币的流行而广为人知。

现在，我们再来梳理一下工作量证明算法在比特币系统中是如何被运用的。

（1）交易在两个或多个节点之间进行，并由参与交易的节点在交易完成后向其他节点广播交易。

（2）接收到广播来的交易的节点会先对交易数据进行验证，验证通过后再将交易放在自己机器的内存池中。

（3）矿工节点会将内存池中的交易按照系统规定的格式打包为区块，并付出一定的计算工作量找到区块的 Nonce 值，一般找到某个区块的 Nonce 值的时间大概为 10 分钟左右，然后矿工节点就会将该区块广播出去。

（4）其他节点在接收到新产生的区块后会对区块进行验证，包括区块的 Nonce 值是否正确、区块的数据格式是否正确以及区块中所记录的交易是否正确等，这样验证成功的区块才会被追加保存到节点自身所保存的区块链账本上。

（5）其他矿工节点在验证通过新接收到的区块后就会意识到自己在过去一轮的挖矿竞争中由于未能及时找到正确的 Nonce 值而已经失败，除了将新区块添加到自身所保存的区块链账本上之外，还会将这个新区块的哈希值放入到为下一轮挖矿竞争而准备的区块的区块头中。

使用工作量证明算法，每一个矿工节点只要使用的机器拥有足够强大的算力，他就具备了产生一个有效区块的条件。这样，如果两个矿工节点几乎同时将各自挖出的区块广播到网络上，并且这两个矿工节点又不具备在 P2P 网络上计较接近的连接关系，那么就很有可能导致一些节点接收到其中一个矿工节点挖出的区块，而另一些节点接收到另一个矿工节点挖出的区块。这样，两派各自以不同的区块作为同一个父区块的子区块，区块链分叉问题就产生了。

解决的办法是，每一个节点（尤其是矿工节点）都要认同累计了最大工作量证明（即最长或最大累计难度）的链作为合法主链并努力延长这条链。只要按照这样的规则确定主链，那么整个比特币网络就总会在未来某一时刻达到最终一致的状态。

在 3.1 节中比较详细地介绍了区块链分叉的问题，甲乙两名矿工在几经努力后各自挖出了属于自己的 A 和 B 区块并广播到网络中，网络中率先接收到 A 区块的节点，就将该区块作为 P 区块的子区块，而网络中率先接收到 B 区块的节点，则会将该区块作为 P 区块的子区块。接着，C 区块在 B 区块阵营中产生并传播到 A 区块阵营中，此时的 A 区块阵营中还没有产生新的区块，那么这两大阵营中的节点就都会选择累计了最大挖矿难度的 P→B→C 这条链作为主链并继续延长。不会再有矿工认同 P→A 这条链为主链并继续延长，因为他这样做是不明智的，另起炉灶的代价就是不得不说服足够多的矿工沿着他的做法前进，相反，他如果顺从系统的规则以 P→B→C 为主链，那就不会付出额外的辛苦而自身也不会损失什么。

工作量证明算法的设计精华在于，产生一个新的合法区块需要矿工花费掉一些时间、精力和财力，因为矿工不仅要购置算力强大的挖矿机器，还要按照规定的格式填充区块数据，更要通过运行大量的哈希计算来寻找到一个合适的 Nonce 值。这个合适的 Nonce 值就是矿工的工作量证明。

一般可以认为，一个区块被矿工挖出之后再经历连续 5 个区块的挖出（大约一小时），则这个区块内包含的交易就可以被认为是经过明确确认且不可修改的。而一些核心开发者则指出，区块链至少需要在其最后面的 120 个区块的保护才能得以避免主链不受来自潜在的更长、已经花掉新产生的币的区块链的威胁。

工作量证明算法的自身有着一些其他共识算法无法比拟的优点。其一，实现了高度的全网去中心化，没有矿工能够对区块的产生实行干预。其二，矿工节点的参与条件宽松，不需要经过机构的认证，拥有较高算力的矿工节点能够更快地找到 Nonce 值。其三，在容错方面，允许全网有 50% 的节点出错。

当然，工作量证明算法也有一些固有的缺点。首先就是它需要矿工付出大量的数学运算来夺取记账权，这样会导致比较高的资源消耗（主要的就是电力资源消耗）。然后，受到区块链分叉情况以及网络连接关系等的影响，达成一致共识的周期一般较长，因此性能效率比较低。最后，工作量证明算法需要大量的算力投入，目前比特币系统已经吸引了来自全球的大部分算力，这深深地影响到了其他使用工作量证明机制的区块链应用。

6.6 股权权益证明算法 PoS

单就 PoW 来说，无论是什么人，只要下载安装了软件并且硬件支持运行挖矿算法，那么他就能参与到挖矿算力竞争中。且先不论在挖矿算力竞争中取胜的可能性有多大，单单是 PoW 的这种低门槛参与就吸引到了很多的人去成为矿工。

PoS（Proof of Stake，股权权益证明）则不一样，在 PoS 下，想参与到挖矿竞争的队伍中来就先要在区块链网络上投入一定量的代币。这部分代币当然还属自己所有，相当于是交给网络的押金，也可看作是入股网络的股份。这就好像入股某公司一样，公司一般都会根据持股人的入股时间和股份含量分配给持股人一定的利息。

PoS 中还加入了奖惩的办法，投入代币的人基本都是希望参与挖矿竞争的人，如果他们能按照系统的规定去运作新区块的产生，那么他们就会得到应有的奖励（也就是矿工费），而如果他们打包的区块在其他节点那里因无法通过验证而驳回，那么对应的矿工就会被施以惩罚（从持有的代币中扣费）。从利益的角度出发，投入代币的矿工一般都希望得到一定的奖励，而不是"赔本赚吆喝"，所以自然也就失去了破坏系统共识的出发点。

大体上，PoS 的运作流程可以描述为以下 5 步。

（1）投入一定量的代币，成为候选矿工。

（2）每过一定的时间间隔，PoS 在这些候选矿工里按照持币多少的顺序挑选一个，并赋予生成区块的权力。

（3）这个被挑选到矿工对前面发生的交易进行打包以及工作量证明，然后将打包的区块广播出去，所有接收到的节点对区块进行验证。

（4）如果被挑选到的矿工没能顺利地产生区块（找到工作量证明的解时间过长或者拒绝为这些交易产生区块），那么 PoS 就在持币矿工里面再挑选下一个矿工赋予生成区块的权力，这样逐个挑选赋权，直到顺利打包出区块。

（5）PoS 的过程就是以此类推，当然还是以目前最长的链为主区块链进行延长。

从这个运作流程来看，PoS 改进了不少 PoW 中原有的缺点，比如在 PoW 中众多的矿工参与挖矿算力竞争，只有竞争胜利的矿工所打包的区块才会被其他节点人认可，而其他失败的矿工就会白白付出算力，到头来什么也得不到，先撇去时间浪费不说，单单是无用的算力付出就已经消耗掉了大量的能源。PoS 不需要矿工们参加竞争，而是通过在候选矿工中选择一个并赋予区块打包权的方式确定由谁负责打包区块。PoS 中打包的区块同样包含工作量证明，这样，主链依旧是累计了最大挖矿难度的链，区块链的安全也依旧能够得以保障。

最后，在 PoS 共识算法还有一个"币龄"的概念。币龄是针对在区块链网络中持有代币的候选矿工而言的，和持有代币的利息计算有关。大概的意思就是每个币每天都会增加 1 个币龄，如果某位矿工能够成功挖矿一个区块，那么他所持有的代币币龄就会被清空一次，同时清空计数器加 1，如果清空计数器计数达到了 365，那么这名候选矿工的持币就会到账一定的利息。

PoS 由 Quantum Mechanic 于 2011 年在 bitcointalk 首次提出。目前很少有采用了 PoS 共识算法的区块链技术应用，在未来，以太坊的第四阶段将采用 PoS 共识算法，另外，Peercoin 项目和 NXT 项目也都采用了 PoS 共识算法。

6.7　委托的股权权益证明算法 DPoS

从"委托的股权权益证明（Delegated Proof of Stake，DPoS）"这个名字就可以看出，它其实和 PoS 共识算法存在着某种关联，其实 DPoS 共识算法就是以 PoS 共识算法为基础并进行了改良而得来的。

在 PoS 共识算法中，持有代币的候选矿工是整个算法体系中的股东，在 DPoS 共识算法口保留了这个股东的角色，同时又增加了受委托股权权益人的角色。所谓受委托股权权益人（又称见证人），即通过股东推选出的一部分人，由他们对某一权益人挖出的区块进行见证。

见证的过程其实就是节点在接收到区块后验证的过程。一般在 PoS 以及 PoW 中新区块要经过后面几个区块的算力累计后才可被认为是无法修改的，这样做的弊端就是区块达成最终一致性的时间过长。DPoS 共识算法中经过受委托股权权益人的见证后区块就已经达到了最终一致性，不再强制需要)后续区块的算力累计。

DPoS 共识算法对体系中的受委托股权权益人提出了如下 3 点要求。

（1）受委托股权权益人的数量有最低下限和最高上限，由具体应用视实际情况而定，这些位图权益人由全部股东投票选出。

（2）为了快点对新区块进行见证，受委托股权权益人所处的节点要尽量避免出现故障的情况。

（3）受委托股权权益人还要做到尽可能地将新区块广播给更多的节点。

受委托股权权益人的劳动不会白白付出，每见证一个区块，他还会从股东那里分到一点奖励。DPoS 共识算法在区块链技术应用中不仅很好地实现了去中心化，同时也借鉴了一些中心化应用系统中的关键优势。DPoS 共识算法出现的比较晚，在 2014 年的时候由 Dan Larimer 提出，之后又经过了一些修改，这就导致了目前使用 DPoS 共识算法的区块链技术应用系统不是很多，比较著名的比特股项目（BitShare）就是采用了这种 DPoS 共识算法。

第 7 章 区块链应用开发平台——以太坊

由比特币系统带来的区块链技术说到底就是建立一套信任机制，由于它（指区块链技术）融合了近三十年来计算机技术发展的绝大部分成果（例如，密码学、分布式计算等），所以通常被认为是一项具有颠覆性意义的技术。遗憾的是在比特币系统被推出之后的一段时间里，除了具有特定功能的区块链应用（如比特币就是一个加密数字货币系统）外，几乎没有一个通用的区块链应用开发平台。

在这种情况下，以太坊项目就应运而生了。以太坊项目旨在建成一个使用范围广泛且支持完备区块链应用开发的公有区块链系统。以太坊的出现直接将区块链系统带入了 2.0 架构时代。区块链 2.0 架构是针对以比特币为代表的区块链 1.0 架构中存在的一些问题而重新设计的一个区块链系统。

在本章，我们将主要介绍以太坊客户端（包含 Geth 核心客户端及以太坊官方钱包）的安装和使用、以太坊的主要设计与以太坊中的一些关键概念。弄清楚以太坊的本身对于以后我们使用以太坊有非常大的帮助。

7.1 以太坊项目的发起与发展

作为区块链 2.0 架构时代的产物，与早在 2009 年就上线了的比特币项目相比，以太方项目显然要年轻得多，但是，以太坊的出现确确实实地扩大了区块链技术的应用范围。

这是因为当初比特币在设计时只考虑了应用于加密数字货币领域，因而不具备图灵完备性，也缺乏保存实时状态的账户概念，同时 PoW 机制也存在着一些效率低下和资源浪费的问题。在正式投入使用时，比特币自身存在的这些问题限制了它的使用范围——仅仅作为收付款的中间介质。面对严峻的商业使用环境，对于实现了区块链技术的应用而言，其必须具有图灵完备性、拥有高效的共识机制以及支持智能合约等要求被相继提出。

以上多次提到了"图灵完备性"一词，以后也会常常遇见这个词，在这里对其稍作解释。"图灵完备性"一词源于引入图灵机概念的数学家艾伦·图灵（Alan Turing），图灵机是他提出的一种抽象数学计算模型，大概的想法是人能通过纸和笔进行的所有数学运算都可以进行抽象，然后交给一个可执行计算的机器替代人们进行这些数学运算。

在可计算性理论中，如果数据的一系列操作规则（如指令集、编程语言等）可以用来实现对图灵机的模拟，那么这些操作规则就是具有图灵完备性的。以太坊相对于比特币是具有图灵完备性的，因为比特币仅仅能作为一种使用数字加密货币的收支系统，而以太坊则支持通过自主编写智能合约的方式实现将区块链技术放到更多应用场景中。

在意识到比特币项目存在的这些问题后，2013年底，比特币开发团队中的一些开发者展开了对将比特币项目中的核心技术（尤其是区块链技术）拓展到更多应用场景的可能性的讨论。大概就在同一时期，以太坊项目的创始人Vitalik Buterin（一名俄罗斯90后，在社区一般被尊称为V神）提出了在比特币项目的基础上进行一些改进的设计思想——采用了区块链技术的应用程序应该能以任意形式（图灵完备）运行，而不仅仅是像比特币中那样功能受到限制的简单收付款脚本。虽然Vitalik Buterin的想法没有得到来自比特币社区的支持，但事实证明他是对的，他的这些想法被写进了以太坊白皮书中。

如果你对以太坊白皮书很感兴趣，那么中文版的以太坊白皮书可访问网址https://www.idcbest.com/newsadmin/upFile/2018-5/以太坊白皮书（中文版）完整版.pdf来获得。

以太坊项目的原始团队经历了一番奋斗后，一些其他的开发者（如Gavin Wood、Jeffrey Wilcke等）也相继加入到了以太坊项目的开发中，这个队伍逐渐壮大了起来。2014年初，他们迈出了以太坊历史上最重要的一步——在社区上通过众筹的形式募集资金，用于开发一个运行智能合约的信任平台。

大概是为了向比特币项目致敬，团队募集开发所需的资金时直接接受的是比特币投资。2014年中旬，以太币（以太坊中的数字货币）进行预售，仅仅42天的时间就筹集到了价值超过1 800万美元的比特币，这些比特币大部分都用于项目的继续开发与升级。随后，他们成立了以太坊基金会，专门负责管理募集到的资金。

2015年7月底，以太坊官方团队发布了正式的以太坊项目，这意味着以太坊区块链网络正式上线了。首次发布的这个以太坊项目被称为以太坊的第一阶段（Frontier，前沿）。这一阶段的以太坊在设计上参考了比特币的很多地方，例如，使用了比特币网络的 PoW 共识机制以及矿工通过挖矿的形式参与到网络维护中，而相对于比特币进步的是支持了智能合约的上传。Frontier 版本的用户大多是开发者，他们通过实际运行以太坊网络来处理一些未曾发现的安全漏洞。

在 2016 年 3 月，以太坊的第二阶段（Homestead，家园）发布并投入运行，相较于 Frontier 阶段的以太坊项目，Homestead 在安全性上有了较大的提升，虽然仍采用的是 PoW 共识机制。为了提升易用性，这一阶段的以太坊项目提供了一些图形界面的客户端，这也算是一个进步的地方。出于这些原因，以太坊的用户逐渐多了起来。

2016 年 6 月，以太坊遭遇了其发展过程中一个最严重的安全事件。DAO（Decentralized Autonomous Organization，去中心自治组织或分布式自治组织）在以太坊平台进行众筹的过程中受到来自网络黑客的攻击，此次攻击造成了至少价值逾 5 000 万美元的以太币被冻结。最终，社区通过硬分叉（Hard Fork）以太坊网络的方式妥善处理了这次的攻击事件。

2017 年初，为了更加壮大以太坊的研发与维护队伍，EEA（Enterprise Ethereum Alliance）组织成立。以太坊由此逐渐成为了继比特币项目之后最广受关注的公有区块链项目。

在那次硬分叉之后，以太坊进入到了第三阶段（Metropolis，大都会），这也是我们目前所处的阶段。相比于之前的两个阶段，这一阶段的安全性有所增加，尤其是智能合约方面的安全性。

按照计划，后续还将发布以太坊的第四阶段（Serenity，宁静）。第四阶段的以太坊会增加一些新的特性，比如采用新的共识机制——股权权益证明（Proof of Stake，PoS），此外，还要增加更多的图形化的 UI 元素，以进一步提升钱包软件的应用性。引入 PoS 共识机制的目的在于降低 PoW 所带来的能源消耗，众所周知决定在 PoW 机制中是否取胜的关键因素是所使用的机器的算力是否强大，当一些矿工一起开始挖矿竞赛的时候，电力消耗肯定是不容小觑的，另外，机器的快速淘汰也会造成生产上的浪费。从环保性上来看，PoS 显然要优于 PoW。

值得一提的是，在以太坊中还设计有一个特殊的概念——叔区块，这是与比特币有所不同的另一个方面。在比特币系统中，一个矿工挖矿成功后，他会将系统发放给挖矿者的奖励全部收入囊中，而其他参与挖矿的矿工则一无所获。以太坊不会完全放弃挖矿失败的矿工所产生的废区块，这些废区块就是叔区块，叔区块也会根据一定的规则得到相应的奖励。

随着以太坊项目的不断发展，一些国内以太坊社区的活动也愈发频繁，这使得以太坊在国内热度的不断升高。EthFans 是国内最大的以太坊中文技术社区，官方网址是 http://ethfans.org。2017 年底 EthFans 社区发起了星火节点计划,欢迎国内对以太坊项目感兴趣的组织或个人通过运行超级节点参与到星火节点计划中。

启动星火计划的目的是方便国内的用户更加快速地同步区块数据。根据 Ethernodes 的统计,截至 2018 年 9 月,国内以太坊节点的数量尚处于比较少的状态,大概只有 1 500 个,占到了所有以太坊节点的 11%(统计信息见 https://www.ethernodes.org/network/1)。星火节点的作用就相当于比特币中的种子节点,星火节点的信息在被打包到 node(节点)文件中后,社区成员可自由下载这个节点文件。通过使用节点文件,本地运行的以太坊核心客户端可以连接到更多超级节点,超级节点越多,新用户在同步区块数据时的可选择途径也就越多,这无疑是大大加快了区块数据的同步速度。想要了解关于星火节点计划的更多详细信息可以访问网站 https://ethfans.org/wikis/星火节点计划介绍。

使用以太坊区块数据实时统计网站开源的统计程序,Ethfans 社区为国内用户搭建了一个提供区块网络实时信息的统计页面,这个页面也可以用于浏览星火节点,浏览效果如图 7-1 所示。

图 7-1　星火节点的浏览界面

星火节点计划没有设置门槛,对任何组织和个人都永远敞开大门,志愿者需要做的就是搭建自己的服务器(或者使用一台笔记本电脑),然后按照文档进行配置即可。对于志愿通过运行超级节点加入到星火节点计划中的用户,经过一些简单配置后,超级节点运行者的名字和网址将显示在图 7-1 所示的页面中(即上图最左侧一栏)。

7.2 以太坊的设计细节及重要概念

以太坊和比特币系统有很大的渊源。比特币系统带来了区块链的概念，但是只实现了区块链技术在去中心化数字货币系统中的应用，而没有扩展到更广泛的应用领域中。以太坊支持通过编写智能合约的方式实现各种去中心化的应用，例如，去中心化数字货币系统（以太坊支持将以太币作为内部货币）、众筹系统、融资租赁管理系统以及供应链管理等。

因为以太坊率先实现了区块链技术应用的定制化开发，所以一般认为以太坊开创了区块链 2.0 架构时代。以太坊在提供了更多功能的同时，其自身的设计也相较更复杂，在研究以太坊时，一些独有的新概念是首先要了解的，例如，智能合约、燃料、以太币、收据和账户状态等。

这一节，我们就将从这些概念开始展开对以太坊的研究。

7.2.1 智能合约和以太坊虚拟机

在上一节以及第 1 章中我知道了智能合约（Smart Contract）是从以太坊开始出现的一个非常重要的概念，指的是通过使用高级编程语言编写计算机程序的方式来缔结和运行基于区块链技术的各种合约。

虽然智能合约的最初应用是在以太坊平台上，但是早在 20 年前就有类似的概念被提出。例如，在 20 世纪 90 年代，Nick Szabo 和他的合作者就提出过类似的概念，但那时区块链技术还没有出现，所有的互联网应用还都是中心化的应用，将理论上的智能合约实现出来显然没有价值，所以在这方面的理论研究就暂时被搁置了。

以太坊支持包括 Solidity 在内的多门高级语言（其他的还有 Serpent 和 Viper 等）进行智能合约的开发，用于开发智能合约的程序设计语言普遍具有图灵完备的特性。Solidity 是以太坊官方为方便编写以太坊智能合约而专门设计的具有图灵完备性的高级编程语言，降低了智能合约开发者的入门门槛，目前，Solidity 已经超越了 Serpent 和 Viper 而成为以太坊平台上使用率最高的智能合约程序设计语言。

智能合约运行在以太坊虚拟机（Ethereum Virtual Machine，EVM）中，也就是说，太坊虚拟机才是智能合约真正的运行环境。运行在以太坊虚拟机中的智能合约在接受了来自外部的交易请求后，会根据已经编写在代码中的逻辑来执行这个交易，当然也可以调用其他智能合约。智能合约在执行后极有可能会修改以太坊节点对应的账本的状态，一旦修改成功并被网络中大部分的节点达成共识，那么修改的将无法被伪造或篡改，这一点正是利用了区块链账本难以伪造数据的特性。

可以将以太坊虚拟机看作是一个轻量级的虚拟机环境，类似于运行 Java 语言的 JVM（Java Virtual Machine）虚拟机。编写好的 Java 程序要被编译为字节码才能直接地被 JVM 读取，JVM 的作用就是根据字节码执行相应的功能。同样的，以太坊虚拟机直接读取的也是编写好的智能合约程序在被编译为太坊虚拟机节码（EVM byte code）之后的结果，编译的过程会由特定的编译器来完成。

另外需要说明的是，太坊虚拟机不必单独安装，它会随着太坊核心客户端的安装而被安装到计算机上，所有的以太坊节点在运行核心客户端的时候同样也就运行了以太坊虚拟机。

7.2.2 以太坊账户

以太坊账户（Account）就像是你在银行存钱取钱时的账户一样，在以太坊中就是一名用户的代表。每个账户都可以类比为一个 20 bytes 长的比特币中的钱包地址，但是，比特币在设计中确实是没有"账户"的概念的，它通过交易的 UTXO 模型记录着整个系统的状态，或者说比特币中只保留了状态转换的过程。在比特币系统中，如果想要知道一个钱包地址中的余额，最直接的办法就是在 UTXO 模型的基础上通过交易历史来推算出余额信息。

以太坊在查询以太币余额的方面和比特币的做法不同，它是直接利用账户来记录系统的状态，系统的状态中就包括了太币的余额信息。除了余额信息，账户还存储了智能合约代码以及其他内部数据。

现在用第 2 章中 Alice 的例子来进行具体的解释。假设 Alice 在使用比特币的同时也在使用以太坊，并且都是初次使用，他从朋友 Jone 那里获取了 0.1 个以太币和 0.1 个比特币，在之后的消费中又花费掉了以太币和比特币各 0.05 个，那么站在 Alice 的角度，她在比特币和以太坊中能看到的记账结果分别如图 7-2 的（a）和（b）所示。

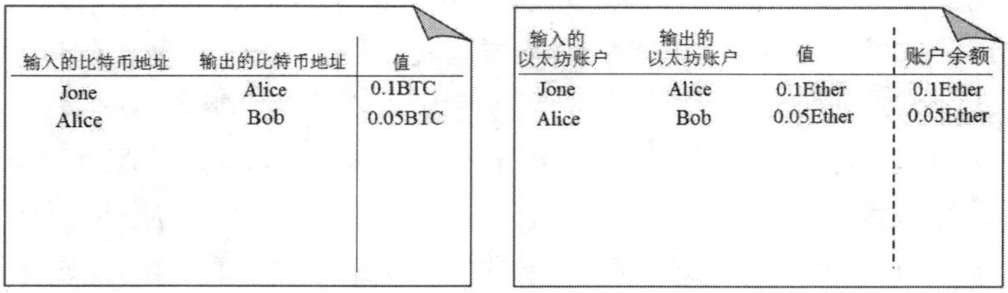

输入的比特币地址	输出的比特币地址	值
Jone	Alice	0.1BTC
Alice	Bob	0.05BTC

(a)

输入的以太坊账户	输出的以太坊账户	值	账户余额
Jone	Alice	0.1Ether	0.1Ether
Alice	Bob	0.05Ether	0.05Ether

(b)

图 7-2　比特币和以太坊中

从图 7-2 可以看到，Alice 的以太坊账户中直接保存了当前的余额，也就是 Alice 的资产的当前状态，每进行一次交易，余额都会被刷新一次。得益于此，在以太坊中查询余额非常容易，相比之下，想要在比特币的流水账中获得 Alice 的当前余额，只能通过计算来完成。

在了解完以太坊账户的功能之后，我们再来看一下以太坊账户的数据结构。既然以太坊账户存储了状态信息，那么代码中就必然要定义一个清晰的数据结构来执行对这些状态信息的存储。以下是以太坊源码中对账户数据结构的定义。

```
type Account struct {
    Nonce    uint64
    Balance  *big.Int
    Root     common.Hash //merkle root of the sotrge trie
    CodeHash []byte
}
```

在这段定义中，可以看到账户的数据结构主要包含 4 个部分。

（1）Nonce 是一个无符号的 64 位整数，具有对每个账户进行交易计数的功能，可以看作是针对一个账户的交易计数器，作用是防止重放攻击。当某个账户发起了一笔交易，系统会在该账户已经发起过的交易数量的基础上继续累加这个数字。例如，某个账户截至目前已经发起过 10 笔交易，那么当他再发起交易时，Nonce 的计数值就会在 10 的基础上再加 1。

（2）Balance 表示账户目前的以太币余额，这个字段理解起来非常容易。

（3）Root 部分存储的值是一棵 patricia trie（帕夏尔前缀树）的根哈希值。关于 patricia trie 的介绍放在了 7.2.8 节中，这里只要知道帕夏尔前缀树是一种类似于 Merkle 树（但比 Merkle 树稍稍复杂一些）的存储结构就好了。

（4）CodeHash 是账户的合约代码。当以太坊账户为合约账户时，CodeHash 会被填充相应的值，但是对于以太坊的外部所有账户，CodeHash 一般为空。

就像比特币地址一样，以太坊的账户也产生于一对由私钥和公钥组成的密钥，不过，以太坊是直接采用公钥的后 20 位来作为账户地址，这和比特币地址是经由公钥计算双哈希而得来的有所不同。根据账户是否保存有智能合约，可以将以太坊的账户分为外部所有账户（EOA，Externally Owned Accounts）类型和合约账户（Contracts Accounts）类型两种。

外部所有账户非常普通，由于本身没有存储智能合约代码，所以要执行图灵完备的计算任务时就需要先创建一笔经过签名的交易，然后发送到合约账户那里请求执行，在这个交易中还需要给出计算任务需要用到的参数。合约账户就比较完整了，一般合约账户都保存有智能合约代码（以太坊虚拟机字节码），可以独立地执行图灵完备的计算任务。

7.2.3 状态

"状态"是在以太坊的设计中创新性地提出的一个概念。状态指的是某账户当前存储的价值数据，而状态转换也就是两个或多个账户彼此间转换价值所构成的。

以太坊白皮书中对"状态"这一概念做出了比较详细的描述。根据白皮书中所作的描述，状态可以类比为银行系统存储的资产明细表，如果某两个位用户之间发生了转账，那么这个资产明细表就会发生变动或者说发生状态转化。也可以将状态类比为比特币系统中的 UTXO 账户模型，比特币系统监视着成千上万乃至更多的 UTXO，每发生一笔交易，都会有一部分 UTXO 参与输入并产生 UTXO 输出，也就是系统中 UTXO 发生状态变化。

实际上，以太坊提出"状态"的这样一个概念是为了方便描述区块链账本中数据的变化。因为以太坊不单单支持通过设计智能合约实现去中心化数字货币系统的功能，所以区块链账本中的数据也不单单可以是资产数据。对于没有发生任何交易事物的账户，可以认为其具有静止的状态，也就是状态没有发生变化。如果发生状态转换，那么这个过程可以用状态转换函数来概括地描述。

回顾第 2 章，在那里学习比特币的区块数据结构的时候知道了在区块的区块头部分保存了所有交易的 Merkle 根值。以太坊的区块数据结构大体上和比特币的区块数据结构类似，也包含区块头部分，不过，以太坊的区块头除了保存有交易树根（交易树根也就是类似于比特币的区块头中保存的交易数据 Merkle 树根）外，为了方便访问区块链网络的整个状态，还保存有状态树根。状态树根就是状态树最顶端的数据，有了状态树根，就可以不再仅仅依靠交易树根去追溯账户余额和交易信息等重要信息了。

比特币中的 Merkle 树是一种二叉树，但是以太坊中的交易树和状态树使用的都不是 Merkle 树，而是一种基于 Merkle 树的拥有更复杂数据结构的梅克尔-帕特里夏树（英文全称 Merkle-Patricia Tree）。关于 Merkle-Patricia Tree，在 7.2.8 梅克尔-帕特里夏树小节有更详细的介绍。图 7-3 简单示意了状态树根在以太坊区块中的位置。

以太坊在源码的 go-ethereum/core/types 路径下的 block.go 文件中定义了区块头结构（Header）。在 Header 结构中，有 Root、TxHash 和 ReceiptHash 3 个 common.Hash 类型（Hash 值类型）的属性，这 3 个属性都对应到各自的 json 文件是satateRoot、transactionsRoot 和 receiptsRoot，从名称来看，Root 所指的就是状态

数根，TxRoot 所指的就是交易树根。

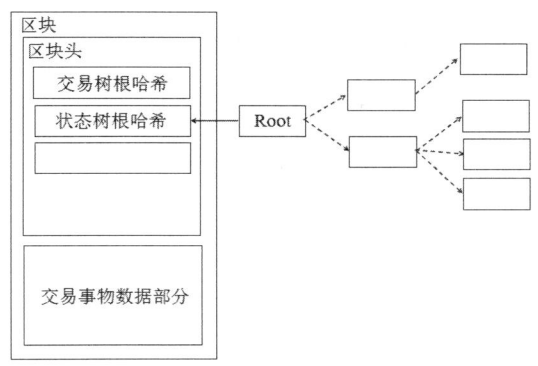

图 7-3 状态树根在区块中的位置

7.2.4 交易

提起交易，大家都不会陌生，使用现金购买所需的物品就属于一种交易。在以比特币为代表的典型数字货币应用系统中，交易指的就是在不同的货币地之间发送和接收货币，在这些应用中，货币的基本作用就是充当交易的媒介。每个交易都被发送者货币地址所签名，这样就能够有效地识别交易。

以太坊则扩展了交易的范畴，使之拥有了更广泛的含义。通过编写以太坊智能合约，除了可以实现转账交易的合约功能外，还可以实现诸如投票、下注及选举等其他合约功能，所以在以太坊中的交易就是一个被发送者账户签名的数据包。这个数据包主要存储的就是从账户发出的交易信息，即可以认为以太坊中的交易就是包含发送者账户签名的信息。

以太坊中支持的交易可以分为3种类型。首先就是转账交易，以太坊提供了以太币，因此也支持从一个账户往另一个账户转账以太币的功能，完成转账交易需要提供发送方账户、接收方账户和数额。

部署智能合约也算是一种交易，既然以太坊中的交易指的是包含签名的数据包，而且合约在部署的时候也是需要消耗以太币的，那么部署智能合约就可以算作是一种只有合约部署者的账户以及合约程序的二进制编码的一种交易。

最后一种交易当属执行智能合约中的方法，与部署智能合约类似，执行智能合约中的方法可以算作是一种只有合约执行者的账户、合约中具体被调用的方法及传入到方法中的参数的一种交易。

以太坊在源码中定义了一个结构体 Transaction，用于存储交易数据。Transaction 结构体的定义非常简单，最主要的还是其中的 txdata 结构类型的 data 字段。在

txdata 结构里才定义了真正的交易数据结构。下面就是 txdata 结构体的定义。

```
type txdata struct{
    AccountNonce uint64          'json:"nonce"      gencodec:"required"'
    Perice       *big.Int        'json:"gasPrice"   gencodec:"required"'
    GasLimit     *big.Int        'json:"gas"        gencodec:"required"'
    Recipient    *commom.Address 'json:"to"         rlp:"nil"'
    Amount       *big.Int        'json:"value"      gencodec:"required"'
    Payload      []byte          'json:"input"      gencodec:"required"'

    // Signature values
    V            *big.Int        'json:"v"          gencodec:"required"'
    R            *big.Int        'json:"r"          gencodec:"required"'
    S            *big.Int        'json:"s"          gencodec:"required"'

    // This is only used when marshaling to JSON
    Hash         *common.Hash    'json:"hash"       rlp:"-"'
}
```

在 txdata 结构体中，AccounNonce 字段用于存储交易的发起者已发起过的交易数量。

Price 字段用于存储交易每执行一步计算所需的 Gas 单价，而 GasLimit 字段存储的是交易执行所需的计算量。将 Price 的值与 GasLimit 的值相乘所得就是完成交易所需的手续费（或交易费）。实际上设立 Price 字段与 GasLimit 字段都是为了防止在代码中出现有意或无意的无限循环计算步骤从而造成矿工的算力资源浪费。通过对每个交易都设置一个限制（也就是让交易的执行需要付出额外的成本），就可以保障交易在执行的过程中所需的消耗不会超出预先设置的 Gas 总量限制，如果超出，那么交易的执行过程就会出错而已支付的 Gas 就会回滚，如果没有超出，那么已支付而未消耗的 Gas 就会退还回来。

Recipient 字段存储的是交易接收方的账户地址。Amount 字段存储的是交易中发送出去的以太币金额，具有默认的单位 wei。Payload 字段交易携带的数据，根据不同的交易类型有不同的用法。V、R 和 S 字段存储的都是和交易相关的签名数据，通过这些签名数据，交易发起者的账户地址就可以很容易地得到。

以太方的区块头中包含有交易树的根哈希值，交易树与状态树一样是一棵帕特里夏树，图 7-4 简单示意了交易树根在以太坊区块中的位置。

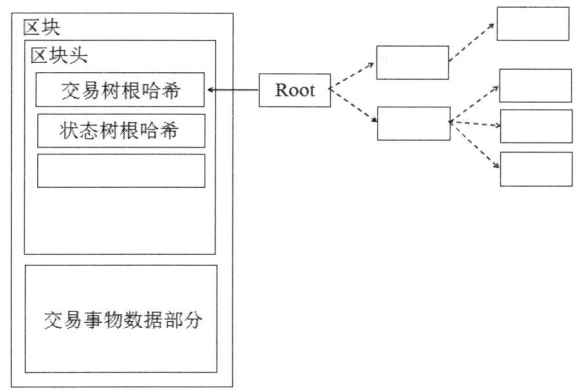

图 7-4　交易树根在区块中的位置

7.2.5　以太币面值

从之前的介绍中，我们知道了以太坊仍然提供对数字货币的支持，通过设计合理的智能合约，以太坊也能像比特币那样进行数字货币的收付。为了方便收付，以太坊将以太币设计得和其他数字货币一样支持多种面值，最小的面值是 wei（类似于比特币中的最小单位是聪），最大的面值是 Tether，这些面值之间每 1 000 个递进一个单位，换算关系列举如下。

1 Ether = 1,000,000,000,000,000,000 wei

1 Ether = 1,000,000,000,000,000 Kwei

1 Ether = 1,000,000,000,000 Mwei

1 Ether = 1,000,000,000 Gwei

1 Ether = 1,000,000 Szabo

1 Ether = 1,000 Finney

1 Kether = 1,000 ether

1 Mether = 1,000,000 ether

1 Gether = 1,000,000,000 ether

1 Tether = 1,000,000,000,000 ether

Ether 是以太币的基本单位，1 以太币可以用 1 Ether 表示。

通过以上的换算关系列举，可以发现 Tether 和 wei 之间的跨度非常大，那么在收付以太币时是否也要输入很多个 0 呢？显然没有这个必要，以太坊的设计者们设置了以太币的默认计量单位。当使用命令行工具访问以太坊节点时，默认的以太币计量单位是 wei，如果使用图形界面的钱包客户端收付以太币，则默认的以太币计量单位一般是 Ether。

在以太坊中，以太币除了可以用于收付款以及作为给矿工的矿工费奖励外，还可以用于购买燃料（Gas）。关于 Gas，7.2.7 燃料（Gas）小节对它进行了的具体的介绍，在这里只需要简单地知道使用它的情况主要出于智能合约的部署及调用等和智能合约相关的操作中，在这些操作中使用 Gas 支付一定的费用。

最后，看一下矿工从事以太币挖矿活动能够得到多少奖励。目前，以太坊矿工每成功生成一个新的有效区块，他就能得到 5 个以太币的矿工费奖励（当前每年通过挖矿生成的以太数据估计已经超过了一千万个），在写作本书时，单个以太币兑换美元的汇率是 1∶300，也就是说，成功挖矿的矿工能够获得至少 1 500 美元的矿工费。除了矿工费外，矿工还能获得他所打包的区块内包含的交易费，另外，用户调用智能合约时支付掉的燃料费用也归矿工所有。

7.2.6 收据

除了"状态"这一概念外，以太坊还创新性地提出了"收据"这一概念。以太坊中的收据实际上就是在交易完成后进行的数据统计与记录，相当于交易的特征数据。以下代码展示了以太坊为存储收据数据而定义的 Receipt 结构体。

```
type Receipt struct{
    // Consensus fields
    PostState          []byte              'json:"root"'
    CumulativeGasUsed  *big.Int            'json:"cumulativeGasUsed' gencodec:"required"'
    Bloom              Bloom               'json:"logsBloom" gencodec:"required"'
    Logs               []*Log              'json:"logs" gencodec:"required"'

    // Implementation fields (don't reorder!)
    TxHash             common.Hash         'json:"transactionHash" gencodec:"required"'
    ContractAddress    common.Address      'json:"contractAddress" '
    GasUsed            *big.Int            'json:"gasUsed" gencodec:"required"'
}
```

在 Receipt 结构体中，PostState 字段存储的是状态树的根哈希值转换为字节码之后的结果，有了这个字段，在收据里就能直接访问到状态数据。

CumulativeGasUsed 字段存储的是区块内累计 Gas 消耗量，其值等于包含在区块内的当前交易及之前所有交易消耗的 Gas 之和。TxHash 字段存储的是交易事物的哈希值，也就是交易树的根哈希值，相当于交易事物的 ID。ContractAddress 字段存储的是合约地址。GasUsed 字段存储的是当前这条交易所消耗的 Gas 总量，在理解时要注意与 CumulativeGasUsed 字段区分开来。

以太坊设计收据的目的实际上还是方便取得和交易相关的数据，从而提高区块链账本的使用效率。不过，也有一些人认为在以太坊中存储收据是冗余的，他们的观点是有了区块头中的交易树根和状态树根就足可以进行各种交易数据的查询。

以太坊的区块头中包含有收据树的根哈希值，收据树与交易树、状态树一样是一棵帕特里夏树，图 7-5 简单示意了收据树根在以太坊区块中的位置。

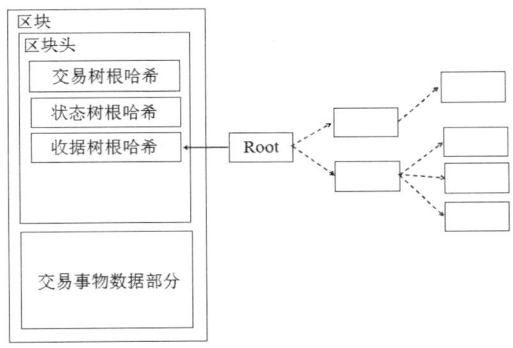

图 7-5　收据树根在区块中的位置

以太坊在源码的 block.go 文件中定义了区块头结构（Header），其中有 common.Hash 类型（Hash 值类型）的属性，ReceiptHash 指的就是收据树根哈希值，其对应到的 json 文件为 receiptsRoot。下面是区块头结构（Header）在源码中的定义。

```
type Header struct{
    ParentHash    common.Hash      'json:"parentHash"     gencodec:"required"'
    UncleHash     common.Hash      'json:"sha3Uncles"     gencodec:"required"'
    Coinbase      common.Address   'json:"miner"          gencodec:"required"'
    Root          common.Hash      'json:"stateRoot"      gencodec:"required"'
    TxHash        common.Hash      'json:"transactionsRoot" gencodec:"required"'
    ReceiptHash   common.Hash      'json:"receiptsRoot"
```

```
    Bloom       Bloom             'json:"logsBloom"
gencodec:"required"'

    Difficulty  *big.Int          'json:"difficulty"
gencodec:"required"'
    Number      *big.Int          'json:"number"
gencodec:"required"'
    GasLimit    *big.Int          'json:"gasLimit"
gencodec:"required"'
    GasUsed     *big.Int          'json:"gasUsed"
gencodec:"required"'
    Time        *big.Int          'json:"timestamp"
gencodec:"required"'

    Extra       []bytes           'json:"extraData"
gencodec:"required"'

    MixDigest   common.Hash       'json:"mixHash"
gencodec:"required"'
    Nonce       BlockNonce        'json:"nonce"
gencodec:"required"'
}
```

7.2.7 燃料（Gas）

在以太坊中，Gas 同以太币一样都是用于计量数字货币的数额。在比特币系统的设计中，为了鼓励矿工尽快将交易打包，会在发起交易时设置一定的交易费，交易费以一定数额的比特币的形式从用户钱包中扣除，并且交易费是可以选择性支付的，可以支付或不支付。以太坊借鉴了比特币中交易费的概念，并从此基础上进行了扩展。对于以太坊，无论是创建智能合约还是执行智能合约，这些操作都离不开一些小额费用的支付，也就是 Gas。

但是，Gas 并不是以太币。Gas 的基本单位和以太币一样都是 wei，在支付 Gas 的同时也就是在花费以太币，所以 Gas 和以太币之间存在着换算关系。我们称一个 Gas 能换算成多少以太币为 Gas 的单价，Gas 的单价可以自己进行设置，不过，以太坊客户端一般默认地将 Gas 单价设置为 0.05×10^{12} wei。

智能合约中的每一个交易都需要包含 Gas 上限和 Gas 单价这两个属性，这里的 Gas 单价由矿工决定，并且一般都不会高于以太坊客户端默认的 Gas 单价。如果用户提交的 Gas 单价低于矿工决定的 Gas 单价，矿工有权拒绝挖走这个交易。

利用 Gas 的单价可以自己进行设置的特性，一些用户往往为了使自己的交易优先被打包而设置一个较高的 Gas 单价。

当某个账户在发起一个智能合约中的交易时，如果交易使用的 Gas 少于或等于智能合约中设定的 Gas 上限，则交易继续进行，但是如果 Gas 总数超过上限或者 Gas 总数大于账户的余额，则执行的过程会被中断并撤销所有修改（状态回滚）。

支付一定数额的 Gas 能起到很大的作用，当然不仅仅包括激励矿工尽快地将交易打包，除此之外，还可以限制智能合约在执行时的复杂程度。举例而言，如果在智能合约中含有一个非常复杂的逻辑，或者是含有多个无意义的重复逻辑乃至于含有一个恶意的死循环，这些都是一些不理想的存在，这时 Gas 的另一个作用就显现出来了，它能对这样的行为产生一个约束。

决定 Gas 量的因素是以太坊智能合约在执行时所需的计算量，相当于是算力资源的消耗，这是以太坊对 Gas 的规定（只要某个步骤会消耗矿工的计算资源则该步骤就一定要有个明码标价。例如，发起一次普通的转账交易会需要贡献的 Gas 数量是 21 000 个，而执行一次 SHA-256 哈希计算会消耗 20 个 Gas）。

需要注意的是，尽管在运行同一段智能合约时所使用的 Gas 数量是固定不变的，但是由于以太币兑换真实货币的汇率存在波动，所以汇率和 Gas 单价共同决定了执行一段智能合约时所需要付出的真实货币成本。

从以太坊整体的角度来看，Gas 机制的引入非常有价值。首先，通过 Gas，矿工能获得更多的创收，其次，Gas 也鼓励了开发者尽量多做一些逻辑上的思考，然后编写出消耗算力资源更少的智能合约。

7.2.8 梅克尔-帕特里夏树

在前面的几个小节中多次提到过梅克尔-帕特里夏树（Merkle-Patricia Tree），交易树、状态树和收据树在数据结构上采用的都是 Merkle-Patricia 树。其实，Merkle-Patricia Tree 就是梅克尔树（Merkle Tree）与帕特里夏树（Patricia Tree）的结合体，我们可以参考比特币中的 Merkle 树来理解以太坊中的 Merkle-Patricia 树。

比特币的每一个区块的区块头部分都存储有交易树的根哈希值（或简称交易树根），那里的交易树在数据结构上采用的就是 Merkle 树。严格地讲，比特币中所使用的 Merkle 树结构属于一种哈希二叉树，由同一层级的两个相邻节点存储的哈希值拼接再计算哈希值所得的结果作为更高一层级的节点，以此类推，直到 Merkle 树的最顶层仅仅有一个存储了哈希值的节点，那就是 Merkle 的根哈希值。关于 Merkle 树的详细计算过程可参考第 2 章中的相关介绍。

一切还都要从 Trie Tree 说起。Trie Tree 是一种经典的单词查找树。在 Trie Tree 中的每个节点都保存了一个字符。图 7-6 展示了一种简单的 Trie Tree。

从图 7-4 中可以看到，单词 add 与 adage 有共同的前缀 ad，所以存储有字符 a 和 d 的节点是这两个单词的共有节点，而单词 absent 与单词 abseil 有共同的前缀 abse，所以存储有字符 a、b、s 和 e 的节点是这两个单词的共有节点。同理，存储有字符 a 的节点是这四个单词的共有节点。

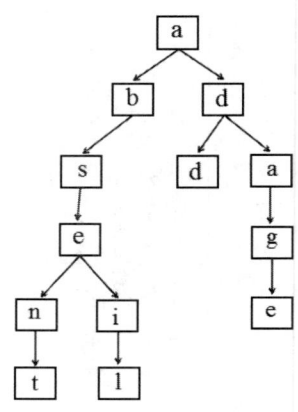

图 7-6　Trie Tree 简单示例

Trie Tree 的这种共享前缀的机制最大的优点就是在一定程度上节省了存储空间。Trie Tree 中，只要提供一个前缀，全部具有该前缀的单词就被筛选出来了。如果采用 key-value 键值对的方式存储单词的前缀和后缀，那么会产生很多的重复部分，从而降低存储效率。不仅存储效率会相对有所提高，Trie Tree 的这种共享前缀的机制在单词检索时效率也会显著地提高。

Patricia Tree 是基于 Tire Tree 的，事实上，Patricia Tree 的每个节点都可存储字符串或二进制串数据等更为一般化的数据，除此之外，Patricia Tree 与 Tire Tree 就几乎没什么不同了。尽管如此，这并不代表 Patricia Tree 采用完全和 Tire Tree 相同的机制还能得到较高的效率。实际上，在 Patricia Tree 中，一部分稍微靠近底层的节点采用的都是 key-value 键值对的形式，这样的节点中，key 部分存储的还是前缀，而 value 部分则存储了前缀对应的值。

图 7-7 展示一种简单的 Patricia Tree。在图 7-5 中，同样可以找到单词 addge、absent 和 abseil。整体上看，Patricia Tree 比 Trie Tree 消瘦一些。

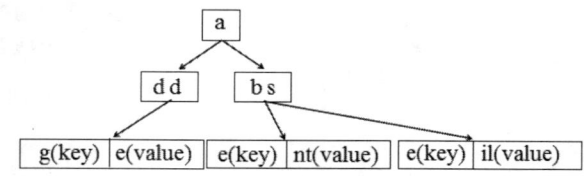

图 7-7　Patricia Tree 简单示例

以太坊中用到的 Merkle-Patricia 树在 Patricia 树的基础上又进行了扩展，融合了 Merkle 树的一些设计。在 Merkle-Patricia 树中，节点可分为值节点、叶子节点、指针节点和枝干节点 4 类。

在这 4 类节点中，值节点形式最简单，就是保存的 key-value 键值对中的 value

部分，甚至不包括 key 部分。叶子节点存储了一个完整的 key-value 键值对。在叶子节点所存储的 key-value 键值对中，value 部分就是原有数据（包括交易数据、状态数据和收据数据）经过了 RLP 编码格式编码的结果，而 key 就是在对 value 求解 SHA3 哈希值之后再进行十六进制编码的结果。叶子节点顾名思义就是 Merkle-Patricia Tree 中位于最底层的节点，在叶子节点中存储的数据都是由原始业务数据直接计算得来，因此非常重要，在叶子节点下面不再划分出子节点。

指针节点同样是存储了一个完整的 key-value 键值对，但是这里的 value 并不是正式的数据，而是一个哈希值，是其他值节点和叶子节点的哈希值的 SHA3 哈希值。凭借这个 value，指针节点就能快速地定位到对应的节点上。在指针节点的 key-value 键值对中的 key 和叶子节点一样存储的是在 value 的 SHA3 哈希值基础上进行十六进制编码的结果。

Merkle-Patricia 树也具有像 Trie Tree 那样的前缀树的特征，这样的特征是通过树中枝干节点来完成的。枝干节点的作用就是在树中检索到叶子节点和指针节点的 key，无论叶子节点和指针节点的 key 值如何，它都是编码为十六进制后的结果。为了能检索到 key 值，每一个枝干节点都是一个字符列表，包含十六进制中的 0～f 这十六个字符。图 7-8 展示了从根节点检索到两个叶子节点和一个指针节点的示意。

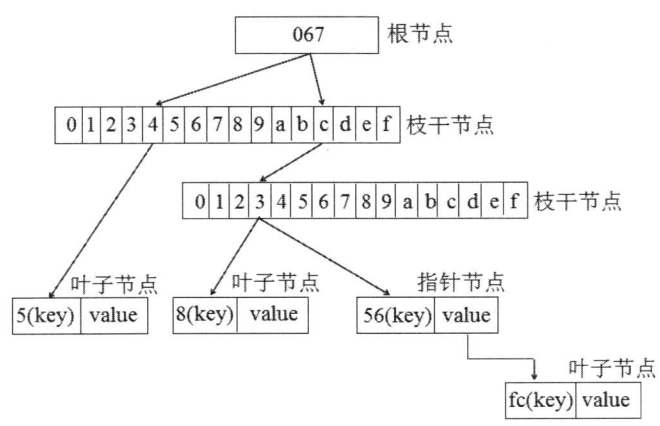

图 7-8　Merkle-Patricia 树检索过程示例

Merkle-Patricia 树中节点很多，有值节点、枝干节点、叶子节点和指针节点，另外还有最终的根节点。值节点和枝干节点比较特殊，没有 key-value 键值对结构，但是叶子节点和指针节点却非常相似。区分叶子节点和指针节点最好的办法就是在经过十六进制编码的 key 的前面加上适当的前缀。以太坊在叶子节点和指针节点的 key 之前加上一个十六进制的字符，用 0 或 1 代表指针节点（也可根据 0 或 1 区分长度的奇偶性），用 2 或 3 代表叶子节点（同样根据 2 或 3 区分长度的奇偶性）。

7.3 以太坊的结构与整体运行框架

分析以太坊的结构，可以先从比特币系统的角度出发。实际上，比特系统作为去中心化的数字货币系统，其整体的实现过程思路就可以看作是以太坊的一个智能合约。在比特币系统中，核心客户端提供了使用者接入比特币网络的通道，每一个启动中的核心客户端都相当于 P2P 网络架构中的一个节点。比特币网络中的节点既可以是只发起和接收转账交易的普通节点，也可以是负责打包交易的矿工节点，这取决于用户的选择。骨灰级的用户可以通过比特币核心客户端提供的命令行支持与比特币网络进行交互，但是针对那些注重简单便捷的使用体验的人，比特币系统还提供了一个具有 UI 界面的钱包工具，由这个钱包工具架起用户和核心客户端之间交互的桥梁。

比特币系统相当于是从无到有地构建了一个去中心化的数字货币系统，需要开发团队构思网络的结构、节点之间采用的通信协议、交易和区块的数据包结构以及共识算法的原理等。

以太坊本身也是一个去中心化的应用，准确的来说是去中心化应用的开发平台和运行平台。以太坊和比特币系统虽然功能上有着很大的差别，但是本质上，以太坊还是借鉴了比特币系统最核心的设计，比如采用 P2P 的网络结构、矿工节点为争夺区块的打包权而彼此间具有竞争关系、交易数据被打包成区块的形式在节点间传播，以及采用区块链账本的形式记录交易数据等。

作为区块链 2.0 架构的代表产物，以太坊不再像比特币系统那样只能实现固定的应用逻辑（如比特币系统就是实现了转账交易的功能），最突出的改进应当就是加入了对智能合约的支持，以及为了运行合约而增加的以太坊虚拟机。从上一节的介绍中我们知道了，可以在智能合约中通过编程的方式实现各种需要的应用逻辑，而以太坊虚拟机就是以太坊提供的运行智能合约的"沙盒"。

图 7-9 简单示意了以太坊的总体结构。

从图 7-9 可以发现，智能合约和以太坊虚拟机正好可以作为外部成品 DApp 和以太坊进行数据层面交流的中介层。智能合约可以实现 DApp 的主要逻辑，从而让 DApp 只要负责与用户的交互就好了。

利用智能合约也可以实现比特币系统那样的去中心化数字货币系统，当然如果我们有时间并且愿意，只要一步步地编写处理逻辑就好了，一些比较核心的内容，例如，P2P结构、网络协议以及数据库技术等，以太坊都为我们做好了封装。

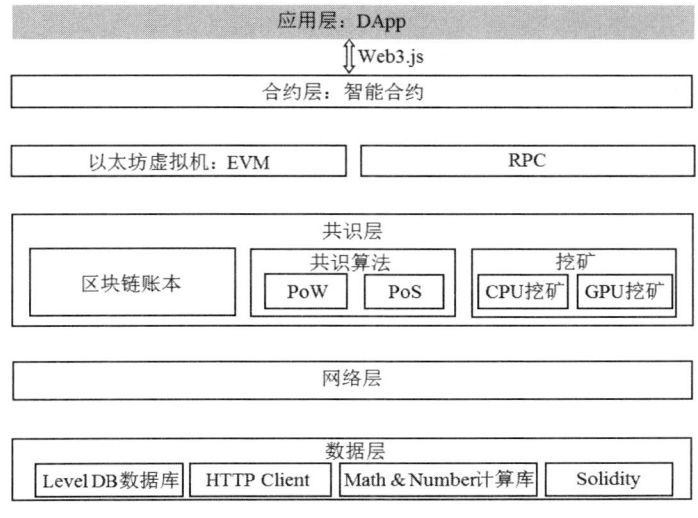

图 7-9　以太坊的总体结构

成品智能合约是由需要运行该合约的对应节点保存在本地的区块链账本上，在运行时要被编译为以太坊虚拟机的字节码文件，通过以太坊虚拟机来运行。不但通过编写智能合约能够实现众筹合约、担保合约、融资租赁合约以及期货合约等各种形式的合约，而且合约也不局限于是金融类的合约还是非金融类的合约。

比特币系统具有全球范围内的网络，每个想尝试使用比特币系统的人都可以不限制地接入比特币网络中成为其中的一员。在区块链技术领域，这种完全对外开放、没有权限管理机制也不需要身份认证的网络类型可以称之为"公有链网络"或"公有链类型的网络"。在公有链网络中，不仅所有人可以任意参与使用，而且可以任意查看所有发生的数据，因此网络完全公开透明。

以太坊原生支持公有链网络，只要下载了能够接入网络的客户端软件以及创建好了账户，就能参与到网络的运行中。一些参与到网络中的节点可能运行着这份智能合约，而另一些节点可能运行着另一份智能合约，只要合约是运行在公有链网络中，产生的交易都将会被打包成区块并由节点保存到同一条区块链账本上，此外，所有的节点也都遵守着相同的共识机制。

公有链网络最明显的特征是节点数量不可控又不固定。在全网范围内，散布着众多的节点。用户能够控制的节点只有本身所代表的一个或数个节点而已。除了节点数量和状态不可控外，也无法保证某个或哪些节点一定是恶意节点。一些使用有公有链网络的区块链应用都有明显的共同特征，例如，有大量的用户在参与以及应用数据对所有参与者公开等。

以太坊也支持私有链网络。私有链网络和公有链网络是一个相对的概念。顾名思义，私有链网络就是网络只针对特定的组织内的成员开放而不是对所有想加入的人都开放。为了实现只允许特定的人加入，私有链网络中最明显的就是加入了权限管理和身份认证的功能，因此，在私有链网络中，节点的数量和状态成为可控的了。

一些大型的公司可能对私有链网络比较感兴趣。例如，对于企业的账务管理系统、供应链管理系统或生产章程系统，这些与公司运行息息相关的系统通常不会让具有竞争关系的企业得到，因此企业可以搭建一个私有链网络在企业内部运行这些系统，并且通过加入权限管理和身份认证功能达到只允许企业内部的员工参与系统运行的目的。

在以太坊中可以自行搭建私有链网络。一般搭建私有链网络的目的无非就是为了测试智能合约，其实以太坊本身也提供了两个测试网络进行智能合约的测试，但这两个测试网络都是公有链类型的网络。既然私有链网络中成员节点的数量和状态成为了可控的，那么也就意味着可以抛弃一些依靠算力竞争决定区块打包权的共识算法转而使用更节能的共识算法了，这些算法可以是 PoS、DPoS、PBFT 等。

7.4　安装以太坊客户端

本章的前几节介绍了以太坊项目的发起、发展与总体设计，从中我们了解了以太坊为何如此强大。这一节的主要任务是认识一下以太坊项目的组成以及以太坊客户端软件的安装。

对于操作系统，我选择的是使用 Linux 的 Ubuntu 16.04 发行版。在 Ubuntu 系统上安装软件常用的方式有从 PPA 仓库安装和从源码编译安装两种。当然我们也会对 Windows 和 MacOS 系统如何安装以太坊客户端做出介绍。

7.4.1　以太坊的源码

以太坊的源码是维护在 GitHub（https://github.com/ethereum）上的，将链接复制到浏览器上可以看到以太坊项目的所有源码。在以太坊的 GitHub 首页上我们可以看到以太坊项目拥有着很多个子项目，构成了一个比较完善的生态圈，这也得益于社区成员的积极贡献。这个页面上最先展示出来的是以太坊的核心客户端源码，如图 7-10 所示。

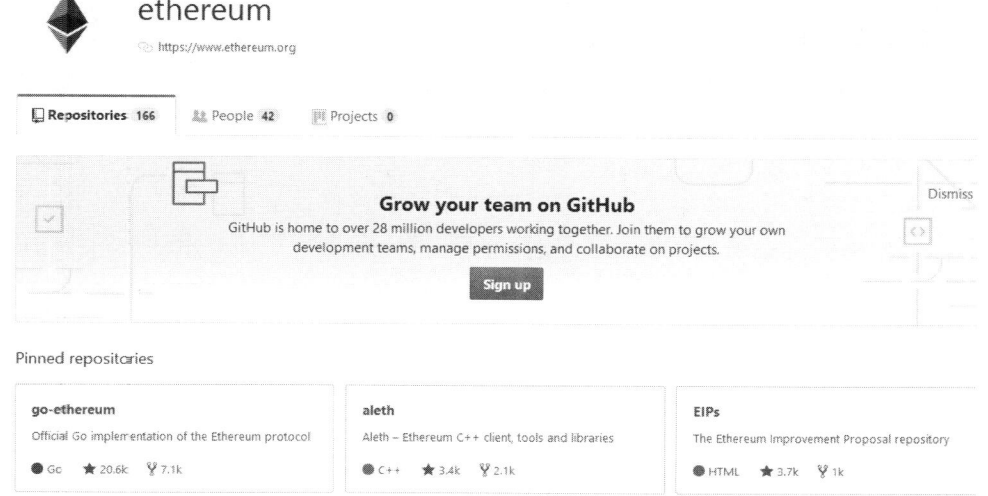

图 7-10　GitHub 界面上展示的以太坊项目

从图 7-10 所示的页面中可以看到，常用的以太坊核心客户端有 Go 语言版本（go-ethereum）和 C++语言版本（aleth）两种。这两个版本的核心客户端的功能都是一样的，只不过是采用了不同的语言实现，但是就下载数量和 star 数量来看，go-ethereum 明显有着较高的人气。

可以说 go-ethereum 是使用最广泛的以太坊核心客户端，类似于比特币的中本聪核心客户端。以太坊核心客户端是一个没有用户界面而只能通过命令行运行的程序，能够实现账号管理、搭建私有区块链、部署智能合约以及挖矿等功能。go-ethereum 常被称为 Geth，在后面，我们也会多以 Geth 来代表 go-ethereum。

需要注意的是，1.6 之前版本的 go-ethereum 内置可用于编译智能合约的编译模块，但是这个编译模块在 1.6 及之后版本的 go-ethereum 就被独立出去了。也就是说，最新版本的 go-ethereum 不能编译智能合约。

EIPs 是以太坊的平台标准描述，由 HTML 语言写成。这些描述中包含核心协议的说明、合约标准以及客户端 API 等。对于本身有着编程爱好且想要深入了解以太坊核心客户端源码的读者，可以考虑下载自己更擅长的语言版本的核心客户端源码来进行研究。

除了核心客户端外，以太坊官方还释放出了 100 多个其他独立使用的项目（或工具），这些项目可以在图 7-10 所示页面的下方看到，主要包括以太坊钱包工具、新的实验性的智能合约编程语言 Solidity、智能合约开发工具 Remix 和以太坊的 JavaScript 调用库 Web3.js 等。以下是对一些使用频率较高的项目的解释。

（1）Mist 项目目前是作为一个带有浏览器的钱包客户端来使用的，除了带有浏览器外，其他大部分功能都和比特币钱包（比特币钱包就是一个含有界面的收付款平台）类似。

作为一个钱包客户端，Mist 在运行时要配合有以太坊核心节点（如 Geth 或 aleth）的运行，因此 Mist 本身携带有核心客户端（通常默认是 Geth）。在系统已经安装有核心客户端的情况下，如果在 Mist 启动的时候没有通过命令行运行这个核心客户端，那么 Mist 将使用自带的 Geth 完成区块链数据同步的任务。如果想让 Mist 搭配已安装的核心客户端运行，那么就需要在 Mist 启动前先启动核心客户端。

除了 Mist 外，以太坊官方团队提供有官方以太坊钱包 Ethereum Wallet。Ethereum Wallet 是我们主要使用的以太坊钱包，7.4.5 节将会展开对其使用的详细介绍。

尽管目前 Mist 是作为一个钱包客户端来使用，但是以太坊官方开发团队的预想是在未来将其升级为一个 DApp 市场交易客户端，类似于安卓或者苹果的应用市场，届时 Mist 将会提供更多有趣的功能。

（2）Solidity 项目是以太坊智能合约的编程语言，同时也是一种语法与 JavaScript 相似的高级语言，其底层使用 C++开发。设计 Solidity 的最初目的是为了方便以太坊虚拟机（EVM）编译代码，而 Solidity 也确实不负众望地达到了设计人员对其的最初设想。

除了 Solidity，以太坊还支持其他的智能合约编程语言，例如，Viper，不过这些语言都是新的，目前暂属于实验性的项目。

（3）Remix 工具是以太坊平台上用于开发 Solidity 智能合约（通俗地说是在以太坊平台开发 DApp）的 IDE。Remix 内置有调试器和测试环境并且具有图形化界面，可以完美地支持智能合约的开发、编译、调试以及部署。就以太坊平台而言，Remix 绝对算得上是目前最主流的智能合约开发 IDE。

（4）Browse-Solidity 项目是智能合约浏览器版本的 IDE，可以看作是一个轻量级的 Remix，支持在浏览器中进行智能合约的开发、编译、调试。令人欣慰的是，Browser-Solidity 目前是可以与 Remix 集成在一起使用的。

（5）pyethereum 项目与 go-ethereum 功能相同的还有 Python 版本的核心客户端，pyethereum 就是用 Python 语言编写的以太坊核心客户端。

（6）ethereumj 项目，与 go-ethereum 功能相同的还有 Java 版本的核心客户端，ethereumj 就是用 Java 语言编写的以太坊客户端。

实际上，以太坊还有其他语言写成的核心客户端，因为以太坊是要打造一个生态。其他的核心客户端有 Parity（Rust 语言实现）、ethereumjs-lib （JavaScript 语言实现）、ethereumH（Haskell 语言实现）、ruby-ethereum（Ruby 语言实现）。这些核心客户端的源码都被放在了 GitHub 上，但是受支持量却远不如 Geth。

在接下来的两个小节中，我们将介绍以太坊核心客户端的安装。通过本节中对以太方核心客户端的介绍，我们知道了以太坊核心客户端主要分为 Go 语言版本和 C++语言版本两种，由于前者的用户量比较大，所以在后面多以 Go 语言版的以太坊核心客户端（即 Geth 或 go-ethereum）为例。

7.4.2　通过 PPA 直接安装 Geth

对于每个 Linux 系统的发行版，如 Ubuntu，都会维护一个自己的官方软件仓库，经常用到的大部分软件都被收集在这里面。这里面的软件绝对安全，而且肯定能正常安装使用。

尽管 Ubuntu 官方的软件仓库提供了 Ubuntu 用户快速安装软件的通道，但是由于种种原因，一些不是非常大众化的软件没有被收录在 Ubuntu 官方的软件仓库中。为了更加优化 Ubuntu 用户的使用体验，launchpad.net 提供了软件 PPA 的安装方式，允许用户建立自己的软件仓库，自由的上传或下载软件。

PPA（Personal Package Archive，个人软件包集）的出现也确实达到了它最初的设计目的，为 Ubuntu 用户安装更多种类的软件提供了很有力的支持。PPA 上的软件极其丰富，所以很多 Ubuntu 用户都喜欢在官方仓库中缺少他需要的某款软件的情况下再去 PPA 上找找看。不过，有时 PPA 也被用来对一些打算进入 Ubuntu 官方仓库的软件或者某些软件的新版本进行测试。

关于 PPA 的更详细的内容，可以到 launchpad.net 的官网（https:// launchpad.net/）进行查询。通过 PPA 的方式安装以太坊客户端，可以先在终端依次执行如下命令。

```
$ sudo apt-get install software-properties-common
$ sudo add-apt-repository -y ppa:ethereum/ethereum
$ sudo apt-get update
```

第二句命令的作用是添加以太坊的 PPA 源（添加 PPA 源需要用到管理员的身份，所以要以 sudo 作为命令前缀），第三句命令的作用是更新 Ubuntu 的软件源列表。

接着通过下面这句命令安装 Geth。

```
$ sudo apt-get install ethereum
```

安装的过程中会下载一些需要的内容（这些内容不大，30MB 左右），下载的过程占据了整个安装过程的大部分时间。一般情况下，仅需要几分钟的时间就能完成 Geth 的安装。

　　以太坊核心客户端 Geth 完全是命令行运行，这也方便了检验 Geth 的安装正确与否。可用 geth--help 查看各命令和选项，如下所示，这是执行 geth--help 命令之后的命令行部分显示结果。

```
NAME:
  geth - the go-ethereum command line interface
  Copyright 2013-2018 The go-ethereum Authors

USAGE:
  geth [options] command [command options] [arguments...]

VERSION:
  1.8.13-stable-225171a4

COMMANDS:
  account            Manage accounts
  attach             Start an interactive JavaScript environment (connect to node)
  bug                opens a window to report a bug on the geth repo
  console            Start an interactive JavaScript environment
  copydb             Create a local chain from a target chaindata folder
  dump               Dump a specific block from storage
  dumpconfig         Show configuration values
  export             Export blockchain into file
  export-preimages   Export the preimage database into an RLP stream
  import             Import a blockchain file
  import-preimages   Import the preimage database from an RLP stream
  init               Bootstrap and initialize a new genesis block
  js                 Execute the specified JavaScript files
  license            Display license information
  makecache          Generate ethash verification cache (for testing)
  makedag            Generate ethash mining DAG (for testing)
  monitor            Monitor and visualize node metrics
  removedb           Remove blockchain and state databases
  version            Print version numbers
  ......
```

　　COMMANDS 列表中例举出来了可以使用的命令选项。例如，version 命令选项可以用于查看当前 Geth 的版本，它的使用格式如下。

```
$ geth version
```

如下所示，是终端打印出的 version 信息。

```
Geth
Version: 1.8.13-stable
Git Commit: 225171a4bfcc16bd12a1906b1e0d43d0b18c353b
Architecture: amd64
Protocol Versions: [63 62]
Network Id: 1
Go Version: go1.10
Operating System: linux
GOPATH=
GOROOT=/usr/lib/go-1.10
```

上述就是通过 PPA 直接安装以太坊客户端的整个过程。

7.4.3 从 Geth 源码编译安装

除了通过 PPA 的方式安装以太坊的核心客户端外，还可以考虑采用从以太坊核心客户端源码直接编译并安装的方式，但是在编译前，还需要确保提供有语言环境支持。例如，对于采用 Go 语言编写的以太坊核心客户端 Geth 来说，在安装前就需要系统能够提供 Go 语言的运行环境。

假如系统没有预先安装有 Go 语言的运行环境，那么可以自行访问 golang 中文社区网站（https://www.golangtc.com/download），下载二进制压缩包并进行安装。需要注意的是，一般不推荐通过 Ubuntu 的包管理器进行 Go 语言运行环境的安装，因为通过这种方式安装的往往是比较老旧的版本。

在终端通过命令的方式也可完成压缩包的下载，如下载 Go 1.9.2 版本，可以采用如下命令。

```
$ curl -O http://storage.googleapis.com/golang/go1.9.2.linux-amd64.tar.gz
```

下载完成后，要通过 tar 命令将压缩包解压到当前目录。解压后会在当前目录得到一个名为"go"的文件夹，之后需要将该文件夹移动到一个合适的位置（推荐的是/usr/local 目录下）。

```
$ tar -xvf go1.9.2.linux-amd64.tar.gz
$ sudo mv go /usr/local
```

这样就完成了 Go 语言运行环境的安装（安装路径为/usr/local/go），为了能正常使用这个环境，在安装完成之后还需要配置相关的环境变量。对于 Ubuntu 用户而言，一般在用户主目录下都有一个.bashrc 文件，可以在此文件中添加环境变量。打开并修改.bashrc 文件可使用 vim 工具，命令如下。

```
$vim ~/.bashrc
```

vim 工具是我在 Linux 平台比较喜欢使用的工具之一，它是一个比较经典的文本编辑工具，可以用于对文本或代码执行编辑操作。使用 vim 工具打开.bashrc 文件后按下键盘"i"键即进入编辑模式。处于编辑模式时在文件的底部添加如下两行环境变量的代码。

```
export GOPATH=/usr/local/go
export PATH=$GOPATH/bin:$PATH
```

添加完后，按"Esc"键可退出编辑模式并保存对.bashrc 文件的修改，再连按两下键盘上的"Z"键可退出 vim 工具。要使环境变量生效需要重启计算机，也可通过以下命令在不重启计算机的情况下使环境变量立即生效。

```
$ source ~/.bashrc
```

尝试在终端执行 go 命令可以验证 Go 语言运行环境是否安装成功。例如，go 命令的 version 命令选项可用于查看 Go 语言运行环境的版本。

```
$ go version
```

在安装完 Go 语言运行环境之后就可以获取 Go 语言版的以太坊核心客户端源码并进行编译安装了。可以直接到 GitHub 网站（https://github.com/ethereum/go-ethereum）下载 Geth 的源码 zip 文件并解压，也可以在终端使用命令将源码克隆到本地。

```
$ git clone https://github.com/ethereum/go-ethereum
```

最好还要再安装一下和 C/C++编译相关的软件包。

```
$ sudo apt-get install -y build-essential
```

克隆 Geth 源码完成后会得到一个名为"go-ethereum"文件夹，在编译之前需要先通过 cd 命令进入到这个文件夹下，然后才能使用 make 命令执行编译。

```
$ cd go-ethereum
$ make geth
```

编译的过程很快，不到两分钟的时间就被提示完成了编译。不要退出 go-ethereum 文件夹，接着使用 build/bin/geth --help 可加载 Geth 并查看帮助，像上一小节一样查看 Geth 的版本也可使用 build/bin/geth 命令。

```
$ build/bin/geth version
```

打印的信息与上一小节略有不同。

```
Geth
Version: 1.8.16-unstable
Git Commit: ae992a5d73311742389fce3f855575be98fc6972
Architecture: amd64
Protocol Versions: [63 62]
Network Id: 1
```

```
Go Version: go1.9.2
Operating System: linux
GOPATH=/usr/local/go
GOROOT=/usr/local/go
```

注意，在编译 Geth 的过程中，经常会遇到如图 7-11 所示的错误提示。

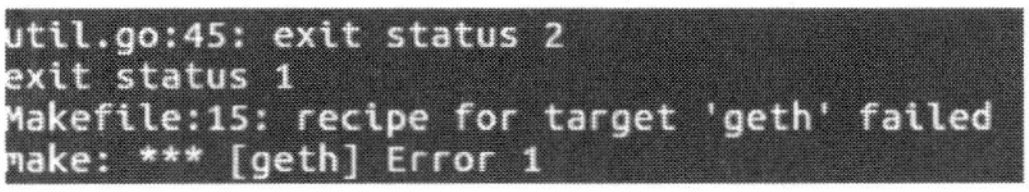

```
util.go:45: exit status 2
exit status 1
Makefile:15: recipe for target 'geth' failed
make: *** [geth] Error 1
```

图 7-11 Geth 编译过程出现错误

这通常是由于 Go 语言运行环境过低造成的。目前 Go 语言运行环境的最新版本是 1.10（2018 年 2 月 16 日发布），编译 1.8 及以上版本的 Geth 至少需要 1.9 版本的 Go 语言运行环境的支持。对于 1.8.16 版本的 Geth，建议换用 1.9.2 版本的 Go 语言运行环境，经过测试，1.9 和 1.9.1 版本的 Go 语言运行环境都会导致 Geth 在编译的过程中出现上图所示的问题。

7.4.4 Windows 和 Mac OS 安装 Geth

Geth 不仅可用于 Linux 系统，还可用于 Mac OS 和 Windows 系统。前两个小节介绍了如何在 Ubuntu 系统（Linux 系统的一个发行版）上安装 Geth，接下来将简要地介绍如何在 Mac OS 和 Windows 系统上安装 Geth。

在 Mac OS 平台上使用 brew 工具安装 Geth 是一个不错的选择，只要在终端执行以下两句命令即可。

```
$ brew tap ethereum/ethereum
$ brew install ethereum
```

brew 是 Mac OS 平台的一个软件包管理工具，与 Cent OS 平台的 yum 或者 Ubuntu 平台的 apt-get 的功能相似，主要用于通过命令的方式自动安装软件，免去了自己手动编译安装的麻烦，非常方便。

对于 Windows 系统来说，直接使用 Geth 的可执行文件来安装就好了，其下载地址为 https://github.com/ethereum/go-ethereum/wiki/Installation-instructions-for-Windows。下载到的是一个 zip 文件，将该 zip 文件解压缩后的文件夹里有 geth.exe 可执行安装程序，双击执行这个安装程序选择安装路径即可。

在 GitHub 上（https://github.com/ethereum/go-ethereum/wiki/Building-Ethereum）有关于在不同操作系统上安装 Geth 的更详细的方法介绍，无论在什么样的情况下都可以参照网页上的方法进行 Geth 的安装。

7.4.5 以太坊官方钱包的安装和使用

以太坊钱包是一个以太坊的 UI（User Interface，用户界面）客户端，类似于比特币中的钱包拥有漂亮的图形界面。作为以太坊中的一个非常重要的交给用户使用的工具，以太坊钱包能实现用户的账户创建、以太币转账交易、智能合约部署以及调用合约等操作。

Ethereum Wallet 是官方提供的以太坊钱包，也是使用最多的以太坊钱包，除了 Ethereum Wallet 外，常见的以太坊钱包还有 Parity、imtoken 等。

在本小节中，我们就来认识一下 Ethereum Wallet。Ethereum Wallet 在 GitHub 上的下载地址为 https://github.com/ethereum/mist/releases。在这个下载地址中提供了能够在 Windows、Mac OS 和 Linux 3 个系统平台上完成安装的安装文件，无论安装到哪个操作系统上，钱包的界面和功能都是一致的。

以下载 Ethereum-Wallet-linux64-0-11-1.deb 并安装到 Ubuntu16.04 为例，在系统的终端上先进入存放文件的目录下并执行以下命令。

```
$ sudo dpkg -i Ethereum-Wallet-linux64-0-11-1.deb
```

对于使用 Windows 和 Mac OS 系统的读者，可以根据自己的计算机操作系统下载对应的版本，下载完毕后直接运行安装即可。图 7-12 展示了 Ethereum Wallet 运行之后的主界面，界面中的 Accounts Overview 区域列举了所有可用的账户。

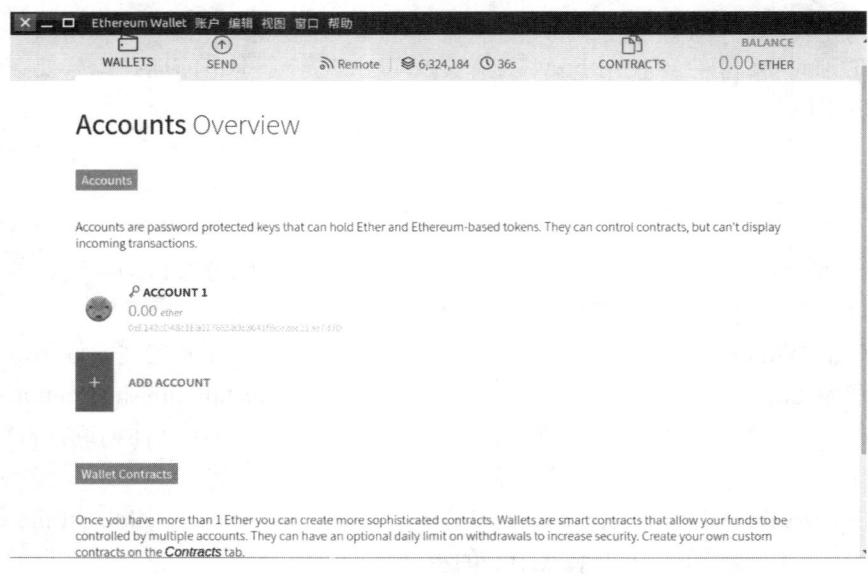

图 7-12　Ethereum Wallet 主界面

需要注意的是，Ethereum Wallet 是与 Geth 捆绑在一起的。换句话说，在安装 Ethereum Wallet 时，同时也会安装一个 Geth（当作以太坊节点程序来运行），比如在 Ubuntu 系统上，会安装一个 Geth 到/usr/bin 目录中，Ethereum Wallet 需要连接到一个以太坊节点才能工作。在 Ethereum Wallet 运行时，它会尝试搜索一个本地的正在运行中的 Geth 节点并与之连接，但如果它不能发现在本地有正在运行的 Geth，它就启动与自己捆绑安装的 Geth 节点。

以太坊钱包使用 IPC 通信协议与 Geth 通信，Geth 支持以文件为基础的 IPC，图7-13 展示了 Ethereum Wallet 与 Geth 节点的关系。

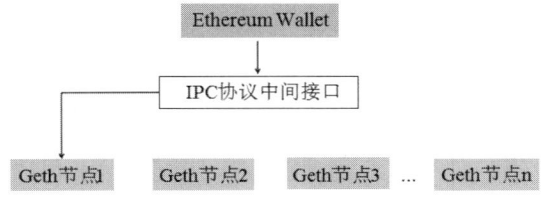

图 7-13　Ethereum Wallet 与 Geth 节点的关系

不要在 Geth 运行时擅自更改数据的目录，因为这相当于破坏了 IPC 协议所认同的数据目录。如果要指定以太坊钱包发现并连接到那个 Geth 实例而不是启动自带的 Geth 实例，就要通过核心客户端的--ipcpath 命令选项指定 IPC 文件位置为其默认位置。如果要查看已选择的 IPC 文件路径，可以在客户端运行 geth help 命令。

作为一个前端的工具软件，并非所有的钱包软件都像官方钱包 Ethereum Wallet 一样自带有一个 Geth 运行节点。尽管钱包软件要依赖于以太坊节点的运行，但是对于一些使用移动钱包和浏览器钱包的用户来说，他们并没有被强制性地要求在所使用的设备上安装并运行一个以太坊节点，他们可以选择连接到一些由服务商提供的节点或是在云端运行的节点，这看起来非常的方便。

由于 Ethereum Wallet 的不断升级，不同版本的软件在界面和使用习惯上稍有差异，所幸的是，GitHub 上提供了全部历史版本的 Ethereum Wallet 下载。这里示范使用的是 0.11.1 版本的钱包软件，截止到 2018 年 9 月，这是最新版本。查看正在使用的钱包软件的版本，可以通过菜单栏中的"帮助"→"关于 Ethereum Wallet"选项，如图 7-14 所示。

在 7.2.2 节中了解了以太坊账户的概念，在使用以太坊钱包 Ethereum Wallet 之前，还需要手动创建一个账户。在图 7-12 所示的 Ethereum Wallet 主界面中，"ADD ACCOUNT"是创建账户的概念按钮，输入密码即可创建一个新的账户，如图 7-15 所示。

图 7-14　关于 Ethereum Wallet　　　　图 7-15　创建以太坊账户

一个 Ethereum Wallet 钱包软件可以管理很多个账户，但是这些账户中总有一个是主账户。最好是将已创建过的账户做一个备份，如果需要备份，那么在钱包软件的菜单栏选择"账户"，然后在联级菜单中选择"备份"→"账户"，如图 7-16 所示，接着会弹出一个包含"keystore"目录的文件夹，只要将"keystore"目录整体备份就好了。

图 7-16　账户备份

需要特别提醒的是，这个 keystore 目录无论如何也不能丢失，如果其中的某个账户保存有较大数额的以太币，那么丢失的后果将是所有的资产都无法挽回。

以太坊不仅支持将核心客户端连接到公有链网络（主网络）运行，还支持连接到测试网络和私有链网络（私有网络）运行。对于初次尝试以太坊的用户，为了可以尽快地学习使用以太坊，可以先连接到测试网络中。在钱包软件的菜单栏选择"开发"，然后在联级菜单中选择"网络"，如图 7-17 所示，可以看到以太坊提供了两个测试网络 Ropsten-Test network 和 Rinkeby-Test network 以及一个主网络（目前还未搭建私有网络）。

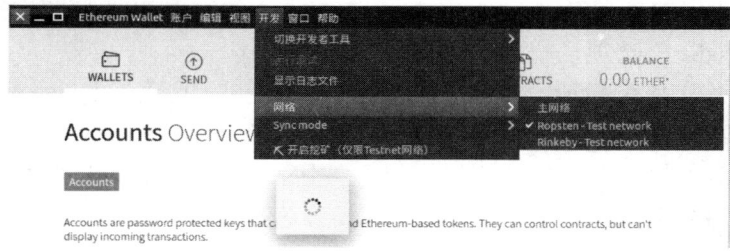

图 7-17　使用 Ethereum Wallet 进行网络选择

以太坊主网络可以认为是以太坊构建的全球范围内的大网络环境。如果一个 Geth 既没有连接主网络也没有连接测试网络，那默认将处于私有网络。自行搭建的私有网络也可以以测试为目的进行使用，但是私有网络的本质却不同于测试网络。这主要是因为以太坊官方提供的两个测试网络 Ropsten-Test network 和 Rinkeby-Test network，本身也是公开的，所有人都可以连接到网络上进行测试，而自行搭建的私有网络是属于自己的，除了可以当作测试环境使用外，还可以当作生产环境使用。

对于以太坊的测试网络 Rinkeby-Test network，它是在 Ropsten-Test network 之后才搭建的，需要注意的是，在 Ropsten-Test network 中采用的共识算法并不是 PoW。采用 PoS 共识算法的以太坊第四阶段还没有到来，所以目前第三阶段的以太坊无论是主网络还是测试网络支持的都是 PoW 共识算法。不过，在 Ropsten-Test network 中采用的是 PoA（Proof of Authority，权威证明）共识算法。

PoA 的机制是在网络中选出一些固定节点，这些固定节点具有打包区块的权威性，且只由这些节点负责区块的打包。PoA 机制的做法不仅可以省略打包的步骤节省大部分的资源，还可以在一定程度上增快交易打包的速度。

在图 7-12 所示的 Ethereum Wallet 钱包软件的主界面中，可以看到软件总共分为了 WALLETS、SEND 和 CONTRACTS 3 大功能界面，软件启动后默认进入的是 WALLETS 功能界面。单击"SEND"就进入到了 SEND 功能界面，这是一个用以太币进行转账交易的功能界面，如图 7-18 所示。

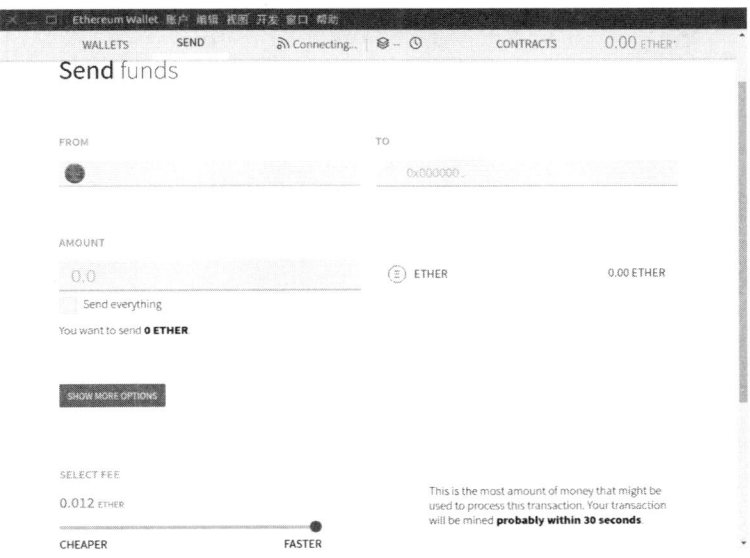

图 7-18　转账交易界面

在图7-18中,"FROM"一栏填入的是以太币的发送者账户,"To"一栏中填入的是以太币的接收者账户,"AMOUNT"一栏填写的是转账的以太币的数量。"SELECT FEE"一栏可以设置此次转账交易的手续费,如果希望交易更FASTER,那么交易费也会更高,如果希望交易更CHEAPER,那么交易费也会更低。填写完需要的信息后,单击界面最下方的"SEND"按钮即可。

单击"CONTRACTS"可以进入到了CONTRACTS功能界面,这是一个以太坊展示给用户的智能合约管理界面,如图7-19所示。

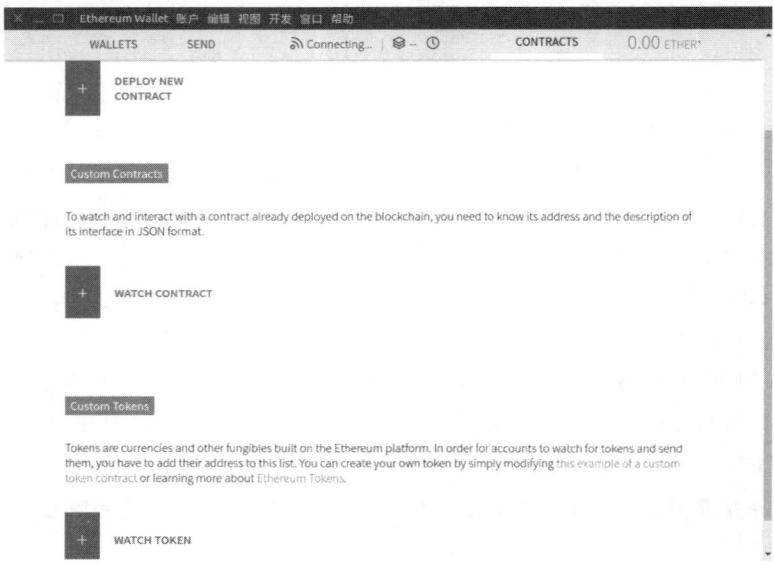

图 7-19 智能合约管理界面

在这个界面中,用户可以执行以太坊智能合约的部署(DEPLOY NEW CONTRACT)以及查看(WATCH CONTRACT)。如果说以太坊通过WALLETS功能界面和SEND功能界面实现了比特币系统全部的功能,那么CONTRACTS界面则是实现了以太坊最独有的功能——支持智能合约。

关于以太坊钱包软件Ethereum Wallet的介绍到此暂告一段落,后续如果有用到这款钱包软件的时候,具体的用法也会随着介绍。以太坊除了提供有官方的钱包软件Ethereum Wallet外,一些社区也开发出了更加个性化的以太坊钱包软件,但我个人认为这些钱包软件在功能设计上还是要向Ethereum Wallet看齐。

7.4.6 浏览器钱包

浏览器钱包(Mist)就像以太坊官方钱包一样,是一个具有用户界面的客户端软件，并且依赖于 Geth 的运行。可以认为 Mist 就是以太坊官方钱包的一个代替，不过 Mist 最具特色的地方还是它自带浏览器功能。

不过，Mist 自带的浏览器功能并不是专为浏览网页而准备的，尽管也可以这样使用。目前，这个浏览器主要在运行使用 web3.js 库以及 JavaScript 编写的前端代码，通过这样的方式也可以像官方钱包那样与 Geth 交互。因为在 JavaScript 控制台（下一节会介绍 JavaScript 控制台）上使用的 API 函数大部分也都来自 web3.js 库，而 web3.js 库也可以被运行在浏览器前端的 JavaScript 调用来访问 Geth 节点。

其实内嵌浏览器的想法主要还是与 Mist 最初的设计有关。在实现 Mist 的时候，web3.0 技术正迎来属于它的发展期，作者们结合当下 3.0 时代的 web 技术予以官方钱包更个性化的功能，于是 Mist 就这样诞生了。

借助 Mist 的 web3.0，再配合 Whisper（一个去中心化的通讯协议）和 Swarm（一个去中心化的文件存储系统）一起使用，以太坊的去中心化理想就可以得到更好地实现。Whisper 和 Swarm 都属于以太坊的子项目，且它们都是由以太坊开发人员开发而来。

不过，在写作本书时，Whisper 尚处于开发阶段，一些功能还不是非常完善。想要深入学习 Whisper，可访问 https://github.com/ethereum/wiki/wiki/Whisper，查看其代码概述可访问 https://github.com/ethereum/wiki/wiki/Whisper-Overview。想要深入学习 Swarm，可访问 https://github.com/ethereum/wiki/wiki/Swarm，Swarm 和 IPFS 之间有很多相似的地方，查看二者之间的异同可访问 https://github.com/ethersphere/go-ethereum/wiki\IPFS-&-SWARM。

图 7-20 展示了 Mist 的浏览器使用效果。图 7-21 展示了 Mist 的运行主界面，从主界面可以看出，其功能几乎与官方钱包 Ethereum Wallet 无二。

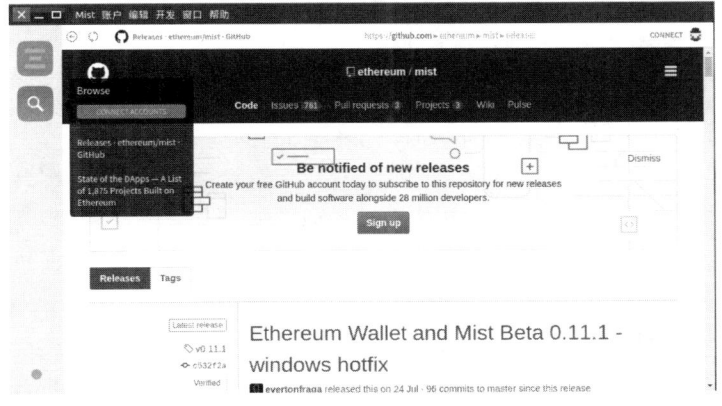

图 7-20　Mist 的浏览器界面

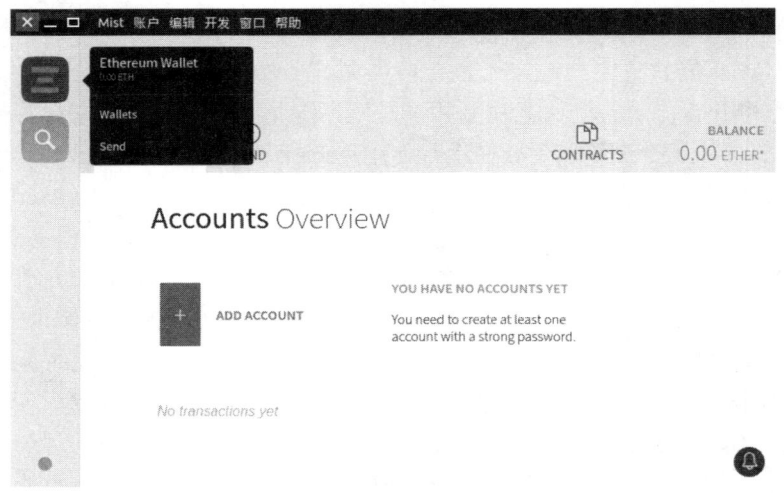

图 7-21　Mist 的运行主界面

7.5　概述核心客户端 Geth 的使用

在前面，我们已经完成了以太坊的核心客户端 Geth 的安装，总的来说，Geth 的安装不是很麻烦，这都要归功于开发者对以太坊项目的不断优化。即便你不是一名智能合约的开发者而只是以太坊的普通用户，熟悉 Geth 核心客户端的使用也是非常有必要的。Geth 没有好看的界面，这也许会对正常使用造成一些困难，但是功能却非常强大，我们可以通过输入命令的方式灵活地实现一些功能。

本节就对 Geth 核心客户端的基本使用展开介绍，内容包括 Geth 的脚本操作台、geth 命令的子命令和 geth 命令的选项。

7.5.1　JSON-RPC 和 JavaScript 操作台

JSON-RPC 是 Geth 用来与其他应用进行通信的工具，支持 HTTP 和 WebSocket 等通信协议。JSON-RPC 以 API（Application Programming Interface，应用程序编程接口）的形式提供给用户，这些 API 大体上可分为 admin、debug、eth、miner、net、personal、shh、txpool 和 web3.0 等类别。

为了丰富用户与 Geth 的交互体验，Geth 还提供了一个 JavaScript 脚本操作台（通常简称为 JavaScript 操作台）和一套符合 JavaScript 语法的 API。该交互操作台通过 JSON-RPC 与 Geth 进行通信。通过 JavaScript 操作台，用户可以使用这套 API 中定义好的方法与 Geth 进行程序交互。进入 JavaScript 操作台，可使用 geth 命令的 console 子命令。

```
$ geth consloe
```

在以后的学习过程中，JavaScript 控制台会经常被使用到，了解相关的更多内容，可访问 https://github.com/ethereum/go-ethereum/wiki/JavaScript-Console。

7.5.2　子命令和选项

Geth 核心客户端完全运行在命令行终端上，没有绚丽的图形界面，因此需要牢牢地掌握一些常用的 geth 子命令和选项。在终端输入 geth --help 命令，可以查看 Geth 核心客户端所支持的所有子命令和选项的介绍，还包括它们的使用格式等。

--datadir 是今后可能会常用的一个选项，它用于指定在计算机的哪里存储区块链数据，例如，执行以下命令。

```
$ geth --datadir /home/jiangziyang/block-data
```

--datadir 选项后面的是一个绝对路径，这条命令的作用就是让 Geth 把区块链数据就存储在 block-data 文件夹下。如果某个节点没有通过这个选项指定区块链数据存储位置，那么默认的位置就是"$SHOME/.ethereum"。

geth 命令的--networkId 选项用于指定网络 ID。运行在以太坊网络中的节点在与其他节点通信时默认采用 30303 号端口，除了通讯外，节点还需要一个接口收听网络中其他节点的消息。

节点可以连接到以太坊的主网网络（公有链网络），也可以连接到为了方便开发而搭建的测试网络（或称为测试链），通过--networkId 选项指定网络 ID 就可以选择所要连接的网络。ID 值为 1 就代表连接到主网网络（若未提供网络 ID，则该值默认为 1），ID 值为 2 就代表连接到测试网络。

下面的这个例子展示了如何通过该选项明确地指定网络 ID。

```
$ geth --networkId 1
```

--networkId 选项非常有用，在下一章会进行智能合约的编写和部署，当然一开始还要进行测试链的搭建，会用到 geth 命令的这个选项。通常创建测试链的目的是测试正在开发中的智能合约，测试链的创建也非常简单，只需通过一个 JSON 文件指定网络的初始配置信息即可，这些初始配置信息中就包括一个随机的测试网络 ID。

为了方便开发者，geth 还支持通过 dev 模式启动测试网络。dev 模式也叫回归测试模式，节点加入在该模式下的测试网络会被默认分配到一个开发者账号，并且会自动开启挖矿。这样，我们就轻而易举地获得了以太币，有了以太币，交易的发起更加方便，并且交易也会被更快地打包，从而节约了很多的时间。

以太坊官方钱包允许用户创建或添加账户，此外，Geth 也允许用户创建账户，也就是生成密钥和以太币地址。geth 命令的 account 子命令可以进行账户的创建，如下面这个案例。

```
$ geth account new
Passphrase:
Repeat passphrase:
Address: {200a03cc7b135aaeb63e0a5d581fea8dfe398f90}
```

当使用 account 子命令创建账户时，终端会提示输入密码（Passphrase）和确认密码（Repeat passphrase），两次输入的密码一致，就显示出创建的账户（Address）。密码需要妥善保存，因为一旦忘记了密码，那么访问账户将会变得几乎不可能。

除了 account 子命令外，使用 JavaScript 控制台也能创建账户。

```
$ geth console
>personal.newAccount ()
Passphrase:
Repeat passphrase:
"0xfffa88d45a5c985ea680306223e1d50fd249211d"
```

使用 JavaScript 控制台创建账户时也要输入密码和确认密码，最后输出的十六进制字符串 "0xfffa88d45a5c985ea680306223e1d50fd249211d" 就是创建的账户。

使用 account 子命令也可以查看在本机创建过的所有账户。

```
$ geth acount list
```

账户的信息会以列表的形式在终端打印出来，打印的范例如下。

```
Account #0: {e142cd48c1e801765589c3641fbce2ec213e7d7d}
keystore:///home/jiangziyang/.ethereum/keystore/UTC--2018-09-13
T12-48-57.756311281Z--e142cd48c1e801765589c3641fbce2ec213e7d7d
Account #1: {ffd2fa52bdbfe7c73c8055f0b848649ed2338bd6}
keystore:///home/jiangziyang/.ethereum/keystore/UTC--2018-10-10
T02-54-54.823413019Z--ffd2fa52bdbfe7c73c8055f0b848649ed2338bd5
```

从打印的内容来看，主要是账户的编号（Account #0 和 Account #01）、代表账户的十六进制字符串（在大括号{}中）以及相应的密钥存储位置（keystore）。一般而言，密钥会存储在通过--datadir 选项指定的路径下，但 Geth 也接受用户使用--keystore 选项指定的其他目录作为密钥的存储位置。

出于计算机性能损耗的考虑，运行 Geth 核心客户端的节点在正常启动时默认是不进行挖矿的（挖矿算法需要大量的 CPU 资源）。如果需要指示 Geth 开始挖矿，那么使用 geth 命令的 --mine 选项就好了。--mine 选项一般也会搭配其他的选项使用，例如，下面这一段。

```
$ geth -ine --minerthreads 32 --minergpus '0,1,2' \
> --etherbase 'e142cd48c1e801765589c3641fbce2ec213e7d7d' \
> --unlock 'e142cd48c1e801765589c3641fbce2ec213e7d7d'
```

在这条长长的命令中，--mine 选项是指定开启挖矿，此外，--minerthreads 选项表示在执行挖矿哈希算法时使用的线程总数，不显式指定时有默认值 8。etherbase 的值是一个以太币地址，也就是我们之前创建的账户，这个账户在这里的作用是存放因挖矿而赚取的劳务费（即矿工费）。新创建的账户默认是上锁的，要访问账户中的以太币，就需要先解锁账户，如果是单纯为了挖矿，则不需要解锁它，因为挖矿只会向账户中存入以太币。--unlock 选项的作用就是解锁一个（或者多个）账户，在解锁多个账户时，所提供的以太币地址一般以逗号间隔。

以太坊默认启用 CPU 进行挖矿，它也支持使用 GPU 进行挖矿，GPU 适合处理包含少量分支控制的大量密集型运算，对于挖矿来说，使用 GPU 显然比使用 CPU 更合适。--minergpus 用于指定挖矿使用的 GPU，如果机器中含安装有多个 GPU 硬件时，会通过编号（如 0、1、2 等）标识它们。

也可在 Geth 的 JavaScript 控制台通过使用 miner.start()方法进行挖矿，如果是在测试网络下进行挖矿，那么由于初始难度设置的较小，那么在一开始挖出一些以太币是非常容易的。与 miner.start()方法作用相反的是 miner.stop()方法，它可以停止挖矿。

由于区块的不断被挖出，导致区块链数据的大小是一直在增加的，目前估计以太坊公有网络的整个区块链数据约占用 60GB 左右的硬盘空间。完全从头同步以太坊的区块链数据是一个新手必须要做的事情，当遇到网速较慢的情况时，这个过程将会变得异常缓慢，动辄需要花费几天甚至数周的时间。

以太坊官方提出了一种快速同步（fast synchronization）区块链数据的办法。使用快速同步时，节点不会下载整个区块链的全部数据，要下载的只包括区块头数据和交易凭证等占用存储空间较小的数据，这样，用户就不必下载和复现全部的历史交易。

geth 命令的 --fast 选项实现的就是快速同步区块链数据，用户在执行 geth 命令的时候加上这个选项就可以了。

出于安全性方面的考虑，快速同步只被允许在节点自身存储的区块链数据为空时进行。也就是说，快速同步是一次性的，在节点成功与网络同步一次后，快速同步就永远禁用了。访问 https://github.com/ethereum/go-ethereum/pull/1889 可以更深入地了解快速同步的办法。

第 8 章　编写以太坊智能合约

在第 7 章中，我们对以太坊项目进行了一些了解，主要包括以太坊的发起、以太坊的整体运行框架和以太坊的设计细节。不仅如此，我们还在随后的两节中完成了以太坊软件的安装，包括核心客户端 Geth 和官方钱包软件。在这些准备工作都完成之后，是时候编写智能合约并实践以太坊的使用了。

Solidity 是以太坊官方推出的同时也是热度最高的智能合约开发语言。本章的主题是编写以太坊智能合约，但是在编写智能合约之前，首先来学习一下 Solidity 编程语言。Solidity 语言本身不是特别的复杂，但还是建议您最好具备 Java 或者 JavaScript 等其他编程语言的基础，因为 Solidity 和这些语言很像，只是语法格式发生了细微的变化。

在学习完 Solidity 编程语言之后，我们会用 Solidity 编写一个在区块链平台投票的应用案例。关于如何用 Solidity 实现投票的逻辑以及如何将编写好的智能合约部署到以太坊节点上，敬请期待本章后几节的内容。

8.1　Solidity 源文件及源文件导入

不同编程语言编写的源文件都有着与众不同且固定的扩展名（或称为"文件名后缀"），例如，Python 语言的源文件扩展名为.py；C++语言的源文件扩展名为.cpp；Solidity 源文件也有其特定的扩展名，这个扩展名就是.sol。

Solidity 语言是一种面向对象的语言，在语法上非常接近 JavaScript。语言本身也在不断地迭代更新，目前有多种版本的 Solidity 可供选择，在写作本书时，最新的版本是 0.4.25（其早期版本也在广泛使用）。

Solidity 源文件需要经过编译器编译为字节码之后才能被以太坊虚拟机识别。在使用编译器编译源文件时，一般选择与所使用语言的版本相当的编译器版本，或者使用较新版本的编译器。对于 0.4.25 版本的 Solidity，推荐使用 0.4.25

或 0.5.0 以下版本的编译器。

在一个 Solidity 源文件中，位于最开始的第一句代码通常是一行 pragma 语句，用于注明编译代码时使用的编译器的版本。例如，指定使用 0.4.25 版本的编译器，可在源文件的头部加入以下这句。

```
pragma solidity 0.4.25;
```

也可以通过限制编译器版本不高于某个值的方式选择要使用的编译器，通常这适用于不清楚自己所使用的 Solidity 语言版本的情况。例如，指定编译器的版本要低于 0.5.0，则可将源文件的第一行 pragma 语句替换为下面这句。

```
pragma solidity ^0.5.0;
```

一般来说，简单的合约功能在一个源文件中就能实现，但是一些比较复杂的合约功能往往需要通过分工明确的多个源文件相互配合来共同实现。Solidity 支持使用 import 语句在一个源文件中导入其他的源文件或者导入其他源文件中的成员，实现类似功能的办法大致可分为 4 种。

第一种方法是使用 import 关键字指定一个要导入的 Solidity 源文件的文件名。这样的 import 语句表示将该源文件中的所有成员都导入当前源文件的全局范围内。

在指定文件名时，如果采用的是相对路径，则编译器会在工程路径下寻找源文件，如果采用的是绝对路径，编译器会按照绝对路径的指示寻找源文件。例如，导入当前工程路径下的 filename.sol 源文件，可采用如下 import 语句。

```
import "filename.sol"
```

第二种方法，在 import 语句中使用 from 关键字指定需要导入的源文件，同时使用 as 关键字创建一个新的全局变量，这个全局变量就构成了对导入源文件中的所有全局变量的引用。这种方法实际上就是导入了指定源文件中的所有全局变量。

例如，从 filename.sol 源文件导入所有全局变量，并在当前源文件中创建一个全新的全局变量 new_symbol 来代表这些全局变量，可用下面这句代码完成。

```
import * as new_symbol from "filename.sol";
```

第三种方法，在语法格式上与第二种不同，但是具有相同的效果，都是从另一个源文件中导入所有全局变量，并在当前源文件中创建一个新的全局变量来构成对这些全局变量的引用。这种方法就是在 import 语句中使用 import 关键字指定要导入的源文件后，再使用 as 关键字创建一个新的全局变量。例如，下面这句代码和上面那句代码效果相同。

```
import "filename.sol" as new_symbol;
```

第四种方法适用于从指定源文件中精准地导入需要使用的变量。准确来说，就是在 import 语句中使用 from 关键字指定需要导入的源文件，同时给 import 传入一个列表，将想要从源文件中导入的全局变量写到这个列表中。编译器会根据列表中的全局变量在当前源文件中创建同名的全局变量，这些同名的全局变量就是对导入变量的引用。

在这个列表中也允许使用 as 关键字给创建的全局变量重命名。例如，下面这句代码示范了将 filename.sol 源文件中的全局变量 symbol1 和 symbol2 导入，并将 symbol1 重命名为 new_symbolName，代码如下。

```
import {symbol1 as new_symbolName, symbol2} from "filename.sol";
```

如果要在 Solidity 源文件中加入一些单行注释，那么单行的注释一般以双斜杠（//）开始。由于篇幅有限，详细地讲解 Solidity 的语法似乎不太现实，在接下来的其他小节中，会以简洁实用为目标进行关于 Solidity 的介绍，这样做不免会丢下一些细节方面的东西。网络上有很多关于 Solidity 的资源，如果您想进行更加深入的研究，那么可访问 http://www.tryblockchain.org/Solidity 智能合约文件结构.html，这里讲解的比较细致，同时提供了很多有参考价值的范例。

8.2 Solidity 支持的数据类型

在教授任何一门编程语言时，作者一般会将数据类型和变量的相关内容作为基础放在最前面，之后是控制结构、函数和类乃至更高阶的内容，这样循序渐进的安排比较符合学习者的认知规律。学习 Solidity 也是一样的，也要先从变量和数据类型开始。如何通过 Solidity 支持的数据类型创建变量并使用这些变量就是本节主要介绍的内容。

8.2.1 基本数据类型

Solidity 是一种静态数据类型的语言，所谓静态数据类型，指的是变量的数据类型需要预先定义。Solidity 的所有变量，凡是在声明时没有赋初值的，变量都会有一个默认值为 0。

在 Solidity 中，除了变量的数据类型之外，变量的作用域也是它很重要的一点。一个变量在函数中被声明，那么该变量只具备函数作用域，只能在函数内创建它的位置及后面的位置上访问到它。一个变量在合约的一开始就被声明，那么该变量具备全局作用域，在该变量的创建之处及以后都能访问到它。具备全局作用域的变量通常也就被称为全局变量。

Solidity 中的变量所存储的数据类型有多种选择，基本的数据类型有整数类型、小数类型、布尔类型和地址类型。Solidity 也支持变量存储更加复杂的数据类型，如字符串类型或数组类型等。对于复杂的数据类型我们放到后面的几个小节进行介绍，这里，先来看看 Solidity 提供的基本数据类型。

首先是整数类型，Solidity 实现了对较长的整数类型的支持。int8、int16、int24、int32……，以此类推，直到 int256，这些整数类型分别用于存储 8 位、16 位、24 位、32 位……，直到 256 位的整数。uint8、uint16、uint24、uint32……，以此类推，直到 uint256，这些无符号整数类型分别用于存储无符号的 8 位、16 位、24 位、32 位……，直到 256 位的整数。在简写时，可用 uint 和 int 分别代表 uint256 和 int256。

接着是小数类型，这是针对计算的结果无法用整数形式表示而设计的。ufixed0x8、ufixed0x16、ufixed0x24……，以此类推，直到 ufixed0x256，这些小数类型分别用于存储未签名的 8 位、16 位、24 位……，直到 256 位的小数。fixed0x8、fixed0x16、fixed0x24……，以此类推，直到 fixed0x256，这些小数类型分别用于存储 8 位、16 位、24 位……，直到 256 位的小数。

无论是整数类型还是小数类型，当存储一个计算结果所用的位数超过 256 时，都会采取截断的办法。也就是说，截断位数超过 256 的部分，并使用 256 位的数据类型存储该结果的近似值。例如，在计算 x=1/4 时，x 无法取得一个整数，所以是 ufixed0x8 类型，而在计算 x=1/3 中，虽然 x 也无法取得一个整数，但是结果却不能用有限位的小数来表示（无限循环小数），那么结果就是 ufixed0x256 类型，取最无限接近的值。

接下来是布尔类型（bool），这就比较简单了，这个类型的变量只有两个取值，分别是 true 或者 false。

Solidity 的基本数据类型中还引入了地址类型 address。address 类型通常存储的是以太坊的账户地址，该类型允许的长度最长可达 20 字节(常用十六进制表示)。

address 类型有两个重要的成员，分别是 send()方法和 balance 属性。address 类型的 send()方法用于向某个地址发送以太币，address 类型的 balance 属性用于检测指定以太坊地址中的以太币余额。

send()方法将需要发送的以太币从发送方转移到接收方，根据发送是否成功，send()方法会返回布尔型变量 true 或者 false。在某些情况下，可能会发送一些面额极小的以太币（例如，捐献矿工费时），而在另外一些情况下，可能会发送一些面额极大的以太币（如转款）。以太币最小的面值是 wei，最大的面值是 Tether，7.2.5 小节对这些面值之间的换算进行了列举。send()方法支持 7.2.5 小节中列举的所有面值（默认的计量单位是 wei）。在使用 send()方法完成以太币的发送后，相应数量的以太币就在发送方账户中被扣除。

使用常见的语言编写的程序可能会在运行的时候将变量加载到内存中，从内存中直接实现变量的读取，但是 Solidity 不会百分百这么做。

在 Solidity 中，函数的参数一般都是 memory 存储类型。对于 memory 存储类型的变量，Solidity 会将其临时拷贝到内存中。当函数被调用时，函数的参数会得到一个赋值，如果用函数的参数去给其他的变量赋值，那么其他的变量也会得到这个值，但如果函数再次被调用，而此时函数的参数得到了其他的赋值，并且此时的函数没有再给那个变量赋值，那么那个变量的值将不会随函数参数的取值而改变。

本质上，memory 存储类型在赋值的过程中实现的就是值传递。值传递的最大特点就是值的不自动关联。

如果将变量创建在合约内部但是在函数外部，那么这个变量通常被称为状态变量，对于状态变量，Solidity 强制将其存储为 storage 存储类型。如果变量创建在函数内部，那么这个变量将只能在函数中使用，通常被称为本地变量（或局部变量），对于本地变量，Solidity 默认将其存储为 storage 存储类型，但可在数据类型前添加 memory 关键字或 storage 关键字进行重写。

storage 存储类型在赋值过程中采取的是指针传递（或地址传递），这和 memory 存储类型在赋值过程中的值传递有很大的不同。例如，一个状态变量 a，它默认是 storage 存储类型，将它赋值给 storage 存储类型的函数参数 b，然后再由函数参数赋值给函数内部的本地变量 c，这样无论 a 的值发生怎样的变化，c 始终都随之改变。这就是指针传递的优势，在赋值的时候，将变量的地址直接以指针的形式传递给了被赋值变量。

除了本地变量能够通过添加 memory 关键字或 storage 关键字进行存储类型的重写外，函数参数也支持通过添加 memory 关键字或 storage 关键字进行存储类型的重写。实际上，Solidity 的这种值传递/指针传递的机制正是从 C++ 语言中借鉴过来的。

8.2.2 字符串类型

Solidity 提供了两种创建字符串的方式，使用起来比较灵活。

在 Solidity 中，可以使用 bytes 关键字创建原始字符串，这种原始字符串指的是字节字符串。同样，也可使用 string 关键字创建符合 utf-8 标准的字符串，所谓符合 utf-8 标准的字符串指的是经过 utf-8 编码的文本字符串。

要将 bytes 创建的字符串转变为 string 类型需要进行解码操作，反之，将 sting

创建的字符串转变为 bytes 类型需要进行编码操作。以下是在 Solidity 中创建字符串的一段范例代码。

```solidity
contract sample{
    //使用string关键字和bytes关键字创建字符串。由于是在函数的外部创建，
    //所以sample_String和sample_Bytes被作为状态变量按照storage存储，
    //如果在函数内创建变量，则可以用memory关键字重写存储位置
    string sample_String = "";   //myString是一个空字符串
    bytes sample_Bytes;

    function sample(string initString, bytes initBytes){

        //给sample_String和sample_Bytes赋值，其中initString和
        ///initBytes都是/从函数传递进来，分别是string和bytes类型
        sample_String = initString;
        sample_Bytes = initBytes;

        //创建string型变量sample_String2，是对sample_String的引用
        string sample_String2 = sample_String;

        //创建string型变量myString3，并初始化，
        //由于是在函数内，所以可以添加memory关键字
        string memory sample_String3 = "ABCDE";

        //创建的字符串没有memory关键字重写存储位置，编译时抛出异常
        string sample_String4 = "Example";

        //重新赋值sample_String3的内容，同时长度也发生了变化
        sample_String3 = "XYZ";

        //增加sample_Bytes的长度
        sample_Bytes.length++;
    }
}
```

字符串的长度总是动态的。从代码中可以看出，无论是通过 bytes 还是通过 string 创建的变量，都通过自加运算符或重新赋值的方式改变了字符串长度。

在上面的代码中，还通过使用 function 关键字创建了一个 string_sample()函数。function 是 Solidity 中用于创建函数的关键字，在 8.5 节有关于函数创建和调用的详细介绍。string_sample()函数有两个参数，分别是 string 类型的 String 和 bytes 类型的 Bytes。

string_sample()函数没有完成实际的什么功能，只是简单演示了字符串类型

的变量的简单使用。initString 和 initBytes 在创建时均没有初始值，在函数内部首先完成了对这两个变量的赋值。之后又创建了一个存储位置在 memory 的字符串变量 String2，在指定存储位置时，存储位置关键字一般在类型的后面。字符串类型不是定长的，它的内容也可随时改变，例如，上面代码中随后就改变了 String2 的值，那么 String2 的长度也发生了变化。

8.2.3 枚举类型

很多编程语言都提供了对枚举类型的支持，Solidity 也不例外，在 Solidity 中，枚举类型的关键字是 enum。以下是 Solidity 创建枚举类型变量并简单使用的一段范例代码。

```
contract sample{

    //使用 enum 关键字创建一个名为 sample_enuum 的枚举值
    enum sample_enuum{one,two,three,four}

    //在使用一个枚举值前要先创建一个枚举值实例
    sample_enuum enum1;

    //枚举值实例间可以相互赋值，assignment()方法的参数是一个枚举值类型
    //如果要改变 enum1 的值，可以选择其他的枚举值类型作为参数
    function assignment(sample_enuum enum2){
        enum1 = enum2;
    }

    //将枚举值类型的实例 enum1 中的所有枚举值都设为 two
    function setNumber(){
        enum1 = sample_enuum.two;
    }

    //函数的返回值也可以是枚举值的类型
    function getNumber() returns(sample_enuum){
        return enum1;
    }
}
```

8.2.4 数组类型

Solidity 中的数组可以是固定长度的和动态长度的，对于固定长度的数组，要在创建时加以指定，另外 Solidity 的数组可以是一维的，也可以是多维的，维

数也要在创建时加以指定。

在 Solidity 语言中，可以通过数组的 length 属性获取数组的长度，或者对于动态长度的数组使用向 length 属性赋值的办法改变数组的大小，但是无法在内存中对动态长度的数组改变其大小。

Solidity 的数组支持基本数据类型和字符类型，以下是基本数据类型的数组的一个示例。

```
contract sample{
    //创建一个动态长度的 int 型数组，数组名为 sample_array
    //sample_array 数组存储两个初始的值
    int[] sample_array = [3,4];

    function assignment(uint index, int value){
        //数组允许通过位置索引的方式进行赋值
        //这一句就是对数组 sample_array 使用位置索引并完成赋值
        //index 和 value 均来自函数参数
        sample_array[index] = value;

        //数组间也能互相赋值，前提是这两个数组存储的值的数据类型相同
        //或相近，其次，如果使用动态长度的数组对其他数组赋值，那么
        //被赋值的数组最好也是动态长度的
        int[] sample_array2 = sample_array;

        //这一句是创建了一个固定长度的数组 sample_array3 并赋予了初始值，
        //在数组 sample_array3 内只存储三个元素。但是这一句会抛出异常，
        //原因是 uint 类型的数组要存储在 memory 中
        uint24[3] sample_array3 = [5, 6, 7];

        ///这一句还是创建了一个固定长度的数组并赋予了初始值，
        //但是这个数组通过 memory 关键字指定了存储的位置，所以不会抛出异常
        uint8[2] memory sample_array4 = [8,9];
    }
}
```

对于字符类型的数组，可分别用关键字 bytesl、bytes2、bytes3、…、bytes32 进行创建，它们分别代表数组中每个成员的占用字节数。例如，bytes1 型数组的每个成员都是占用了 1 个字节的空间。在不给出具体说明时，一般就将 byte 作为 bytes1 的别称，在编程时也可这样写。

需要注意的是，动态数组的长度是可以改变的，但是在访问动态数组的成员时，如果给出的索引超出了数组中固有的最大索引值，那么将抛出异常。例如，数组 sample_array 只有两个成员，如果通过 sample_array[2]访问该数组的第

3 个成员（数组成员的下标从 0 开始），那么将抛出异常。

8.2.5 结构体类型

Solidity 还支持结构体类型。在 Solidity 中声明一个结构体的关键字是 struct。Solidity 中的结构体类型和其他语言中的结构体类型没什么太大的区别，结构体内主要用于存储两个或多个不同数据类型的变量，这样在我们同时访问这些数据类型都不相同的变量的时候就非常方便了。

结构体的用法比较简单，在使用前创建一个结构体的实例即可，就像使用枚举值时那样。需要牢记的是，结构体类型的实例不能作为函数的参数和返回值。下面是一个使用结构体的示例。

```
contract sample{
    //创建一个结构体,在结构体 sample_struct 内有一个布尔（bool）型变量
    //和一个字符串（string）型变量
    struct sample_struct{
        bool myBool;
        string myString;
    }

    //创建一个结构体实例 sample1,
    //在这个结构体实例中没有给出结构体内变量的值
    sample_struct sample1;

    //再创建一个结构体实例 sample2,
    //在这个结构体中给出了结构体内 bool 型变量的值
    sample_struct sample2 = sample_struct(true, "");

    function assignment(bool initBool, string initString)
    {
        //在函数 assignment()内对结构体实例 sample1 赋值,initBool 和
        //initString 均来自函数的参数,要留意结构体的这种赋值方式
        sample1 = sample_struct(initBool, initString);

        //又创建一个名为 sample3 的结构体实例,并且给出了结构体内变量的值
        //但是这个结构体实例通过 memory 关键字指定了存储的位置
        sample_struct memory sample3 = sample_struct(initBool, initString);
    }
}
```

最后要强调一点，包括本小节介绍的结构体类型，以及下一小节将要介绍的 mapping 类型在内，它们都不能被用作为函数的参数，当然也不能被作为函数

的返回值，在时间编程使用的时候要特别注意这一点。

8.2.6　mapping 类型

mapping 类型可以理解为是一个哈希表，用于存储 key/value 对（或者称之为键/值对），不过 key 的值并不是直接存储，而是存储 key 的 keccak256 哈希值（keccak256 是 SHA3 系列的哈希算法），通过这个哈希值可对 value 进行查询。

如果访问的 key 不在对应的 mapping 中，那么返回的 value 值就是 0。另外，mapping 类型的变量只可作为 storage 存储，而不可作为 memory 存储，因此它们在声明时就是一个状态变量。

最后，不可用 mapping 类型的变量为另一个 mapping 类型的变量赋值，这样只完成了对原 mapping 变量的引用。下面的代码演示了 mapping 的创建和使用。

```
contract sample{
    //创建一个名为 sample_mapping 的 mapping
    //sample_mapping 中的键为 int 类型，值为 string 类型
    mapping (int => string) sample_mapping;

    function assignment(int key, string value){

        //这一句演示了 mapping 类型变量的赋值方式
        //key 和 value 是从函数传递进来的参数
        sample_mapping[key] = value;

        //在函数内再创建一个 mapping，注意 sample_mapping2 并不是
        //sample_mapping 的复制，它只是 sample_mapping 的引用
        mapping (int => string) sample_mapping2 = sample_mapping;
    }
}
```

8.3　用 Solidity 执行变量操作

除了可以创建变量的同时指定变量的数据类型外，也可以先创建一个变量，然后在赋值时通过数值间接地指定变量的数据类型。var 关键字非常适用于这种情况，它是 Solidity 中关于变量创建的一个关键字。8.3.1 小节将会介绍如何使用 var 关键字创建一个变量。

很多高级编程语言都支持变量类型间的转换，作为具有图灵完备性的高级

编程语言 Solidity，它同样也支持变量类型间的转换，这种转换分为隐式转换和显式转换两种。8.3.2 小节会对基本数据类型变量的类型间转换做出介绍。

在 Solidity 中，所有的变量都有一个默认为 0 的值。delete 关键字被设计为具有非常实用的功能，它支持将任意类型的变量恢复默认值。恢复默认值并不是一个经常用到的操作，但是当想要清空变量内保存的值时，使用 delete 会感觉到比较方便。8.3.3 小节会对 delete 关键字的基本使用做出介绍。

8.3.1 var 关键字

在 Solidity 中，创建一个变量可以使用关键字 var。通过关键字 var 创建的变量，它的数据类型根据分配给它的第一个初值来确定。对于数据类型已经确定下来的变量，如果给它指定另一个类型，需要进行隐式的类型转换。

需要注意的是，经过 var 关键字创建的变量不能用作函数的参数和返回值，另外，在再创建数组（array）和 mapping 类型的变量时，也不能使用 var。以下代码是 var 关键字的简单使用示例。

```
contract sample{
    //创建一个int64类型的变量和一个uint8类型的变量
    int64 x = 20;
    uint8 y = 10;

    //使用var关键字创建一个变量z，并将变量x的值赋给这个变量
    var z = x;

    //在上一句赋值时变量z的类型已经被确定为int64类型，这里又将uint8
    //类型的变量赋值给z，这会由于变量的隐式转换从而触发异常
    z = y;
}
```

8.3.2 基本数据类型变量的类型间转换

很多其他的编程语言都支持数据类型转换，包括数据类型的隐式转换和显式转换两种，Solidity 也实现了对基本数据类型变量进行类型转换的功能。

在 Solidity 的基本数据类型中，如果参与运算的两个或多个元素拥有不同的数据类型，那么在编译时，编译器会尝试使这些元素的长度向它们之中最长的那个元素看齐（将长度统一调整为一致的长度）。这样的统一调整能保证原有的元素数值不会丢失，例如，uint32 可调整为 uint64，而 int128 又可调整为 int256。总的来说，这样的转换就是将无符号整数转换成同等大小或者更大字节的无符

号整数，将有符号整数转换成同等大小或者更大字节的有符号整数。这样的转换是编译器在编译过程中默认执行的统一调整，也就是所谓的基本数据类型的类型间隐式转换。

但是，类型间隐式转换存在着一些固有的局限性，也就是说并不是所有的基本数据类型都能被隐式地转换为另一个基本数据类型。例如，uint8 类型的变量能够转换为 int128 类型的变量，而 int128 类型的变量却不一定能转换为 uint256 类型的变量，这是因为 uint256 类型不能存储一些带有符号的值（如-10），而 int128 类型却可以存储带符号或不带符号的值。

为了克服类型间隐式转换存在的局限性，Solidity 被设计为也支持类型间的显式转换。显示转换是需要通过编程的方式来确定的，即在需要转换的数据前用括号括起目标转换类型。这样一来，如果编译器不允许在两种数据类型之间进行隐式转换，那么可以采用数据类型之间显式转换的办法。例如，下面这段代码就实现了显式转换。

```
contract sample{
    //a 是一个 uint64 类型的变量
    uint64 a = 0x1122334455667788;

    //创建一个 uint16 类型的变量 b，将 a 的数值的高位截断而只保留
    //其值的最后 16 位并将这个值赋给 b，这样对 a 本身无影响
    uint16 b = uint16(a);
}
```

在上面的这段代码中，主要是将 uint64 类型的变量显式转换为 uint16 类型，也就是说，使用数据高位截断的办法将长度较大的变量转换成了长度较小的变量。

需要说明的是，地址变量（address）存储的是以太坊的账户地址，占用的空间是 20 字节（等于 160 bits），一些能转换成 uint160 类型的变量，同样可以转换成地址变量。

另外，不建议随意使用类型间的显式转换，因为截断数据有时会导致一些出乎意料的结果。如果只是省略一些小数点后面的数字，那么使用类型间的显式转换是恰到好处的，而如果对一个很大的整数也进行截断，那就影响了这个数原有的取值。

8.3.3 delete 关键字

在 Solidity 语言中，所有的变量都有一个默认值，这个默认值就是 0。delete 关键字是一个非常方便并且经常会用到的关键字，它主要用于将变量设置为默

认值。

对于基本类型的变量，设置为默认值非常好理解，但是对于复杂类型的变量，例如，数组，在对固定长度的数组使用 delete 时，该数组所有索引位置上的成员都被置为 0，在对动态长度的数组使用 delete 时，会删除它的所有元素（也就是使其长度变为 0）。对固定长度的数组使用 delete 关键字还能实现一个比较实用的特性，当这个数组的某一特定索引位置使用 delete 关键字仅重置该位置的元素的值而不影响其他索引位置元素的值。

注意，delete 对 mapping 类型的变量是没有什么作用的，但是，如果对 mapping 类型的变量的一个 key 使用 delete，那么与这个 key 对应的 value 会被删除（也就是被置为 0）。下面给出了一个 delete 关键字的使用示例。

```
contract sample{
    //创建一个 int 型数组
    int[] sample_array;

    //定义一个结构体类型并创建一个该结构体类型的实例 sample_struct
    struct Struct{
        mapping (int => int) sample_mapping;
        int sample_number;
    }
    Struct sample_struct;

    function assignment(int key, int value, int number, int[] array){
        //这是一个赋值的函数，在函数内首先根据参数设置结构体 sample_struct
        //内整型变量的值
        sample_struct = Struct(number);

        //然后再根据参数设置结构体 sample_struct 内 mapping 变量的值
        sample_struct.sample_mapping[key] = value;

        //函数的最后是根据参数设置数组 sample_array 的值
        sample_array = array;
    }

    function use_delete(int key){
        //这是一个示例使用 delete 关键字的函数
        //先用 delete 关键字操作动态长度的数组，这会删除数组内的所有元素
        delete sample_array;

        //然后用 delete 关键字操作结构体实例 sample_struct，此时结构体内的
        //整型变量 sample_number 被重置为 0，但是 sample_mapping 没有受到影响
        delete sample_struct;
```

```
        //最后使用delete关键字操作结构体sample_struct内的
sample_mapping,
        //这里指定了sample_struct的要执行delete的键，所以会删除与该键关
联的值
        delete sample_struct.sample_mapping[key];
    }
}
```

8.4 条件转移和循环控制结构

Solidity 支持具有条件转移功能的 if...else...结构，"？："是 if...else...结构的简写形式。同样，Solidity 也支持 while 循环和 for 循环等具有循环功能的结构。对这些控制结构的支持使得 Solidity 语言能实现一些比较复杂的功能，本节会先后对条件转移结构和循环控制结构作出介绍，同时展示范例代码。break 关键字和 continue 关键字经常配合在条件转移结构和循环控制结构中使用，本节也会对这 3 个关键字予以介绍。

8.4.1 执行条件转移的 if...else...结构和"？："

Solidity 中的 if...else...结构和其他语言中的 if...else...结构没有什么差别。在这个结构中，紧跟在 if 关键字的后面有一个表达式，如果这个表达式的结果为 true，则执行这个表达式对应的中括号内的代码。

else if 是 if...else...结构中可选的分支。else if 关键字的后面也有一个表达式，当这个表达式的结果为 true，执行的就是该表达式对应的中括号内的代码。

else 部分是当 if 表达式和 else if 表达式中的结果都为 false 时要执行的代码。在 if...else...结构中，if 关键字和 else 关键字都只能有一个，但是 else if 可以增加很多个，用于适配多分支的情况。以下是 if...else...结构的模板代码。

```
constant sample{
    int a = 24;
    function sample_if_else(){
        if (a == 24){
            //如果变量a的值等于24，则执行这个中括号内的代码
        }
        else if(a == 14){
            //如果变量a不等于24但是等于14，那么执行这个中括号内的代码
        }
```

```
            else{
                //如果变量 a 既不等于 14, 也不等于 24, 也就是上面的两个条件
                //都不满足, 那么执行这个中括号内的代码
            }
        }
    }
```

"？：" 表达式是 if...else... 结构的简化形式。在使用 "？：" 表达式时，不能像 if...else... 结构那样灵活地增加 else if 部分，所以，可以说 "？：" 表达式就是不包含 else if 分支的 if...else... 结构。下面的代码展示了 "？：" 表达式的使用。

```
contract sample{
    int a = 24;
    function sample_if_else(int b, int c){
        //"？：" 结构中, 问号?之前的表达式相当于 if...else...
        //中的 if 表达式, 紧接着问号 "？" 之后的表达式相当于 if 表达式
        //对应的大括号内的代码, 紧接着冒号 "：" 之后的表达式相当于
        //else 关键字对应的大括号内的代码
        //这行代码所表达的意思是: 如果 a 等于 24, 则将 b 值赋给 a,
        //如果 a 不等于 24, 则将 c 值赋给 a
        a == 24 ? a=b : a=c;
    }
}
```

8.4.2 执行循环控制的 while 和 for 结构

在使用了 while 关键字的循环结构中，紧跟着 while 关键字的表达式如果为 true，则这个表达式对应的中括号内的代码（这个中括号内的代码就是循环体）会一直执行，直到这个表达式的值为 false。为了控制循环的次数，通常会在循环体的最后修改 while 表达式中变量的值，这样，循环体每执行一轮，while 表达式的值就向着更容易为 false 的方向变化。

break 关键字和 continue 关键字都是配合循环结构使用的关键字，它们在循环结构的灵活使用中都发挥了很大的作用。在看 while 循环结构的示例代码前，我们要先了解一下这两个关键字。

break 关键字主要用于终止和它最近的 while 循环或 for 循环结构，程序的执行权被交给循环结构之后紧接着的其他语句。continue 关键字又可称为继续语句，它的作用和 break 关键字类似，不过 continue 并不会终止循环，而是跳过本次循环的循环体，进行下面未执行的语句，转而进入循环的下一轮迭代。

下面的代码主要展示 while 循环结构的使用。

```
constant sample{
    var b = 20;
    function sample_while(){
        //开始一个while循环控制结构
        //进行循环的条件是变量b<30
        while(b < 30){
            //这个if语句执行的是：如果b等于25，则提前结束当前的
            //while循环，无论b的值是否大于30
            if(b == 25){
                break;
            }

            //这个if结构的else分支语句执行的是：如果b不等于25，则对变量b加1
            //然后不再执行后续循环体的代码，转而重新开始一轮循环
            else{
                //自加运算，每次执行自加运算都会使变量b自加1，通常在while循环
                //结构内会通过变量的自加来达到结束循环的条件
                b++;
                continue;
            }
        }
    }
}
```

for 循环结构的代码通常都比较简短。紧跟着for关键字的表达式一般有三个元素，第一个元素是一个代表循环迭代轮数的变量，第二个元素是一个循环结束的条件，而第三个元素是变量的自增或自减，变量通过自增或自减触发循环结束的条件。

在 for 循环结构的循环体正常结束了一轮的循环迭代后，都会执行一次表达式中的变量自增或自减操作，这样的设计使得循环体每执行一轮的循环迭代，for 表达式中变量的值就向着更容易满足循环结束的条件的方向变化。

下面的代码主要展示 for 循环结构的使用。

```
constant sample{
    int[6] c;
    function sample_for(){

        //这个for循环结构执行的条件是d小于数组c的长度，d是循环开始前
        //临时创建的一个值为0的变量，每执行完一轮循环后，d都会自加1，
        //直到d的值为5，for循环才退出，也就是说，这个for循环执行了6轮
        for(var d=0, d<c.length, d++){
            //for循环内要执行的代码写在这个大括号内
        }
    }
}
```

8.5 函数及函数调用

在任何一门语言的编程中，无论这门语言是面向对象的还是面向过程的，学会函数的使用永远是最重要的。在面向对象的编程语言中，"函数"这一话题的地位仅次于和"类"相关的话题。在 Solidity 语言中，函数及函数调用也是比较重要的，所以在这里用一节对其进行介绍。由于限于篇幅，本节的介绍没有安排得特别详细，都是一些比较基础但却非常实用的内容。

8.5.1 用 function 关键字创建函数

在 Solidity 中，function 关键字的作用就是创建函数（或称为"方法"）。在创建函数时，紧随 function 关键字之后的是函数名和包含在括号内的一系列输入参数。函数的输入参数的作用是在执行函数时将外部的数据输入函数中进行处理。给函数传入参数不是必须的，在不需要的情况下也可以不给函数传入参数。

函数也可以将其处理的结果以返回值的形式返回。在大部分编程语言中，返回函数处理的结果要在函数体的最后用 return 关键字指定，而在 Solidity 的函数中却需要通过 returns 指定返回参数（也就是返回值的类型），然后再在 return 关键字后面指定返回的值。

下面这段代码展示了函数创建的模板以及函数间的简单调用。

```
constant sample_function{
    //创建名为 func_1 的函数，并且传入一个 uint8 类型的参数和一个
    //int16 类型的参数，函数通过 returns 指定返回 int 和 string 类型
    //的数据
    function func_1(uint8 a, int16 b) returns(int c, string d){
        //在大括号{}之内是函数体，
        //这里是通过 return 返回 returns 指定的类型的数据
        return (10, "str");
    }

    function func_2(){
        int A;
        string memory B;
        //调用 func_1()，结果是 A=10，且 B=str
        (A, B) = func_1(20, 30);
        //调用 func_1()，结果是只有 A=10
        (A, ) = func_1(20, 30);
```

```
        //调用func_1()，结果是只有B=str
        (, B) = func_1(20, 30);
    }
}
```

Solidity 提供了一些关键字来修饰函数，这些关键字包括 pure、view、payable 和 constant 等。pure 关键字修饰函数时表示不允许修改或访问状态，但这在目前并不是强制的。view 关键字修饰函数时表示不允许修改状态，但这在目前也不是强制的。payable 关键字修饰函数时表示允许从调用中接收以太币。constant 关键字在修饰函数时与 view 等价。

从对这些关键字的使用说明来看，它们加入多数是为了限制函数的功能。另外，constant 关键字也可以用于修饰状态变量，在修饰状态变量时，变量除了初始化操作以外不允许再赋值。

8.5.2 函数调用

就好像 Solidity 源文件间可以互相调用一样，Solidity 的函数之间也可以互相调用。当一个功能逻辑比较复杂时，通常的办法是将其写到多个函数中，通过函数间的调用来一起实现这个功能。

根据存在调用关系的函数是否处于同一个智能合约范围内，函数在发生调用时大概分为两种情况，分别是内部函数调用和外部函数调用。所谓内部函数调用即调用和被调用的函数都处于同一个 contract 合约内，而所谓的外部函数调用即调用和被调用的函数处于不同的 contract 合约内。

内部函数调用的情况相对简单，对于需要传递参数的函数，在调用时将参数写在函数名后面的括号里就好了，对于包含返回值的函数，在调用时只需通过一个变量或多个变量接受函数的返回值即可。

这一小节主要还是以外部函数的调用为例，以下代码展示了如何调用外部函数。

```
contract sample1{
    int a;

    //在第一个合约 sample1 内创建三个对变量 a 执行赋不同值的函数，
    //这三个函数都带有 payable 关键字，表示其他合约在调用这些函数
    //时需要支付一定数量的以太币
    function sample1(int b) payable
    {
        a = b;
    }
```

```
    function func_1(int c) payable
    {
        a = c;
    }
    function func_2(int d) payable
    {
        a = d;
    }
}


contract sample2{
    //sample2()是第二个合约 sample2 中的一个空构造函数
    function sample2{(){}

    function func_2(address contract_address){
        //sample2()是本合约内部的函数,但是使用 this 关键字进行的调用
        //被称为外部调用,对于函数来说,this 关键字代表当前合约实例
        this.sample2();

        //通过 new 关键字创建一个 sample1 合约的实例,创建合约实例的时候
        //会调用合约的构造函数,所以要向 sample1 合约的构造函数分别发送
        //以太币(这里选择了发送 12wei 的以太币),另外在调用 func_1()函数
        //时也需要发送以太币(这里发送了 24wei 的以太币)
        sample1 s1 = new sample1().value(12)(24);
        s1.func_1(35);

        //也可以对一个函数连续两次发送以太币,
        s1.func_2.value(30)(20);

        //指定调用函数时使用的 gas 的数量
        s1.func_2.gas(700)(12);

        //也可以在发送以太币的同时指定使用的 gas 的数量
        s1.func_2.value(40).gas(800)(20);
    }
}
```

从上面的这段代码能够看出，在调用其他合约的函数时，要事先实例化好对应的合约，然后使用"合约实例.函数"的方式调用函数即可，调用前还要注意是否需要传送以太币或者使用 gas。

上面的这段代码使用了之前一直没有介绍过的 this 关键字。this 关键字在 Sclidity 中指代当前合约的实例，这也属于"合约实例.函数"的调用方式，因此被统一地划归到外部函数调用的范畴中。

8.5.3 函数修改器

Solidity 支持实现函数的修改器（function modifer）。函数修改器实质上就是将函数的实现拆分成各个部分然后独立出来，在使用的时候可以将这些函数修改器添加到一个函数上。

在函数修改器的内部一般都会有一个"_"符号构成的语句，一个函数可以添加多个函数修改器，由"_"符号构成的语句的作用就是在此位置，将后续添加的函数修改器的代码插入进来。

定义函数修改器的关键字是 modifer，下面的这段代码展示了函数修改器的使用。

```
contract sample{
    int a = 10;

    //创建函数修改器 sample_modifer1
    modifier sample_modifer1(int b){
        int c = b;
        int d = a;
        _;
    }

    //创建函数修改器 sample_modifer2
    modifier sample_modifer2(int e){
        int f = e;
        int g = e;
        return;
        _;
    }

    //创建函数修改器 sample_modifer3
    modifier sample_modifer3(int h){
        int i = h;
        _;
        int j = h;
    }

    //func1 是使用了三个函数修改器的函数
    function func1() sample_modifer1 sample_modifer2 sample_modifer3
    returns (int k){
        a = 20;
        return a;
    }
```

如果不使用函数修改器，那么 func1 将是以下的实现逻辑。

```
function func1(int b, e, h) returns (int k){
    //函数 func()1 内先插入修改器 sample_modifer1 的执行代码
    int c = b;
    int d = a;

    //在修改器 sample_modifer1 的_语句处插入修改器 sample_modifer2
    //的执行代码
    int f = e;
    int g = e;
    return;

    //在修改器 sample_modifer2 的_语句处插入修改器 sample_modifer3
    //的执行代码
    int i = h;

    //在修改器 sample_modifer3 的_语句处插入上面函数 func1()的执行代码
    a = 20;
    return a;

    int j = h;
}
```

函数修改器同样支持使用关键字 return，但是这里的 return 和函数中的 return 在用法上稍有不同。在函数中，使用关键字 return 会直接中断函数的执行，然后将一些数值返回，但是在函数修改器中，return 关键字会使修改器忽略"_"符号构成的语句部分，而执行修改器内接下来的部分。

另外，函数修改器的 return 关键字后面最好不要跟随一个具体的变量，例如，return f，如果是这样，变量 f 将被返回 0 值。

8.5.4　回退函数

回退函数（fallback function）是一个在合约内被允许可以没有函数名的函数，当然一个合约内仅可有一个回退函数。

回退函数在合约中的作用就是接收以太币。当交易发送以太币给合约却不用调用合约内的任何方法时，回退函数就被执行了。如果在这种情况下却没有实现回退函数，那么合约就会抛出异常，然后退回发送过来的以太币。因此，对于具有以太币接收功能的智能合约，最好还是实现一个回退函数。

回退函数不能定义参数，也不能定义返回值，以下是一个回退函数的模板。

```
contract sample{
```

```
    //一个回退函数
    function() payable{
        //可以在回退函数内记录以太币的来历和数量
    }
};
```

8.6 异常

当代码在运行过程中出现逻辑上的错误时，编译器一般会通过抛出异常的方式自动结束代码的运行。自动抛出异常是一个非常有用的机制，这样做能够在很大程度上帮助开发者完善代码的逻辑，甚至也能做到对计算机内存或其他硬件的保护。

当然，也可使用 throw 关键字手动抛出异常。使用手动抛出异常的场景多见于测试代码的时候，当代码运行至特定的位置时，遇到一个通过 throw 关键字抛出的异常后，代码退出执行，这样就可以判断抛出异常的地方之前的部分是不存在问题的。

如果 throw 关键字写在了函数里，抛出异常时会立即退出函数并回滚对这个函数的调用（等价于撤销对状态和余额的所有改变）。

在很多其他的编程语言中，异常可以通过 catch 关键字捕获，但是在 Solidity 中不支持捕获异常。下面的代码展示了如何使用 throw 关键字抛出异常。

```
contract sample{
    function sample_throw(){
        throw;
    }
}
```

8.7 使用智能合约

本章的主题是编写以太坊的智能合约，在前面已经介绍了一些关于 Solidity 语法的内容，尽管这些介绍并不是非常详细和具体，但是针对一般的智能合约编写任务而言已经足够了。

这一节主要来看以太坊中的智能合约究竟拥有怎样的一种结构，以及如何通过 Solidity 编写简单的智能合约。除此之外还会了解如何使用核心客户端 Geth 搭建测试用的本地区块链，以及如何在该链上部署和调用智能合约。

8.7.1 智能合约的结构模板

智能合约不是一个神秘的存在。如果你曾经使用过 Java 或 C++等其他面向对象的编程语言完成一个项目，那么肯定对"类"这样的一个概念不会感到陌生。"类"是面向对象的程序设计语言中非常核心的一个概念，将项目的某个具体功能的实现封装到一个类中是非常方便和普遍的做法。

在其他所有的面向对象程序设计语言中，创建类时使用的关键字几乎都是 class。Solidity 是专门用于编写以太坊智能合约的，它没有"类"这样的一个概念，所以自然也就没有这个表示类的关键字 class。不过，Solidity 提供了表示合约的关键字 contract，也就是说在创建一个合约时要用 contract 关键字进行说明。

从功能角度来看，Solidity 中的合约关键字 contract 和其他面向对象程序设计语言中的类关键字 class 非常相像。首先，类可以包含其他类型的成员，包括变量和函数等，智能合约中也可以包含这些成员。其次，类可以被其他类调用，而智能合约一般也能被其他的智能合约调用。最后，类可以实现多态并允许被继承，智能合约也可以实现多态以及被继承。

在一个智能合约中，可以包含的成员主要有基本数据类型的状态变量、结构体、数组、逻辑控制结构、函数、函数修改器和事件（event）等。以下代码展示了一个智能合约的模板例子。

```
pragma Solidity ^0.4.25

contract sample_contract{
    //创建一些状态变量，类型可以是其他的，如字符串类型或数组类型等
    uint128 Count;
    address Address;

    //定义事件
    event log(unit128 CountEvent);

    //定义一个函数修改器
    modifier onlyOwner(){
        if (msg.sender !=owner) {
            throw;
        }
    }

    //定义一个构造函数，用于初始化状态变量 Count 和 Address
    function sample_contract(uint128 initCount, address initAddress){
        Count = initCount;
```

```
        Address = initAddress;
    }

    //定义一个给状态变量赋值时触发log事件的普通函数
    function set_value(uint128 newCount) onlyOwner{
        log(newCount);
        Count = newCount;
    }

    //定义一个获取状态变量值并返回的普通函数
    function get_value() returns(uint128 returnedData) onlyOwner{
        return Count;
    }
}
```

可以将多个合约写到同一个 Solidity 源文件中，也可以在一个 Solidity 源文件中创建多个合约。在上面的这段合约代码中，首先通过 pragma 语句声明了代码在编译时使用的编译器版本，从本章的一开始我们就知道，任何的 Solidity 源文件中都要以该语句作为第一句。

上面这个 Solidity 源文件中最关键的部分就是使用 contract 关键字创建了一个名为 sample_contract 的合约。在这个 sample_contract 合约中，先是创建了一个类型为 uint128 的状态变量 Count 和一个类型为 address 的状态变量 Address，Count 可以用来存储一些数据，而 Address 则代表一个以太坊账户地址（通常是合约部署者的以太坊账户地址）。

然后定义了一个事件 log。事件在 Solidity 中的作用是通知客户端。在上面这段合约中定义的事件主要用于监听状态变量 Count 的值，set_value()函数会对该值做出修改，在修改之前，set_value()函数会首先调用事件 log 通知客户端。

事件的定义比较简单，所以之前没有对事件做出过介绍。定义它就像在定义函数一样，只不过将 function 关键字改为了 event 关键字。另外，事件中的参数类型也要注意好匹配。

接着又定义了一个函数修改器，关于函数修改器，在之前我们对其有过相关了解，它主要用于在执行真正的函数之前进行条件自动检测。本合约中的函数修改器会对是否为合约所有者在调用函数做出检测，如果不是，就抛出异常。

在函数修改器之后又定义了合约的构造函数（constructor），构造函数与其他函数几乎没有差别，但是其函数名一定要与合约名称一致。在部署合约时，构造函数会自动被调用来完成一些初始化的任务（例如，状态变量的初始化）。

合约最后还定义了两个普通的函数 set_value()和 get_value()，其中 set_value()函数用于改变 Count 的值并触发一个事件，而 get_value()函数会获取 Count 的值并返回。

可以使用 new 关键字来实现一个合约的实例化，就像类的实例化一样。在一个合约中使用 new 关键字来实例化另一个合约等同于创建了一个新合约。在使用 new 关键字来实例化一个合约时，new 关键字后面紧随着的是该合约的构造函数，另外一定要事先知道该合约的代码编写细节。

假设在合约 sample_contract 之后又定义了一个合约 sample_contract2，那么以下代码就演示了如何在 sample_contract2 中对合约 sample_contract 使用 new 关键字实例化。

```
contract sample_contract2{
    function assignment(){
        sample_contract s1 = new sample_contract();
        s1.set_value(24);
    }
}
```

8.7.2 智能合约的继承

Solidity 支持合约实现多重继承（multiple inheritance），表示继承的关键字是 is。在 Solidity 中，继承是通过代码备份来完成的，一个合约能够继承自其他多个合约，这多个合约之间用逗号分隔开即可。

将被继承的合约称为父合约（parent contract）。在区块链上只能创建一个合约，该合约如果继承自多个父合约，那么这些父合约的代码会被复制到最终合约里（也就是所谓的代码备份）。以下代码展示了在 Solidity 中如何实现合约的继承。

```
pragma Solidity ^0.4.25;

//创建合约 sample_contract1 和 sample_contract2
contract sample_contract1{
    function a(){}
    function b(){}
}
contract sample_contract2 is sample_contract1{
    function b(){}
}

//同时继承自 sample_contract1 合约和 sample_contract2 合约
contract sample_contract3 is sample_contract1, sample_contract2{
    //创建本合约中的 a()函数
    function a(){}

    function c(){
```

```
        //注意，这里调用的是 sample_contract3 合约中的函数 a()
        a();

        //需要调用 sample_contract1 合约中的 a()函数可以采用这样的方式
        sample_contract1.a();

        //这里调用的是 sample_contract2 合约中的函数 b()，
        //因为 sample_contract3 与 sample_contract2 有较近的继承关系，所以
        //sample_contract2 中的 b()函数覆盖了 sample_contract1 中的 b()函数
        b();
    }
}

//sample_contract4 合约的构造函数带有参数
contract sample_contract4{
    function sample_contract4(int d){}
}

//sample_contract5 合约继承自 sample_contract4 合约
//遇到所继承的父合约的构造函数带有参数的情况，子合约在继承时要将
//这个参数显式地传递父合约。因为来自父合约的代码会被复制到子合约里
contract sample_contract5 is sample_contract4(100){

}
```

当继承路径复杂且最终合约想要调用它所继承的某个合约中的成员时，最终合约可以通过指定合约名的方式来进行操作。例如，上面那段代码中 sample_contract3 合约的 c()函数通过 sample_contract1.a()的方式调用 sample_contract1 中的 a()函数。最终合约也可以使用 Solidity 为此专门设计的关键字 super。关键字 super 的作用是引用在合约的最终继承链中的前一个合约。

举个例子来解释继承链，假如现在有 sample_contract1 到 sample_contract5 这 6 个合约，这 6 个合约从 sample_contract1 开始到 sample_contract5 为止，它们之间继承与被继承的关系如图 8-1 所示（箭头指向子合约）。

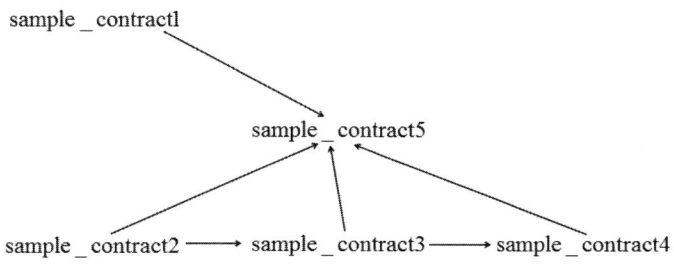

图 8-1 从 sample_contract1 到 sample_contract5 的继承关系

从图8-1可以看出,sample_contract5直接继承了很多合约,如sample_contract1、sample_contract2、sample_contract3和sample_contract4,那么它的继承链如下。

(1) sample_contract1 → sample_contract5;

(2) sample_contract2 → sample_contract5;

(3) sample_contract2 → sample_contract3 → sample_contract5;

(4) sample_contract2 → sample_contract3 → sample_contract4 → sample_contract5。

它的最终继承链有两个,一个是sample_contract1 → sample_contract5,另一个是sample_contract2 → sample_contract3 → sample_contract4 → sample_contract5。

现在sample_contract5想要调用sample_contract4中的状态变量和函数,那么使用super关键字即可。下面这段代码示范了这个例子中super关键字的使用。

```
pragma Solidity ^0.4.25;

//创建合约sample_contract1、sample_contract2、sample_contract3
//和sample_contract4
contract sample_contract1{
}
contract sample_contract2{
}
contract sample_contract3 is sample_contract2{
}
contract sample_contract4 is sample_contract3{
    function contract4_func(int c){}
}

//sample_contract5继承自上述4个合约,并通过关键字super
//引用sample_contract4合约
contract sample_contract5 is sample_contract1,
sample_contract2, sample_contract3, sample_contract4{
    function contract4_func(){
        super.a = 100;
        super.contract4_func(100);
    }
}
```

模仿着"抽象类"的概念,Solidity设计了抽象合约(abstract contract)。抽象合约指的是其内部只定义了函数原型而没有编写函数实现逻辑的合约。

抽象合约比较好理解,只需要记住其自身重要的特性就好了。首先抽象合约无法被编译。其次,抽象合约可以被继承,但是继承自抽象合约的子合约要重写抽象合约中的函数实现,如果没有重写全部父抽象合约中的函数实现,那么子合约也会变成抽象的。

8.7.3 搭建测试用私有链网络

　　一方面，为了保险起见，不建议在以太坊公链上执行性能未知的智能合约；另一方面，在以太坊公链上执行智能合约需要耗费以太币，对于实验性质的智能合约来说，这显然没有必要。

　　鉴于以上两点，以太坊官方提供了一些方案来帮助开发者更好地进行智能合约的开发测试，例如，允许开发者在本地自行搭建测试用私有链网络。顾名思义，测试月私有链网络的作用就是测试开发完成的智能合约，如果智能合约在测试用私有链网络上通过了测试，那么简单地切换接口后就能部署到公有链上。

　　那么，接下来就开始搭建一个测试用私有链网络。在正式搭建之前，需要先手动配置网络的初始状态，也就是编写测试用私有链网络的描述文件。这个描述文件可以是 JSON 文件，假设文件名为 genesis.json，该 JSON 文件的内容如下。

```
{
"config" : {
    "chainId" : 20,
    "homesteadBlock" : 0,
    "eip155Block" : 0,
    "eip158Block" : 0
},

"alloc"      : {},
"coinbase"   : "0x0000000000000000000000000000000000000000",
"difficulty" : "0x200",
"extraData"  : "",
"gasLimit"   : "0x2deff6",
"nonce"      : "0x0000000000000040",
"mixhash"    : "0x0000000000000000000000000000000000000000000000000000000000000000",
"parentHash" : "0x0000000000000000000000000000000000000000000000000000000000000000",
"timestamp " : "0x00"
}
```

　　在这个 JSON 文件中，chainId 参数用于指定独立的测试用私有链网络的 ID，使用相同网络 ID 的节点才能互相连接。除了 chainId 参数外，一些其他重要的参数，例如，difficulty 参数用于指定当前挖矿难度，gasLimit 参数用于指定区块 Gas 的消耗限制。

然后使用 geth 命令创建初始状态的测试用私有链网络，并产生创世区块，命令如下。

```
$ geth --datadir /home/jiangziyang/test-block-datar \
> init /home/jiangziyang/test-block-data/genesis.json
```

第 7 章中给出过关于 Geth 核心客户端的 datadir 选项的相关介绍，该选项主要用于将自行选择的一个目录地址指定为区块链数据的存储位置，而 init 子命令则真正地用于创建测试用私有链网络和产生创世区块。init 子命令使用的正是刚刚编写的 JSON 文件。

如果终端没有报告有错误产生，那么就代表测试用私有链网络创建成功了，接下来要做的就是启动节点，启动节点可接着执行以下命令。

```
$ geth --identity "TestNode" \
> --rpc --rpcport "8545" --datadir
/home/jiangziyang/test-block-datar \
> --port "30303" --nodiscover console
```

其中，Geth 核心客户端的 identity 选项用于指定节点的 ID，rpc 选项用于开启 HTTP-RPC 服务，rpcport 选项用于指定 HTTP-RPC 服务需要监听的端口号（该端口号有默认值，默认值是 8 545）、port 选项用于指定和其他节点连接所用的端口号（该端口号也有默认值，默认就是 30 303），最后的 nodiscover 选项则关闭了节点发现机制，这样做的目的是防止连接到与初始配置相同的陌生节点或是其他陌生节点连接到自己。

创建账号要在节点启动之后完成。以太坊官方钱包和 Geth 核心客户端都支持账号的创建，由于在搭建测试用私有链网络时主要都是在 Geth 上操作，所以创建账号时使用的仍是 Geth。在上面的一连串命令的最后，执行 geth 命令的 console 子命令进入到了符合 JavaScript 语法的 JavaScript 控制台，在这个控制台中使用 newAccount() 方法创建一个账号，语句如下。

```
> personal.newAccount()
Passphrase:
Repeat passphrase:
"0xfffa57d23a5c905ea680302362e1d50fd249915d"
```

Passphrase 和 Repeat passphrase 是输入密码和重复输入密码的提示，在输入两遍相同密码后，会显示生成的账号，如 0xfffa57d23a5c905ea680302362e1d50fd249915d。查询该账户的以太币余额，可输入下面两条命令。

```
> myAddress = "0xfffa57d23a5c905ea680302362e1d50fd249915d"
> eth.getBalance (newAddress)
```

GetBalance() 方法用于查询以太币余额。由于是新创建的账户，所以命令行打印出的该账号当前余额为 0。

8.7.4　创建和编译智能合约

针对 Solidity 语言开发的智能合约项目，还需要使用一个编译器将源码编译为 EVM（以太坊虚拟机）能够识别的二进制代码。

以太坊提供了 Remix 工具，这是编写和编译 Solidity 代码的绝佳选择，除此之外，以太坊还提供了 solc 编译器。solc 比 Remix 更加轻量级，安装也更简单，最主要的是用户可以使用 solc 提供的命令行界面执行.sol 文件的编译操作。大部分的简单智能合约都能通过 solc 完成编译，所以将主要使用 solc 完成智能合约的编译。限于篇幅，这里只关注如何使用 solc 编译智能合约，关于 solc 的更多命令及具体使用细节，可访问官方提供的使用指南（https://Solidity.readthedocs.io/en/develop/using-the-compiler.html）。

还是以之前做示范的 Ubuntu16.04 系统为例，使用 apt-get 命令就能一步完成 solc 的安装，语句如下。

```
$ sudo apt-get install solc
```

对于 Linux 的其他发行版本，也能像这样通过一条命令就完成 solc 的安装。想要在其他平台完成安装，可参考官方提供的安装指南 http://Solidity.readthedocs.io/en/develop/installing-solidity.html#binary-packages。安装过程结束后，验证 solc 的安装是否成功，可在终端输入 solc 命令进行尝试，如果正确安装，则终端会输出 solc 编辑器的说明、命令解释和命令用法等信息。

为了便于编写 Solidity 源码，使用 Browser-Solidity 工具是一个不错的选择。Browser-Solidity 是一个适用于小型合约的 IDE（集成开发环境），在第 7 章中已经做过了关于它的介绍。Browser-Solidity 是一个基于浏览器的工具，它的编译功能是需要联网的，使用 Browser-Solidity 工具需要下载该工具的源码，可访问 https://github.com/Ethereum/browser-Solidity/tree/gh-pages 进行下载。

将下载到的源码 zip 压缩文件（Browser-Solidity 工具的源码压缩文件只有不到 10MB）解压缩后会得到一个名为 "browser-solidity-gh-pages" 的文件夹，运行这个文件夹里的 "index.html" 文件就可以在浏览器中打开 Browser-Solidity 工具。图 8-2 展示了 Browser-Solidity 工具的运行初始界面。

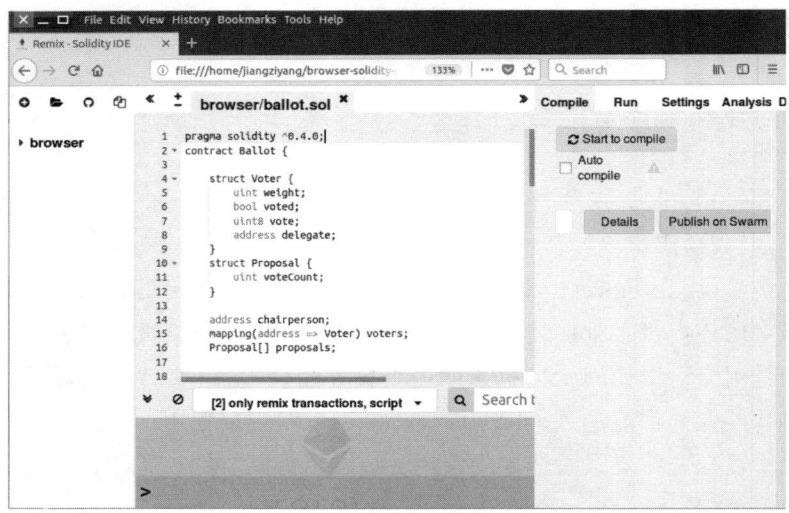

图 8-2 Browser-Solidity 初始界面

从图 8-2 中可以看到，Browser-Solidity 工具默认打开了一个自带的 Solidity 智能合约范例。在该界面中，窗口左侧用于浏览 Solidity 智能合约工程（主要是.sol 文件），窗口中部就是编写代码的工作区，Browser-Solidity 也能像其他 IDE 那样对代码进行智能缩进以及标识颜色等。

在该界面中，窗口右侧是一些功能选项，这些功能包括 Compile（编译）、Run（运行）、Settings（设置）、Analysis（分析）、Dugger（调试）和 Support（帮助）。Browser-Solidity 本身体积就非常小，在功能方面自然就没有 Remix 那么强大，但如果只想用来编写代码，Browser-Solidity 已经足够了。

使用 Browser-Solidity 新建一个 Solidity 智能合约文件，首先用鼠标左键单击工具页面左上方的"+"按钮，然后按照提示框的提示填写文件名，最后这个文件就出现在了页面左侧的文件浏览窗口中。编写该智能合约，为简单起见，假设本合约的名称为 test，并且只包含一个 add() 方法，该方法的作用是将输入的两个整数相加后输出，合约代码如下。

```
pragma solidity ^0.4.0;

contract test{
    function add(uint a, uint b) returns(uint d){
        d = a+b;
    }
}
```

将这段代码在 Browser-Solidity 中执行编译，确认编译过程不会产生错误后，复制这段代码到操作系统自带的文本编辑器中再另存为 .sol 文件。接下来使用安装好的 solc 工具编译上述代码（编译前确定好代码文件的路径）。

```
$ solc --bin test.sol
```

编译过程中未产生错误提示的话，终端会打印出合约编译后的 EVM 二进制码（采用十六进制的形式）如下。

```
======= test.sol:test =======
Binary:
6080604052348015610010576000806fd5b5060c58061001f6000396000f3006
0806040526004361060603f576000357c010000000000000000000000000000
0000000000000000000000000000900463ffffffff168063771602f7146044575b60
0080fd5b348015604f57600080fd5b506076600480360381019080803590602
0019092919080359060200190929190505050608c565b6040518082815260200
1915050604051809103906f35b60008183019050929150505600a165627a7a7230
5820514f01405381a7fb99ee49a13111b5ae1410678dd48bc3fb1caaef8ef7ac
14ee0029
```

还可以用 solc 获得合约的 JSON ABI（Application Binary Interface，应用程序二进制接口）。紧接着在终端输入下面这条命令即可。

```
$ aolc --abi test.sol
```

JSON ABI 中指定了合约接口，主要包括可调用的合约方法、合约中的变量以及事件等。JSON ABI 的打印结果如下所示。

```
======= test.sol:test =======
Contract JSON ABI
[{"constant":false,"inputs":[{"name":"a","type":"uint256"},{"nam
e":"b","type":"uint256"}],"name":"add","outputs":[{"name":"d","t
ype":"uint256"}],"payable":false,"stateMutability":"nonpayable",
"type":"function"}]
```

8.7.5 部署智能合约

还是通过 geth console 命令进入 Geth 的 JavaScript 控制台，在这里创建两个 JavaScript 变量，以记录上一小节最后产生的两个值。

```
> code =
"0x6080604052348015610010576000806fd5b5060c58061001f6000396000f3006
0806040526004361060603f576000357c01000000000000000000000000000000
0000
000000000000000000900463ffffffff168063771602f7146044575b600080fd5b
348015604f57
600080fd5b506076600480360381019080803590602001909291908035906020
01909291
9050505060c8c565b604051808281526020019150506040518091039035b60008
```

```
1830190
50929150505600a165627a7a72305820514f01405381a7fb99ee49a13111b5ae1
410678dd
48bc3fb1caaef8ef7ac14ee0029"

> abi =
[{"constant":false,"inputs":[{"name":"a","type":"uint256"},{"name":"
b","type":"uint256"}],
"name":"add","outputs":[{"name":"d","type":"uint256"}],"payable":
false,
"stateMutability":"nonpayable","type":"function"}]
```

这两个变量非常的重要。智能合约的执行需要 EVM 解析编译后的二进制码，而 code 变量就是这个二进制码的十六进制形式。通过传递 code 变量，智能合约可以被部署到其他任何节点运行。注意 code 变量的值需要在前面加上表示十六进制的 "0x" 前缀。abi 变量可以被看作是智能合约的一个描述，包括智能合约中的方法、方法的输入输出以及智能合约中的某些事件等。定义好 abi 变量后，JavaScript 控制台会将该值比较规整地打印出来，如下所示。

```
[{
    constant: false,
    inputs: [{
        name: "a",
        type: "uint256"
    }, {
        name: "b",
        type: "uint256"
    }],
    name: "add",
    outputs: [{
        name: "d",
        type: "uint256"
    }],
    payable: false,
    stateMutability: "nonpayable",
    type: "function"
}]
```

这样的 abi 看上去一目了然。接着还要在 JavaScript 控制台用 unlockAccount() 方法解锁自己的账号，不这样的话无法完成交易的发送，语句如下。

```
> myAddress = "0xfffa57d23a5c905ea680302362e1d50fd249915d"
> personal.unlockAccount(myAddress)
Unlock account 0xfffa57d23a5c905ea680302362e1d50fd249915d
Passphrase:
true
```

熟记账号的密码是非常重要的，在解锁账号时需要输入密码（Passphrase）。接着就可以将部署合约作为一则交易发送出去，语句如下。

```
> myContract = eth.contract(abi)
> contract = myContract.new({from:myAddress, data:code,
gas:1000000})
```

如果一切正常，这则交易会马上上传到交易池，最先接收到这笔交易的交易池一定是部署合约的节点所持有的交易池。在本地的命令行使用 txpool.status 命令，可查看本地的交易池中所包含的未确定的交易。默认情况下以太坊核心节点 Geth 是不开启挖矿的，如果需要开启，可执行 miner.state() 命令进行自动挖矿。

8.7.6 运行智能合约

运行智能合约简单来说就是发起交易。可在 JavaScript 控制台使用 contract.multiply.sendTransaction() 方法发起交易，语句如下。

```
> contract.multiply.sendTransaction(10, 20, {trom:myAddress})
```

其中，contract.multiply.sendTransaction() 方法的前两个参数（10 和 20）分别与合约中 add() 方法的 a 和 b 参数相对应，交易的发起方就是 myAddress。如果这则交易被挖矿到一个区块中，那么所有的节点都有机会在区块链账本上看到这则交易。

如果不想交易被挖走而只是想在调试智能合约的时候查看合约方法的执行结果，那么可以同样在 JavaScript 控制台执行 contract.multiply.call() 方法，语句如下。

```
> contract.multiply.call(10, 20)
```

8.8 智能合约案例：投票

在初次使用 Browser-Solidity 工具时，浏览器的代码编辑界面中给出了一个用 Solidity 语言编写的智能合约的示例。这个智能合约示例实现的是一个去中心化的投票应用，由投票发起人发起投票，拥有投票权的人通过投票参与到系统的运行中，矿工通过挖矿记录投票的结果，投票的结果是公开透明的，并且任何节点都能对其进行查询。

使用一个去中心化的投票应用作为一个智能合约的入门案例是再好不过的选择了。本节要介绍的智能合约案例就参考了这个 Browser-Solidity 工具自带的示例，在示例原有代码的基础上做出了一些修改和完善。本节的第一小节会展示案例的代码，在第二小节将对代码进行分析。

8.8.1 智能合约代码

这个智能合约案例的代码并不是很长，全部代码如下。

```solidity
pragma solidity ^0.4.25;
contract Ballot {

    //声明一个用于存储投票人信息的结构体Voter，在Voter中，
    //weight 是某一投票人的权重，voted 表示该投票人是否已投票，
    //vote 是该投票人对提案作出的选择，一般存储的是提案的索引号，
    //delegate 记录的是投票人在将投票权委托给他人后，受委托人的
    //账户地址
    struct Voter {
        uint weight;
        bool voted;
        uint8 vote;
        address delegate;
    }

    //声明一个存储提案信息的结构体Proposal，在Proposal中，
    //name 表示提案的名称，而 voteCount 表示该提案所获得支持的票数
    struct Proposal {
        bytes32 name;
        uint voteCount;
    }

    //chairperson 代表投票发起人，是一个地址型变量
    address chairperson;

    //voters 代表所有投票人，是一个address到Voter的mapping型变量
    mapping(address => Voter) voters;

    //proposals 存储所有提案，是一个Proposal类型的动态大小的数组
    Proposal[] proposals;

    //Ballot()函数用于创建一个新的投票
    function Ballot(bytes32[] ProposalsName) public {
        //chairperson 存储的是投票发起人
        chairperson = msg.sender;
        //投票发起人在投票时的权重是1
```

```
        voters[chairperson].weight = 1;

        //函数参数 ProposalsName 是传递进来的所有投票提案的名称,
        //遍历这些名称并记录到 proposals 中
        var i = 0;
        while(i < ProposalsName.length){
            proposals.push(Proposal({
                name : ProposalsName[i],
                voteCount : 0
            }));
            i++;
        }
    }


    //giveRightToVote()函数实现了投票发起人将投票权赋予他人的功能
    function giveRightToVote(address toVoter) public {
        //如果 require 表达式中的结果是 False, 那么不再执行表达式后面的
        //其他函数语句, 函数由此退出执行
        require((msg.sender == chairperson) && !voters[toVoter].voted);
        voters[toVoter].weight = 1;
    }


    //delegate()函数允许投票人可以将自己对某个提案的投票权交给其他人。
    //获得这项投票权的人必须是合格的投票参与者
    function delegate(address DelegateTo) public {
        //用 sender 存储本次委托的发起人
        Voter storage sender = voters[msg.sender];

        //对委托人已经投过票的情况进行终止委托的处理
        if (sender.voted){
            return;
        }
        //DelegateTo 是函数的参数, 代表了被委托人的账户地址, 如果
        //被委托人的账户地址和委托人的账户地址一致, 则也终止委托
        if (DelegateTo == msg.sender) {
            return;
        }

        //考虑到被委托人也将投票权委托出去的情况, 这里使用一个 while 循环
        //追根溯源找到最终的被委托方
        while (voters[DelegateTo].delegate != address(0) &&
        voters[DelegateTo].delegate != msg.sender){
            DelegateTo = voters[DelegateTo].delegate;
```

```solidity
    }

    //在上述的检查工作都完成后,接下来修改sender的voted属性和
    //delegate属性,表示委托成功
    sender.voted = true;
    sender.delegate = DelegateTo;


    //如果被委托方已经投票出去,那么在他所投票的提案上增加委托方
    //的权重,若被委托方未将票投出,则委托方的权重要和他的权重相加
    Voter storage delegated = voters[DelegateTo];
    if (delegated.voted){
        proposals[delegated.vote].voteCount += sender.weight;
    }
    else{
        delegated.weight += sender.weight;
    }
}


//vote()函数实现的是投票的过程
function vote(uint8 toProposal) public {
    Voter sender = voters[msg.sender];

    //投票人已经投过票,则终止投票
    require(!sender.voted);

    //未发现投票人已投过票,则设置sender的voted属性为true,
    //vote属性为toProposal,并完成投票
    sender.voted = true;
    sender.vote = toProposal;
    proposals[toProposal].voteCount += sender.weight;
}


//通过getWinnerName()函数获取获胜提案的名称
function getWinningProposal() public constant
returns (uint winningProposal) {
    uint winningVoteCount = 0;

    //获取获胜提案的名称的思路是遍历所有提案并统计其总票数
    for (uint8 i = 0; i < proposals.length; i++){
        if (proposals[i].voteCount > winningVoteCount) {
            winningVoteCount = proposals[i].voteCount;
            winningProposal = i;
```

```
        }
      }
    }

    //通过getWinnerName()函数获取获胜者的名字
    function getWinnerName() constant
    returns(bytes32 WinnerName){
        //根据获胜的提案找到获胜者的名字
        WinnerName = proposals[getWinningProposal()].name;
    }
}
```

8.8.2 解读合约代码

上一小节给出了一个投票案例的智能合约代码，这一小节来分析一下这则案例代码的设计。

在投票案例的代码的第一行，先是使用 pragma 关键字指定了该智能合约所兼容的编译器的版本（不兼容比 0.4.25 更旧版本的编译器，也不兼容从 0.5.0 起的新版本编译器）。在本章一开始介绍 Solidity 语言的时候，我们就知道了这一行代码在任何智能合约代码中都是不可缺少的。

智能合约的一开始声明了两个结构体类型，包括 Voter 和 Proposal。结构体类型 Voter 存储的是投票人的信息，包括投票人的权重（weight 属性）、是否已经投票（voted 属性）、将投票权委托出去后的受委托人账户地址（delegate 属性，一般是投票人将投票委托给他人后这个属性才具有值）和投票人所投票的提案（vote 属性，对应到相应提案的索引号）。

结构体类型 Proposal 存储的是提案的信息，包括提案的名称（name 属性）和本提案所获得的票数累计（voteCount 属性）。

智能合约在结构体之后创建了 3 个变量，分别是 address 类型的 chairperson、mapping 类型的 voters 和 Proposal 结构体类型的数组 proposals。chairperson 代表的是投票发起人。voters 代表了所有投票人，这是一个从 address 到 Voter 结构体的 mapping 映射。proposals 存储了所有提案，这是一个动态大小的数组，数组中的成员都为 Proposal 结构体类型。

chairperson、voters 和 Proposal 都属于状态变量。对于状态变量，Solidity 会将它们长期保存在区块链中。通过调用合约中的函数，这些状态变量可以执行读取和改写的操作。

Solidity 语言的 public、private 和 internal 是 3 个修饰访问权限的关键字。在

大多数的面向对象的编程语言中，关键字 public、private 和 internal 都起到了非常重要的作用，而在 Solidity 中，关键字 public 主要用于限定变量或函数可以被其他合约中的成员访问，关键字 internal 主要用于限定变量或函数只能被该合约（或继承该合约的子合约）中的成员访问，关键字 private 主要用于限定变量或函数只能被本合约中的成员访问。

任何一个状态变量，在未使用访问权限关键字时，它的访问权限都是默认 internal 的，有时我们也希望状态变量是 public 的，在使用了 public 关键字之后，为了方便其他的合约读取这个变量，编译器会自动为该变量创建同名的读取函数。由于这个案例只有一个智能合约代码文件，所以对于状态变量采用默认的访问权限就足够了。

一般来说，函数主要用于实现算法逻辑，在示例的智能合约的代码中，根据所需功能，也设计了一些函数，例如，具有创建一个新的投票的功能的 Ballot() 函数、具有投票发起人将投票权赋予他人的功能的 giveRightToVote() 函数、具有投票人将投票权委托给其他投票人功能的 delegate() 函数、具有进行投票功能的 vote() 函数、具有查询获胜提案的功能的 winningProposal() 函数和具有查询获胜提案的投票发起人功能的 winnerName() 函数。

external 是 Solidity 中除了 public、private 和 internal 之外的另一个可用于修饰函数访问权限的关键字，表示函数仅在合约外部可见，或者说函数只可被其他合约访问，这里面不包括继承该合约的子合约。

与状态变量的默认权限为 internal 不同的是，Solidity 中的函数的默认权限是 public，也就是说函数默认就能被其他智能合约中的成员访问，因此函数常常被当作智能合约的对外接口来看待。

函数 Ballot() 的唯一参数 ProposalsName 是一个 bytes32 型的数组，所有提案的名称通过这个参数传入到函数中。函数执行的操作主要是它通过一个 while 循环逐个地读取参数 ProposalsName 中的条目，然后写入状态变量 proposals（proposal 存储的是所有提案）中。在函数的一开始调用了 msg.sender，这个语句的功能是获取当前调用消息的发送者的地址，这个地址就录为投票发起人 chairperson。投票发起人的权重是 1，代表投票发起人在这次投票活动中具有相当大的话语权。

函数 giveRightToVote() 的唯一参数 toVoter 是一个 address 型的以太坊账户地址，在函数中，参数 toVoter 代表的就是投票发起人想要给予投票权的人，只有这个人被赋予了投票权，他才是一个合法的投票人。理论上，这个函数应该只能够被投票发起人调用，所以函数的第一句就先在 require 语句内用 msg.sender 判断当前调用消息的发送者的地址是否为投票发起人的地址，以及目标投票人尚未投票。当 require 语句内的表达式为 false 时，函数立即退出执行（相当于执行了 return 关键字）；反之为 true 时，函数会接着往下执行。函数的第二句实现给 toVoter 赋予投票权，实质上就是将 toVoter 的投票权重设为 1，之后 toVoter 就变成了合法的投票人。

需要注意的是，因为 require 语句为 false 而导致的函数终止执行，以太坊会将调用者的所有状态和以太币余额回滚到调用前，但已消耗的 Gas 不会返还。

函数 delegate() 也有一个唯一的 address 类型的参数 DelegateTo，这个函数的作用是投票人把自己的投票权委托给其他投票人，所以任何一个投票人都有资格调用这个函数。函数的参数 DelegateTo 代表的是投票权的目标受委托的人的账户地址，函数的第一句先用 voters[msg.sender] 获取委托人，也就是此次调用的发起人。之后函数通过两个 if 判断发起人是否有过投票经历，且不是将投票权委托给自己，这两个 if 也可对应地使用两 require 语句实现，或者使用一个 require 语句也行。考虑到被委托人也可能要将投票权委托出去的情况，所以接下来，通过 while 循环查找最终的投票代表，最后在一个 if 判断中将这一连串委托人的权重加到适应的位置。

函数 vote() 实现的是投票的过程，函数的参数 toProposal 是 uint8 类型，代表的是投票时可投提案的编号。函数的一开始先用 voters[msg.sender] 获取投票人，也就是这次调用的发起人，接着对这个投票人进行是否已经投票的检查。如果该投票人之前未有过投票，那么该投票人的相关属性会被刷新（包括 voted 属性和 vote 属性）为已投票，最后在 toProposal 对应的提案的编号上增加 voteCount 属性的计数值，这样就完成了一次投票。

函数 getWinningProposal() 的作用是查询获胜提案。在定义函数时，就通过 returns 关键字指定了函数的返回值 winningProposal 为 uint 类型，代表了所有提案中获胜提案的编号。获取获胜提案名称的思路是遍历所有提案并统计其所得票数，当某个编号的提案所获得的总票数创新高时，winningProposal 会暂时被赋值为该提案的编号。在 for 循环内遍历完所有的提案的各自所得票数后，winningProposal 保存的就是获得票数最高的提案的编号，通过提案的编号，也就很容易地找到提案的名称。

在 getWinningProposal() 定义时，还创新地使用了 constant 关键字，这个关键字是我们之前没有见过的。经过 constant 关键字修饰的函数在执行时不会改变合约内的状态变量的值。

函数 getWinnerName() 的作用是返回获胜者的名称，也就是获得最高票数的提案的发起人。实现这样的功能需要调用合约内部的 getWinningProposal() 函数来获得获胜的提案，借助这个提案，自然也就找到了获胜者。

8.9 使用官方钱包部署智能合约

在使用官方钱包部署智能合约时,首先要做的就是登录账户以及选择所加入的网络。如果不确定智能合约的性能和安全性如何,建议先将合约部署到测试网络,如图 8-3 所示,以测试网络 Ropsten 为例。

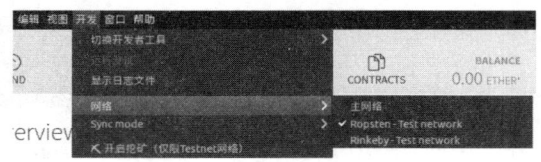

图 8-3 选择测试网络

需要提醒的是,尽管处在测试网络中,但是以太坊仍将部署智能合约或调用智能合约中的方法视为发起交易,因此会消耗一些以太币,所以在部署智能合约时一定要确保账户中的以太币余额充足。

接下来单击界面上的 CONTRACTS 按钮,进入智能合约管理页面,如图 8-4 所示。

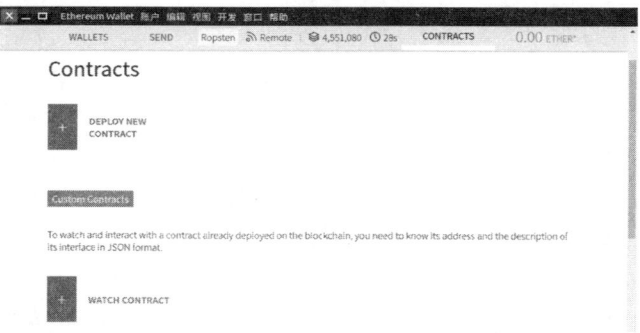

图 8-4 Contracts 智能合约管理页面

这个页面主要提供了部署智能合约以及查看智能合约的功能。在这个页面中共有 3 个选项,分别是 DEPLOY NEW CONTRACT、WATCH CONTRACT 和 WATCH TOKEN。对于我们要做的部署智能合约的工作,选择 DEPLOY NEW CONTRACT 选项就可以了。图 8-5 展示了选择 DEPLOY NEW CONTRACT 选项后进入的智能合约部署界面。

在该界面中,我们要做的工作就是将投票合约的代码复制到 SOLIDITY CONTRACT SOURCE CODE 一栏中。得到粘贴进去的代码之后,官方钱包会自动编译这段代码,旁边的 CONTRACT BYTE CODE 一栏可以查看代码编译之后得到的字节码。部署智能合约最重要的是在 FROM 一栏中选择部署合约交易的发出方，然后在右侧 SELECT CONTRACT TO DEPLOY 一栏中填入智能合约的名称以及在 CONSTRUCTOR PARAMETERS 一栏中填入合约的初始权重，这个数值会交由构造函数使用。

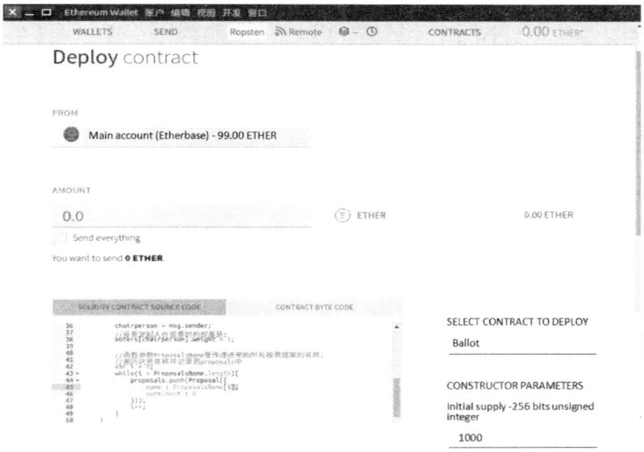

图 8-5　智能合约部署界面

在图 3-5 所示界面的左下方有一个 SEND 按钮，如果编译无误并且已经做好了上述工作，那么就可以单击 SEND 按钮，进入合约发送界面了。合约发送界面如图 8-6 所示。

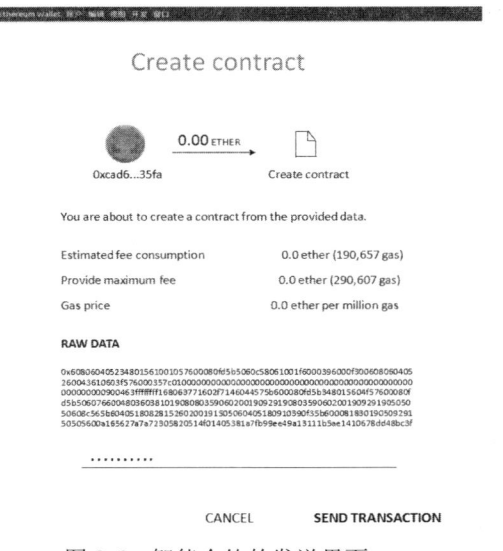

图 8-6　智能合约的发送界面

图 8-6 中最右下方的 SEND TRANSACTION 按钮是发送交易的意思，再次确认无误后，可单击该按钮将部署智能合约的交易发送出去。等部署合约的交易被网络中的矿工节点挖矿确认后，合约也就正式部署到网络中了。

8.10　智能合约的代码漏洞：TheDAO 事件

在以太坊的发展过程中，发生过一次重大的智能合约代码漏洞事件——DAO 事件。这次的 DAO 事件让很多人改变了对区块链技术的看法，也让很多人继续加深了对把区块链应用（智能合约）的定制化开发的权利交给第三方的做法所持有的怀疑的态度。

事情还要从智能合约 TheDAO 说起。TheDAO 是一个在以太坊平台实现的智能合约众筹项目，由德国的初创公司 Slock.it 于 2015 年创建，是迄今为止在世界范围内最大的基于区块链技术的众筹项目。

建立 TheDAO 项目的初衷就是由参与众筹的人以以太币的形式向 DAO（Decentralized Autonomous Organization，去中心化自治组织）进行投资。DAO 就是所有参与投资的人构成的一个组织。DAO 中的成员会根据出资的以太币数量获得一定的 TheDAO 代币（DAO Token），当有 DAO 成员提出投资项目时，所有持有 TheDAO 代币的 DAO 成员都能在审查项目后投票表决是否支持该项目。

TheDAO 代币并不是以太币，而是 TheDAO 项目中通过智能合约创建的另一种可以由以太币兑换来的数字货币。TheDAO 项目在 2016 年 5 月份的时候达到了筹资的最大规模，据统计，当时最高筹集到了 1 150 万以太币，按照当时的以太币兑换现金的汇率计算，这些以太币估值能达到 1.5 亿美元。因为 TheDAO 项目是通过智能合约实现，所以得益于此，DAO 是完全去中心化自治的。

让人意想不到的是，智能合约 TheDAO 本身存在未知的漏洞，尽管 Slock.it 公司在开发的时候做了很多测试，但是这个漏洞还是没能及时地被发现。2017 年 6 月 17 日，一名黑客发现了这个漏洞，它就是存在于一个名为 splitDAO()的函数中。这名黑客利用自己的以太坊账户 0xF35e2cC8E6523d683eD44870f5B7cC785051a77D 将 DAO 货币池中的资产转移到自己建立的一个子 DAO 货币池中。

这名黑客对 TheDAO 项目的攻击持续了将近三个小时的时间，在这段时间里，被这名黑客转移出去的以太币数量估计有 300 万。这个问题很快被发现，DAO 成员马上向社区提议通过发送垃圾交易的方式造成以太坊网络的阻塞，从而放慢黑客从 DAO 资产池中转移出去以太币的速度。

紧接着，以太坊项目发起人 Vitalik 在以太坊官方博客发文《紧急状态更新：关于 TheDAO 的漏洞》，并在其中详细阐明了这次攻击的细节以及应对这次攻击的办法。Vitalik 的办法是进行一次区块链的软分叉，并将从块高度为 1 760 000 的区块开始把任何与 TheDAO 与子 DAO 之间的交易划分为无效的交易，通过这样的办法暂时阻止这名黑客将被盗的以太币提现，然后再经过一次硬分叉将被盗以太币找回。不过，也有一些激进分子提议直接进行一次区块链的硬分叉。

对于处理这次攻击事件的不同办法的提议议案，经过在 TheDAO 项目中的成员全程公开透明的一次投票后，高达 97% 的投资人（大约持有资产池中的 150 万个以太币）一致决定直接采取硬分叉的办法。

2017 年 7 月，以太坊官方通过编码的方式进行以太坊区块链的硬分叉，既可以极大限度地挽回投资者的损失，也可以防止初创的以太坊项目乃至区块链技术陷入不被认可的尴尬境地。硬分叉的具体做法是在块高度为 1 920 000 的区块处强行把 DAO 及黑客创建的子 DAO 的资产池中的以太币转移到了另外一个合约地址，通过这种方式夺回位于黑客名下的原属于 DAO 资产池中的以太币。

这次的硬分叉直接导致了以太坊划分成了两个版本，分别是以太坊经典（ETC）和以太坊（ETH）。以太坊经典包括原始的区块链，而以太坊则只针对新分叉出来的区块链。无论过程如何，TheDAO 事件最终得到了一个妥善的解决，投资者也没有什么损失。事后，根据以太坊官方估计，这次黑客发动的攻击成功转移出去不少于 300 万的以太币，按当时的汇率计算可折合现金 6 千万美元。

距离 TheDAO 事件已经过去了两年多的时间，时至今日，该事件依旧影响着无论是刚刚踏入区块领域的新人还是从事区块链技术相关应用的开发人员。区块链本身是一项非常具有创新性的技术，并且目前依旧处于发展的初级阶段，一切关于区块链技术的深入探索还没有完全展开。正是因为如此，在真正实际应用区块链技术的时候，还是要考虑到可能会发生的或者潜在的各种风险。另外，关于区块链技术的应用最好也要有相关的法律法规予以限制。在未来，我们有理由相信在技术进一步提高和法律法规制度进一步完善的基础上，区块链一定能够有一个更好的发挥空间，更安全、更便捷、更快速，带给人们更好的使用体验。

第 9 章 区块链应用开发平台——超级账本

超级账本项目由 Linux 基金会发起，在其号召下，一些科技或金融领域的巨头，如 Intel、IBM、J.P.Morgan 以及 R3 等 30 多家公司纷纷参与进来。得益于强大的开发队伍，在超级账本项目成立两年多的时间里，它的受关注程度持续上涨，并且项目的本身也在不断进化。据统计，目前超级账本所拥有的企业会员数量已经超过了 200 家。

超级账本（Hyperledger）项目是首个采用了区块链技术的面向企业应用场景的开源分布式账本平台。就像从比特币到以太坊是一个巨大的跨越一样，从以太坊到超级账本也是一个巨大的跨越，这不仅仅表现在区块链架构的更新（超级账本采用的是区块链 3.0 架构），更表现在实用性和针对性的提升。

本章将介绍关于超级账本项目的一些内容，主要包括该项目的发起与发展，以及超级账本项目的具体情况等，此外，本章还会以超级账本的 Fabric 子项目为例来深入介绍其设计理念以及安装步骤等相关内容。

9.1 关于超级账本

为了在以后能更深入地了解超级账本，本节会铺垫性地介绍一些基础的内容，这些内容主要用于介绍超级账本项目的发起与发展。

关于超级账本项目，如果在阅读完本节后仍存有疑惑或者想知道更多具体的详细信息，那么可访问超级账本的官方网站，网址为 https://www.hyperledger.org/。另外，超级账本项目在 GitHub 上的主页为 https://github.com/hyperledger/，这个主页提供了源码的下载。

9.1.1 项目发起的背景

在区块链 1.0 架构时代，比较具有代表性的区块链技术应用就是比特币系统。比特币系统是一个支持接收和发送数字货币的典型去中心化数字货币系统，所有的功能都编写在了系统源码中，特别是在一笔交易的交易数据中采用支付锁定脚本和接收解锁脚本这种脚本程序的方式，实现一笔数字货币资金在接收方和发送方之间的权属转换。在 1.0 架构的区块链技术应用中，一般直接暴露给用户的就是使用方法，在应用中不会出现定制化的功能。

在区块链 2.0 架构时代，比较具有代表性的区块链技术应用就是以太坊。以太坊不仅支持接收和发送数字货币，它更是一个去中心化应用的开发和运行平台，支持通过开发智能合约的方式实现定制化的功能系统，这就包括像比特币那种去中心化的数字货币应用系统，也包括众筹系统、融资租赁系统和资产管理系统等。前提是这些功能或应用系统在使用了区块链技术之后能够有更高的效率。

区块链 1.0 架构到区块链 2.0 架构的升级就体现在人们对于区块链技术的天花乱坠的想象可以去亲自尝试了，并且门槛也不是很高。一些原本属于中心化的应用系统可以很轻松地尝试去中心化。就在以太坊项目正火热发展的时候，区块链技术也做好了从 2.0 架构时代向 3.0 架构时代迈进的准备。

2015 年 12 月，Linux 基金会与 30 多家初始企业成员（包括 Intel、IBM、J.P.Morgan、R3、DAH、DTCC、Accenture、FUJITSU、HITACHI、SWIFT、Cisco 等）共同宣布了超级账本（Hyperledger）项目的成立。这些初始企业成员涉足计算机芯片、金融、银行、物联网、供应链和制造等多个行业，且都在各自的行业内有着深远的影响，所以比起比特币和以太坊，超级账本更像是一个豪门贵族，天生就有无法比拟的优势。

超级账本采用了区块链技术，实现的是一种公开、透明且去中心化的企业级分布式账本，由于是面向企业的服务项目，因此在区块链类型上与比特币或以太坊等公有链系统有很大的区别。比特币及以太坊实现的是公有链系统，这意味着它们的用户可能很广，针对大范围的用户，做到功能定制化着实不易，而超级账本中的这些项目（后面会谈到，超级账本事实上是由多个子项目组成）更像是一个个独立的框架，设计者将一些企业需要实现的功能都封装到了一起，作为一个框架提供给用户，用户可以使用这个框架实现企业级的区块链应用。框架中封装的包括有分布式的账本技术框架、图形界面开发库、智能合约引擎、工具库以及客户端开发库等，此外，有的框架还封装有一些示例程序。

超级账本出现标志着区块链技术架构进入到 3.0 时代，这又是区块链技术发展史上的一个巨大的跳跃，这主要体现在，以超级账本为代表的应用中继续提供对智能合约（超级账本中是"链码"）的支持、增加了完备的身份认证和权限管理以及可插拔的共识协议、整体的框架化，此外网络范围也不再局限于公有链网络。

超级账本成立之初，就收到了来自初始企业成员的大量开源技术贡献。这些贡献包括 IBM 贡献的数万行 Open Blockchain 代码以及 Intel 贡献的分布式账本相关的代码，还有 R3 贡献的新式金融交易架构等。

就像以太坊一样，超级账本也是一个联合项目（collaborative project）。所谓联合项目是指超级账本根据不同的使用目的和场景可分为 8 个不同的子项目。目前这 8 个子项目包括 Fabric、Sawtooth、Iroha、Blockchain Explorer、Cello、Indy、Composer 和 Burrow。下一节会对超级账本的 8 个子项目分别作出介绍。

超级账本作为一个开源的项目，旗下的所有子项目都遵守 Apache v2 许可协议。Apache v2 许可协议是开源软件通常遵守的一个协议，具有商业友好性。Apache v2 协议的大致规则是在尊重原作者著作权的基础上鼓励代码共享，允许对源码进行修改后作为开源或商业软件再发布。我们之前下载的开源项目大都是遵循 Apache v2 许可协议的，关于该协议的更多内容可访问网站 https:// opensource.org/licenses/apache2.0.php 查看。

图 9-1 展示了超级账本项目的成员企业数量随着时间的增长情况，以及超级账本项目各个子项目的发布时间。从图 9-1 可以看出，超级账本项目的成员企业数量的增长和项目本身的发展都是十分迅速的。

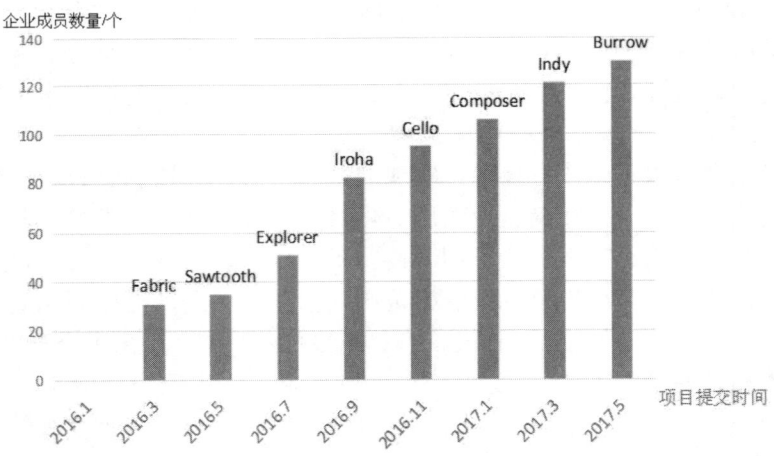

图 9-1　超级账本项目发布时间与成员企业数量的增长

由于超级账本带来的区块链 3.0 架构对身份审查更加严格，以及功能更加灵活化了链上应用的开发和使用，因此块链技术正快速地被主流企业市场认可并在实践中采用。目前，超级账本已经拥有了超过 150 家的成员企业，这个数字还在持续地增长中。在这一百多家的成员企业中，来自中国的就有超过 30 家，包括 2016 年 8 月加入的三一重工、2016 年 9 月加入的万达科技和 2016 年 10 月加入的华为科技等。从以上的信息来看，区块链 3.0 架构带来的更多"可玩性"必将会对区块链相关技术，以及与之结合的产业的发展产生深远的影响。

9.1.2 项目的组成

准确地说，超级账本项目有很多的子项目，但并不是像以太坊那样除了核心客户端之外其他的都是辅助性的工具项目，这些子项目都是功能对等的，在这些子项目下面又包含很多辅助性的工具项目。目前为止，这些子项目一共有 8 个，下面对这 8 个项目进行介绍。

（1）Fabric 项目是由 IBM 和 DAH 发起的超级账本中最核心的项目，也是超级账本中出现最早的项目，一般说起超级账本具有的功能，最先联想到的就是 Fabric 项目。Fabric 采用 Go 语言实现，支持 PBFT 共识机制，旗下包括 Fabric、Fabric-ca、Fabric-sdk（支持 Node.Js、Python 及 Java 等语言）和 fabric-api 等项目。

（2）Sawtooth 项目是步 Fabric 项目后尘的一个超级账本项目，发起者是 Intel 公司。Sawtooth 项目与 Fabric 项目相比最突出的改变就是采用了全新的基于特定硬件芯片的 PoET（Proof of Elapsed Time，消逝时间量证明）共识算法。Sawtooth 项目中包括的具体项目有 Sawtooth-core、Sawtooth-arcade、Sawtooth-sabre、Sawtooth-validator 以及 Sawtooth-mktplace 等。

（3）Blockchain Explorer 项目的发起者主要是 Intel、IBM 以及 DTCC 公司。该项目可以看作是一个工具项目，采用了基于 Web 的可视化技术，主要功能是在浏览器界面查询所绑定的区块链的状态，例如，当前区块的个数、区块中的交易信息以及区块本身的数据等信息。

（4）Iroha 项目和 Fabric 项目及 Sawtooth 项目具有相似的功能，只是增加了一些 Web 和 Mobile 方面的功能支持。Iroha 项目的主要发起者是 Soramitsu 公司，具体实现被打包到 Iroha-python、Iroha-java 以及 Iroha-ios 等具体项目中。

（5）Cello 项目主要由 IBM 公司发起，它和 Blockchain Explorer 项目一样可以看作是一个工具类型的项目，只不过 Cello 提供的是区块链网络的部署和运行时管理的功能。

（6）Composer 项目，同样是一个工具类型的项目，同样是由 IBM 公司发起。Composer 项目的目标是简化链码的生成过程。在超级账本项目中，"链码"就相当于以太坊中的智能合约。

（7）Indy 项目是一个由 Sovrin 基金会发起的基于区块链技术实现数字身份管理的工具类型项目。

（8）Burrow 项目由 Monax 公司发起，目标是通过对以太坊虚拟机的支持实现区块链网络的跨平台化，同样也是一个工具类型的项目。

9.2 优秀的超级账本项目

首次提到超级账本项目是在 1.6.6 小节，在那里我们介绍 DApp 应用的时候谈到了超级账本项目。作为区块链家族中一类较大的群体，超级账本也有着非常广泛的应用，而设置本章的目的在于继续了解超级账本项目。

超级账本项目可被分为多个优秀的子项目，例如，之前讲解的 Fabric 项目、Cello 项目和 Sawtooch 项目等。这些优秀的子项目，大致上可被分为框架项目和工具项目两种。框架项目指的是可直接用于区块链应用开发的项目，主要包括 Fabric 项目、Sawtooth 项目、Iroha 项目。工具项目指的是可以对区块链应用的开发起到辅助作用或查看区块链网络中的某些信息，主要包括 BlockChain Explorer 项目、Cello 项目、Composer 项目、Indy 项目和 Burrow 项目。

在本节，将对这些具体的项目分别做一些简要的介绍，能让你快速地浏览每一个项目。

9.2.1 Fabric 项目

Fabric 项目是超级账本项目中最早被提交的子项目。2015 年底，紧跟着超级账本项目的成立，Fabric 项目就被 IBM 和 DAH 等企业提交到开源社区。就像比特币是区块链技术的开山鼻祖一样，Fabric 项目为整个超级账本项目的发展立下了汗马功劳。

Fabric 在中文里是"织物"或"组织"的意思。开发 Fabric 项目的初衷是建立一个使用了区块链技术的面向企业分布式账本核心平台，这个平台应该更加安全，支持新的 PBFT 共识算法，并且支持权限管理，能够实现各种商业场景下的应用。

借助链码（相当于以太坊中的智能合约），在 Fabric 平台上也可以像以太坊一样开发出比特币这样的加密数字货币应用程序，除此之外还可还发出其他商业金融应用（例如，账本审计系统和金融资产交换系统等）或者非金融相关的应用。

Fabric 是使用了区块链 3.0 架构的代表作，因此在 Fabric 的整体结构中引入了更多的性能与智能合约相媲美的模块，如身份认证、许可授权、运行监控和数据审计等，这些模块的加入增强了 Fabric 平台的安全性。

可插拔共识算法模块的引入也能算是区块链 3.0 架构中的一个特色。可插拔共识算法是一个在 Fabric 平台上能进行灵活配置的模块，它允许我们在使用智能合约开发区块链应用时灵活地选择是否启用共识算法。目前 Fabric 主要支持 PBFT 共识算法，未来，Fabric 可能会支持更多的共识算法以及共识算法的装配替换。无论如何，Fabric 对共识算法的宽松要求将为商业应用提供更灵活的配置方案。

Fabric 是基于 Go 语言实现的，据估计已有超过 8 万行的核心代码。Fabric 项目的主体及相关功能实现被拆分为多个子项目，Fabric 的主体功能实现是在名为"fabric"的子项目中，此外，其他子项目还包括 Fabric-ca、Fabric-sdk（支持 Node.Js、Python 和 Java 等语言）和 fabric-api 等。截止到目前，该项目主体及其他相关子项目在 GitHub 上的提交次数已累计超过 5 000 次，下载或了解该项目，可访问网址 https://github.com/hyperledger/fabric。

9.2.2 Sawtooth 项目

Sawtooth 项目代号为"锯齿"，同 Fabric 项目一样，它也是一个使用了区块链技术的企业级分布式账本平台。另外，Sawtooth 也是高度模块化的，可以根据自己的需要插拔共识算法。

以 Intel 为首的多个企业于 2016 年 4 月将 Sawtooth 项目提交到社区。由于该项目的发起者以及代码贡献者是硬件公司，所以在一些算法的 CPU 底层实现上做出了适当的优化，同时也带来了一些新东西，例如，实现了全新的基于硬件芯片的共识机制 Proof of Elasped Time（PoET，消逝时间量证明），以及实现了对交易族（Transaction Family）的支持。

Sawtooth 项目基于 Python 语言实现，目前在 GitHub 上的提交次数已经超过 3 000 次，下载核心代码或了解该项目，可访问 https://github.com/hyperledger/sawtooth-core，图 9-2 展示了 Sawtooth 项目的 logo。

图 9-2　Sawtooth 项目的 logo

9.2.3 Iroha 项目

以 Soramitsu 为首的多个企业于 2016 年 10 月将 Iroha 项目提交到社区。同之前的 Fabric 项目和 Sawtooth 项目类似，它主要实现的也是一个使用了区块链技术的企业级分布式账本平台。Iroha 项目在设计时充分考虑了移动端和 Web 端的一些需求，因此该项目也可以看作是在 Fabric 项目和 Sawtooth 项目的基础上进行了补充，除了如上所述更好地支持了移动应用的开发外，Iroha 还增加了对一种新的拜占庭容错共识算法 Sumeragis 的支持。

Iroha 项目基于 C++语言实现（采用了领域驱动 C++设计），由日本的 Solamis 公司提供主要代码贡献。目前该项目在 GitHub 上的提交次数已经超过 2 000 次，下载核心代码或了解该项目，可访问 https://github.com/hyperledger/iroha，图 9-3 展示了 Iroha 项目的 logo。

图 9-3　Iroha 项目的 logo

9.2.4　BlockChain Explorer 项目

BlockChain Explorer（区块链浏览器）项目的定位是区块链平台的浏览器工具，主要用于区块链网络运行信息的快速查看，例如，各种区块数据（包括区块个数）、交易情况、网络状况及智能合约等，此外也可以用来部署合约，功能类似于以太坊中的钱包工具。BlockChain Explorer 项目作为一个浏览器工具，基于 Web 的操作界面自然是必不可少的。

Blockchain Explorer 项目主要基于 Node.js 语言实现，由 Intel、DTCC、IBM 等企业于 2016 年 8 月提交到社区。目前项目在 GitHub 上的提交次数已经超过 2 000 次。下载核心代码或了解该项目，可访问 https://github.com/hyperledger/blockchain-explorer。

9.2.5　Cello 项目

Cello 项目由 IBM 公司的技术团队于 2017 年 1 月贡献到社区。

Cello 项目项目可以当作一个区块链管理平台来对待，设计它的主要目的是实现区块链即服务（BaaS，Blockchain as a Service）的部署模型，类似于"软件即服务"的思想，从而使区块链应用的生态管理更加方便。

Cello 项目在设计上参考了当前流行的云服务的思想，通过 Cello，区块链环境的部署变得容易和快速。目前，在 Fabric、lroha 和 Sawtooth 平台开发的区块链应用都可以通过 Cello 进行部署，而研发人员只需投入精力到区块链应用的开发即可。此外，使用 Cello 时也无需关心底层平台的管理和维护，因为它也能胜任对区块链平台的运行时管理。图 9-4 是官方对 Cello 运行模型的设想。

Cello 的主要开发语言为是 Python 和 JavaScript，下载核心代码或了解该项目，可访问 https://github.com/hyperledger/cello。另外，在 GitHub 上还提交有侧重于数据分析的 Cello 项目，网址是 https://github.com/hyperledger/Cello-analytics。

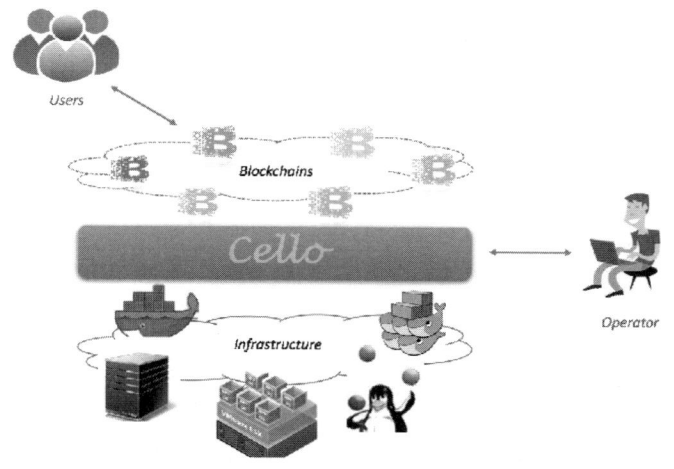

图 9-4　Cello 运行模型设想

9.2.6　Composer 项目

Composer 项目由 IBM 技术团队于 2017 年 3 月底提交到到社区。

Composer 项目可以看作是一款 Fabric 的辅助开发工具（或者说是辅助开发框架），目的是简化和加快使用 Fabric 开发超级账本区块链应用的速度。使用 Composer 时，开发人员要做的就是通过 JavaScript 语言编写应用逻辑，然后生成 Fabric 能识别并支持的链码。

虽然目前 Composer 只能作为 Fabric 的辅助开发工具，不过 Composer 也在尝试着支持除了 Fabric 以外的其他框架。框架不同，一般其各自支持的智能合约的运行情况也不相同，随着 Composer 支持的框架越来越多，通过使用 Composer 就可以将这些运行情况不同的智能合约连接在一起，从而克服框架间的不一致性。

Composer 项目主要基于 Node.js 语言开发，目前该项目在 GitHub 已有超过 4 000 次的提交，下载项目代码或了解该项目，可访问 https://github.com/hyperledger/composer。

9.2.7　Indy 项目

Indy 项目由 Sovrin 基金会发起，并于 2017 年 3 月底正式加入到超级账本项目中。关于 Sovrin 基金会，这是国际上首个搭建并管理自我主权身份管理（SSI）网络的私人非营利性组织。

Indy 项目是一个使用了区块链技术的数字身份认证项目，主要为区块链生态系统提供数字身份认证的功能。Indy 采用了一种称为"可验证声明"的加密认证在线识别的办法，在这个办法中，不将私人数据写入账本而是与账本绑定，证明在过去某个时间的交易中这个人的身份是存在的。Indy 除了像其他区块链应用一样支持去中心化外，其最大的特色就是支持跨区块链和跨应用的操作，因此能实现全球化的身份认证和管理。

Indy 项目主要使用 Python 语言进行开发，包括服务节点、客户端和通用库等。目前该项目在 GitHub 上的提交次数已经超过 1 000 次。下载核心代码或了解该项目，可访问 https://github.com/hyperledger/indy-node，图 9-5 展示了 Indy 项目的设计 logo。

图 9-5　Indy 项目的 logo

9.2.8　Burrow 项目

Burrow 项目由 Intel 和 Monax 等公司于 2017 年 4 月提交到社区。

Burrow 项目最初是针对多链领域而构建的，它可以看作是以太坊项目的一个原生项目，在设计上，它原生提供了对以太坊虚拟机的支持（将以太坊中的虚拟机和智能合约模块直接应用进来）。

以太坊项目的前 3 个阶段都是 PoW 共识机制，第 4 个阶段计划将共识机制更改为 PoS。作为超级账本项目中唯一的一个支持以太坊虚拟机的智能合约区块链平台，Burrow 项目引入了对 PoS（Proof of Stake）共识机制的支持，可以实现快速的区块链交易。

Burrow 项目主体采用 Go 语言实现，目前该项目在 GitHub 的提交次数已经超过 1 000 次。下载核心代码或了解该项目，可访问 https://github.com/hyperledger/burrow，图 9-6 展示了项目的 logo。

图 9-6　Burrow 项目的 logo

至此，对于超级账本的所有8个子项目已经简单介绍完毕。正如之前一直强调的，超级账本是属于区块链第三代技术（区块链 3.0 架构）的范畴之内，因此它支持除数字货币、金融应用等领域之外其他各种适宜领域下的应用开发。也许将来超级账本中项目中的子项目会越来越多，并且逐步组成一个功能强大的区块链开发生态圈。因此我们有理由相信，随着超级账本中更多有意义的子项目被提供出来，也将大大地推进区块链领域的生态发展。

9.3 Fabric 的系统结构与运行模型

经过以上的介绍，相信读者朋友们已经对超级账本这个大项目有了一定的了解，在本书中，我们不可能对上述区块链账本的所有项目都进行深入的剖析，所以从本节开始直到下一章，都会将主要精力放在超级账本 Fabric 上，从 Fabric 的结构原理和基本使用的角度出发探寻超级账本的精髓。

Fabric 项目自诞生之日起就受到了众多企业的关注，并且现在也是超级账本中受关注度最高的一个子项目。Fabric 的创新之处在于它是首次将权限管理机制引入区块链技术领域，并且整体的架构也相较于之前的区块链应用变得开放，其可扩展可插拔的组件设计也为其他超级账本子项目的实现提供了很有价值的参考。

Fabric 自诞生以来经历了两个大的版本更替。2016 年 9 月 Fabric 的 0.6 版本发布，通常认为这是一个实验版，对 Fabric 的设计做出了一些重要的探索，并且广泛吸取用户在体验过程中提出的意见和建议。2017 年 7 月 Fabric 的 1.0 版本发布，这个版本的 Fabric 各项功能已经趋于完善，特别是在权限管理和安全性上相对于之前的实验版本有了非常大的进步，所以通常将这个版本作为 Fabric 的正式版本。

9.3.1 系统结构

超级账本 Fabric 的整体系统结构可用图 9-7 进行说明。

这张图在第 1 章介绍区块链 3.0 架构的时候见到过，在那里就是以超级账本项目作为采用区块链 3.0 架构的典型项目做以介绍。

在超级账本 Fabric 中，交互接口可以通过桌面客户端、浏览器客户端以及移动客户端的方式直接暴露给用户，只不过这些交互接口并不是官方提供的，而是基于官方提供的 SDK/SPI 二次开发而来。Fabric 原生提供的是 gRPC API，以及封装 API 的 SDK 供应用调用。

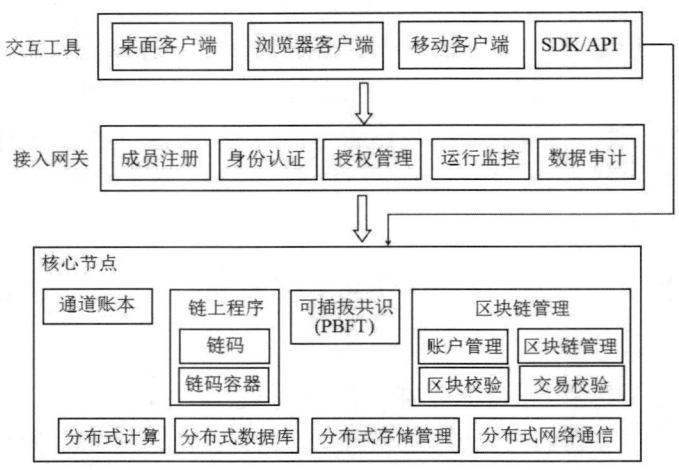

图 9-7　超级账本 Fabric 的整体系统结构

Fabric 中的智能合约就是链码程序，开发者通过开发用户应用链码实现定制化的功能。在 Fabric 中还有一种链码称为"系统链码"，这种系统链码主要负责处理系在 Fabric 网络运行时的相关逻辑。关于用户应用链码以及系统链码会在 9.4.2 小节进行一些相关的说明。

在 Fabric 平台搭建的区块链网络，各个节点仍保存有一份分布式区块链账本，这和比特币系统以及以太坊等区块链应用在本质上的相同点。只不过，在 Fabric 中多了一个"通道"的概念。通道是为了配合权限管理、数字身份认证以及交易数据保密的功能而设计出来的，属于同一个组织的节点应该加入同一个通道中，直白的讲，通道的作用就是隔离。因为这样，所以每个节点保存的区块链账本基本包括的就是他所在的通道产生的交易。

图 9-7 中所示的接入网关部分被 Fabric 实现在一个独立的 fabric-ca 项目中，完成身份认证以及权限管理等相关的功能。这些功能一般在节点刚刚接入 Fabric 网络的时候需要用到，所以和 Fabric 项目主体封装在一起的意义不大。在9.4.3 节中介绍数字身份证书的时候会介绍相关功能的实现以及如何安装 fabric-ca 组件。

由于仍是采用的区块链技术，所以在 Fabric 平台搭建出的区块链网络仍是 P2P（Peer to Peer）的网络架构。只不过，由于通过编写用户应用链码开发出的去中心化应用更适合于企业场景，所以这可能就意味着网络中所需要的节点的种类也不再仅仅是矿工节点和普通用户节点。9.4.1 节会对 Fabric 搭建的区块链网络中的节点及功能做出介绍，这些节点之间的通信基于 gRPC 消息协议。9.4.7 小节是对节点之间通信方式的介绍，以及和通信相关的 Envolope 消息数据结构。

9.3.2 Fabric 的典型运行模型

在这一小节中,我们来看看在一个典型的 Fabric 区块链网络中都有什么样类型的节点参与进来,以及最基层的用户对应到这个网络中是什么样的节点角色。图 9-8 展示了一个典型的 Fabric 区块链网络的运行模型。

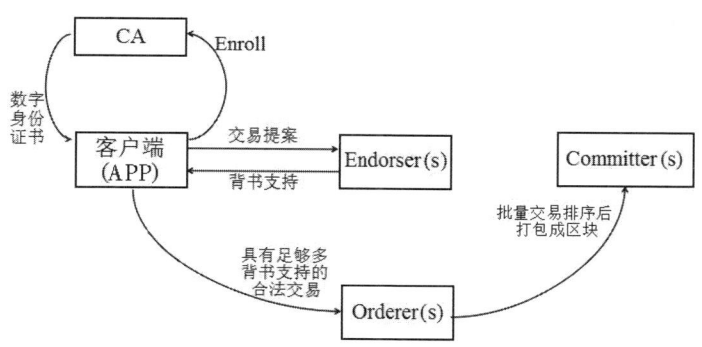

图 9-8 Fabric 的典型交易处理流程示例

在图 9-8 中,最显眼的莫过于客户端(APP)。其实客户端是 Fabric 中比较重要的一个组成部分,用户通过客户端参与到区块链网络中。其实客户端并不能表示一个节点,它只是用户与节点组件交互的工具。客户端的功能非常丰富,包括网络配置的更新以及启动或停止在本地安装的节点组件等,另外,如果需要进行应用通道的创建或者安装,以及操作链码等相关步骤,也可通过客户端进行。

目前,Fabric 主要提供了基于命令行的客户端,这部分的主要实现代码在项目源码的 fabric-release-1.4/peer/chaincode 路径下,相当于以太坊的 Geth。为了提供更强大的核心客户端功能,Fabric 的客户端提供了支持对底层 gRPC 接口进行调用的 SDK 封装,这个 SDK 封装支持使用 Node.Js、Python、Java 和 Go 等多种编程语言来完成想要实现的功能。

如图 9-8 所示,在用户通过客户端参与到 Fabric 区块链网络中之前,为了使该客户端所代表的用户身份是合法的,客户端要先向 CA 节点登记注册,并从 CA 节点那里取得合法的数字身份证书。在 Fabric 网络中,目前所有身份证书的管理(包括分发和撤销等)均由 CA 节点通过 PKI 框架体系完成。

在 CA 节点将数字身份证书生成并发送给用户客户端之后,客户端会自动为用户进行数字身份书的部署,随后即可访问 Fabric 网络中的对应资源。另外,客户端所部署的证书在后续的访问过程中持久有效,直到用户向 CA 节点请求撤销数字证书为止,在此期间用户都不必再次向 CA 节点发出生成数字身份证书的请求。

需要注意的是，CA 节点只负责数字身份证数的签发，而自身不会参与到 Fabric 的交易过程中。CA 节点被实现在单独的 fabric-ca 项目中。在 9.4.3 节关于 CA 节点发放数字身份证书的介绍中，提到了关于编译安装 fabric-ca 组件的一些内容。

现在来看一下在 Fabric 中完成一次交易的整体步骤。如图 9-8 所示，交易从客户端发出，在正式的交易被执行前，客户端要将交易的提案（Proposal）提交给背书者（Endorser）进行背书，由背书者模拟执行交易并根据交易导致的状态变化做出背书决定并回馈到客户端。

所谓背书（Endorsement），指的是背书者接收来自客户端的交易提案，并根据模拟执行的结果决策是否予以支持的过程。背书者的决策依据可以来自对交易的合法性检查或者来自对交易发出者的身份合法性检查等。背书者的决策可以通过在交易中添加数字签名的方式体现出来。Fabric 中通过设定背书策略的方式决定了在某个调用链码的交易中需要得到什么样的背书支持这个交易才会合法有效。例如，有的背书策略是要求得到同一个组织内半数以上的节点的背书支持，而有的背书策略则是要求得到同一个组织内管理员节点的背书支持等。

假设现在从客户端发出的交易提案得到了足够的背书支持成为了合法的交易请求，并且也已经执行完毕，那么，在这个交易请求被写入区块链总账本之前，它还要经历一个全局排序（Order）过程。

排序（Ordering）服务是由排序者（Orderer）节点单独提供的。所谓的排序就是对一段时间内产生于同一通道的一批交易按照交易发生的顺序排列好并组织成区块。排序的作用就是使网络内的节点对这段时间内发生的交易达成顺序上的一致共识。

出于工作性质的原因，排序者节点本身也不会参与到交易中来，更不会提供交易的背书支持服务，其所做的工作就是将网络中的交易达成一致的顺序。网络中的排序者节点就像是比特币中的矿工节点一样，可以将交易数据打包至区块，但是却不存在像比特币中那样的矿工之间激励的竞争。同时，当排序者节点数量增加到足够多的数量后，它们也可以组成群组来一起提供系统内的排序服务（Ordering service），这利用了 Orderer 节点容易进行横向扩展的特性，在提高整个网络的排序吞吐率的同时避免了因排序节点的不足而造成的交易排序成为整个网络的处理瓶颈。

在排序者节点将新的区块发布出来后，它还要经过一个确认的过程。确认过程由确认者（Committer）节点执行。确认者节点在经过一定的时间间隔后，就会从排序者节点那里获取新的区块数据，并对区块中的交易数据结构、签名完整性，以及交易是否重复等必要的信息进行检查。

确认者节点执行的检查就像比特币中的用户节点接收来自矿工节点打包的

区块并进行检查一样。如果确认者节点检查通过了这个区块，那么就会将区块保存到自身所备份的区块链账本上。从区块链技术的角度来看，无论一个交易在最终被确认之前需要经历什么样的过程，交易的真正执行实际上都是账本数据在发生改变。

从图 9-8 所示的 Fabric 典型交易处理流程示例图中，可以看到从 CA 节点到客户端再到 Endorser 节点，以及 Orderer 节点等诸多的节点，它们这些成员都具有明确的分工，彼此之间密切地配合工作，从而确保了 Fabric 系统的稳定运行。当完成一项整体项目需要若干个成员角色或组织机构各司其职地参与进来时，通常就可以认为这些参与进来的组织机构或成员角色构成了一个联盟（consortium）。

所谓的"联盟链类型的区块链网络"指的就是这种参与进来的组织机构或成员角色构成了一个联盟的网络。就拿图 9-8 来说，在这个网络中可能有一个 CA 节点、四个 Endorser 节点、两个 Orderer 节点、不确定数量的 Submitter 节点（提交者节点，指的是通过客户端发起交易的用户）以及不确定数量的 Committer 节点，这些节点全部处于同一个通道中各司其职，组合在一起就成立的一个联盟。

不过要明确的是，"联盟"在 Fabric 中并不是像节点那样能够代表一个存在的实体，而是一个比较抽象的概念，另外联盟也不是一个在 Fabric 项目的白皮书中被着重提出的设计概念。关于组织、联盟以及联盟链的概念将在 9.4.4 小节继续相关的介绍。

9.4 Fabric 中的关键概念

在上一节中，我们了解了超级账本 Fabric 的整体结构和工作模型。本节将接触到 Fabric 中的一些关键设计概念，这可以算是对 Fabric 本身开始了更深入的探究。除了介绍这些关键概念，对于 Fabric 的相关组件的安装，本节也会有所涉及。

9.4.1 Fabric 的节点

和之前的区块链应用相比，Fabric 细化了节点的分工，因此节点种类的数量也有了一些增加，包括 CA 节点、Orderer 节点和 Peer 节点。Fabric 的这 3 类都各自被封装在 3 个独立的组件中，分别是 fabric-ca 组件、fabric-orderer 组件和 fabric-peer 组件。在这一小节，除了要了解这 3 类节点外，还会同时进行这 3 个组件的安装。

在一个 Fabric 网络中，为数最多的应该是 Peer（对等）节点。所有的 Peer 节点都能实现验证者（Committer）的功能，而只有一部分 Peer 节点具有背书者（Endorser）的功能，这就像在比特币中所有的节点都能对接收到的区块进行验证而只有一部分节点能成为矿工节点一样。有一些 Peer 节点也在同时担任着验证者和背书者的角色，当然，这也是可行的。

总的来讲，Peer 节点的工作还是围绕着区块链账本展开的，要做的就是接收并决策来自客户端的交易提案，以及维护区块链账本的一致性（验证来自 Orderer 的区块数据的正确性）。

Orderer（排序者）节点的工作与区块链的共识有关。一般 Orderer 节点的数量会不如 Peer 节点的数量多，而且 Orderer 节点也不会参与到交易中来，它所做的只是将交易排序好并打包成区块发送出去。所有使用者都对在区块链账本中记录的交易的顺序产生一致共识，这个顺序就是由 Orderer 节点确定的。

和 Orderer 节点或者 Peer 节点相比，CA 节点的数量可谓是少之又少。CA 节点在 Fabric 网络中的作用仅仅是实现对 Fabric 网络中的成员身份进行管理。

CA 节点的存在和 Fabric 中目前采用数字身份证书实现成员身份鉴别和权限控制有关，关于数字身份证书，在稍后的小节中有更具体的介绍。目前需要知道的是，数字身份证书的生成和销毁等相关管理都由 CA 节点承担。在成员得到并部署了来自 CA 的身份证数后，即可参与到网络的运行中，只要证书在有效期内，每一次的网络资源访问过程中都无需再向 CA 节点申请证书。

对 CA 节点而言，最重要的是其自身不像 Peer 节点那样需要参与到交易中，也不像 Orderer 节点那样要为交易服务，在其签发完数字证书之后就可以不再与网络有任何联系。得益于 Fabric 将 CA 节点从网络中解耦出来的设计，网络的性能瓶颈因此相对提高了很多。

以上就是对 Fabric 中这 3 类节点的介绍，接下来，我们开始动手将 fabric-peer 组件、fabric-orderer 组件和 fabric-ca 组件编译安装到本地。

编译安装 Fabric 的这些组件之前，还需要注意的是，目前 Fabric 只有 Go 语言的实现版本，所以系统预先安装有 Go 语言的运行环境。多数情况下 Ubuntu 都会预先安装有 Go 语言的运行环境，在终端使用 go version 命令即可查看是否安装有 Go 语言运行环境及其版本。如果系统没有安装 Go 语言运行环境，那么可按照第 7.4.3 从 Geth 源码编译安装中介绍的 Go 语言运行环境的安装来执行安装步骤。对于 Go 语言运行环境的安装，本小节不再做过多的阐述。需要说明的是，不推荐安装过低版本的 Go 语言运行环境，过低的版本往往会造成编译的失败，1.9 版本或 1.10 版本是最佳的选择。

编译 Fabric 的项目源码还需要系统安装有一些必须的依赖包，这些依赖包可通过如下命令安装。

```
$ sudo apt-get update
$ sudo apt-get install -y libsnappy-dev zlib1g-dev libbz2-dev libltdl-dev libtool
```

在 GitHub 代码仓库中存放有 Fabric 项目的源码，同时，官方还将项目源码同步到了官方仓库 Gerrit 上，这两个位置上保存的源码都是完整的，更新的速度也几乎相同。在习惯上，我总是会从 GitHub 上获取需要的源码，当然这既简单也大众。

Go 语言推荐将需要编译的项目存放到 GOPATH 路径下，另外，出于方便管理的目的，一般会安排一个专用的目录来存放项目源码。我们可以在终端通过 mkdir 命令创建一个这样的存储 Fabric 项目源码的目录，该目录就在 GOPATH 下面，接着使用 cd 命令进入到这个目录下，语句如下。

```
$ mkdir -p $GOPATH/hyperledger/src
$ cd $GOPATH/hyperledger/src
```

通过使用一行 git 命令可以从 GitHub 上获取 Fabric 项目的完整源码，这只有 60 MB 左右，所以很快，语句如下。

```
$ git clone https://github.com/hyperledger/fabric
```

克隆得到的完整 Fabric 项目源码中包含有 fabric-peer 组件和 fabric-orderer 组件的实现，使用如下命令可编译并安装 fabric-peer 组件到 GOPATH/bin 目录下。

```
$ cd $GOPATH/hyperledger/src/fabric
$ ARCH=x86_64
$ BASEIMAGE_RELEASE=0.3.1
$ PROJECT_VERSION=1.4.0
$ LD_FLAGS="-X github.com/hyperledger/fabric/tree/release-1.4/common/ \
> metadata.Version=${PROJECT_VERSION} \
> -X github.com/hyperledger/fabric/tree/release-1.4/common/ \
> metadata.BaseVersion=${BASEIMAGE_RELEASE} \
> -X github.com/hyperledger/fabric/tree/release-1.4/common/ \
> metadata.BaseDockerLabel=org.hyperledger.fabric \
> -X github.com/hyperledger/fabric/tree/release-1.4/common/ \
> metadata.DockerNamespace=hyperledger \
> -X github.com/hyperledger/fabric/tree/release-1.4/common/ \
> metadata.BaseDockerNamespace=hyperledger"
$ go install -ldflags "${LD_FLAGS} -linkmode external \
> -extldflags '-static -lpthread' " github.com/hyperledger/ \
> fabric/tree/release-1.4/peer
```

接下来是安装 fabric-orderer 组件，手动编译并安装 fabric-orderer 组件到 GOPATH/bin 目录下可以执行如下的命令。

```
$ cd $GOPATH/hyperledger/src/fabric
$ ARCH=x86_64
$ BASEIMAGE_RELEASE=0.3.1
$ PROJECT_VERSION=1.4.0
$ LD_FLAGS="-X github.com/hyperledger/fabric/tree/release-1.4/common/ \
> metadata.Version=${PROJECT_VERSION} \
> -X github.com/hyperledger/fabric/tree/release-1.4/common/ \
> metadata.BaseVersion=${BASEIMAGE.RELEASE} \
> -X github.com/hyperledger/fabric/tree/release-1.4/common/ \
> metadata.BaseDockerLabel=org.hyperledger.fabric \
> -X github.com/hyperledger/fabric/tree/release-1.4/common/ \
> metadata.DockerNanespace=hyperledger \
> -X github.com/hyperledger/fabric/tree/release-1.4/common/ \
> metadata.BaseDockerNamespace=hyperledger"
$ go install -ldflags "${LD_PLAGS} -linkmode external \
> -extldflags '-static -lpthread' " \
> github.com/hyperledger/fabric/tree/release-1.4/orderer
```

编译安装 fabric-peer 组件和 fabrc-orderer 组件的方式不仅仅这一种，还可以进入到 Fabric 的源码目录下通过编译 Makefile 的方式进行安装。通过这种方式安装时，使用 make 命令就可以了，例如，安装 fabric-peer 组件可以使用 make peer 命令，安装 fabric-orderer 组件可以使用 make orderer 命令。但是这种方式在速度上会有些慢，因为需要从 DockerHub 上获取一些依赖。

fabric-ca 组件的源码没有和其他组件的源码放在一起，而是被单独封装在另外一个名为 fabric-ca 的项目中。在 GitHub 上（https://github.com/hyperledger/fabric-ca）可以获取到这个项目的代码，使用 git clone 命令也可直接克隆项目的代码到本地，语句如下。

```
$ cd $GOPATH/hyperledger/src
$ git clone https://github.com/hyperledger/fabric-ca
```

类似上述的手动编译并安装 fabric-ca 组件到 GOPATH/bin 目录下可以执行如下的命令。

```
$ cd $GOPATH/hyperledger/src/fabric-ca
$ go install -ldflags "-linkmode external -extldflags '-static -lpthread' " \
> github.com/hyperledger/fabric-ca/tree/release-1.4/cmd/...
```

以上就是 Fabric 的这 3 个组件安装的全部内容。这 3 个组件不必全部编译安装，对于想扮演特定节点角色的用户，只需要安装对应的节点就好了，例如，想成为 Orderer 节点的用户只需要编译安装 fabric-orderer 组件即可。在编译并安装完上述的 3 大组件之后，可以在命令行输入对应的命令以检测组件的安装是否正确，例如，fabric-orderer 组件可通过 orderer 命令进行验证，fabric-peer 组件可通过 peer 命令进行验证。

9.4.2 链码

链上代码（Chaincode），简称链码，这是在 Fabric 的设计中非常重要，而且很关键的一个概念。

Fabric 中的链码就像是以太坊中的智能合约一样，或者说链码就是来源于智能合约并在此基础上进行了一些更具特色的扩展。通过编写链码，一些定制化的功能得以实现。

Fabric 中的链码可以分为用户应用链码（User Application Chaincode）和系统链码（System Chaincode）两种。用户应用链码由应用开发人员编写，在节点上的隔离沙盒（目前为单独的 Docker 容器）中运行，提供对上层应用的支持，执行对账本状态进行更新的操作。系统链码是已经编写好的，并且嵌入在 Fabric 的内部，负责 Fabric 节点自身的处理逻辑（如系统配置、背书以及校验等），应用开发人员一般不必对系统链码进行修改。在后面接触到链码的章节中，如果没有特殊说明，那么链码指的就是用户应用链码。

目前最流行的是采用 Go 语言编写用户应用链码，Fabric 的系统链码目前也是采用 Go 语言编写而成的。Fabric 计划提供对采用各大主流高级编程语言（例如，Java、JavaScript 及 C++ 等）实现的用户应用链码的支持，但是这些支持目前还处于实验性阶段。

尽管用户应用链码需要应用开发人员进行编写，但是编写的过程并不会完全从零开始，Fabric 提供了一些支持 Go 语言的 API 来帮助开发人员减轻编写用户应用链码时的痛苦。这些 API 包括和账本交互相关的 API、和交易信息相关的 API 以及和参数读取相关的 API 等。在 10.3 节有关于这些 API 的具体功能说明。

用户应用链码在调用前需要先经过安装和实例化的过程。在安装的时候，需要指定将用户应用链码安装到哪个背书者 Peer 节点。在实例化的时候，需要指定在哪个通道内进行用户应用链码的实例化。用户应用链码支持像智能合约那样互相调用，这样的设计对于增加其灵活性和可扩展性而言非常有帮助。

本章的 9.5 节和 9.6 节是对用户应用链码和系统链码的详细介绍，另外，在

第 10 章还对操作用户应用链码的命令进行了说明。

既然在现阶段 Fabric 是将链码设计为运行在 Docker 容器之中，所以，在安装或部署链码之前还需要安装 Docker 来提供链码运行容器的支持。

其实 Docker 就是一个开源的应用容器，本质上也属于一种应用。有了这个应用容器，开发者们可以将他们开发的应用以及依赖包打包进来，在容器中测试通过后就可以将应用进行公开发布。从这一点上来看，Docker 容器就像是一个应用沙箱（实际上其使用的就是沙箱机制），随着沙箱的关闭，运行在其中的应用也就紧跟着关闭了。关于 Doker 容器的详细介绍，可访问 Docker 的官网（https://docs.docker.com）进行查询。

推荐安装 1.14 或者更新版本的 Docker 作为链码容器使用。在 Ubuntu 或其他 Linux 操作系统下可以通过如下命令来快速地安装最新版本的 Docker。

```
$ curl -fsSL https://get.docker.com/ | sh
```

Docker 安装完成之后可在命令行运行 docker 命令查看其安装是否成功，也可通过运行 docker --version 命令查看安装的 Docker 的版本。

在 Windows 平台上安装 Docker 十分方便，只需要到官网（https://docs.docker.com/docker-for-windows/install/）下载 .exe 格式的安装文件直接运行安装就好了。Mac OS 也可以通过访问 https://docs.docker.com/docker-for- mac/install 下载 Docker-fo-Mac 安装包进行 Docker 的安装。

9.4.3　数字身份证书

目前，Fabric 使用的是 ECDSA（椭圆曲线数字签名）算法来生成公钥和私钥，ECDSA 是一种典型的非对称加密算法。如果公钥的分发过程不存在任何安全隐患，那么整个建立在 ECDSA 算法上的安全体系将会非常完善，而一旦这个公钥在传输的过程中被截获甚至篡改，那么安全性将不复存在。

Fabric 使用数字身份证书（或简称数字证书）的目的就是为了解决公钥在传输过程中存在的不安全问题。数字证书就像日常生活中我们接触到的形形色色的证书一样具有证明的作用，可以用来证明某个公钥就是属于某位用户（或者组织）的，一旦公钥内容发生了改变，数字证书的证明作用也就消失了。借用数字证书的这种机制，公钥的安全分发有了很好的保障。

数字证书也有很多类别，例如，加密数字证书（Encryption Certificate）实现了对含有加密信息的公钥的保护，而签名验证数字证书（Signature Certificate）则有效地保护了用于进行解密签名和身份验证的公钥。这些实现了对公钥进行保护的证书可以统称为公钥证书，有时，也可以在一个公钥证书内同时实现加密数字证书和签名验证数字证书的功能。

在 Fabric 中，数字证书的签发和管理均由 CA（Certification Authority，证书颁发机构）节点完成，证书的格式则基于 X.509 的标准规范，每一个成员或组织都可以拥有自己的数字身份证书。

X.509 是由国际电信联盟（ITU-T）于 1988 年制定的数字证书标准。在 X.509 之前，ITU-T 还曾发布过 X.500 数字证书标准，可以认为 X.509 就是在 X.500 的基础上发展而来的，相比于 X.500，X.509 强化了通信实体鉴别的功能，同时规定了一些适用在通信实体鉴别过程中的证书语法和数据接口，这些语法和接口有的沿用至今。

继 1988 年发布了 v1 版本 X.509 数字证书标准之后，ITU-T 和 ISO 又联合制定了后续的 v2 版本（1992 年）以及 v3 版本（1996 年）的 X.509 数字证书标准。目前使用最广泛的就是 X.509 数字证书标准的 v3 版本，包括在 Fabric 中使用的也是这个版本的 X.509 数字证书。一个标准的 v3 版本 X.509 数字证书应该包括以下这些内容。

（1）证书标准的版本号（Version Number），用来标识证书的版本。

（2）证书的序列号（Serial Number），就像我们的纸质证书上的证书编号一样，每个证书都有唯一的一个序列号，这个序列号由颁发该证书的 CA 分配。序列号的作用是标识和追踪证书，只要拥有签发方信息和证书序列号,就可以锁定一个证书。

（3）证书所使用的签名算法（Signature Algorithm），可以是 ECDSA，也可以是 SHA-256 或者其他的。

（4）证书的颁发者（Issuer），这一部分是颁发证书者的标识信息。

（5）证书的有效期（Validity），分为起、止两部分，一般采用 UTC 的时间格式。

（6）证书的所有人（Subject），这一部分是证书拥有者的标识信息。

（7）证书所有人的公开密钥信息（Subject Public Key Info），这一部分是受证书保护的公钥的相关信息，包括公钥采用的算法以及公钥的内容。

（8）证书的颁发者唯一标识符（Issuer Unique Identifier），这是证书颁发者对证数的签名，属于可选部分。

（9）证书的所有人唯一标识符（Subject Unique Identifier），这是证书拥有者的对证数的签名，也属于可选部分。

（10）证书的所有人密钥标识符（Subject Key Identifier），区分证书所有人的多对密钥，属于可选部分。

（11）证书的颁发者密钥标识符（Authority Key Identifier），证书颁发者拥有的密钥（公钥）信息，属于可选部分。

（12）证书的撤销文件的发布地址（CRL Distribution Points），属于可选部分。

（13）证书的用途或其他基本信息（Key Usage），属于可选部分。

X.509 规范中推荐的是将证书存储为 PEM（Privacy Enhanced Mail）的格式，实际上这就是一种将证书的二进制内容经过 Base64 编码之后再加上开始和结束行的方式。证书文件的文件一般保存为.crt 文本文件或.cer 文本文件，当然，保存为.pem 文本文件也是可以的。

可以使用 OpenSSL 工具将 PEM 格式的证书文件反序列化得到相应的证书内容。关于 OpenSSL 工具的使用以及 PEM 格式的证书文件示例，限于篇幅这里不再展开介绍，有想法的读者可访问 OpenSSL 工具的官方网站（https://www.openssl.org/）进行相关的了解。

数字身份证书中所记录的信息能够有力地证明公钥对于某个成员是否为合法的，在验证时仅需要将 CA 提供的公钥与证书进行签名比对即可。可即使是这样，还是不能确保已经写入到证书里的 CA 提供的公钥具一定是没有经过截获及篡改的。尽管发生这样的情况是非常小概率的，但我们总要考虑到类似这种证书是否合法的情况的存在。

验证证书的合法性（尤其是证书内公钥的正确性）可以按照逐级向上的证书追溯的方式。通过上一级 CA 颁发的证书，可以验证证书内的公钥是否就是下一级 CA 提供的。此外，在一些其他的系统中也会预置一些权威 CA（即根 CA，Root CA）的证书，这些证书使用根 CA 的私钥进行签名，在根 CA 下面又会陆陆续续分配出多个中间 CA，这些中间 CA 承担了主要的证书颁发工作。在逐级向上的证书追溯中，这种根 CA 的存在为这个过程很好地提供了依据。

在明白了数字身份证书的作用以及 X.509 证书规范后，我们再来看一下数字身份证书在 Fabric 中是如何生成、分发以及撤销的。X.509 证书规范对证书本身做出的很多定义，但是这些却与证书的生成、分发以及撤销等过程没有关系。事实上，Fabric 选择的是遵循 PKI（Public Key Infrastructure）框架体系来完成证书的安全分发和管理。

在 Fabric 的网络结构中，CA 节点负责的就是数字身份证书的颁发和作废，是 Fabric 的整个身份与权限管理部分中最核心的组成部分。具体的 CA 节点分为两种，一个是服务端 CA（fabric-ca-server）节点，另一个是客户端 CA（fabric-ca-client）节点。

服务端 CA 由特定的节点运行，实现的是数字身份证书的颁发和作废，之前我们所说的 CA 节点指的就是这种 CA 节点。客户端 CA 是沟通用户和服务端 CA 用的，封装有一些与服务端 CA 沟通的 API，也可以通过命令行的方式与服务端

CA 交互，起到了对用户身份进行验证辅助以及登记的作用，和客户端一样安装在用户的机器上。

在 PKI 框架中，典型的证书申请流程为，用户提供身份和认证信息并通过已安装的客户端 CA 向服务端 CA 发出申请，服务端 CA 对此作出审核并在审核通过后直接将证书颁发给申请者用户。用户持有从服务端 CA 获取到的合法证书文件，即可参与到 Fabric 网络发起交易。在证书有效期内，用户完全可以不与 CA 节点有任何联系。

服务端 CA 和客户端 CA 的安装非常方便，都可以通过本地编译或者 Docker 镜像的方式进行安装。采用本地编译的方式进行安装是最常见的办法，如果通过这种方式进行安装，那么需要在本地预先安装有 Go 语言环境。

在 9.4.1 小节中安装 Fabric 的三个组件的时候已经示范了 CA 组件的安装，只不过由于目前服务端 CA 和客户端 CA 作为两个子组件被合并到了一个 fabric-ca 组件中，所以那里就相当于同时安装了服务端 CA 和客户端 CA。

事实上，也可以选择性地分别独立安装服务端 CA 和客户端 CA 到本地的 GOPATH/bin 目录下，命令分别为：

```
$ cd $GOPATH/hyperledger/src/fabric-ca
$ go-get -u -ldflags ''-linkmode external -extldflags '-static -lpthread' '' \
>
github.com/hyperledger/fabric-ca/tree/release-1.4/cmd/fabric-ca-server
```

或

```
$ cd $GOPATH/hyperledger/src/fabric-ca
$ go-get -u -ldflags ''-linkmode external -extldflags '-static -lpthread' '' \
>
github.com/hyperledger/fabric-ca/tree/release-1.4/cmd/fabric-ca-client
```

需要说明的是，有两个依赖库——libtool 和 libltdl-dev 是编译 fabric-ca 组件必须要用到的，最好在编译之前检查是否安装了这两个依赖库。安装过程结束后，可在命令行试着执行 fabric-ca-client-h 命令或者 fabric-ca-server-h，以验证这两个组件是否安装正确，如果命令行弹出的是命令用法而不包括任何错误提示，那么证明这两个组件就安装完成了。

在 Fabric 中，数字证书的签发有两种方式，一种是用户向 CA 提出申请然后 CA 将生成的公钥、私钥连同证书一起颁发给用户，而另一种则是用户自己产生公钥和私钥然后将公钥以证书申请文件的形式提交给 CA 进行证书的生成及签名，证书生成后由 CA 直接颁发给用户即可。无论采用的是哪种方式，本质上证书的生成都是 CA 使用自己的私钥对属于用户的公钥进行签名。

证书内包含有效期信息，超过这个有效期后证书就被认为是作废了，当然，用户也可以主动向 CA 申请撤销某证书文件。CA 会维护一个已撤销证书的列表，表中记录的是已经撤销的证书序列号。如果第三方需要对某个证书进行验证，那他首先要做的就是核对撤销列表中是否含有该证书的序列号。只有不存在于已撤销证书列表中的证书才能继续进行后续的验证步骤。

9.4.4 组织与联盟

一些拥有共同根证书或者证书来源于同一个中间 CA 的成员可以理解为处于同一个 Fabric 的组织（organization）中。可以认为这些在同一组织内的成员都有共同的信任根，而拥有共同信任根的好处就是成员之间的相互信任度比较高，一些除了私钥之外的敏感数据可直接相互交换。

通道是 Fabric 为了方便多个组织或成员之间进行交易或数据交换而专门设计的，允许加入通道内的成员或组织进行彼此间的交易或数据交换，有效地杜绝了不属于本通道内的成员或组织访问在通道内发生的交易或数据流动。在 9.4.5 小节有关于通道的具体介绍，在 10.4 节有关于通道的使用的介绍。

联盟链场景中最独特的情形就是联盟的成立，一些不同的组织构成的集合就是 Fabric 中的联盟（consortium）。由联盟的性质可知，处于同一联盟中的组织应该都是相互合作的，例如，某工厂的多个部门就可以类比为多个组织而每个部门必须精诚合作才会创造工厂的整体辉煌。Fabric 实现的就是联盟链场景，属于典型的联盟链类型的区块链应用。在 Fabric 中有多种不同类型的节点，如背书者（Endorser）Peer 节点、确认者（Committer）Peer 节点以及排序者节点 Orderer 等，这些节点彼此之间具有合作的关系，共同参与交易的构建。

联盟链类型的区块链应用和公有链类型的区块链应用以及私有链类型的区块链应用在设计上既有相同之处，也有不一样的地方。

首先，公有链类型的区块链应用（如比特币）用户比较大众，而私有链类型的区块链应用（如为测试智能合约而搭建的以太坊私有链环境）用户极其小众，联盟链类型的区块链应用的用户数量相比于这二者则恰好处于中间的位置。使用联盟链类型的区块链应用的用户往往都具有明确的成员分工且彼此之间具有合作关系。也正是因为这样，联盟链场景能支配的网络范围要介于公有链场景和私有链场景之间。

其次，公有链类型的区块链应用中一般不具备身份认证以及权限设置的功能，但是在私有链类型的区块链应用中则会具备身份认证以及权限设置的功能，这是因为在私有链类型的区块链应用中需要做到节点的状态以和数量可控，以及防止不法分子对应用生态构成破坏。联盟链类型的区块链应用中一般也具有身份认证以及权限设置的功能，由特定分工的成员负责执行这项功能，从而达到节点的状态和数量可控的目的。

最后，由于联盟链类型的区块链应用中节点的数量和状态可控，所以就像私有链环境中一样不会通过挖矿竞争的方式来抢夺区块的打包权，这样一来，一些节能环保的共识算法（例如 PoS、DPoS 和 PBFT）就有了大显身手的舞台，这是与公有链类型的区块链应用（例如，比特币就设计为通过挖矿竞争的方式争夺区块的打包权）最具有本质上区别的一个地方。

9.4.5 通道

通道是 Fabric 系统中非常重要的一个设计，它其实是由排序节点在完成排序服务时为了实现保护交易的隐私性而使用的一种手段。同一个通道内的用户可以接收到彼此之间发送的交易信息，但是通道外的用户却无法访问通道内的交易信息，所以隐私性非常好。

就像链码分为用户应用链码和系统链码两种类型一样，通道也分为应用通道（Application Channel）和系统通道（System Channel）两种类型。其中，用户通道实现的就是上述的保护交易隐私性的功能，而系统通道则主要负责管理应用通道，如图 9-9 所示展示了系统通道和应用通道之间的关系。如果没有明确指出，那么在后面所说的通道指的就是应用通道。

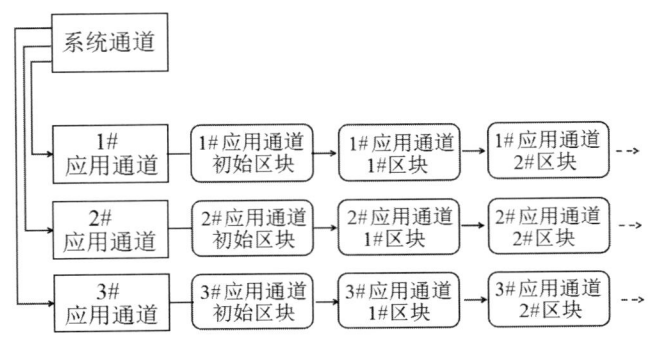

图 9-9　系统通道和应用通道之间的关系

应用通道与系统通道的创建或管理都是由排序者节点负责，这是排序者节点除了负责排序发生在通道中的交易之外的又一职责。一个排序者节点在启动

Ordering 服务之前，一定要先开启一个由他负责管理的系统通道，这个系统通道也可以叫做排序系统通道（Ordering System Channel），可以理解为是专为 Ordering 服务绑定的一条通道。

Fabrci 允许有多个用户成员（或组织）处于同一个应用通道中。如果一些成员的身份证书能够验证来自于相同的 CA 节点，那么就可以判定这些成员同属于一个组织，假设现在组织中的一名成员需要加入进通道，那么就要由组织的管理员用户通过客户端向他发出邀请。

用户在具有组织管理员身份的条件下也可以通过客户端向 Orderer 节点申请创建新的通道，如果这样，那他就需要先将创建通道的配置交易（Configuration Transaction）以配置交易文件的形式发送到这个系统通道。Orderer 节点接收到配置交易后，先要检查指定名称的通道是否存在，如果不存在，才可以按照编写好的逻辑执行通道的创建过程。通道创建的过程实现在 orderer/configupdate/configupdate.go 文件中，感兴趣的读者可仔细研究一下具体的代码。

在创建通道时，用户必须提供给客户端的信息包括通道的名称、Ordering 服务的地址、配置交易文件的本地路径以及是否在与 Orderer 通信的过程中使用 TLS 等。配置交易文件中的内容大概就是对加入到通道中的组织的规划，包括组织的数量、组织内 Peer 节点的数量等。

在配置交易文件中，还可以指定组织的锚节点（Anchor Peer）与代表节点（Leading Peer）。在通道内有多个组织的情况下，一般每个组织都会设置一个或者多个锚节点。所谓锚节点，指的是一种代表本组织与其他组织的成员交换数据的 Peer 节点，组织内的成员节点从锚节点那里获取来自其他组织的数据。所谓的代表节点，指的就是代表组织从 Orderer 那里获取交易排序后的区块数据的节点。

在 Orderer 节点执行完通道的创建过程之后，Orderer 节点将签名过的交易提案 Proposal 消息发送到系统通道中，一个应用通道的创建就完成了。申请创建通道的用户会得到从 Orderer 发来的通道初始区块文件（后缀为.block 的文件），通道的初始区块内除了配置信息外再无其他交易信息，因此也可以叫做配置区块。初始区块文件非常重要，后续想加入到通道中的 Peer 节点前提是都要拥有这个文件才可以。

configtxgen 是 Fabric 提供的一个用于生成在创建通道时所需的配置交易文件的重要辅助工具，使用该工具也可以在需要更新通道配置时生成新的配置交易文件。configtxgen 工具的实现在 fabric/common/tools/configtxgen 路径下，安装 configtxgen 工具非常方便，在终端执行以下命令即可。

```
$ cd $GOPATH/hyperledger/src/fabric
```

```
$ PROJECT_VERSION=1.4.0
$ CGO_CFLAGS=" "
$ go install -tags "nopkcs11" \
> -ldflags "-X github.com/hyperledger/fabric/tree
/release-1.4/common/ \
> tools/configtxgen/metadata.Version=${PROJECT_VERSION}" \
> github.com/hyperledger/fabric/tree/release-1.4/common/
tools/configtxgen
```

configtxgen 工具以一个 .yaml 文件（如 configtx.yaml）作为输入，该文件记录的是将要创建的通道的配置信息，主体可分为 Organizations、Application、Orderer 和 Profiles 4 部分定义。

在这 4 部分的定义中，Organizations 部分定义了通道内组织相关的信息；Application 部分定义了应用通道的相关配置；Orderer 部分定义了与 Orederer 节点以及系统通道相关的信息；Profiles 部分定义了宏观上的通道配置，其中的大部分具体内容都分散到了 yaml 文件其他部分。

在下一章中启动一个实例 Fabric 网络的时候，会有关于 configtx.yaml 文件的具体内容展示。实用的 configtx.yaml 文件除了包括上述 4 大部分基本的内容外，还包括一些其他的细节方面的内容，当然在阅读 .yaml 文件之前最好是具有 yaml 语法的相关基础。有兴趣的读者也可以打开 Fabric 提供的范例 configtx.yaml 文件（https://github.com/hyperledger/fabric-samples）来进行研究。

configtx.yaml 文件不仅可以在生成初始区块文件时用到，也可以在更新通道配置时用到。通道的初始区块就是这个通道的第一个配置区块。改写 configtx.yaml 文件的内容为通道的最新配置，然后使用 configtxgen 工具产生一个新的配置区块，通过这种发布配置区块的形式就能完成通道的配置信息更新。

Peer 节点所维护的区块链账本数据与其所在的通道密不可分。一般认为 Peer 节点在加入通道后，通道的初始区块就是 Peer 节点的区块链账本中的第一个区块，同时，通道上的配置和数据（如链码实例及成员身份等），也会固化到 Peer 节点的区块链账本中。发生在通道内后续的交易打包产生的区块会延长 Peer 节点的区块链账本，从而在本地形成一条完整的区块链结构。

9.4.6　策略

在 Fabrci 中，"策略（Policy）"这一概念就是为了配合成员的权限管理而准备的。同一成员在特定的场景下是否允许执行某个操作需要视具体拥有的权限进行判断，策略决定的就是在执行某操作时，需要哪些权限或者执行的某项操作需要由那些节点共同签名一致同意才可以。实质上，可以将策略简单地理解为对某一项操作的执行需要满足哪些条件。

一般来说，在 Fabric 中需要用到策略的场景并不是很多，汇总一下最常使用策略的场景有 10 个，分别是应用通道的新建、节点通过客户端申请加入应用通道、节点通过客户端申请获取所加入的通道的列表、节点通过客户端获取加入的某应用通道的区块、通过客户端为节点安装链码、通过客户端实例化节点所安装的链码、通过客户端调用节点所安装的链码方法、调用 Broadcast() 接口向 Orderer 节点发送交易信息、调用 Deliver() 接口从 Orderer 节点获取区块结构以及 Peer 节点与 Peer 节点之间通过 Goosip 协议传递区块数据。

上述的这 10 个使用策略的场景中，所用到的策略不外乎 4 大类，分别是与通道管理相关的策略、与背书过程相关的策略、与链码实例化相关的策略以及与用户身份验证相关的策略。执行策略检查的任务可以交由 Orderer 节点、配置管理系统链码、生命周期系统链码或者 Endorser 节点进行，在执行检查时相应的逻辑分别实现在 fabric/orderer/multichain/chainsupport.go、fabric/core/scc/cscc/configure.go、fabric/core/scc/lscc/lscc.go 以及 fabric/core/endorser/endorser.go 文件中。

例如，新建应用通道时、调用 Broadcast() 接口向 Orderer 节点发送交易信息时以及调用 Deliver() 接口从 Orderer 节点获取区块结构时，要由 Orderer 节点分别执行检查申请者是否具有 Orderer 节点所在系统通道的 Writers 身份、申请者是否具有其所在应用通道的 Writers 身份以及申请者是否具有其所在应用通道的 Readers 身份。

例如，节点通过客户端申请加入应用通道时、节点通过客户端申请获取所加入的通道的列表时，以及节点通过客户端获取加入的某应用通道的区块时，要由配置系统链码（CSCC）检查申请者是否为某个 MSP 的管理员身份、是否为某个 MSP 的成员身份以及申请者是否具有其所在应用通道的 Readers 身份。

还有，通过客户端向节点安装链码时，以及通过客户端实例化节点所安装的链码时，要由生命周期系统链码（LSCC）检查申请者是否为某个 MSP 的管理员身份，以及申请者所发出的实例化链码提案中所获得的背书者签名是否已经满足了所指定的背书策略。另外，通过客户端调用节点所安装的链码方法时，要由背书节点检查调用发起者是否具有他所在应用通道的 Writers 和 Readers 身份。

从上面这些策略检查的内容来看，无论是由 Orderer 节点、配置管理系统链码还是生命周期系统链码乃至 Endorser 节点执行策略的检查，检查的内容不过是通道的 Writers 身份、通道的 Readers 身份、某个 MSP 的管理员身份、某个 MSP 的成员身份以及得到的背书支持是否满足既定的背书策略。

9.4.7 系统组件间的通信

Fabric 的整个系统分为多个组件协同运行,在处理这些组件通信问题的时候,开发人员在很多场景下都选择了使用 gRPC 协议,例如,客户端通过 SDK/CLI 与 Peer 节点交互的时候,客户端及 Peer 节点与 Orderer 节点交互的时候等。同时在 Fabric 中也定义了一些消息数据结构以存储在通信的时候需要传递的信息,这些消息数据结构有 Envolope 及 SignedProposal 等。

假设本地安装的 fabric-peer 组件,也就是在系统中扮演了 Peer 节点的角色,通过 SDK/CLI 客户端可能向 Peer 节点发出的操作指令消息可能是和链码相关的(例如,安装、实例化或者调用等),也可能只是出于查询的需要(例如,查询所加入的通道),更可能是出于监听网络交易事件的需要。

Fabric 将客户端可能发送给 Peer 节点的操作指令消息打包进了 SignedProposal 消息结构中,关于该结构的定义可参考 fabric/protos/peer 下的 proposal.proto 文件和 proposal.pb.go 文件。

假设本地安装了 fabric-orderer 组件,也就是在系统中扮演了 Orderer 节点的角色,通过 SDK/CLI 客户端向 Orderer 节点发出的操作指令消息可能是和应用通道相关的(例如,创建和更新等),也可能是和链码相关的(例如,安装、实例化或者调用等),这些都与 Orderer 节点的职能有关。

Peer 节点要与 Orderer 节点发生交互的情况可能是从 Orderer 那里获取区块,例如,确认者 Peer 节点获取排序节点打包的区块并验证。其实无论是通过 SDK/CLI 客户端操作本地 Orderer 节点还是 Peer 节点与 Orderer 节点间的交互,Fabric 都将相关的操作指令消息打包进了 Envolope 消息结构中。

Envolope 消息是一个庞大且复杂的消息结构,包含一个 Payload 子结构和 Signature 子结构。Payload 结构存放的是主要的数据,Signature 结构只是 Payload 结构的签名部分。再细分的话,Payload 结构又可分为 Header 子结构和 Data 子结构两部分,Data 结构中存放的是消息的内容,而 Header 结构中存放的则是这条消息的类型、依据的协议版本和消息签名等。关于 Fabric 对 Envolope 消息结构的定义可参考 fabric/protos/common 下的 common.pb.go 和 common.proto 文件。

链码运行在链码容器中(目前是 Docker 容器),同样需要 Peer 节点向链码容器发送操作指令消息才可以指示容器中的链码执行,链码通过 Docker 容器向 Peer 发送相应的消息才可以展示链码的运行状态。

Fabric 将链码容器和 Peer 节点之间可以传递的指令消息封装在 Chaincode Message 消息结构中,关于该消息结构的定义可参考 fabric/protos/peer 路径下的 chaincode_shim.pb.go 文件和 chaincode_shim.proto 文件。关于 ChaincodeMessage

消息结构，在下一节介绍用户应用链码的时候会有相关的介绍。

Peer 节点在获得了来自 Orderer 节点的区块后，要将区块广播给和自己近邻的 Peer 节点，这时候就要用到 P2P 网络结构。Gossip 协议是 P2P 领域中用于网络内多个节点之间进行信息传递或数据分发的常见协议，Fabric 的 P2P 结构网络正是通过 Gossip 协议在节点之间进行数据分发和信息传递。

Gossip 协议的机制很容易理解，有数据需要传播时，发出数据的一方会从网络中随机选取若干节点并将数据发送过去，接收方在接收到这些数据后会选择除发送方之外的节点重复这样的一个传播的过程。按照这样的一传十、一传百的传播逻辑，很快网络中的大部分节点都会达成接收数据的一致，最终，网络中的所有节点都会达成接收数据的一致。当然，使用 Gossip 协议达成这种一致所需的时间段长短还需要根据网络中节点的总个数及这些节点间连接的复杂度来决定。

除了数据发出节点使用 Gossip 协议向数据接收节点发送数据外，一些需要同步数据的节点也可以使用 Gossip 协议从其他条件允许的节点那里获取数据，通常这种情况出现在新用户需要同步区块链数据时。总之，由于 Gossip 协议的简单透明和对弱一致性的有效支持，使得它被广泛应用到了许多分布式系统中，尤其是这种采用了区块链技术的点对点去中心化应用中。

9.4.8 区块链账本结构

在 Fabric 中，同样是将交易数据打包为一个区块，然后再保存到区块链账本上，但是和比特币系统相比，Fabric 的区块数据结构发生了很明显的变化。对于比特币系统来说，一个区块的数据结构可以分为四个部分，其中的区块头部分和交易数据部分可以算得上是最主要的两个部分了。对于超级账本 Fabric 而言，一个区块的数据结构可以分为三个部分，即区块头（Header）部分、数据（Data）部分和元数据（Metadata）部分。这三个部分的每一个部分又保存了一些含有具体值的字段，表 9-1 比较详细地展示了 Fabric 的一个区块中各部分都保存有哪些字段内容。

表 9-1 Fabric 的区块结构内容

结构部分	字段	内容
区块头（Header）	Number	区块的序号，相当于比特币系统中的块高度
	PreviousHash	位于同一链上的父区块的 Hash 值
	DataHash	对交易事物数据（Data）部分求解 Hash 值
交易事物数据（Data）	Type	交易的类型
	Version	交易消息遵从的版本号

续表

结构部分	字段	内容
交易事物数据（Data）	Timestamp	交易创建时的时间戳
	ChannelID	消息所关联的通道 ID
	TxID	交易的 ID
	Epoch	所属区块的高度值
	Extension	扩展域
元数据（Metadata）	SIGNATURES	签名信息
	LAST_CONFIG	通道的最新配置区块的索引
	TRANSACTIONS_FILTER	标记交易是否合法
	ORDERER	通道的排序服务信息

在每一个 Fabric 区块的交易事务数据部分，每则数据通常以 Envolpe 结构的形式存储。Envolpe 结构是一个 Fabric 定义的非常庞大的数据结构，其定义在 fabric/protos/common/common.proto 文件中，图 9-10 是 Envolope 结构的组织关系图。

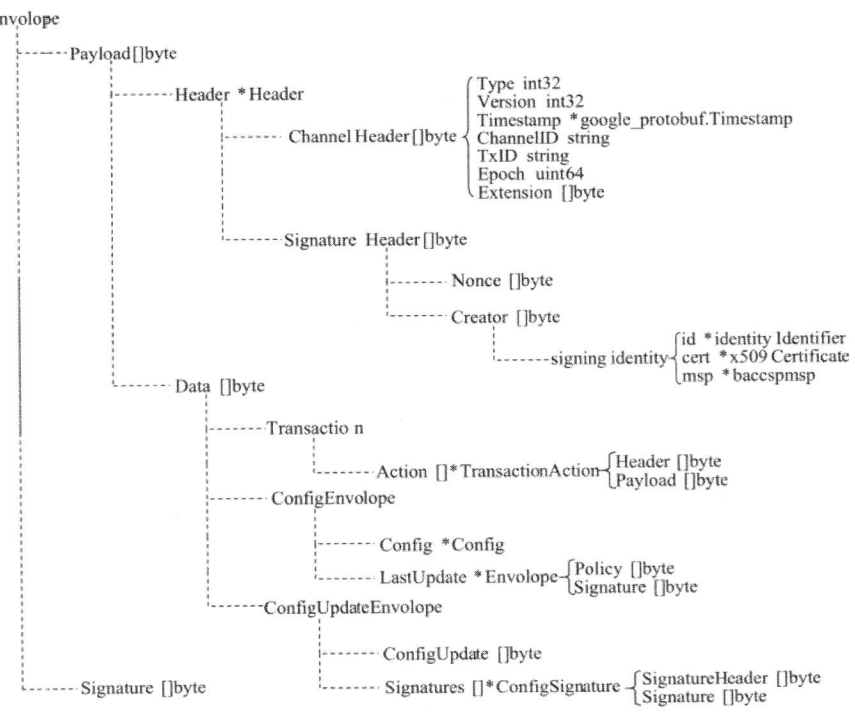

图 9-10 Envolope 结构的组织关系

从图 9-10 中可以看到，表 9-1 中的交易事务数据（Data）部分对应的就是 Chhannel Header []byte 部分，这部分存储的主要是交易事物数据。在 Envolope

结构中，主要分成了两大部分，分别是 Payload []byte 部分和 Signature []byte 部分，其中 Payload []byte 部分存储的是主要数据，而 Signature []byte 部分则存储的是对 Payload []byte 部分签名的数据内容。

在上一小节，我们知道了 Envolope 结构在多种通信情况下都会用到，但是这些情况下的通信可能要发送的信息的类型是不一样的，那么在 Channel Header []byte 结构中的 int32 类型的 Type 就可以发挥作用了。Type 可以用于表示 Envolope 结构的类型，也就是用于表示 Envolope 结构发送的是何种类型的信息。Type 有多种取值可选，包括 MESSAGE、CONFIG、CONFIG_UPDATE、ORDERER_TRANSACTION、ENDORSER_TRANSACTION、DELIVER_SEEK_INFO 以及 CHAINCODE_PACKAGE 等。关于 Type 及其取值的说明，可参考 Channel Header []byte 对其的定义。

在区块的链接方式上，超级账本 Fabric 和比特币系统几乎没什么差别，都是子区块内保存父区块的哈希值作为连接关系的见证。用户保存的区块链账本只包含有发生在他所加入的通道内的交易，也就是说，Fabric 中每条通道内发生的交易都由专属于这条通道的区块链账本所记录，这是通道将交易隔离的结果。图 9-11 展示了 Fabric 通道内的区块链结构。

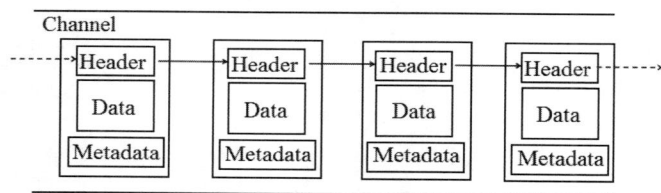

图 9-11　通道内的链结构

在比特币系统中，用户保存的区块链数据就是账本的全部，因此可以称为区块链账本，但是在超级账本 Fabric 中，组成账本数据的不仅仅只有区块链数据。实际上，除了区块链数据，Fabric 还定义了状态数据库（State DB）、历史数据库（History DB）和索引数据库（Index DB）。其中，State DB 存储的是根据区块链数据中记录的交易信息提取的通道内成员的最新状态数据，History DB 存储的是通道内成员状态信息的历史值，Index DB 存储的是区块链数据中的索引。

实际上区块链数据中有很多地方需要用到索引，例如，交易的索引和区块的索引等。所有这三个数据库中存储的值都最终以从区块链数据那里得到的值为准，可以理解为区块链数据存储的是过程，数据库中存储的都是结果。

值得注意的是，除了账本数据外，一个用户往往还要保存一些和系统运行相关的内容，例如，通道内所安装和实例化的链码以及参与到通道中的成员等。通道内所安装和实例化的链码必须是用户手中每人一份并且是在本地执行了安装和实例化的步骤。下一章会通过一个示例来展示如何启动一个 Fabric 的网络，在那里将会介绍参与到通道的成员有哪些。

9.5 用户应用链码

在 9.4.2 小节中介绍 Fabric 的关键概念时对"链码"的概念作了一些基础的描述。Fabric 中的链码大体上分为用户应用链码和系统链码两种。链码应用开发人员和用户应用链码接触的最多，定制化的超级账本功能都是通过编写用户应用链码实现的。

在 9.4.2 小节我们知道用户链码执行的是对账本状态进行更新的操作，包括账本数据的增加或删除。具体地来说，链码是通过创建一些键-值向账本中写入状态数据，在修改账本的状态数据时，也是通过指定键的方式访问到对应的状态值进行修改。理论上一个链码创建的键-值对只允许本链码对其进行访问，不过，在受到允许的时候，链码也可以通过调用其他链码的方式间接地访问到其他链码所创建的键-值对。

在这一节，我们将来看一下用户应用链码的编写模板，以及用户应用链码在 Peer 节点上是如何运行的。

9.5.1 链码的结构模板

为了降低用户应用链码的编写难度，Fabric 项目开发团队在最初设计时就已经做足了充分的考虑。在编写用户链码时只需要将大部分的注意力放到 Init() 方法和 Invoke() 方法的实现上就可以了，因为这两个方法中填充的正是与账本交互的逻辑。下面给出了一个链码的基本结构模板。

```go
package main

//引入需要用到的包
import (
    "errors"
    "fmt"
    "github.com/hyperledger/fabric/core/chaincode/shim"
    pb "github.com/hyperledger/fabric/protos/peer"
```

```
)

//声明名为 SimpleChaincode 结构体
type SimpleChaincode struct {}

//主函数,主要实现了对 shim.Start()方法的调用
func main() {
   err := shim.Start(new(SimpleChaincode))
   if err != nil{
      fmt.Printf("Starting SimpleChaincode Error: %s", err)
   }
}

//向 SimpleChaincode 结构体添加 Init()方法
//在 Init()方法中实现链码收到实例化或升级的操作命令时的处理逻辑
func (s *SimpleChaincode) Init(stub shim.ChaincodeStubInterface)
pb.Response{
}

//向 SimpleChaincode 结构体添加 Invoke()方法
//在 Invoke()方法中实现链码收到调用或查询类型的交易时的处理逻辑
func (s *SimpleChaincode) Invoke(stub shim.ChaincodeStubInterface)
pb.Response{
}
```

Init()方法和 Invoke()方法被定义在 Fabric 源码的链码接口中,限于篇幅,以下代码仅列举了这两个方法在链码接口中的定义。

```
type Chaincode interface{
    Init (stub shim.ChaincodestubInterface) pb.Response
    Invoke (stub shim.ChaincodeStubInterface) pb.Response
}
```

每个链码都需要通过填充 Init()方法和 Invoke()方法来实现链码接口,因此这两个方法是每个链码中的关键实现。

当链码接收到实例化(instantiate)或升级(upgrade)的链码操作命令时,Init()方法会被调用。由此看来,该方法的作用是完成一些初始化的工作。当链码接收到调用(invoke)或查询(query)的链码操作命令时,Invoke()方法被调用。由此看来,该方法的作用是完成一些实际性的工作。

Init()方法和 Invoke()方法都接收 stub shim.ChaincodeStubInterface 作为传入的参数,并以 pb.Response 类型的消息作为返回。shim.ChaincodeStubInterface 其实就是一个包含了大量 API 的库,功能涵盖了账本操作、交易读取和链码调用等

链码功能的各个方面。这些 API 将在 10.3 链码开发相关的 API 中详细介绍，建议有志于从事链码编写的读者们要多多熟悉这些 API。

import 关键字在 Go 语言中的作用是导入其他源文件或依赖包。从结构模板代码中可以看见，这里面主要导入了 4 个依赖包，这 4 个依赖包及其作用分别如下。

（1）errors 和错误提示相关的依赖包。

（2）fmt 和格式化输入输出相关的依赖包。

（3）github.com/hyperledger/fabric/core/chaincode/shim，shim 包是必须导入的一个包，这个包不仅提供了 API 库 shim.ChaincodeStubInterface，还可以看作是用户应用链码和账本进行交互的中间层（SHIM 层），此外，最重要的是 shim 包还提供了 Start()方法。

（4）github.com/hyperledger/fabric/protos/peer，由于 Init()方法和 Invoke()方法的返回类型均为 pb.Response 类型的消息，所以也需要导入这个依赖包。

9.5.2 链码与节点的交互

在 9.4.2 链码小节的介绍中我们也知道了用户应用链码目前运行在 Docker 容器中。实际上 Fabric 还在链码容器与节点之间设置了中间层——SHIM 层，无论链码与节点的交互是否涉及了节点存管的账本，交互的过程都要经过 SHIM 中间层。容器中的链码与 Peer 节点之间靠 ChaincodeMessage 消息进行通信，SHIM 中间层起到了传递 ChaincodeMessage 消息的作用。ChaincodeMessage 消息符合 gRPC 协议规范，在 ChaincodeMessage 消息结构内又具体定义了具有各种功能的准确消息。Fabric 关于 ChaincodeMessage 消息结构的定义如下。

```
message ChaincodeMessage {
  enum Type {
    UNDEFINED = 0;
    REGISTER = 1;
    REGISTERED = 2;
    INIT = 3;
    READY = 4;
    TRANSACTION = 5;
    COMPLETED = 6;
    ERROR = 7;
    GET_STATE = 8;
    PUT_STATE = 9;
    DEL_STATE = 10;
    INVOKE_CHAINCODE =.11;
```

```
        RESPONSE = 13;
        GET_STATE_BY_RANGE = 14;
        GET_QUERY_RESULT = 15;
        QUERY_STATE_NEXT = 16;
        QUERY_STATE_CLOSE = 17;
        KEEPALIVE = 18;
        GET_HISTORY_FOR_KEY = 19;
    }
    Type type = 1;
    google.protobuf.Timestamp timestamp = 2;
    bytes payload = 3;
    string txid = 4;
    SignedProposal proposal = 5;
    ChaincodeEvent chaincode_event = 6;
}
```

从这段定义中可以看出，链码与 Peer 节点之间进行通信的 ChaincodeMessage 消息总共有 19 种消息类型，包括 UNDEFINED、REGISTER、REGISTERED、INIT、READY、TRANSACTION、COMPLETED、ERROR、GET_STATE、PUT_STATE、DEL_STATE、INVOKE_CHAINCODE、RESPONSE、GET_STATE_BY_RANGE、GET_QUERY_RESULT、QUERY_STATE_NEXT、QUERY_STATE_CLOSE、KEEPALIVE 和 GET_HISTORY_FOR_KEY。这些类型的消息覆盖了从链码实例被创建到正式调用链码方法的全过程，可以说是参与了一个链码实例的整个生命周期。

下面是对这些消息被使用的典型场景的介绍。

（1）用户链码文件的执行会先从主函数方法 main() 开始，main() 的实现一般非常简单，就是调用 shim.Start() 方法在本地节点创建一个链码实例。链码实例通过向节点发送 REGISTER 消息请求注册，在发出请求的时候，链码实例就已经进入了 created 状态。

（2）节点接收到 REGISTER 消息，响应 REGISTER 消息的操作就是在本地实例化一个 Handler 结构用来处理从链码发过来的各种消息并存储处理结果。一般每一个链码实例都对应到一个本地的 Handler 结构，关于 Handler 结构的定义在 fabric/core/chaincode/handler.go 文件中。注册完成之后，节点将 REGISTERED 消息反馈给链码容器。在这之后，容器中的链码实例就更新状态为 established。

（3）在发出REGISTERED消息之后节点会再发出一个READY消息给链码容器，进入 established 状态的链码实例会根据 READY 消息更新状态为 ready。

（4）进入 ready 状态的链码实例已经做好了接收来自节点的 INIT 消息的准备，一旦接到 INIT 消息，链码实例就调用用户应用链码的 Init() 方法进行初始化。

（5）初始化成功，链码实例会将 COMPLETED 消息反馈给节点，此时链码中的 Invoke() 方法就可以调用了。用户在客户端发出对 Invoke() 方法的调用，用户所在的节点就会将 TRANSACTION 消息发送给链码容器，继而链码实例执行 Invoke() 方法的调用。

（6）用户在 Invoke() 方法内可以实现各种与账本交互的功能，shim 包里的 API 实现了这些功能，根据功能的不同，链码实例可以向节点发出以下 8 种消息。

GET_STATE 消息（对应到 GetState() 方法）、DEL_STATE 消息（对应到 DelState() 方法）、INVOKE_CHAINCODE 消息（对应到 InvokeChaincode() 方法）、GET_STATE_BY_RANGE 消息（对应到 GetStateByRange() 方法）、GET_QUERY_RESULT 消息（对应到 GetQueryResult() 方法）、GET_HISTORY_FOR_KEY 消息（对应到 GetHistoryForKey() 方法）、QUERY_STATE_NEXT 消息和 QUERY_STATE_CLOSE 消息。

基本上这些消息都对应到 shim 包中链码开发 API 中的一个方法，实际上这些 API 方法可以在 Invoke() 方法中调用，实现与账本进行交互的功能，链码中调用的是哪个方法，其对应的消息就被发送到节点那里，进而节点根据消息操作本地保存的账本。10.3 节中有关于这些 API 方法的功能介绍，它们为开发人员节省了很多的精力。QUERY_STATE_NEXT 消息和 QUERY_STATE_CLOSE 与查询链码状态的方法有关，一个表示查询下一条状态另一个表示关闭查询。

节点执行完账本操作还会回应链码容器一个 RESPONSE 消息作为答复。链码实例在收到 RESPONSE 消息之后也会回复一个 COMPLETE 消息给节点表示本次调用已经完成。在上述的所有消息中，KEEPALIVE 消息由链码和节点定时地发送给对方，消息的作用是确保彼此在线。

当然，调用链码中的方法在 Fabric 中属于一起交易，完成一起交易最重要的就是遵守 Fabric 的规则。用户通过客户端发起的交易会先以交易提案（proposal）的形式到达背书节点（Endorser）那里，经过背书节点的各种检查及模拟运行之后，背书结果反馈到用户这里。用户根据足够多的背书支持发起正式的交易，由排序节点（Orderer）对交易排序打包，在排序节点将交易的打包结果发送出去之后，这起交易才会最终被其他用户节点承认并记录到区块链账本中。

9.6 系统链码

在 9.4.2 链码小节中我们就知道 Fabric 的链码分为用户应用链码和系统链码两种。其中，用户应用链码是由开发人员编写以实现应用的逻辑，而系统链码则已经事先被编写进了 Fabric 内部，实现一些节点运行需要的功能，例如，系统的配置、背书节点的背书支持以及一些策略检查等。

正因为系统链码已事先被编写进了 Fabric 内部，所以并不需要经历像用户应用链码那样手动的安装和实例化的过程，每个在系统中完成启动的节点也都完成了自动注册和部署系统链码的工作。

目前 Fabric 支持的系统链码主要有 5 种，分别是配置系统链码（Configuration System Chaincode，CSCC）、背书管理系统链码（Endorsement System Chaincode，ESCC）、生命周期系统链码（Lifecycle System Chaincode，LSCC）、查询系统链码（Query System Chaincode，QSCC）和验证系统链码（Verification System Chaincode，VSCC）。在接下来的几个小节，我们将讲解这 5 种系统链码的实现、功能和用法。

9.6.1 配置系统链码

CSCC 实现的是 Fabric 的系统配置管理，具体来说就是执行通道的配置交易以及对通道的配置进行管理。CSCC 主要提供了 6 个方法可调用，分别是 JoinChain() 方法、GetConfigBlock() 方法、GetChannels() 方法、UpdateConfigBlock() 方法、GetConfigTree()和 SimulateConfigTreeUpdate()方法，这些方法的作用分别如下。

（1）JoinChain()方法被某个节点调用，实现的是使该节点加入应用通道。在调用时只需要给函数传入一个参数，即通道配置区块经过序列化的 protobuf bytes，这个通道配置区块可以从 Orderer 节点那里获取（作为 peer channel create 命令的返回）。函数会根据该参数在节点本地生成所加入通道的初始区块，同时还会在节点本地完成一些关于通道数据结构的初始化工作，以便节点对其进行维护。

不过，直接使用 JoinChain()方法略有困难，这主要体现在要将经过序列化的（长度很长）通道配置区块数据传递给方法的参数，另外这样的做法还要在 CLI 下完成。比较好的代替 JoinChain()方法的是命令 peer channel join，这条命令可以直接读取通道的配置区块（如 channel1.block），并将读取结果以 bytes 的形式传入。

下面这句是 peer channel join 命令的使用范例。

```
peer channel join -b channel1.block
```

（2）GetConfigBlock()方法用于某一给定通道的当前的配置区块，如果该通道没有更新过配置，那么获取到的配置区块就是通道的初始区块。节点在调用该方法时需要传入的一个参数就是字符串形式的通道名。

例如，使用 GetConfigBlock()方法获取通道 channel1 的配置区块可以执行如下所示的这条命令。

```
$ peer chaincode query -C "mychannel" -n cscc -c
'{"Args":["GetConfigBlock" , \
> "channel1"]}'
```

不使用 GetConfigBlock()方法，而是执行下述这条命令也可获得相同的效果。

```
$ peer channel fetch -o orderer0:7050 cofig -c channel1
```

（3）GetChannels()方法实现的是节点查询自己目前所加入的通道（或通道列表）。使用 GetChannels()方法能将节点目前所加入的所有通道的信息返回。

使用 GetChannels()方法获取通道信息可以执行如下所示的这条命令。

```
$ peer chaincode query -C "" -n cscc -c '{"Args":["GetChannels"]}'
```

不使用 GetChannels()方法，也可以通过下述这条命令获得相同的效果。

```
$ peer channel list
```

（4）dateConfigBlock()方法用关于传入新的配置区块以替换旧的配置区块，从而达到更新节点在某个通道上的配置的目的。该方法在使用时和 JoinChain()方法一样需要将通道配置区块经过序列化的 protobuf bytes 数据传入。

（5）GetConfigTree()方法和SimulateConfigTreeUpdate()方法都是针对通道内的配置结构起作用的。其中，GetConfigTree()方法获取并返回通道的配置结构，这在完成从一个通道添加或移除组织的操作的时候要用到，SimulateConfigTreeUpdate()方法用于模拟执行通道配置结构的更新。

需要说明的是，包括配置系统链码在内的 Fabric 五大系统链码目前都只提供了 Go 语言实现的版本，这也就是说，Fabric 的系统链码目前仅支持 Go 语言实现。最后，配置系统链码的实现在 core/scc/cscc/configure.go 文件内。

9.6.2 生命周期系统链码

生命周期系统链码 LSC 的作用是管理用户链码的生命周期。用户链码的生命周期指的是用户链码从安装、实例化到调用、打包好升级再到最后删除卸载的过程。

LSCC 主要提供了 7 个方法可供调用，分别是 install()方法、deploy()方法、upgrade()方法、getccinfo()方法、getccdata()方法、getinstalledchaincodes()方法和 getid()方法，这些方法的作用分别如下。

（1）stall()方法通常由背书节点执行，用于将用户递送过来的用户链码安装包文件保存到指定的路径上（默认路径为 var/hyperledger/production/chaincodes/）。尽管背书节点可以在拥有整个用户链码的基础上直接调用这个 LSCC 来实现用户链码的安装，但是完善的办法还是由用户执行链码安装的 install 子命令（peer chaincode install 命令），这个子命令也是调用了 LSCC 的该方法。

例如，安装 hyperledger 提供在 GitHub 上的示例链码，可以按照下面的这行命令执行。

```
$ peer chaincode install -n mycc -v 1.4 -p github.com/hyperledger/ \
> fabric/tree/release-1.4/examples/chaincode/go/example01/chaincode.go
```

（2）deploy()方法用于将用户链码在指定的通道上实例化。deploy()方法在调用时必须传入的参数是通道的名称和用户链码的参数值，其他参数包括背书策略、背书系统合约名和验证系统合约名都是可以选择性传入的。

用户链码的实例化就表示链码可以开始执行了，本地已经生成了链码容器，并且本地的系统也已经检查并通过了通道的 ACL 和实例化策略。对于一般的实例化链码来说，普遍使用的还是调用 instantiate 链码操作子命令的方式，例如下面的语句。

```
$ peer chaincode instantiate \
> -o orderer.example.com: 7050 \
> -C ${CHANNEL_NAMB} \
> -n test_cc \
> -v 1.4 \
> -c '{"Args":["init", "a", "100","b", "200"]}' \
> -P "OR ('OrglMSP.member', 'Org2MSP.merber')" \
> --tls \
> --cafile
/etc/hyperledger/fabric/crypto-config/ordererOrganizations/ \
> example.com/orderers/orderer.example.com/msp/tlscacerts/ \
> tlsca.exanple.com-cert.pem
```

instantiate 链码操作子命令在实现的时候就是调用了这个 deploy()方法，使用子命令操作的方便之处就在于参数的传递能够通过指定命令参数的方式。在 10.2 操作用户应用链码节中是关于 Fabric 提供的用户链码操作命令的介绍。

（3）upgrade()方法用于升级链码。在执行链码升级前，upgrade()方法会对实例化策略进行检查，如果检查通过就对本地文件进行替换，并生成新的链码容器。

（4）getccinfo()方法用于获取链码信息。getccinfo()方法的执行需要进行一些策略的检查，检查调用发起人是否具有其所在应用通道的 Readers 身份，只有检查通过才会将通道上指定链码的信息返回给调用发起人。

（5）getccdata()方法用于获取链码数据，在使用时一定要和 getccinfo()方法进行区分。该方法的执行同样需要进行一些策略的检查，检查调用发起人是否具有其所在应用通道的 Readers 身份，只有检查通过才会将通道上指定链码的数据返回给调用发起人。getccdata()方法的使用示例如下。

```
$ peer chaincode query -C mychannel -n lscc
> -c '{"Args":["getccdata","mychannel","mycc"]}'
```

（6）getinstalledchaincodes()方法实现的是节点获取部署在通道上的合约，并以列表的形式返回。在获取这些合约前，该方法还要做的就是对节点是否具有管理员权限进行检查，通过检查则将通道上安装的全部链码（包括已实例化的）以列表的形式返回给节点。

例如，调用 getinstalledchaincodes()方法查询部署在 channel1 通道上的合约可以通过下面这行命令实现。

```
peer chaincode query -C channel1 -n lscc -c
'{"Args":["getinstalledchaincodes"]}'
```

（7）getid()方法用于获取链码的 id，方法的使用示例如下。

```
$ peer chaincode query -C mychannel -n lscc
> -c '{"Args":["getid","mychannel","mycc"]}'
```

最后，生命周期系统链码的实现在 core/scc/lscc/lscc.go 文件内。

9.6.3 查询系统链码

QSCC 实现了一些提供给用户的用于查询区块链账本和链信息的方法，这些方法有 GetBlockByNumber()方法、GetBlockByHash()方法、GetTransactionByID()方法、GetBlockByTxID()和 GetChainInfo()方法这 5 个。

这些方法的使用都比较简单，其中 GetBlockByNumber()方法实现的是根据传入的块高度返回对应的区块数据。例如，下面这条命令就使用了 GetBlockByNumber()方法实现了从通道 channel1 中获取块高度为 10 的区块。

```
$ peer chaincode query -C channel1 -n qscc -c
'{"Args":["GetBlockByNumber", "channel1", "10"]}'
```

其他的方法也和 GetBlockByNumber()方法的使用类似，GetBlockByHash()方法实现的是根据传入的区块头 Hash 值返回对应的区块数据，GetTransactionByID()方法实现的是根据传入的交易 ID 返回对应的交易数据，GetBlockByTxID()方法实现的是根据传入的交易 ID 返回对应的包含该交易数据的区块数据，GetChainInfo()方法实现的是返回查询到区块链信息，包括块高度、当前区块 Hash 值以及父区块 Hash 值。

QSCC 的功能实现被放置在 Fabric 的 core/scc/qscc/query.go 文件内，感兴趣的读者可以仔细研究一下该文件内的这 5 个方法的实现。

9.6.4 背书管理系统链码

ESCC 只会被背书节点（Endorser）调用，实现了背书（签名）的过程。

目前 ESCC 只提供了一个 Invoke()方法，在背书节点模拟执行完交易之后，由这个 Invoke()方法负责对交易的模拟执行结果进行背书（签名），之后将该结果放到交易事务响应消息（transaction response message）中。交易事务响应消息最终会反馈到客户端，客户端根据这个消息执行后续的操作。

ESCC 的功能实现被放置在 Fabric 的 core/scc/escc/endorser_onevalidsignature.go 文件内，感兴趣的读者可以仔细研究一下该文件内的 Invoke()方法实现。

9.6.5 验证系统链码

VSCC 只会被验证节点（Committer）调用，实现了对来自排序节点（Orderer）的交易执行写入区块链账本前的最后一次验证的过程。

目前 ESCC 也只提供了一个 Invoke()方法，由这个方法再完成验证的全过程，包括验证交易的结构格式以及验证交易内是否含有合法的背书信息。如果交易通过了这些验证，则交易就会被记录到区块链账本。

VSCC 的功能实现被放置在 Fabric 的 core/scc/vscc/validator_onevalidsignature.go 文件内，感兴趣的读者可以仔细研究一下该文件内包含的方法实现。

第 10 章 超级账本 Fabric 的基本使用

> 在上一章中我们介绍了超级账本 Fabric 的主要结构设计，与此同时也完成了 Fabric 重要节点组件的安装。在这一章，我们主要来讲解一下 Fabric 的基本使用，包括使用 Fabric 自带的范例搭建网络环境、节点的启停、通过命令行操作链码以及通过命令行操作通道等。在章末，我们还会通过一个简单的转账链码示例，来讲解一下如何使用 Go 语言编写 Fabric 的用户链码。

10.1 搭建并启动 Fabric 网络

Fabric 构建的是联盟链类型的区块链网络，所以在使用 Fabric 前的第一步也是最关键的一步就是确定参与者并完成网络环境的搭建。除了项目源码之外，为了方便使用者尽快地上手 Fabric，Fabric 还在 GitHub 上提供了一套用于搭建并测试示例网络环境的项目文件（https://github.com/hyperledger/fabric-samples）。本节将致力于演示如何通过这个 Fabric 自带的网络环境范例来完成 Fabric 网络的搭建和启动。

10.1.1 网络的配置文件

通过以下命令可以获得 Fabric 提供的这个项目文件。

```
~$ git clone https://github.com/hyperledger/fabric-samples.git
```

上述命令执行后会从 GitHub 上克隆得到一个名为 fabric-samples 的文件夹，该文件结构如图 10-1 所示。

主要会用到 first-network 文件夹中的一些文件，在这个文件夹内主要存放的是网络相关配置源文件（.yaml 文件）。打开 first-network 文件夹，如图 10-2 所示。

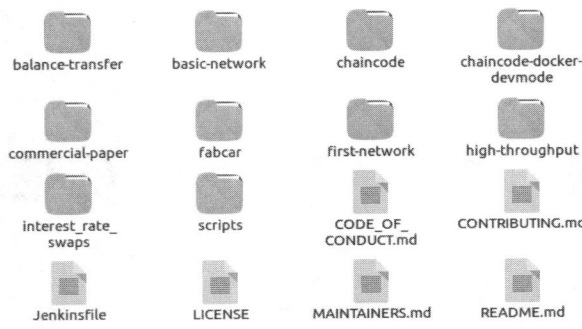

图 10-1　fabric-samples 的文件结构

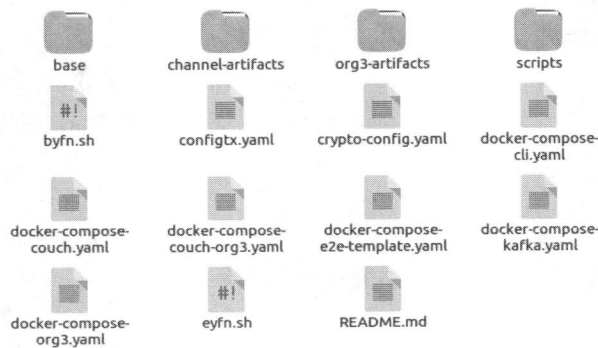

图 10-2　first-network 文件夹的内容

在之前的介绍中我们知道了通过 Fabric 平台构建的网络属于联盟链类型的区块链网络，并且在搭建网络之前需要构思网络的规模以及参与的节点的数量。在网络的规模以及参与的节点方面，first-network 的规划包括一个 CA 节点、一个排序者 Orderer 节点、一个应用通道以及通道内包含两个组织（每个组织有两个 Peer 节点）。图 10-3 示意了这个网络。

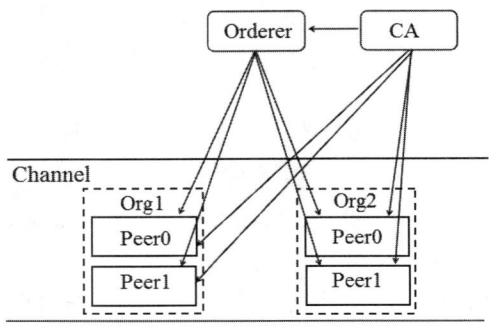

图 10-3　first-network 中构思的网络拓扑结构

搭建一个 Fabric 网络首先需要做好网络模型的规划并编写相关的配置文件，这些配置文件大体上包括 MSP（Membership Service Provider，成员服务提供者）相关文件、TLS 相关文件、系统通道初始区块文件、新建应用通道交易文件以及组织内锚节点配置更新交易文件。

MSP 可以理解为对网络中某个节点、组织或成员等实体进行身份验证和权限管理的一种机制，或者也可以抽象地理解为 MSP 就是一个支持身份验证的实体。Fabric 通过 MSP 的方式实现基于数字身份证书的权限验证，MSP 相关文件就可以看作是这些实体的数字身份证书。

TLS 相关文件会在网络启动了 TLS 功能支持后用到，其实就是节点具备的 TLS 身份证书。系统通道的初始区块文件会在 Orderer 节点启动并提供 Ordering 服务时用到，新建应用通道的配置交易文件会在新建应用通道时用到，组织内的锚节点配置更新交易文件会在配置组织内锚节点信息时用到。

这些配置文件没有直接在 first-network 文件夹中给出，而是编写在了 confgtx.yaml 和 crypto-config.yaml 这两个配置源文件中，需要使用特定的工具从这两个配置源文件中产生需要的配置文件。这一节的目的主要是看一下该使用什么样的工具以及如何通过工具产生这些配置文件。

在 Fabric 网络中，由于是依靠证书来实现成员身份鉴别与权限管理，所以存在着比较多的证书分发和管理等操作。CA 通过 PKI 服务框架实现证书的分发和管理是一个比较普遍的选择，但是想要在此方面提高一定的效率，还是需要使用像 cryptogen 一类的辅助工具。

cryptogen 工具主要是为了实现在 Fabric 中根据配置批量快速地生成所需的密钥和证书文件而开发的，在底层调用了 Go 语言的 crypto 库，它与上一章中我们接触过的 configtxgen 工具非常类似，也是集成在 Fabric 中的一个常用辅助工具。

cryptogen 工具的安装非常简单，可采用下述命令进行安装。

```
$ PRCJECT_VERSION=1.4
$ CGC_CFLAGS=" "
$ go install -tags " " \
> -lcflags "-X github.com/hyperledger/fabric/tree/release-1.4/ \
> common/tools/cryptogen/metadata.Version=${PROJECT_VERSION}" \
> github.com/hyperledger/fabric/tree/release-1.4/common/ \
> tocls/cryptogen
```

看一下在 first-network 文件夹内的示例 crypto-config.yaml 配置源文件。

```
# OrcererOrgs 部分定义了组织的 Orderer 节点
OrdererOrgs:
  - Name: Orderer
Domain: example.com
```

```
      Specs:
        - Hostname: orderer


  # PeerOrgs 部分定义了两个组织的节点
  PeerOrgs:
    # Org1
    - Name: Org1
  Domain: org1.example.com
      EnableNodeOUs: true
      Template: Count: 2
      Users: Count: 1

    # Org1
    - Name: Org2
      Domain: org2.example.com
      EnableNodeOUs: true
      Template: Count: 2
      Users: Count: 1
```

在这个crypto-config.yaml 配置源文件内定义了 Orderer 组织和 Peer 组织，其中 Orderer 组织中只有一个 Orderer 节点（example.com），Peer 组织中有两个组织 Org1 和 Org2，每个组织中又有两个 Peer 节点和仅使用客户端的普通用户。

接下来，使用 cryptogen 工具搭配 crypto-config.yaml 配置源文件中网路石扑的定义进行身份证书文件的批量生成，语句如下。

```
$ cryptogen generate --config=./crypto-config.yaml \
> --output ./crypto-config
```

在使用 crypto-config 工具时，子命令 generate 的作用是生成密钥和证书文件，这个子命令有--config 和--output 两个候选参数，其中--config 参数的作用是指定使用哪一个配置源文件，而--output 参数的作用是指定产生的密钥和数字证书文件放在哪里。如果没有使用--output 参数，那么文件的放置位置就在命令行目录下的 crypto-config 文件夹内。除了 generate 子命令，crypto-config 工具还支持使用 showtemplate 子命令查看源文件内的配置信息。

图 10-4 展示了 crypto-config 目录的文件结构。

从图 10-4 可以看出，crypto-config.yaml 配置源文件中定义了 Orderer 组织和 Peer 组织，所以在 crypto-config 下就分别有两个子目录（peerOrganizations 和 ordererOrganizations）来存放 Peer 节点的身份信息与 Orderer 节点的身份信息。crypto-config.yaml 中还定义了将 Peer 节点分为两个组织（Org1 和 Org2），这两个组织各有两个 Peer 节点成员，对应到 peerOrganizations 中这两个组织的身份信息分别被放在 org1.example.com 和 org2.example.com 文件夹中，而具体的组织中每个成员的身份信息也有专门的文件夹存放（如 peer0.org1.example.com）。

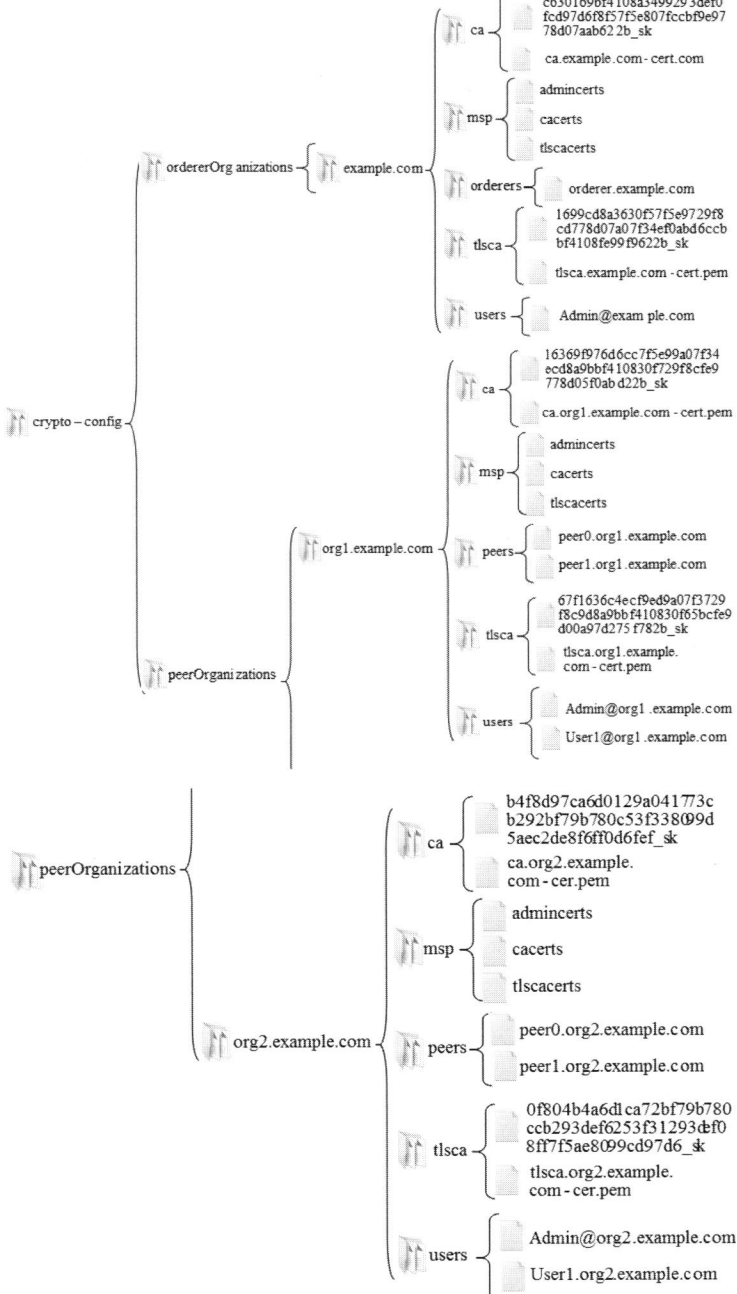

图 10-4　crypto-config 的文件结构

通过 crypto-config.yaml 配置源文件生成的是整个网络中所有节点的身份信息，同一个节点可能在运行时不需要全部的这些信息，只需要能证明自己的就可以了，所以节点只需要挑选 crypto-config 中适合自己的信息保存即可。

具体的，Orderer 节点需要保留 orderer.example.com 文件夹下的内容到本地（fabric-orderer 组件的安装位置），而 Peer 节点只需要保留专门为自己存放身份信息的文件夹（如 peer0.org1.example.com）下的内容到本地（fabric-peer 组件的安装位置）即可。如果是没有安装这两个组件而是通过客户端参与交易的普通用户，建议将整体的 crypto-config 文件夹复制到 Fabric 安装的根目录下。

如果说通过 crypto-config.yaml 配置源文件具有批量生成身份证书文件的功能，那么 configtx.yaml 配置源文件的作用则是生成一些与网络运行配置直接相关的配置文件，这些生成的配置文件可以是如下 3 种。

（1）启动 Orderer 节点后，其所在系统通道的初始区块文件。
（2）新建应用通道时的配置交易文件。
（3）生成锚节点的配置更新交易文件。

configtx.yaml 配置源文件中仍然要定义网络的整体布置结构以及拓扑关系。可以通过使用 configtxgen 工具从 configtx.yaml 文件中产生这些配置文件。configtxgen 工具和 cryptogen 工具一样都是很重要的辅助工具，关于 configtxgen 工具的安装在上一章中介绍通道的时候已有了相关介绍，这里不再重复。

下面的代码展示了 Fabric 自带的这个示例的 configtx.yaml 文件 Profiles 部分的内容。

```
Profiles:
   TwoOrgsOrdererGenesis:
     <<: *ChannelDefaults
     Orderer:
        <<: *OrdererDefaults
        Organizations:
           - *OrdererOrg
        Capabilities:
           <<: *OrdererCapabilities
     Consortiums:
        SampleConsortium:
           Organizations:
              - *Org1
              - *Org2
   TwoOrgsChannel:
     Consortium: SampleConsortium
     Application:
        <<: *ApplicationDefaults
        Organizations:
```

```yaml
            - *Org1
            - *Org2
        Capabilities:
            <<: *ApplicationCapabilities
SampleDevModeKafka:
    <<: *ChannelDefaults
    Capabilities:
        <<: *ChannelCapabilities
    Orderer:
        <<: *OrdererDefaults
        OrdererType: kafka
        Kafka:
            Brokers:
            - kafka.example.com:9092
        Organizations:
        - *OrdererOrg
        Capabilities:
            <<: *OrdererCapabilities
    Application:
        <<: *ApplicationDefaults
        Organizations:
        - <<: *OrdererOrg
    Consortiums:
        SampleConsortium:
            Organizations:
            - *Org1
            - *Org2
```

configtx.yaml 文件一般有四大部分，分别是 Application 部分、Orderer 部分、Organizations 部分和 Profiles 部分。在这四部分中，Profiles 部分定义了几个不同应用场景下的通道配置模板，可以是应用通道的配置模板，也可以是系统通道的配置模板，当然也可以将系统通道和应用通道定义在一个模板中。对于应用通道，要定义 Application 部分和 Consortiums 部分的信息，对于系统通道，要定义 Orderer 部分和 Consortiums 部分的信息。在上述的 Profiles 部分中，实现了一个系统通道的定义模板 TwoOrgsOrdererGenesis、一个应用通道的定义模板 TwoOrgsChannel，以及一个混合定义的模板 SampleDevModeKafka。

Organizations 部分是对通道内组织的定义，该组织既可能是由 Orderer 节点组成的组织，也可能是由 Peer 节点组成的组织。在 Organizations 部分定义的组织会被 Profiles 部分引用。Orderer 部分是 Orderer 节点的配置信息，被 Profiles 部分引用。Application 部分是应用通道的定义，在默认情况下应用通道内不包含组织，同样也会被 Profiles 部分引用。

在 configtx.yaml 文件的 Profiles 部分，既定义了可以生成 Orderer 节点所在系统通道的初始区块文件的 TwoOrgsOrdererGenesis 模板（包含一些 Ordering 服务以及联盟相关的配置），也定义了可以生成在新建应用通道时所需配置交易文件的 TwoOrgsChannel 模板（包含一些通道组织结构相关的配置）。

从 Profiles 部分开始，使用 configtxgen 工具结合 TwoOrgsOrdererGenesis 模板即可进行系统通道初始区块文件的生成，命令如下。

```
$ configtxgen -profile TwoOrgsOrdererGenesis \
> -outputBlock ./orderer.genesis.block
```

经过上述过程，就会在命令行的当前工作路径下产生初始区块文件 orderer.genesis.block。这个初始区块文件要由 Orderer 节点保存（默认路径为 /etc/hyperledger/fabric），在节点启动并提供 Ordering 服务时会用到这个区块文件。

在第 9 章介绍 Fabric 的通道时，没有涉及如何使用 configtxgen 工具生成新建应用通道的配置交易文件。其实可以使用 configtxgen 工具结合 TwoOrgsChannel 模板进行新建应用通道的配置交易文件的生成，命令如下。

```
$ configtxgen -profile TwoOrgsChannel \
> -outputCreateChannelTx ./textchannel.tx \
> -channelID textchannel
```

经过上述过程，就会在命令行的当前工作路径下产生应用通道的配置交易文件 textchannel.tx。可以将这个配置交易文件放到客户端由用户保存，并在用户需要创建新的通道时提供给系统通道。

configtx.yaml 配置源文件还可以生成锚节点的配置更新交易文件。在应用通道运行时，锚节点的作用就是代表组织同其他组织进行数据交换。对应的，锚节点的配置交易文件就是用于对组织的锚节点进行配置的。

在 configtx.yaml 配置源文件的定义中，一共有两个组织（Org1 和 Org2），每个组织中的锚节点都要单独进行设置。以组织 Org1 为例，生成组织的锚节点可以使用如下命令。

```
$ configtxgen -profile TwoOrgsChannel \
> -outputAnchorPeersUpdate ./Org1MSPanchors.tx \
> -channelID testchannel -asOrg Org1MSP
```

经过上述过程，就会在命令行的当前工作路径下产生锚节点的配置更新交易文件 Org1MSPanchors.tx。可以将这个配置更新交易文件放到客户端由用户保存，并在用户提议更新组织中的锚节点时提供给系统通道。

无论是生成系统通道初始区块文件，还是生成新建应用通道的配置交易文件，或者是生成通道锚节点的配置更新交易文件，这 3 个过程都使用到了 configtxgen 工具。configtxgen 工具目前也仅支持命令行使用，在上面使用该工具的时候，搭配了很多不同的命令选项，例如，-profile 选项、channelID 和

outputAnchorPeersUpdate 选项等。configtxgen 工具其实支持更多的命令选项，以下是对这些命令选项的简要解释。

（1）-profile 选项：指定在 Profiles 部分内使用哪个模板生成配置。

（2）-channelID 选项：用于指定应用通道的名称，如果没有使用该参数进行指定，则应用通道名称默认为 testchainid。

（3）-outputBlock 选项：用于将区块数据输出到文件。

（4）-outputCreateChannelTx 选项：用于指定通道的配置交易文件。

（5）-outputAnchorPeersUpdate 选项：用于指定通道锚节点的配置更新交易文件。

（6）-asOrg 选项：配合-outputAnchorPeersUpdate 选项一起使用，-asOrg 选项用于指定在执行更新配置交易（包括更新锚点）时所需要的组织内身份。

（7）-inspectBlock 选项：用于将指定的区块文件中的配置信息打印出来。

（8）-inspectChannelCreateTx 选项：用于将指定的通道创建交易文件中的配置信息打印出来。

10.1.2 启动节点

参与到发生在 Fabric 网络中的交易的节点无非就是 Peer 节点和 Orderer 节点两种。在使用 configtxgen 工具和 cryptogen 工具得到了所需的配置文件之后，Peer 节点和 Orderer 节点各自将所需的配置文件放到 Fabric 的配置目录下就可以正常启动了。在规划中的全部的节点都启动之后，也就等同于启动了 Fabric 网络。

Fabric 默认的配置文件的位置在/etc/hyperledger/fabric 路径下。Orderer 节点在启动前要将生成在 crypto-config/ordererOrganizations/example.com 路径下的 msp 文件夹和 tlsca 文件夹以及生成的系统通道初始区块文件 orderer.genesis.block 都复制到 Fabric 的配置文件路径下。

在 Orderer 节点的配置文件归放好之后，可以在命令行通过以下命令来启动一个 Orderer 节点。

```
$ orderer start
```

如果命令没有输出报错信息而是输出了如下所示的运行信息，那么就表示 Orderer 节点启动成功，并且也创建好了系统通道。

```
[msp] getMspConfig -> INFO 001 intermediate certs folder not found at [/etc/
hyperledger/fabric/msp/intermediatecerts]. Skipping.: [stat
/etc/hyperledger/
fabric/msp/crls:no such file or directory]
```

```
[msp] getMspConfig > INFO 002 crls folder not found at
[/etc/hyperledger/
fabric/msp/intermediatecerts]. Skipping.:
[stat/etc/hyperledger/fabric/msp/
crls:no such file or directory]
[orderer/main] initializeMultiChainManager -> INFO 003 Not
bootstrapping
because of existing chains
[orderer/multichain] NewManagerImpl -> INFO 004 Starting with system
channel testchainid and orderer type solo
...
```

对于 Peer 节点，则要在启动前将所在组织的 msp 文件夹和 tlsca 文件夹都复制到 Fabric 的配置文件路径下，例如，属于 Org1 组织的 Peer 节点需要复制的是生成在 crypto-config/peerOrganizations/org2.example.com 路径下的 msp 文件夹和 tlsca 文件夹。

在 Peer 节点的配置文件归放好之后，可以在命令行通过以下命令来启动一个 Peer 节点。

```
$ peer node start
```

同样，如果命令行没有输出报错信息而是输出了如下所示的 Peer 节点运行信息，那么就表示 Peer 节点启动成功。

```
UTC [msp] getMspConfig -> INFO 001 intermediate certs folder not
found at
[/etc/hyperledger/fabric/msp/intermediatecerts]. Skipping.: [stat
/etc/hyperled
ger/fabric/msp/intermediatecerts: no such file or directory]
[msp] getMspConfig -> INFO 002 crls folder not found at [/etc/hyperledger/
fabric/msp/intermediatecerts]. Skipping.: [stat/etc/hyperledger/
fabric/
msp/crls:no such file or directory]
...
```

10.1.3 运行网络

经过前两个小节的网络搭建以及节点启动之后，如果过程非常顺利，那么理论上这个网络已经准备好付诸运行了。在这一小节，我们主要来看一下运行这个网络需要做一些什么工作。在上一章中介绍通道的时候，我们知道应用通道在很大程度上起到了交易或数据交换隔离的作用。

在 Orderer 节点刚刚启动的时候默认是没有创建应用通道的，这样一来 Peer 节点也就没办法加入到应用通道中。为了让 Peer 节点能够连接到 Ordering 服务，在网络启动后首先要做的就是创建应用通道。只有组织的管理员才具有创建通道的权限，创建通道可以使用如下命令实现。

```
$ CHANNEL_NAME=testchannel
$ CORE_PEER_LOCALMSPID="Org1MSP"
$ CORE_PEER_MSPCONFIGPATH=/etc/hyperledger/ Fabric/crypto-canfig/ \
>
peerOrganizations/org1.example.com/users/Admin@org1.example.com/msp\
$ peer channel create \
> -o orderer.example.com:7050 \
> -c ${CHANNEL_NAME} \
> -f ./testchannel.tx \
> --tls \
> --cafile
/etc/hyperledger/fabric/crypto-contig/ordererOrganizaticns/ \
> example.com/orderers/orderer.example.com/msp/tlscacerts/ \
> tlsca.example.com-cert.pem
```

在上面的命令中，通过 CHANNEL_NAME 指定了要创建的通道的名称，通过 CORE_PEER_LOCALMSPID 指定了是 Org1 组织的管理员身份，还通过 CORE_PEER_MSPCONFIGPATH 指定了能证明 Peer 节点是 Org1 组织的管理员身份的 MSP 文件路径。

peer channel create 是执行通道创建的主要命令，--tls 参数表示在 Peer 节点与 Orderer 节点通信的过程中启用 TLS，--cafile 参数指定 PEM 格式的 Ordering 服务的 TLS 身份证书所在的位置，-o 参数指定网络中 Ordering 服务的地址，-c 参数指定通道的名称，-f 参数配置交易文件。Fabric 提供了一些与通道操作相关的命令，这些命令不仅支持通道的创建以及申请加入通道，还支持例举出所加入的通道以及获取通道内的某区块等。关于通道操作相关的命令在 10.3 链码开发相关的 API 中有更详细的介绍。

通道创建成功后，本地会产生一个和通道名称一致的初始区块文件 textchannel.block。这个初始区块文件比较重要，在持有初始区块文件的前提下 Peer 节点才能加入对应的应用通道中。

在这个示例 Fabric 网络中，通道 textchannel 中一共有两个组织（Org1 和 Org2），每个组织中有两个 Peer 节点（peer0 和 peer1），这 4 个 Peer 节点在启动之后并没有加入任何一个通道。启动了 Peer 节点功能的成员可以使用客户端加入通道中，前提还是以管理员的身份在客户端执行该操作。

拥有管理员的身份也可以邀请其他 Peer 节点加入通道，前提是通过网络端口连接到了这个 Peer 节点。这里以在拥有了 Org1 组织中的管理员权限之后通过客户端邀请的 peer0 节点加入 textchannel 通道为例，可以在客户端命令行执行下述命令。

```
$ CORE_PEER_LOCALMSPID="Org1MSP" \
$ CORE_PEER_MSPCONFIGPATH=/etc/hyperledgerl/fabric/crypto-config/ \
>
peerOrganizations/org1.example.com/users/Admin@org1.example.com/msp
$ CORE_PEER_ADDRESS=peer0.org1.example.com:7051 \
$ peer channel join \
> -b ${CHANNEL_NAME}.block
```

在上面的命令中,通过 CORE_PEER_LOCALMSPID 指定了 Org1 组织的管理员身份,通过 CORE_PEER_MSPCONFIGPATH 指定了能够证明 Org1 组织管理员身份的 MSP 文件的路径,还通过 CORE_PEER_ADDRESS 指定了所邀请的 Peer 节点的地址。

peer channel join 是执行加入通道的主要命令,在邀请 Peer 节点加入通道之前,客户端需要在本地存有一份该通道的初始区块文件,而 -b 参数就是指定了初始区块文件在本地的路径信息。命令执行后如果在终端提示"Peer joined the channel!"而不含任何报错信息,那么就表明 Peer 节点已经加入通道 textchannel 中,并已经准备好从 Orderer 节点那里接收区块。

当 Orderer 节点和 Peer 节点在网络中都已经就位后,为了让网络中能有内容,就可以开始安装并实例化链码了,这也是在 Peer 节点调用链码之前必须执行的两个步骤。Fabric 的源码提供了一些 go 语言版的链码示例,这些示例在 GitHub 上的地址是 https://github.com/hyperledger/fabric/tree/release-1.4/examples/chaincode/go。以安装 example02 路径下的 chaincode.go 链码到 Org1 的 peer0 上为例,可以在客户端执行如下命令。

```
$ CORE_PEER_LOCALMSPID="Org1MSP"
$ CORE_PEER_MSPCONFIGPATH=/etc/hyperledger/fabric/crypto-config/ \
>
peerOrganizations/org1.example.com/users/Admin@org1.example.com/msp
$ CORE_PEER_ADDRESS = peer0.org1.example.com: 7051
$ peer chaincode inatall \
> -n test.cc \
> -v 1.0 \
> -p github.com/hyperledger/fabric/tree/release-1.4/ \
> examples/chaincode/go/example02
```

在上述的命令中,peer chaincode install 是执行安装链码的主要命令,-n 参数指定了链码的名称,-v 参数指定了链码的版本,-p 参数指定了链码所在的路径。当然,安装链码也需要有组织管理员身份。

链码安装好后紧接着就要执行链码的实例化。链码的实例化指的就是运行一个链码容器，然后在容器内部执行链码的 Init()方法完成账本状态的初始化。例如，在客户端可以通过如下命令实例化 org1.peer0 节点处安装的链码。

```
$ CORE_PEER_LOCALMSPID="Org1MSP"
$ CORE_PEER_MSPCONFIGPATH=/etc/hyperledger/fabric/crypto-config/ \
> peerOrganizations/org1.example.com/users/Admin@org1.example.com/msp
$ CORE_PEER_ADDRESS=peer0.org1.example.com:7051
$ peer chaincode instantiate \
> -o orderer.example.com: 7050 \
> -C ${CHANNEL_NAME} \
> -n test_cc \
> -v 1.4 \
> -c '{"Args":["init", "a", "100","b", "200"]}' \
> -P "OR ('Org1MSP.member', 'Org2MSP.member')" \
> --tls \
> --cafile /etc/hyperledger/fabric/crypto-config/ordererOrganizations/ \
> example.com/orderers/orderer.example.com/msp/tlscacerts/ \
> tlsca.exanple.com-cert.pem
```

在实例化链码的时候，要特别注意通过-P 参数指定背书策略。这里的"OR ('Org1MSP.member', 'Org2MSP.member')"表示要经过 Org1 组织或 Org2 组织的管理员的背书支持。上面创建和加入通道以及安装和实例化链码的时候，用到了一些与通道的操作以及用户应用链码的操作相关的子命令，关于这些子命令及其他相关子命令会在 10.2 节和 10.4 节继续介绍。

实例化链码完成后，用户即可调用链码中的方法。通过 invoke 子命令调用链码中的方法，这也是和操作用户应用链码相关的子命令，命令的调用示例如下。

```
$ CORE_PEER_LOCALMSPID = "Org1MSP"
$ CORE_PEER_MSPCONFIGPATH =/etc/hyperledger/ fabric/crypto-config/ \
> peerOrganizations/org1.example.com/users/Admin@org1.example.com/msp
$ CORE_PEER_ADDRESS = peer0.org1.example.com:7051
$ peer chaincode invoke\
> -o orderer.example.com:7050 \
> -C ${CHANNEL_NAME} \
> -n test_cc \
> -c '{"Args":["invoke", "a","b", "100"]}' \
> --tls
> --cafile /opt/gopath/src/github.com/hyperledger/fabric/peer/ \
> crypto/ordererOrganizations/example.com/orderers/ \
```

```
> orderer.example.com/tlscacerts/tlsca.example.com-cert.pem
```

invoke 子命令的-c 参数可以指定要调用的链码方法以及给这个链码方法传递进去的参数。准确地说，-c 参数就是 invoke 子命令的具体执行参数。

10.1.4 总结

说了这么多，下面让我们总结一下，启动一个 Fabric 网络，大概有如下这几个主要步骤。

（1）构思网络模型，规划网络的规模。创建 crypto-config.yaml 配置源文件和 configtx.yaml 配置源文件。

（2）通过 configtxgen 工具和 cryptogen 工具从 crypto-config.yaml 配置源文件和 configtx.yaml 配置源文件中生成成员身份证书、系统通道的初始配置区块文件、应用通道的配置更新交易文件以及锚节点配置更新交易文件（该文件可能不需要）。

（3）分别启动 Orderer 节点和 Peer 节点。

（4）使用新建应用通道的配置更新交易文件创建应用通道，管理员邀请其他 Peer 节点加入应用通道。

（5）安装以及实例化链码。

从这烦琐的 Fabric 网络启动过程中来看，联盟链类型的区块链网络显然要比公有链类型的区块链网络在使用时更加"麻烦"。

在前两个小节的客户端命令行操作中，每一段命令的开头有一些预定义内容，例如，CORE_PEER_LOCALMSPID = "Org1MSP"、CORE_PEER_ADDRESS=peer0.org1.example.com:7051 以及 CORE_PEER_MSPCONFIGPATH，在 Fabric 中，这个叫作节点的环境变量。Peer 节点有一些自己的环境变量，同理 Orderer 节点也有一些自己的环境变量。

表 10-1 展示了 Orderer 节点的环境变量以及相关的解释

表 10-1 Orderer 节点的环境变量及解释

环境变量名称	解　　释
ORDERER_GENERAL_LOGLEVEL	输出日志的级别，默认为 INFO，建议为 INFO
ORDERER_GENERAL_LISTENADDRESS	消息监听的地址
ORDERER_GENERAL_LISTENPORT	消息监听的端口
ORDERER_GENERAL_GENESISMETHOD	初始区块的提供方式，默认是自备区块文件
ORDERER_GENERAL_GENESISFILE	初始区块文件的路径
ORDERER_GENERAL_LOCALMSPID	MSP 的 ID

续表

环境变量名称	解　　释
ORDERER_GENERAL_LOCALMSPDIR	MSP 文件的路径
ORDERER_GENERAL_LEDGERTYPE	区块链账本类型
ORDERER_GENERAL_BATCHTIMEOUT	区块打包的间隔时间
ORDERER_GENERAL_MAXMESSAGECOUNT	一个区块中能够包含的交易数量上限
ORDERER_GENERAL_TLS_ENABLED	是否启用 TLS
ORDERER_GENERAL_TLS_PRIVATEKEY	仅在 TLS 开启时通过该环境变量指定签名私钥位置
ORDERER_GENERAL_TLS_CERTIFICATE	仅在 TLS 开启时通过该环境变量指定身份证书位置
ORDERER_GENERAL_TLS_ROOTCAS	仅在 TLS 开启时通过该环境变量指定根证书位置

表 10-2 展示了 Peer 节点的环境变量以及相关的解释。

表 10-2　Peer 节点的环境变量及解释

环境变量名称	解　　释
CORE_LOGGING_LEVEL	输出日志的级别，默认为 INFO，建议为 INFO
CORE_PEER_ID	Peer 节点的 ID
CORE_PEER_ADDRESS	Peer 节点的地址
CORE_PEER_GOSSIP_EXTERNALENDPOINT	面向外部组织公布的地址
CORE_PEER_GOSSIP_USELEADERELECTION	是否自动选举代表节点，默认为否
CORE_PEER_GOSSIP_ORGLEADER	是否作为组织的代表区块，默认自动为否
CORE_PEER_LOCALMSPID	所属组织 MSP 的 ID
CORE_PEER_MSPCONFIGPATH	MSP 文件所在的路径
CORE_VM_ENDPOINT	Docker 服务地址
CORE_VM_DOCKER_HOSTCONFIG_NETWORKMODE	链码 Docker 容器的网络模式
CORE_PEER_TLS_ENABLED	是否启用 TLS
CORE_PEER_TLS_CERT_FILE	仅在 TLS 开启时通过该环境变量指定身份证书位置
CORE_PEER_TLS_KEY_FILE	仅在 TLS 开启时通过该环境变量指定签名私钥位置
CORE_PEER_TLS_ROOTCERT_FILE	仅在 TLS 开启时通过该环境变量指定根证书位置

10.2　操作用户应用链码

操作用户链码，具体的就是通过一些 Fabric 预置的子命令，如 install、instantiate、invoke、query、upgrade、package 和 signpackage，来实现对用户链码的安装、实例化、调用、查询、升级和打包等操作。可以将这些子命令统称为链码操作子命令。

在这一节，我们主要介绍的就是这些链码操作子命令的作用，以及如何通过子命令和子命令参数的配合使用来操作用户链码。

10.2.1 安装链码

安装链码的过程就是组织的管理员通过客户端将链码递送到组织内其他 Peer 节点的过程，当然具有管理员权限的 Peer 节点也可以给自己安装链码。在递送时链码会首先被打包成链码安装包文件（Chaincode Install Package，CIP）的格式，之后 Peer 节点会对链码安装打包文件进行解析，最后 Peer 节点将解析后的链码保存到$CORE_PEER_FILESYSTEMPATH/chaincodes/路径下。

链码安装包文件的主体还是链码的源码，另外还有一些必要的与链码安装相关的环境信息，如链码实例化策略以及递送这个链码的用户的签名等。安装链码可以使用 install 子命令，install 子命令的功能就是制作链码安装包文件以及将其传递到Peer节点。在执行install子命令安装链码时，可以向该子命令提供的参数有以下 5 个。

（1） -c（或--ctor）：指定要安装的链码在执行安装时的参数信息，通常以 Json 的格式书写。

（2） -l（或--lang）：指定要安装的链码的编写语言，默认为 Go 语言。

（3） -n（或--name）：指定要安装的链码的名称。

（4） -p（或--path）：要安装的链码的本地路径。

（5） -v（或--version）：要安装的链码的版本信息。

在上述这些 install 子命令支持的参数中，必须提供的是-n 参数、-p 参数和-v 参数。举例来说，采用如下命令及参数会部署链码 chaincode.go 到节点。

```
$ peer chaincode install \
> -n chaincode \
> -v 1.0 \
> -p https://github.com/hyperledger/fabric/tree/release-1.4/ \
> examples/chaincode/go/example02
```

chaincode.go 是 Fabric 的 1.4 发行版源码中自带的一个 Go 语言版本的范例链码，感兴趣的读者可自行按照上述命令中的网址访问发布到 GitHub 上的这份范例链码。

10.2.2 实例化链码

实例化链码是指对已经安装过的用户链码在指定通道上进行实例化。实例化链码可以使用 instantiate 子命令，这个子命令对调用者 Peer 节点的唯一要求就是用户身份必须满足实例化的策略（拥有链码实例化权限）。在执行 instantiate 子命令实例化链码时，可以向该子命令提供的参数有以下 9 个。

（1）-c（或--ctor）：指定链码在实例化时的参数信息，可以是调用 Init()方法并向该方法中传入参数，通常以 Json 的格式书写，默认的-c 参数值为"{}"，表示实例化时默认调用 Init()方法，但是传入 Init()方法中的参数为空。

例如，可以用以下形式指定传入 Init()方法中的参数。

```
-c '{''Args'' : [''init'' ,''a'' , ''100'', ''b'' , ''100'']}'
```

其中 init 表示将参数传递到 Init()方法中，随后的 a、b、100 和 100 都是传递到 Init()方法中的参数，在实际使用中 a 和 b 可以代表两名成员，100 可以分别是这两名成员拥有的初始值。

（2）-l（或--lang）：指定要实例化的链码的编写语言，默认为 Go 语言。
（3）-n（或--name）：指定要实例化的链码的名称。
（4）-P（或--policy）：指定要实例化的链码所关联的背书策略。例如，可以用以下形式指定必须得到 Org1 的管理员的背书支持或者得到 Org2 和 Org3 的成员共同的背书支持才算是满足背书策略。

```
-P OR('Org1.admin', AND('Org2.member'.'Org3.member'))
```

（5）-v（或--version）：指定要实例化的链码的版本信息。
（6）-C（或--chainID）：指定要实例化的链码所面向的通道，默认为 testchainid。
（7）-E（或--escc）：指定要实例化的链码所使用的背书系统链码的名称，默认为 escc。
（8）-o（或--orderer）：指定 Ordering 服务地址。
（9）-V（或--vscc）：指定要实例化的链码所使用的验证系统链码的名称，默认为 vscc。

在上述这些 instantiate 子命令支持的参数中，必须提供的是-C 参数、-c 参数、-n 参数和-v 参数。举例来说，以下命令会启动链码 chaincode.go，在链码 chaincode.go 中将模拟管理 A 和 B 两个账户并发起从 A 到 B 的一个交易。

```
$ CHANNEL_NAME="testchannel"
$ peer chaincode instantiate \
> -o orderer0:7050 \
> -C testchannel \
> -n chaincode \
> -v 1.0 \
> -C $CHANNEL_NAME} \
> -c '{}' \
> -P "OR ('Org1MSP.member' , 'Org2MSP.member')"
```

需要注意的是，由于执行 Init()方法时会伴随着交易的产生，因此还要在命令中指定 Orderer 节点的地址。另外，链码 chaincode 的 Init()方法在执行时不需要从外界获取参数，因此-c 命令参数的值可以为空。

10.2.3 调用链码

调用链码指的是调用经过实例化的链码中的方法。调用链码可以使用 invoke 子命令，可以向该子命令提供的参数有以下 5 个。

（1）-C（或 chainID）：指定要调用的链码所面向的通道，默认为 testchainid。

（2）-c（或--ctor）：指定链码在调用时的参数信息，可以是执行链码中的某个方法（最常见的是 invoke()方法）并向该方法中传入参数，以 Json 的格式书写。例如，可以用以下形式指定调用 Invoke()方法以及调用时传入 invoke()方法中的参数。

```
-c '{''Args'' : [''invoke'' , ''a'' , ''b'' , ''100'']}'
```

（3）-l（或--lang）：指定要调用的链码的编写语言，默认为 Go 语言。
（4）-n（或--name）：指定要调用的链码的名称。
（5）-o（或--orderer）：指定 Ordering 服务地址。

在上述这些 invoke 子命令支持的参数中，必须提供的是-n 参数和-c 参数。例如，假设链码中的 Invoke()方法实现的是两用户之间相互转账的功能（链码经过了实例化），现在需要由用户 a 向用户 b 转账 100 元，那么就可以按照下述的命令执行这个过程。

```
$ CHANNEL_NAME="testchannel"
$ peer chaincode invoke \
> -o orderer0: 7050 \
> -n chaincode \
> -C ${CHANNEL_NAME} \
> -c '{''Args'' : [''invoke'' , ''a'' , ''b'' , ''100'']}'
```

在上述的命令中，通过-c 命令参数指定了将 a、b 和 100 这 3 个参数传递到 Invoke()方法内，实现了用户 a 向用户 b 转账 100 元的功能。对于 invoke 命令，需要注意的是它只会调用部署在通道内最新版本的 chaincode 链码，也就是说，invoke 命令不支持指定链码版本，如果多次更新了同一名称的链码，那么 invoke 命令将默认调用链码的最后一次更新结果。最后，由于执行 Invoke()方法时同样会伴随着交易的产生，因此最好也是在命令中指定 Ordering 服务的地址。

10.2.4 查询链码

在执行链码的 Init()方法时，通常会给方法传入一些变量参数（如 a 和 b）用于代表某几个成员。查询链码，就是根据变量名查询这些变量参数的状态值并打印返回。

查询链码可以使用 query 子命令。因为执行 query 子命令不会产生真正的交易，所以节点也就不需要与网络中的其他节点（尤其是 Orderer 节点）发生交互，因此，查询链码能够在离线的状态下完成。在执行 query 子命令查询链码时，可以向该子命令提供的参数有以下 4 个。

（1）-C（或 chainID）：指定要调用的链码所面向的通道，默认为 testchainid。

（2）-c（或--ctor）：指定链码在调用时传入 invoke()方法中的参数信息。

（3）-l（或--lang）：指定要调用的链码的编写语言，默认为 Go 语言。

（4）-n（或--name）：指定要调用的链码的名称。

在上述这些 query 子命令支持的参数中，必须提供的是-l 参数和-n 参数。例如，执行如下命令会调用最新版本的 chaincode 链码，并将账本中变量"a"所代表的成员的状态值作为查询结果返回。

```
$ CHANNEL_NAME="testchannel"
$ peer chaincode query \
> -n chaincode \
> -C $(CHANNEL_NAME) \
> -c '{''Args'' : [''query'' , ''a'' ]}'
```

如果命令执行无误，那么命令行很可能以类似"Query Result: 200"的形式返回 a 的状态值查询结果。

查询链码和 Invoke()方法有一定的关系，查询链码时要根据链码的逻辑模拟执行一遍交易，只不过这笔交易不会被传递到网络中，也不会改变 Peer 节点现有的账本数据。总的来说，query 子命令的执行过程实际上还是调用了 Invoke()方法，例如，在上面的这段命令示例中会将-c 参数中的"a"参数传递到 Invoke()方法中。

同样是调用了 Invoke()方法，query 子命令不会向网络中发出交易信息，而 invoke 子命令则会正常地发送交易信息，这就是 query 子命令和 invoke 子命令之间的区别。

10.2.5 升级链码

随着使用时间的延长，一个用户链码总要面临着一些功能上的问题，例如，隐藏的 bug 在一段时间后才被发现或者功能落后、代码冗长等，因此用户链码要能够像 APP 应用那样支持升级才可以。

Fabric 支持使用 upgrade 子命令对用户链码进行升级，前提是只有拥有组织管理员权限的用户才能进行链码升级操作。在执行 upgrade 子命令升级链码时，可以向该子命令提供的参数有以下 8 个。

（1）-C（或 chainID）：指定要升级的链码所面向的通道，默认为 testchain。

（2）-c（或--ctor）：指定链码在更新时传入的参数信息，一般是 Init()方法以及传入 Init()方法内的参数。

（3）-E（或--escc）：指定所使用背书管理系统链码的名称，默认为系统链码中的背书管理系统链码（escc）。

（4）-l（或--lang）：指定升级后的新链码的编写语言，默认为 Go 语言。

（5）-n（或--name）：指定升级后的链码的名称（与未升级前保持一致）。

（6）-o（或--orderer）：指定 Ordering 服务地址。

（7）-v（或--version）：指定升级后的链码的版本。

（8）-V（或--vscc）：指定所使用验证系统链码的名称，默认为系统链码中的验证系统链码（vscc）。

在上述这些 upgrade 子命令支持的参数中，必须提供的是-C 参数、-c 参数、-v 参数和-n 参数。链码的升级过程要遵循先安装后升级的规则，也就是说，先要执行 install 子命令将新的链码在指定通道内安装，然后才能执行 upgrade 子命令将新的链码替换旧链码。

使用 install 子命令安装新版本链码可执行如下所示的命令。

```
$ peer chaincode install \
> -n chaincode \
> -v 1.1\
> -p https://github.com/hyperledger/fabric/tree/release-1.4/ \
> examples/chaincode/go/example01
```

使用 upgrade 子命令将最新安装的链码作为旧链码的升级可执行如下所示的命令。

```
$ CHANNEL_NAME= "testchannel"
$ peer chaincoce upgrade \
> -C ${CHANINEL._NAME} \
> -n chaincode \
> -o orcerer0:7050 \
> -v 1.1 \
> -c '{"Args" : ["init" , "a" , "100", "b" , "100"]}'
```

经过这样的两个过程之后，链码 chaincode 的最新 1.1 版本就被安装到了指定的通道上，并且被实例化，此时如果仍有运行在其他通道上的 1.0 旧版本 chaincode 链码也不会受此干扰，因为通道起到了很好的隔离作用。

Fabric 支持升级前后链码的所有状态值保持不变，当然这需要链码开发人员严格控制好链码的逻辑。保持一些关键的变量同名以及相同处理逻辑的部分、不对状态做出改变等都是比较有效的做法。

10.2.6　打包并签名链码

package 和 signpackage 子命令是 Fabric 原生提供的不属于管辖链码生命周期的两个链码操作子命令。

package 子命令的作用是将链码以及相关的数据（包括实例化策略及拥有者的签名）进行打包，使用 package 子命令打包后得到的文件可以直接使用 install 子命令进行安装。package 子命令支持的参数有以下 8 个。

（1）-c（或--ctor）：指定链码在打包时传入的参数信息。

（2）-l（或--lang）：表示要打包的链码使用的编程语言。

（3）-n（或--name）：表示要打包的链码的名称。

（4）-p（或--path）：表示要打包的链码的本地路径。

（5）-v（或--version）：表示要打包的链码的版本信息。

（6）-s（或--cc-package）：表示创建完整打包格式。

（7）-S（或--sign）：表示对打包的文件使用本地的 MSP 进行签名。

（8）-i（或--instantiate-policy-string）：用于指定打包进去的链码的实例化策略。

必须向 package 子命令提供的参数是-n、-p、-v、-s 和-S。需要注意的是，使用 package 子命令得到的打包文件不同于使用 install 子命令安装链码时产生的中间 CIP 文件。

例如，下面的命令实现了将链码 chaincode 打包到链码打包文件 chaincode_pack.out 的操作。

```
$ peer chaincode package \
> -n chaincode
> -p https://github.com/hyperledger/fabric/tree/release-1.4/ \
> examples/chaincode/go/example01 \
> -s \
> -S \
> chaincode_pack.out
```

signpackage 子命令的作用是通过将当前 MSP 签名添加到打包文件中，实现对打包文件的签名操作。它的使用可以参考以下这行命令。

```
$ peer chaincode signpackage chaincode_pack.out
signed_chaincode_pack.out
```

不必向 signpackage 子命令提供任何参数，chaincode_pack.out 可以看作是没有添加签名的打包文件，而 signed_chaincode_pack.out 是经过签名之后的打包文件。

在上面所介绍的 Fabric 提供的用户链码操作子命令中，有一些子命令的实现过程和 Fabric 的生命周期系统链码有着非常密切的关系，甚至是调用了生命周期系统链码。例如，实例化用户链码的 instantiate 子命令在执行过程中就调用了生命周期系统链码中的 deploy() 方法，将安装过的链码在指定通道上进行实例化调用。可以说，这种子命令的形式相比于 API 更加实用。

10.3 链码开发相关的 API

通过之前对链码结构的了解，我们知道了 Init() 方法和 Invoke() 方法是 Fabric 暴露给开发人员的两大接口方法，一个是负责链码的实例化，而另一个则负责链码的调用。几乎所有的链码应用都必须要实现这两大方法，链码的运行才能有最基本的保障。

为了方便链码开发人员尽快上手链码的开发，Fabric 的源码中还提供一系列的链码开发相关 API。这些链码开发相关 API 的内容不是很多，大概有 40 个左右的方法，但都是很实用的功能。

关于这些 API 方法，它们的定义在 fabric/core/chaincode/shim/interfaces.go 文件内。在本节中，我们将对这些方法的功能进行简单的介绍。这些方法如下。

```
GetArgs() [][]byte
```

交易在调用链码时会向链码方法（如 Init() 方法或 Invoke() 方法等）传入一些参数，GetArgs() 方法的作用就是提取传入进去的参数，并返回为字符数组的形式。

```
GetStringArgs()[]string
```

GetStringArgs() 方法的作用大致和 GetArgs() 方法的作用相同，区别是 GetStringArgs() 方法会将提取的结果以字符串的形式返回。

```
GetFunctionAndParameters()(string,[]string)
```

GetFunctionAndParameters() 方法在 GetStringArgs() 方法的基础上又实现了将交易所调用的链码方法的名称也返回的功能。

在使用时，关于方法的返回值类型需要特别留意。交易的第一个参数通常是方法名称，它会被作为字符串返回，而第二个及以后的参数通常都是传入调用的方法中的参数，在 GetFunctionAndParameters() 方法这里他们会集中到一个字符串数组中返回。

例如，一个实例化链码的交易，对交易传入参数{"Args":["init","a"," 200","b", "400"]}，那么"init"作为交易调用的方法名称就被 GetFunctionAndParameters() 方法以字符串的形式返回，而"a"" 200""b""400"就被以字符数组的形式返回。

```
GetArgsSlice()([]byte, error)
```

如果想指定提取交易在调用链码时，向链码方法传入的那个参数可以使用 GetArgsSlice()方法。GetArgsSlice()方法会将参数信息返回为字符数组的形式。

```
GetTxID() string
```

在每一起交易中，一般都带有一个由客户端通过对用户签名进行 SHA-256 哈希加密而生成的交易提案数字摘要，这个数字摘要就是这个交易的 ID。GetTxID()方法接收交易提案，并能够获取与返回某个交易的 ID。

```
GetChannelID() string
```

GetChannelID()方法会获取当前交易所发生在的通道的名称，并以字符串的形式返回。

```
InvokeChaincode(chaincodeName string, args [][]byte,
            channel string) pb.Response
```

InvokeChaincode()方法可以实现对另一个链码中的 Invoke()方法的调用。在使用 InvokeChaincode()方法时不仅要传入被调用链码的名称，还要传入被调用链码所在的通道。

根据被调用链码所在通道与 InvokeChaincode()方法执行所在的通道是否相同，被调用链码中的 Invoke()方法的执行情况也会有所差别。如果被调用链码与 InvokeChaincode()方法的执行在同一个通道内，那么 Invoke()方法会正常执行；如果相反，那么 Invoke()方法的执行过程不会受到影响，但是方法执行后的结果不会写入当前通道中。

```
GetState(key string) ([]byte, error)
```

GetState()方法实现的查询账本的状态。GetState()方法接收一个 string 类型的参数 key，是传入方法中的键，方法的返回值类型为一个字符数组类型，是查询到的键对应到账本中的值。

```
PutState(key string, value []byte) error
```

PutState()方法实现更新账本的状态。PutState()方法接收一个 string 类型的参数 key 和一个字符数组类型的参数 value，key 和 value 组成了要在账本中添加的一对键-值对。

通过 PutState()方法传入的键-值对数据需要 Committer 节点执行验证的步

骤，验证通过后才会保存到本地的区块链账本中。

```
DelState(key string) error
```

顾名思义，DelState()方法实现的就是删除账本中的状态值。DelState()方法只接收一个string类型的参数key，key就是要删除的一条账本数据的键，该方法不返回任何值。

在实际执行时，由 DelState()方法构成的交易同样需要 Committer 节点执行验证的步骤，验证通过后才会真正地删除本地区块链账本。

```
GetStateByRange(startKey, endKey string)
(StateQueryIteratorInterface,
                              error)
```

GetStateByRange()方法按照一定范围内的键查询账本中对应的键值。GetStateByRange()方法可以算作是 GetState()方法的升级版，方法接收两个 string 类型的参数 startKey 和 endKey，其中 startKey 表示起始（包括）的键，而 endKey 表示终止的键（不包括）。GetStateByRange()方法查询到的值就是位于 startKey 和 endKey 之间的键的值。

GetStateByRange()方法的返回值类型 StateQueryIteratorInterface 是一个迭代器类型。

```
GetStateByRangeWithPagination(startKey, endKey string, pageSize int32,
            bookmark string) (StateQueryIteratorInterface,
                                    *pb.QueryResponseMetadata,
error)
```

GetStateByRangeWithPagination()方法实现了 GetStateByRange()方法的功能，并在此基础上还增加了对添加标签以及分页查询功能的支持。

```
GetStateByPartialCompositeKey(objectType string, keys []string)
                        (StateQueryIteratorInterface, error)
```

PartialCompositeKey 是"部分组合键"的意思。传递进方法中的参数可以是拥有共同前缀的键的前缀部分。GetStateByPartialCompositeKey()方法将匹配到这些拥有共同前缀的所有键，进而返回对应的键-值对中的值。

GetStateByPartialCompositeKey()方法的返回值类型仍是一个 StateQueryIterator-Interface 迭代器类型。

```
GetStateByPartialCompositeKeyWithPagination(objectType string,
                          keys []string, pageSize int32,
                          bookmark string)

                    (StateQueryIteratorInterface,
                      *pb.QueryResponseMetadata, error)
```

GetStateByPartialCompositeKeyWithPagination()方法实现了 GetStateByPartialCompositeKey()方法的功能，并在此基础上还增加了添加标签和分页查询的功能。

```
CreateCompositeKey(objectType string, attributes []string) (string,
error)
```

CreateCompositeKey()方法用于产生一个组合键。方法接收字符串数组类型的参数 attributes 和字符串类型的参数 objectType 作为输入，其中 attributes 就是一组给定的属性，objectType 是键的类型。

CreateCompositeKey()方法返回一个字符串类型的值，这就是产生的组合键。

```
SplitCompositeKey(compositeKey string) (string, []string, error)
```

SplitCompositeKey()方法与 CreateCompositeKey()方法具有相反的效果。该方法是传入一个组合键，将其拆成诸多的属性后再以字符串数组的形式返回。

```
GetQueryResult(query string) (StateQueryIteratorInterface, error)
```

GetQueryResult()方法实现的是对区块链账本数据库进行查询。它比使用键查询的方式更能查询一般的数据，当然也要数据库本身支持这种查询功能。GetQueryResult()方法的返回结果为迭代器 StateQueryIteratorInterface 结构。

```
GetQueryResultWithPagination(query string, pageSize int32,
            bookmark string) (StateQueryIteratorInterface,
                              *pb.QueryResponseMetadata, error)
```

GetQueryResultWithPagination()方法在 GetQueryResult()方法的基础上增加了添加标签以及分页查询的功能，同样，方法的返回结果为迭代器 StateQueryIteratorInterface 结构。

```
GetHistoryForKey(key string) (HistoryQueryIteratorInterface, error)
```

GetHistoryForKey()方法接收一个键，并返回该键对应的所有历史值。该方法的实现前提是节点的数据库支持历史数据记录的特性。

```
GetCreator() ([]byte, error)
```

GetCreator()方法用于将交易发起者的身份信息返回。

```
GetTransient() (map[string][]byte, error)
```

在交易中一般都有一些临时信息，这些临时信息不会存储到正式的区块链账本中。GetTransient()方法就是返回这些交易的临时信息。

```
GetBinding() ([]byte, error)
```

GetBinding()方法会返回交易的 binding 信息。所谓的交易的 binding 信息是指将一个交易提案中所包含的发起者、数额以及时间戳等关键信息串联之后再计算哈希值得到的结果。

```
GetSignedProposal() (*pb.SignedProposal, error)
```

GetSignedProposal()方法用于按照*pb.SignedProposal结构返回交易提案内的数据。

```
GetTxTimestamp() (*timestamp.Timestamp, error)
```

GetTxTimestamp()方法会将交易被创建时由客户端标记的时间戳信息以*timestamp.Timestamp结构返回。

```
SetEvent(name string, payload []byte) error
```

当包含一些交易的区块被Committer节点认证通过后，这个区块就进入了Committer的本地区块链账本中。SetEvent()方法针对具体的交易，当该交易所处的区块被Committer节点认证通过后，会将指定的事件广播出去。

以上这些方法的实现被分布在了fabric/core/chaincode/shim/路径下的多个.go文件里，有想研究相关实现的读者可参考代码思考功能的实现过程。另外，在Fabric的官方手册中也给出了关于这些方法的使用的详细介绍。

10.4 操作通道

与操作用户链码类似，Fabric也提供了一些子命令用于操作通道，具体的子命令主要有create、join、list、fetch和update这5个。

在功能上，create命令实现的是创建一个新的应用通道，join命令实现的是使Peer节点加入指定的应用通道中，list命令实现的是以列表的形式列举Peer节点所加入的所有的应用通道，fetch命令实现的是Peer节点从排序服务者Orderer那里获取指定应用通道内根据条件指定的区块，而update命令实现的是通道配置信息的更新。

本节将主要对这几个通道操作子命令进行介绍，包括如何通过子命令和子命令参数的配合使用来实现通道操作。

10.4.1 通道的创建

创建通道可以使用create子命令，但是create子命令并不是随便的一个Peer节点就能调用并成功创建通道，在一个组织内，只有拥有创建通道权限的组织管理员才能调用create子命令。在执行create子命令创建通道时，可以向该子命令提供的参数有以下5个。

（1）-c（或--chain）：需要创建的通道的名称。

（2）-f（或--file）：通道的配置交易文件（可以是 configtxgen 工具创建的）。

（3）-o（或--orderer）：指定 Ordering 服务的地址（一般默认是 7050 端口），必须指定该参数的原因是新通道要在指定的排序服务上创建。

（4）--tls：选择是否在与 Orderer 通信的过程中启用 TSL 证书。

（5）--cafile：如果在与 Orderer 通信的过程中启用了 TSL 证书，那么就需要通过这个参数传入 PEM 编码格式的 Ordering 服务的 TLS 证书。

在上述这些 create 子命令支持的参数中，必须提供的是-c 参数、-f 参数和-o 参数。假设现在组织管理员有配置交易文件 NewChannel.tx，他想用此来创建新的应用通道 newchannel，那么他可以试着执行下面的这一条命令。

```
$ NEW_CHANNEL_NAME= "newchannel"
$ peer channel create \
> -o orderer:7050 \
> -c ${NEW_CHANNEL_NAME} \
> -f .../NewChannel.tx
```

使用 create 命令成功创建新通道后，Ordering 服务端那里会最先提示成功的信息，之后管理员就会很快地接收通道的初始区块文件 newchannel.block，接着通道就可以开始正常使用了。

10.4.2 加入通道

加入指定的通道可以使用 join 子命令，join 子命令并不需要 Peer 节点具有在组织内的管理员身份，也不需要 Peer 节点具有通道创建权限，但是 Peer 节点在使用 join 子命令前一定要先从组织管理员那里得到所要加入的通道的初始区块文件，才可确保命令能够成功执行。

在执行 join 子命令加入通道时，必须向该子命令提供-b（或--blockpath）参数，以指定初始区块文件的保存路径，之后，所有从该通道接收的区块文件都保存在该路径下。另外，还可以提供-o（或--orderer）参数以指定 Orderer 服务的地址。

假设现在有一个 Peer 节点要加入刚刚创建的新通道 newchannel，且他已经得到了 newchannel.block，那么它可以通过执行下述的命令加入应用通道 newchannel 中。

```
$ NEW_CHANNEL_NAME= "newchannel"
$ peer channel join \
> -b ${NEW_CHANNEL_ NAME}.block \
> -o orderer:7050
```

如果命令能够顺利地执行，那么在终端会提示"Peer joined the channel !"，表示已经成功加入了指定通道。

10.4.3 列举出节点所加入的通道

列举出 Peer 节点所加入的所有的应用通道可以使用 list 子命令。list 子命令的使用非常简单，无需向 list 传递任何的参数，即可在终端以列表的形式得到 Peer 节点所加入的所有的应用通道。例如，执行以下命令。

```
$ peer channel list
```

10.4.4 获取通道内的指定区块

Peer 节点想要从 Ordering 服务那里获得指定通道内符合条件的区块（例如，通道的当前配置区块、初始区块甚至任意编号的区块）可以使用 fetch 子命令。在从 Ordering 服务那里查询到相应的区块后，fetch 子命令还会将这个区块保存到本地。在执行 create 子命令进行区块的获取时，可以向该子命令提供的参数有以下 4 个。

（1）-c（或--chain）：通过该参数指定通道的名称。
（2）-o（或--orderer）：通过该参数指定 Ordering 服务的地址。
（3）--tls：通过该参数指定是否在与 Orderer 通信的过程中启用 TSL 证书。
（4）--cafile：如果在与 Orderer 通信的过程中启用了 TSL 证书，那么就需要通过这个参数传入 PEM 编码格式的 Ordering 服务的 TLS 证书。

在上述这些 create 子命令支持的参数中，必须提供的是-c 参数和-o 参数。区块可以按照 newest、oldest、config 和 number 的条件进行筛选。例如，Peer 节点通过如下命令，可以获取存在于应用通道 newchannel 的最早的配置区块，并保存为本地的 newchannel.block 文件。

```
$ peer channel fetch oldest newchannel.block \
> -c newchannel \
> -o orderer:7050
```

10.4.5 更新通道的配置区块

更新通道的配置区块可以使用 update 子命令。执行 update 子命令时所需要的条件和执行 create 子命令所需要的条件是类似的，同样是要求由组织的管理员执行。另外，使用 update 子命令更新通道配置区块时，也需要向 Ordering 服务传入通道的更新配置交易文件来指定配置信息。可以向该子命令提供的参数有以下 5 个。

（1）-c（或--chain）：使用该参数指定要更新配置的通道的名称。
（2）-o（或--orderer）：使用该参数指定 Ordering 服务的地址。
（3）-f（或--file）：新的通道配置交易文件（可以是 configtxgen 工具创建的）。
（4）--tls：通过该参数指定是否在与 Orderer 通信的过程中启用 TSL 证书。
（5）--cafile：如果在与 Orderer 通信的过程中启用了 TSL 证书，那么就需要通过这个参数传入 PEM 编码格式的 Ordering 服务的 TLS 证书。

在上述这些 update 子命令支持的参数中，必须提供的是-c 参数、-f 参数和-o 参数。例如，要将通道 newchannel 的配置进行更新，目前已经使用 configtxgen 工具创建了新的通道配置文件 update_newchannel.tx，接着就可以执行 update 子命令执行更新操作了，语句如下。

```
$ peer channel update \
> -c newchannel \
> -o orderer:7050 \
> -f .../update_anchors.tx
```

在上面所介绍的 Fabric 提供的诸多通道操作子命令中，每一个子命令或多或少是调用了 Fabric 的配置系统链码。例如，join 子命令在执行的过程中就调用了配置系统链码中的 JoinChain()方法，list 子命令在执行的过程中也调用了配置系统链码中的 GetChannels()方法，以及当使用 fetch 子命令获取通道的配置区块时，有可能会调用配置系统链码中的 GetConfigBlock()方法等。

关于这些通道操作子命令的介绍就到此为止，有兴趣研究 Fabric 提供的各个通道操作子命令的具体实现过程的读者，可访问 hyperledger 提供的 Fabric 中文帮助文档（网址是 https://hyperledgercn.github.io/hyperledgerDocs/）。

10.5 链码开发案例——转账

为了使用者们能够更好地了解 Fabric，fabric-samples 文件夹内除了自带网络配置范例文件外，还带有一些完整的链码范例文件。

fabric-samples/chaincode/chaincode_example02 路径下的 go 文件夹里存放的是 Go 语言版本的链码文件 chaincode_example02.go，java 文件夹里存放的是 Java 语言版本的链码文件 SimpleChaincode.java。

Go 语言是 Fabric 项目的主要编写语言，也是在编写用户链码时经常使用的一种语言，Fabric 的系统链码同样也是采用 Go 语言编写而成的，因此，在这里我们将主要研究采用 Go 语言编写而成的范例链码文件。

10.5.1 Init()方法

链码文件 chaincode_example02.go 内主要实现了 5 个方法，分别是 Init()方法、Invoke()方法、invoke()方法、delete()方法和 query()方法。通过之前对链码的了解，我们知道编写链码必须实现 Init()方法和 Invoke()方法，在这个链码范例中，Invoke()方法通过对 invoke()方法、delete()方法和 query()方法的调用实现了应有的功能。

在链码文件的一开始，先是引入了程序中需要用到的额外包文件，以及定义了一个暂存数据的结构体 SimpleChaincode，语句如下。

```go
import (
    "fmt", "strconv"
    "github.com/hyperledger/fabric/core/chaincode/shim"
    pb "github.com/hyperledger/fabric/protos/peer"
)
type SimpleChaincode struct {
}
```

接下来就是 Init()方法的实现。Init()方法的一开始先调用 GetFunctionAndParameters()方法提取本次交易所调用的函数以及相应的函数参数。链码实现的主要是两个实体成员互相转账的功能，Init()方法内定义了 A 和 B 两个 string 类型的变量代表这两个成员，又定义了 Aval 和 Bval 两个 int 类型的变量代表这两个成员的资产余额。

```go
func (t *SimpleChaincode) Init(stub shim.ChaincodeStubInterface) pb.Response {
    fmt.Println("ex02 Init")
    _, args := stub.GetFunctionAndParameters()
    var A, B string    //两个成员
    var Aval, Bval int // 成员资产余额
    var err error
```

Init()方法内要完成 A、B、Aval 和 Bval 4 个参数的初始化，所以在调用 Init()方法进行链码初始化的交易时需要向 Init()方法传入 4 个参数。利用 GetFunctionAndParameters()方法返回的参数的数量判断是否给 Init()方法传入了 4 个参数，如果不是 4 个，那么就应该触发错误报警。

```go
    if len(args) != 4 {
        return shim.Error("Incorrect number of arguments. Expecting 4")
    }
```

传递给 Init()方法的参数应该以类似["a"," 200","b","400"]的格式书写，其中"a"和"b"代表两个成员，也可以直接换为成员的名称，"200"和"400"分别是成员 a 和 b 的初始余额（状态）。接下来，读取给 Init()方法传入的参数，并完成 A 和 Aval 的初始化，语句如下。

```
A = args[0]
Aval, err = strconv.Atoi(args[1])
if err != nil {
    return shim.Error("Expecting integer value for asset holding")
}
```

同理，读取给 Init()方法传入的参数，并完成 B 和 Bval 的初始化，语句如下。

```
B = args[2]
Bval, err = strconv.Atoi(args[3])
if err != nil {
    return shim.Error("Expecting integer value for asset holding")
}
```

在 Init()方法的最后还要将 A、B、Aval 和 Bval 的初始值以键-值对的形式记录到账本中，如果没有执行这样的操作，那么前面的工作都将是无意义的。使用 API 中的 PutState()方法可以在账本中添加新的键-值对，接下来将 A、Aval、B 和 Bval 及其值分别以键-值对的形式存入账本中，语句如下。

```
err = stub.PutState(A, []byte(strconv.Itoa(Aval)))
if err != nil {
return shim.Error(err.Error())
}

err = stub.PutState(B, []byte(strconv.Itoa(Bval)))
if err != nil {
    return shim.Error(err.Error())
}
return shim.Success(nil)
}
```

从 Init()方法的实现逻辑来看，这个链码主要实现的功能就是 A 和 B 两方转账，并且都各自具有初始余额。下一小节我们将讲解 Invoke()方法是如何实现的。

10.5.2 Invoke()方法

Invoke()方法内依然是先使用 GetFunctionAndParameters()方法获取交易的参数，只不过这次提取的交易参数是交易调用的方法的名称。Invoke()方法的主体是对 3 个分支实现方法，分别是 invoke()方法、delete()方法和 query()方法的调用，所有 Invoke()方法实现的功能都被分拆在了这 3 个分支实现方法中，语句如下。

```go
func (t *SimpleChaincode) Invoke(stub shim.ChaincodeStubInterface) pb.Response {
    function, args := stub.GetFunctionAndParameters()
    if function == "invoke" {
        return t.invoke(stub, args)
    } else if function == "delete" {
        return t.delete(stub, args)
    } else if function == "query" {
        return t.query(stub, args)
    }
    return shim.Error("Invalid invoke function name." +
                     " Expecting \'invoke\" \"delete\" \"query\"")
}
```

1. invoke()分支实现方法

invoke()方法主要实现的是在两个成员之间的转账。

发起两个成员之间的转账需要建立一个交易。invoke()方法只接收 3 个参数，就是转账方、接收方和转账金额，例如，a 向 b 转账 10 可以作为一笔交易，这笔交易的参数可以是{"Args":["invoke","a","b","10"]}。

invoke()方法的一开始还是先检查是否传入了满足 invoke()方法调用的参数，语句如下。

```go
if len(args) != 3 {
 return shim.Error("Incorrect number of arguments." +
                   " Expecting 3")
}
```

调用 GetState()方法检查交易的双方（a 和 b）都被记录于账本上，并且都能有相关的状态数据可以找到，这是双方能正常交易的必要条件，语句如下。

```go
Avalbytes, err := stub.GetState(A)
if err != nil {
    return shim.Error("Failed to get state")
}
if Avalbytes == nil {
 return shim.Error("Entity not found")
}
Aval, _ = strconv.Atoi(string(Avalbytes))
```

对交易发起方进行余额检查以确保有充足的余额也是必要的一步，语句如下。

```
X, err = strconv.Atoi(args[2])
if err != nil {
 return shim.Error("Invalid transaction amount, "
                        "expecting a integer value")
}
```

最后执行交易并调用 PutState() 方法对账本状态数据进行修改，语句如下。

```
Aval = Aval - X
Bval = Bval + X

err = stub.PutState(A, []byte(strconv.Itoa(Aval)))
if err != nil {
 return shim.Error(err.Error())
}
err = stub.PutState(B, []byte(strconv.Itoa(Bval)))
if err != nil {
 return shim.Error(err.Error())
}
```

2. delete() 分支实现方法

delete() 方法实现的是删除两个成员之中的一个成员。

删除某个成员也需要建立一个交易。delete() 方法只接收一个参数，就是要删除的成员的名称，例如，在执行交易删除成员时指定参数为{"Args":["delete" ,"b"]}，表示删除成员 b。

delete() 方法主要是调用了 API 里 DelState() 方法，代码如下。

```
A := args[0]
err := stub.DelState(A)
if err != nil {
    return shim.Error("Failed to delete state")
}
```

需要注意的是，删除成员的操作作为一个交易，同样也会被记录在区块中。

3. query() 分支实现方法

query() 方法主要实现的是查询两名成员中任意一名成员的余额。

查询成员的余额同样也需要建立一个交易。query() 方法只接收一个参数，就是要查询的成员的名称，例如，在执行交易查询成员时指定参数为{"Args":["query" ,"a"]}，表示查询成员 a 的记录在账本中的状态值。

query() 方法主要是调用了 API 里 GetState() 方法，主要代码如下。

```
var A string
var err error
if len(args) != 1 {
```

```
        return shim.Error("Incorrect number of arguments. "
                "Expecting name of the person to query")
}

A = args[0]
Avalbytes, err := stub.GetState(A)
if err != nil {
    jsonResp := "{\"Error\":\"Failed to get state for " + A + "\"}"
    return shim.Error(jsonResp)
}
```

以上就是对范例智能合约 chaincode_example02.go 的整体功能分析。一些复杂的智能合约通常可以选择将各个功能拆分到多个智能合约文件中实现，并通过导入包文件的形式导入其他的智能合约文件。

上面并没有详细地展示出 chaincode_example02.go 的所有内容，一些返回值以及打印的信息等内容可以对照 fabric-samples 文件夹内的 chaincode_example02.go 文件查看。

10.5.3 主函数方法

和大多数编程语言一样，Go 语言也支持定义 main()主函数方法作为整个程序文件的执行入口。chaincode_example02.go 的 main()函数定义得非常简单，主要实现的是实例化智能合约 SimpleChaincode，并调用 Start 启动这个智能合约实例。